石油啊，石油

——全球油气竞赛和中国的选择

Energy Black Swan: Global Games and Chinese Options

徐小杰　著

中国社会科学出版社

图书在版编目（CIP）数据

石油啊, 石油: 全球油气竞赛和中国的选择/徐小杰著.
北京: 中国社会科学出版社, 2011.10
ISBN 978-7-5161-0187-2

Ⅰ.①石… Ⅱ.①徐… Ⅲ.①石油问题—研究—世界
Ⅳ.①F416.22

中国版本图书馆 CIP 数据核字（2011）第 203401 号

责任编辑　雁　声
特邀编辑　骆　珊
责任校对　李　莉
封面设计　大鹏设计
技术编辑　戴　宽

出版发行　**中国社会科学出版社**
社　　址　北京鼓楼西大街甲 158 号　　邮　编　100720
电　　话　010 - 84029450（邮购）
网　　址　http://www.csspw.cn
经　　销　新华书店
印　　刷　北京君升印刷有限公司　　装　订　广增装订厂
版　　次　2011 年 10 月第 1 版　　印　次　2011 年 10 月第 1 次印刷
开　　本　710×1000　1/16
印　　张　27.5　　　　　　　　　　插　页　2
字　　数　395 千字
定　　价　50.00 元

作者简介

徐小杰，1960 年 11 月生于浙江省平阳县，中国社会科学院世界经济与政治研究所研究员、世界能源政策研究基地主持人；原中国石油集团经济技术研究院院级专家、海外投资环境研究所所长；国际项目开发公司资深顾问、伦敦石油俱乐部成员、日内瓦石油俱乐部成员、国际石油谈判家协会（AIPN）成员、《世界能源法与商务杂志》国际编委、美国莱斯大学詹姆斯·贝克第三公共政策研究所能源论坛客座研究员；中华能源基金委员会高级顾问；华东师范大学—国家开发银行国际关系与地区发展研究院兼职教授、博士生导师。

1983 年以来，在石油工业部门从事国际油气地缘政治、跨国油气投资与合作、国际油气市场与公司战略以及世界能源政策等领域的研究与咨询工作，为国家和中国石油集团完成近百项科研成果，主要专著有《新世纪的油气地缘政治》（1998 年）、《石油龙的崛起——对中国和世界意味着什么》（英文，2002 年）和《现代市场经济》（1993 年）；主要译著有《石油俱乐部的女王》（合译，2010 年）和《沙漠黄昏——即将来临的沙特石油危机和世界经济》（主译，2007 年）；近 10 年来在国际能源工业领域完成英文论文和演讲 30 余篇，中文研究报告和论文 50 余万字；近 15 年来主持和参与了中国石油天然气股份公司重组上市、中国石油集团国际化经营、中国海洋石油总公司可持续发展和国家能源局有关国际合作事务等系列研究与咨询工作。

自　序

　　摆在读者面前的这本著作不是长篇感言，不是专题报告的合成，也不是一般的理论著述，它是对 2000 年以来全球油气竞赛的系列思考，是对作者28 年来从事国际油气问题研究、咨询与交流的提升与发展，也是作者直接参与国际油气工业活动和若干实践的阶段性总结；此外，本书也是对《新世纪的油气地缘政治》（1998 年）和《石油龙的崛起》（英文，2002 年）读者的一个回报。

　　本书试图展现 21 世纪第一个十年全球油气领域所经历的重大变迁和思索：21 世纪人类为何而战、而争、而诈、而赛？各地缘政治区为何如此不平衡和相互角力？崛起中的中国石油需求由 1999 年的 2 亿吨迅猛增长到 2010 年 4.28 亿吨以上，对外石油依赖度达到 55％。2010 年中国的石油需求约占全球石油总消费量 10％强，预计将以 3％的速度增长，到 2030 年达到 25％左右。为此，中国必然加速参与全球油气资源的竞合过程。那么，今后中国将如何参与全球油气竞赛，能否和如何与世界和平共处？中国与其国家石油公司该如何选择未来的发展道路和发展方式？对于这些问题，没有现成的答案和清晰的理论可以解析。在此，作者以个人的观察、分析和判断，以较活跃的论述方式，与读者共同探索现阶段全球油气竞赛的局势、角力中的理性思维和未来情景。

　　为了便于读者快速阅读，作者建议读者在浏览目录之后先读开篇之作，再看结语。如有兴趣，再逐章或择章阅读。对于熟悉作者的读者不妨轻松一读后记与致谢。

开篇之作主要展示作者思索的由来和对系列基本问题的思考与判断，试图回答石油是什么？为何油气地缘政治权力之争和全球竞赛不止？中国的崛起为世界带来了多大的冲击以及现阶段理论的局限性。这一开篇旨在为本书搭建一个讨论的框架或舞台。之后，本书共分五个部分、十六章的篇幅对全球油气竞赛进行写实、分析和判断。

第一部分两章主要展示全球油气竞赛的总图景；第二部分以八章的大篇幅，针对各油气区的特点，深入考察和分析不同地区和国家的油气发展特点、国家政策取向和国际竞争的过程和结果，反映地区内部和地区之间为争夺油气资源而相互角力的动因和影响；第三部分仅一章论述国际石油公司结构重组，尤其是国家石油公司的兴起所带来的变化、西方国际石油公司的新竞争战略和新型的石油伙伴关系；第四部分仅一章集中探讨国际油气竞赛规则的变化过程、面临的挑战和变化趋势；第五部分以四章篇幅分析中国全面参与全球油气竞赛的不同方式，参与地区和全球能源治理体系建设和中国国家石油公司面临的选择。最后一章为结语，对本书以上五部分的考察、分析和判断进行总结。五份附件是必要的参考资料和珍贵的参考文献。

本书以石油和天然气（简称油气）这两大特殊商品为研究对象，以全球油气大竞赛为背景，考察全球、重点地区和重点国家以及石油公司在竞赛中的角色、作用、战略和互动。这里的"竞赛"或"大竞赛"是一个反映全球油气竞争、合作、博弈和风险的综合概念。在研究中，本书从油气地缘政治学的角度考察现实中的事实、事件和数据，以此为基础，进行理性分析和判断。所运用的理论基础和方法是地缘政治的有关理论和空间分析的方法、国际关系理论中的国际合作理论、博弈论和油气工业发展规律和理论。这里作者暂称为竞赛理论。本书涉及国际油气竞争和合作中的哲学、法律、财税、国际政治、经贸、跨国投资、油气地质、勘探开发技术、管道运输技术经济和跨文化合作等领域，综合反映了作者过去 10 余年在国内外从事国际油气投资合作中多学科、跨领域的研发、咨询和运作中的认识、经验和探索分析，也吸收了作者周围专家和同事的智慧和经验。希望这些探索和分析对于海内外读者思考全球油气战略问题，思考和分析中国所面临的全球环境和战略决策有所裨益。

目　　录

3

21 世纪为何而战？

一　思维的起源

在人类进入并走完 21 世纪第一个 10 年之时，我们环视这个我们赖以生存的星球，感到她在发展，也在挣扎和呻吟，甚至在发威、暴跳。五大洲的不同人种或在贫困中挣扎，或在肆意发展，或在转型中延续。不同肤色的民族都有自己的追求和梦想，但是共同面临着耕地危机、水资源危机、粮食危机、石油危机、生态危机和金融危机，等等，只是程度不同地出现在不同发展程度的国家、地区、领域和人群。耕地危机和水资源危机更多地出现在生态恶化的发展中国家，金融危机源于贪婪无度的发达国家的金融城，继而肆虐于全球；而石油危机，则不论贫穷地区或富裕地区，也不论发达或欠发达，都普遍面临着。不过在欠发达地区和国家，主要表现为能源贫困或"资源诅咒"；① 在发达地区和国家则表现为过度消费或新的油气污染。

---

① "资源诅咒"指资源开发与经济社会发展之间的悖论。这一问题将在第六章作深入的研究。

现代石油工业，[①] 如果从美国德雷克上校的第一口油井算起，迄今已有 152 年历史。[②] 在第二次世界大战后，随着世界经济的发展，特别是发达国家和新兴经济体的带动发展，全球石油消费占据了全球能源消费的主导地位，到 20 世纪末达到顶峰。发达和相对发达地区的人们的生产和生活方式对石油形成了如此严重的依赖，以致 1973 年和 1979 年两次石油危机的爆发一度把世界经济，首先是发达地区的经济推向了深渊。虽然发达国家集团如"经济合作与发展组织"（OECD）于 1974 年成立了国际能源署（IEA）来应对石油供应中断，但是没有从根本上解决当今石油危机的根源，即衰老的石油供应与年轻的石油需求之间的矛盾。[③] 人们现行的石油消费方式越来越受到质疑。更值得忧虑的是，2010 年世界石油产量是否达到了顶峰，发展中国家的石油消费能否转型，特别是中国和印度的石油消费能否得到满足和持续。[④] 客观的事实是，过度依赖石油的生活方式难以持续发展，但是，离开石油，失去了石油的延伸产品，或恐寸步难行。况且，随着科学技术进步和人们对地学认识的加深，人们感到尽管现在已经消费掉了已知常规石油储量的三分之一，但是，其余的石油储量和提高采

[①] 在本书中，统称的石油系 Petroleum，包括石油和天然气两类烃资源，与本书广泛使用的"油气"并不矛盾。

[②] 这里的"现代"钻井以机械井为标志。其实，非机械钻井的规模化石油生产可以追溯到 1829 年巴库周围 80 多处的石油开采。

[③] 根据已故美国石油投资银行家马修·西蒙斯先生的《沙漠黄昏——即将到来的沙特石油危机和世界》（华东师范大学出版社 2007 年版）的论述，目前世界 60.％的石油供应依靠的是具有 50—60 年开发历史的大油田，油田衰老特征日益明显；而世界的石油需求依然蒸蒸日上，而且主要来自迅速发展中的国家，呈现十分年轻的特点。两者的矛盾是供应越来越难以满足日益增长的石油需求。1996 年本书作者特别邀请西蒙斯先生来上海作第二次西蒙斯演讲，他集中论述了这一观点，并在给本书作者的《沙漠黄昏——即将到来的沙特石油危机和世界》（英文版）赠书上特别写上"供应太衰老，需求太年轻"的核心论点。

[④] 石油顶峰论是科林·坎帕贝尔等人的论点，主要认为 2010 年左右世界的石油产量将达到顶峰，并维持其高峰平台（见 C. J. Campbell, The Coming Oil Crisis, Multi - Science Publishing Company & PetroConsultants S. A. 1988）。这一派观点受到科技进步论的反对（见马修·西蒙斯《沙漠黄昏——即将到来的沙特石油危机和世界经济》，华东师范大学出版社 2007 年版，第 438 页）。但是，后者并不否认高峰平台的出现，只是认为考虑到非常规油气资源，其高峰平台可能推迟到 2030—2040 年。

收率（EOR）的潜力依然为世界经济和社会发展（包括目前石油政治的演绎和人们的石油消费）提供上百年的发展前景，再考虑到深海和超深海的油气资源潜力，考虑到规模巨大无比的非常规油气资源（页岩油、页岩气、致密气、致密油、油砂、超重油、天然气水合物，等等），足以为人类的未来可持续发展提供美好的前景。可另一个问题是，这些不可再生的烃资源的分布极不平衡，消费也极不平衡，不可再生性和难于获取的程度更加突出。因此，不管用何手段，获取和拥有油气资源，就是拥有世界上最为稀缺的财富、最可显耀的权力和难以打破的优势。这些特点在20世纪50—70年代开始得到体现，而现在则表现得更加复杂、综合和具有全球竞赛和博弈的特征。因此，石油战争不仅依然存在，而且在21世纪更多的表现为对抗、冲突、威慑、博弈和风险扩散，局部的军事战争难以避免。即使在大国政府首脑或国家元首握手之间，在达成石油和天然气合作协议的前后，有关各方仍然深藏激烈的不乐、怒视、翻脸、控告，还有联合对抗、欺诈、密谋、战略联盟、诉诸于严酷的条款和法律诉讼，等等。总之，石油竞争和合作过程是一场场没有硝烟的冲突、对抗和巨大风险的博弈过程。

作者于1998年和2002年世纪之交分别完成对新世纪油气地缘政治的建立和分析，面对进入新世纪的世界，提出了"石油龙"（中国的石油需求）的崛起对世界的影响。通过参与国内外有关油气项目的咨询活动，经过2008年全球性金融危机的洗礼，作者感到：我们的世界仍在为石油而战，虽然大规模的石油战争难以爆发，却明显地表现为主要油气供应国和消费国、国际石油公司之间和石油交易商之间的竞赛、博弈和角力。

为了冷静考察这一场场发生的油气战，作为一种理性的思维，作者不得不思考：石油是什么？石油有哪些基本属性？是否可延伸和变化？21世纪以来全球油气格局出现了哪些新的因素和挑战？特别是中国的崛起，迫使中国不断增长的石油需求与周边国家和整个外部世界的石油贸

3

易、投资、运输和治理等方面紧密相连，不论是合作，还是竞争，都使中国的石油问题同时变成世界的问题。那么，中国与世界该如何共同应对？作者找寻现有的理论视角来分析我们所面对的问题。然而，面对亲历的现实，主要是新的全球油气格局的失衡，已有的相关理论显得如此离散和苍白。作者没有清晰的答案，但是，必须在开篇之中对这些问题进行深入的思考。

二　石油的属性

石油为何物？在这里我们不必重复它的物理属性和化学特性，也不去论述它的工业价值。作为石油工业的从业者和油气地缘政治学者，作者更多地感到：石油是不断被发现的化石能源，石油是特殊的商品，石油也是地缘政治权力之源。这些石油属性从三个方面反映了石油在现代社会的特点、角色和作用。

（一）石油是不断被发现的化石能源

石油作为化石能源具有不可再生的天然属性。但是，它深埋于地下几十米到万米，地质储量极为丰富，但是分布极为不均。人们对石油可以"不断地被发现"这一属性的认识是有限的。地质家确实比常人具有更专业的知识，但是受限于已有知识和技术，往往难以发现新的油气田，即便这些地质家就在巨型油田的周边，也得出过诸如科威特没有大油田的结论。这些情形总是不断地出现，致使美国石油地质家华莱士·普拉特（Wallace Platt）在 1952 年 67 岁高龄时在美国石油地质学家协会（AAPG）杂志上发表了《探寻找油的哲学》一文。他指出：人们通常以老的观念在新的地区发现了石油，也在老的地区以新的观念发现了石油。但是，很少在老的地区以老的观念找到大量的石油。过去不知多少次地质家认为再也找不到石油的地方，事实上并不是没有石油，而是我们再也没提出什么找油的新观念和新设想了。这位美国资深地质家继而一言以蔽之，未来"首先找到石油的地方是在人们的脑海里","如果没有人相信有更多石油有待去寻找,那就不会有更多的油田被发现"。[①] 60多年来,这位"历尽沧桑的老人"的话常常在所有找油人的脑海里响起,激励一代代石油勘探家取得了以后系列油气发现。近20年来世界经历了里海卡沙甘的发现、库尔曼加兹的发现,巴西深海盐下的持续大发现和加纳的海上发现,以及由于技术进步推动的页岩气等非常规资源大规模开发,都是石油这一属性的最好证明。这也是石油因这一属性而带来的神奇和诱人之处。因此,掌握这些技术和经验的人们总是不停地圈地勘探,一旦发现,便打开了石油财富之门,也立刻启动了围绕石油的大竞赛过程。

(二)石油是特殊的商品

石油一旦被发现,经过勘探开发形成生产能力,便可产出原油,进入市场,成为商品。但是,石油一旦生产出来就不是一般的商品,而是特殊的商品和大宗交易品。其特殊性就在于石油的稀缺性、分布不均、高需求性、战略性和垄断性。因此,谁掌握了石油,谁就掌握了财富增长的动力和现代工业与社会生活的"血液";而谁掌握了现代工业和现代社会的"血液",谁就拥有政治权力和博弈的资本。随着石油产业链的不断延伸,特别是原油、石油产品和石油化工产品市场的延伸,石油的金融属性也得到了延展。石油美元、石油股票和衍生产品不断开发和工具化、虚拟化,使得一个投资银行操盘手可以通过这些工具和美元汇率的变化来影响石油的流向、流量和市场波动,令油气资源的所有者、交易者和消费者胆战心惊。因此,任何国家的最高决策者、大石油公司和交易商都不得不高度关注石油和天然气产业,不得不投入巨大的精力,通过种种手段去拥有、博弈和角力,争取赢得竞争和博

5

---

① Wallace E. Pratt, AAPG Bulletin; December 1952; V. 36; No. 12; pp. 2231—2236. 中译文发表于《油气勘探译丛》(钱凯译,李国玉校),1984年第一期,重载于李国玉、金之钧《新编世界含油气盆地图集》第二册,石油工业出版社2005年版,第751—754页。原中译文为《找油的哲学》,经核对,有多处翻译不妥之处。为了使国内业内人士更准确地理解这份内涵丰富的经典之作,2011年6月19日作者请窦红波协助重译此文,并定名为《探寻找油的哲学》(见《石油商报》2011年7月27日科技视野版全文)。

弈中的优势。

（三）石油是地缘政治权力之源

不论是石油的生产者、过境者、运输者、交易者和消费者，只要这些人掌握了石油的生产、运输、交易和消费过程或其中的任一环节，都代表其不同程度地拥有石油财富，具有地缘政治博弈的权力，获得"安泰"式的力量之源。在20世纪50—70年代，西方的国际石油公司（IOC）拥有蛮横一时的权力和资本就在于他们掌握着一批油气资源国长期特许经营的权力和地下的油气资源。而欧佩克（OPEC）的诞生代表着一批产油国从这些国际石油公司手中夺回了销售和定价等部分权力，使欧佩克成为世界石油市场的新权力中心。

自1960年以来，世界产油国不断诞生，各国的石油和天然气产储量地位相继变化，他们的政治经济权力也随之变迁。美国的常规石油年产量在1970年达到了5.33亿吨的顶峰之后一直处于持续下降的态势，使得美国对国际石油的依赖程度不断提高，到1997年达到60%以上。但是到2010年后，由于美国国内石油消费水平下降，页岩气资源开发取得重大突破，美国的石油进口比例开始下降到50%以下。同时，天然气产量回升，并具有出口的能力，使其找回了昔日失去的石油权力。俄罗斯在原苏联解体后经过10年的恢复，国内石油产量稳步回升。2010年俄罗斯基本恢复到了5.05亿吨/年石油产量和5889亿立方米天然气产量，挑战沙特阿拉伯，傲视四周的产油国，并利用对油气出口主干线和中亚过境管道的控制力，控制周边的过境国和消费国，具有极强的地缘政治影响力。欧洲是一个巨大而稳定的石油和天然气消费市场，长期以来受制于俄罗斯的油气供应。70年代后随着北海油气开发，特别是进口的多元化，提升了本地区对油气资源的运作能力，形成了一定的反制约能力。中国是一个产油大国，同时更是一个油气消费大国，1993年后对国际石油的进口依赖程度不断提高，2010年达到了55%，必然追求境外油气资源。经过过去十多年的努力，国内外的油气供应能力逐步增强，形成了本国工业化的动力和对国际资源的获取能力。可见，大国的油气地缘政治的权力和参与全球油气竞赛的能力来自他们对石油和天然气的现实控制力。

正是以上的石油三大属性使石油成为全球油气竞赛的目标，不管各国以什么方式和角色去角逐；也成为全球地缘政治格局演化的原因，不管达到了什么程度。所有的油气利益相关者都难以脱离这场博弈和角力。

三 油气地缘政治格局的演变

地缘政治学家一直强调，世界是一个紧密关联的整体，是"一个巧妙结合而成的机制"。[①] 油气资源具有鲜明的地域和空间分布特征，必然与地缘政治的视角、方法和有关理论结合，特别是对石油权力的争夺、维护和均衡具有鲜明的地缘政治特征。这是地缘政治走向"油气地缘政治"的基本原因和必然结果。在作者看来，全球油气地缘格局、政治权力和竞赛规则是不断变化的。全球油气竞赛面临着诸多机会、不确定性和风险。善于选择者为优胜者，将得到巨大的奖赏；而疏于选择者为失败者，必然要付出巨大的代价或承担巨大的风险。

将20世纪90年代末作者在美国、欧洲和中国对油气地缘政治的初步研究成果与近10年的情况相比，全球油气竞赛格局出现了系列重大变化。

（一）石油心脏地带和需求月牙形地带的演变

从地理上说，从马格里布以东到波斯湾、里海、西西伯利亚、东西伯利亚，直至俄罗斯的远东地区是一个巨大的油气资源蕴藏带与供应带。这一地带的天然气的剩余探明储量占世界总量73%，石油的剩余探明储量占65%以上，堪称欧亚非大陆"石油心脏地带"。[②] 这一地理特征对于常规油气资源来说依然不变。

---

① 杰弗里·帕克著，李亦鸣、徐小杰、张荣忠译：《二十世纪的西方地理政治思想》，解放军出版社1992年版，第2—3页。
② 徐小杰：《新世纪的油气地缘政治》，社会科学文献出版社1998年版，第34页。

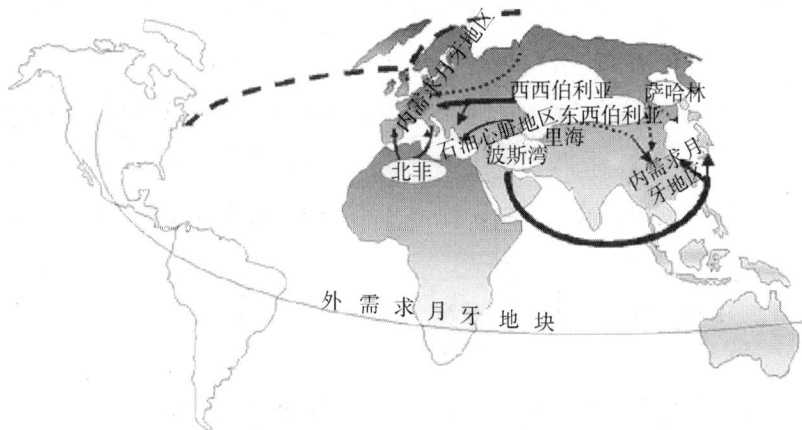

图 1　油气地缘政治与地区能源连接

　　"冷战"结束后和原苏联解体以来，世界油气地缘政治格局发生了第二次世界大战以来的第一次重大变化。在"冷战"时期，上述"石油心脏地带"被东西方势力分割成为若干个地区性的供应中心，如中东地区被西方势力控制，里海中亚成为原苏联的"南方"原料供应地。"冷战"结束后，特别是中亚和高加索国家的独立以及俄罗斯自身的对外合作，这些地区成为世界新的油气供应中心，并与波斯湾和西伯利亚连成了一个巨大的石油供应地理带，组成"石油心脏地带"。

　　这一变化对世界油气投资、贸易、价格具有重大影响，实际上确定了"冷战"结束后欧亚油气地缘政治的基本格局。俄罗斯、中国、欧洲以及美国等世界大国和地区势力与这个"石油心脏地带"紧密相关，并对这一地带具有越来越大的依赖和影响。

　　围绕着这一心脏地带，在其东边和南边的中国、日本、韩国、印度以及东南亚地区形成了一个巨大的石油"需求月牙形地带"，也就是亚太地区油气需求地区市场；而在心脏地带的西边，即欧洲地区形成了西边的"需求月牙形地带"。中国既是东边"需求月牙形地带"的核心，又直接连接着心脏地带，是心脏地带油气通往亚太地区的陆桥，处于一个极为重要的地理位置并扮演着重要的地缘政治角色。[1] 图 2 仅展示中国、俄罗斯、欧美和日本与中亚地区油气供应的关系和各自的重要地位。这个地缘政治几何图描述了中亚油气大对抗中的诸多三角关系和不同的作用；中国处于六个三角关系之交，具有极为独特的作用和发展机遇。[2] 中国西进的石油战略必然面临处理这些复杂的权力关系。

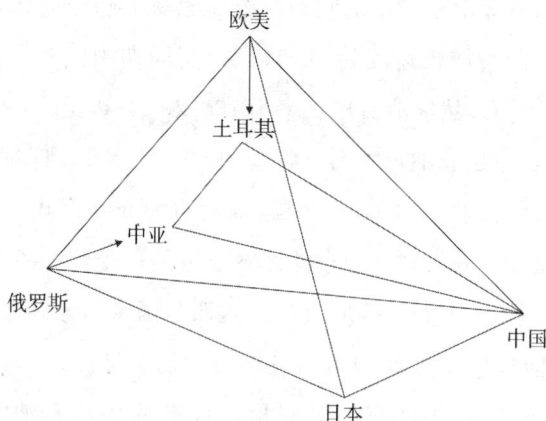

资料来源：徐小杰，1997 年。

图 2 中亚地缘政治几何图

然而，经历了 21 世纪第一个 10 年的发展，以上油气地缘政治版图发生了如下新的变化：

一是，石油心脏地带中的波斯湾地区依然具有最突出的油气资源地位，常规油气储采比最高，而且具有突出的剩余产能（主要集中在沙特阿拉伯、伊拉克、伊朗、科威特和阿拉伯联合酋长国等）。根据有关专家的分析，2025 年前欧佩克的石油增长空间比非欧佩克国家具有明显的优势。[3]

9

---

① 徐小杰：《新世纪的油气地缘政治》，社会科学文献出版社 1998 年版，第 35 页。

② 同上书，第 41 页。

③ 吴康：《全球能源展望：欧佩克仍将主导全球石油供给》，在中国社会科学院世界经济与政治研究所"第 2 届能源专家圆桌会"上的演讲，并发表于《第一财经日报》2011 年 6 月 13 日；英国石油公司：《2030 年世界能源展望》（公司网站发布）。

在今后 5—10 年内最明显的增长将来自伊拉克。按照目前该国对外招标和合作计划，至少在今后的 5—6 年内年产量将由目前的 1 亿吨提高到 3 亿吨。① 但是，在非欧佩克地区，里海地区、巴西海域和几内亚湾也展现了良好的发展势头。在今后 5 年内，巴西的石油产量翻番到 300 万桶/日甚至更高的水平是有资源保障的。

二是，需求月牙形地带中的欧洲对石油的需求趋于成熟和下降。近 10 年该地区的石油消费增长速度为 - 0.16％，而同期中国和印度的石油需求增长为 6％和 4％，天然气消费增长率为 16％和 8％以上。② 有关专家预计，在未来 10 年内，中国石油消费需求将增加 50 万桶/日，即每年 2500 万吨。印度石油需求每年大约增加 12.6 万桶/日，约为 600 万吨。其他的亚洲国家每年大约也增加 600 万吨。中东地区本身也是一个较大的石油需求中心，约 30 万桶/日，每年约增加 1500 万吨。这四个国家和地区加起来，相当于 100 万桶/日，即每年要增加 5000 万吨的石油消费量，其中中国约占 50％。相比之下，在过去 10 年左右的时间里，日本的年均石油需求量下降了 6000 万吨，消费总量由最高峰的 2.8 亿吨降到 2010 年预计的 2.2 亿吨。③

三是，处于需求外月牙形地带的北美对石油的需求处于饱和，近 10 年石油消费下降 0.17％。金融危机以后需求明显下降。美国的对外石油依存度逐步下降。④

四是，除了以上常规油气供需变化外，近 10 年来，北美地区的非常规天然气开发速度明显加速。2000 年美国的页岩气产量仅为 101 亿立方米，2009 年却达到了 900 亿立方米，2010 年上升到了 1300 亿立方米。这一产

---

① 如果考虑到伊拉克未来出口设施的建设，其产量水平有可能更高。伊拉克政府预计 2017 年年产量可达到 6 亿吨。国际石油公司认为，这一生产水平过于乐观。见本书第八章第三节对伊拉克石油资源潜力的分析。

② 根据英国石油公司 2011 年全球能源统计中 2000—2010 年的数据计算，参见本书第一章第一节。

③ 吴康：《全球能源展望：欧佩克仍将主导全球石油供给》，《第一财经日报》2011 年 6 月 13 日。

④ US Energy Information Administration, Energy Review Monthly, May 2011, p. 45.

量增长趋势不仅改变了美国的天然气供应状况和能源结构，而且使北美成为全球非常规天然气开发和生产中心，挑战传统的石油心脏地带，特别是俄罗斯的天然气地位。[①]

五是，深海和极地地位上升。目前美国墨西哥湾的石油产量达一亿吨以上，占国内总产量的三分之一以上。在今后五年内，由于盐下资源的贡献，巴西深海石油产量可能出现翻番，达到300万桶，甚至更高的水平。同时，里海、西非和北极海域的油气资源潜力巨大。深海和超深海的油气开发已经成为势不可当的方向。

这些油气地缘政治版图的变迁使得诸多油气资源国和消费国不得不调整各自的油气发展战略和政策。首先，俄罗斯作为最大的非欧佩克产油气大国，处于石油心脏地带的核心区，正在极力维持和提高本国的油气产量，同时向海域，特别是北极海域延伸；中亚地区在确保周边油气供应安全的同时，加强石油外交力度，为油气出口合作创造良好的双边和多边关系。其次是中国和印度的油气勘探开发方向在由中东地区边缘向波斯湾地区的核心区（特别是伊拉克和伊朗等）突破，同时由北非地区向西非地区、由南美的委内瑞拉向巴西延伸发展。通过油气合作，中国逐步提高了获取国际油气资源的能力。而美国正在争取减少对石油的过分依赖，减少石油需求增长，积极推动非常规油气开发的步伐。总之，石油心脏地带内部资源集中化，全球油气资源出现板块化，深海、非常规资源挑战传统油气供应和消费结构，这一趋势向人们展示了"冷战"结束后世界油气地缘政治格局的第二次重大变化。

（二）新油气权力中心的出现

"冷战"结束后，特别是在20世纪90年代，出现以上包括俄罗斯、中亚和中东地区在内的地缘政治空间的变化，同时，上述地区加上南美和亚太地区的油气资源国普遍采取私有化和对外开放的政策，给世界展示了巨

11

---

① 2009年美国的天然气总产量超过了俄罗斯，见 BP Statistical Review of the World Energy 2011, p. 22。

大的合作空间。但是，进入 21 世纪后，随着 2003 年后国际油价持续上升，一些油气资源国开始反思 90 年代的对外合作政策，感到无论在地位上还是利益分配上都处于不利的地位。因此，这些国家逐步开始调整对外合作政策和合作模式，对过去几十年来的油气合作模式提出了挑战。

第一个组别是委内瑞拉、厄瓜多尔和玻利维亚三个南美国家，在"左派"领导人的统治下，自 2006 年后开始大幅修改 20 世纪 90 年代与外国石油公司达成的合作协议，推翻了 90 年代盛行的石油私有化、外包和外国公司控股下的合同模式，提出以本国为主导的合资模式。比如在委内瑞拉，查韦斯政府决定将原来的委内瑞拉和外国公司三七开有利于外方的合资模式调整为七三开的合资模式，并以原来的资产价格收购外国石油公司的资产，对所有外国石油公司在委内瑞拉的投资形成了巨大的冲击。为了生存和发展，许多非西方的外国石油公司基本接受了委内瑞拉政府的政策调整意见，但是，埃克森公司、埃尼集团和康菲石油公司则提出了法律诉讼，并在 2011 年初才得到折中的裁决。可见，这三个国家在南美地区以政策调整首先形成了突出资源国利益的新的油气权力中心。但是，在 2005 年、2008 年和 2010 年，巴西在深海和陆上相继获得较大油气发现，石油产量将稳步上升。卢拉领导下的巴西政府没有走委内瑞拉的极端的资源民族主义道路，但是在南美地区出现了一个相对分离的油气权力中心。

第二个组别是中亚地区。1991 年后，随着中亚国家逐步对外开放，国内油气产量迅速恢复与上升，加上国际油价的上升，使得中亚产油气国家有能力对原来不合理的油气运输通道、运费、价格机制和合作框架提出挑战。首先，在西方支持下建设从巴库到杰伊汉石油管道，将里海的石油直接运往地中海，打破了俄罗斯对该地区的完全垄断；哈萨克斯坦与中国建设通向中国的石油跨国管线，土库曼斯坦、乌兹别克斯坦和哈萨克斯坦与中国合作建成了从土库曼斯坦到中国的中国—中亚天然气管道，打破了俄罗斯对土库曼斯坦天然气出口的长期垄断局面。其次，他们提出了重新谈判油气出口价格。天然气价格从原来的 40 多美元/千立方米，逐步提高到

80 美元、100 美元和 230—250 美元，逐步靠近欧洲价格。因此，中亚三国实际上形成了摆脱俄罗斯完全垄断的油气权力中心。

第三个组别是非洲重要的油气资源国。与前两个地区和资源国略有不同的是，对外合作、私有化模式仍然是目前非洲油气政策的主调。但是，近几年来一些资源国不仅欢迎外国公司参与上游资源开发，同时要求外国石油公司参与下游开发，把参与下游开发作为参与上游合作开发的条件。同时，强调外国技术、管理和经验当地化，培养本国人的经营能力，逐步把管理权由外国公司转移到本国。这些变化主要发生在尼日利亚、安哥拉、阿尔及利亚、利比亚等一系列比较大的资源国，形成了一群新的油气权力中心。虽然非洲国家的这些要求并没有得到许多西方石油公司的积极回应，但是这些新的油气权力中心对西方与非洲的合作模式提出了挑战，使全球油气权力更加多样化了。

（三）前沿领域争夺升级

根据西蒙斯的分析，世界现有的石油产量主要来自具有 50—60 年开发历史的大油田。其中主力油田已经非常成熟、老化，产量递减明显。根据包括美国石油地质家协会在内的多家国际权威机构研究，世界的常规石油产量已经达到顶峰，在维持一个时期的高峰平台之后将不可避免地趋于下降。[①] 但是，如果考虑到非常规石油资源，那么世界的石油高峰产量可能推迟到 2030—2040 年，从而可以维持较长的高峰生产平台若干个十年。[②] 这些石油增长趋势可能是全球共同面临的前景。在这一前景下，各油气资源大国和消费大国都在加强对国际油气前沿区域和领域的争夺。

这里所说的油气前沿地区是指沙漠深处等新内陆石油开发区、东西伯利亚无人区和萨哈共和国等未开发地区、北极海域和深海与超深海；而前沿领域是指重油、油砂、页岩气、致密油、致密气和煤层气等诸多非常规

13

---

① 这是科林·坎帕贝尔和马修·西蒙斯等石油峰值论者的基本判断。
② 这是美国石油地质家协会研究大会的主要观点，与美国剑桥能源研究咨询公司的观点基本一致。

油气资源。这些地区和领域已经成为国际石油公司的战略目标。目前，围绕着北极地区航道和油气开发问题，已经在美国、加拿大、俄罗斯、北欧一些国家之间产生激烈辩论和争夺。[①] 沙漠深处、内陆无人区、深海成为各国对外合作的重点。非常规油气开发技术和经验目前基本由美国和加拿大垄断，尚未向中国和欧洲等地区扩展。相比之下，中国在所有这些领域的活动甚少，非常规油气开发处于起步状态，深海油气开发刚刚起步。2011 年 5 月 23 日，中国海洋石油总公司 981 深海半潜式钻井平台和后来的深海铺管船 201 的下海显示了中国向深海进军的战略计划和实力。未来中国的南海可能成为中国和周边国家油气开发的前沿地区，周边国家对南海领海边界诉求不断升级。围绕深海油气开发权的争夺剧增。

四　全球油气秩序和挑战

在 20 世纪 50—70 年代，以西方国家和西方的国际石油公司为主导的国际油气治理是有一定秩序的，只不过是一套对于广大的油气资源国来说欠合理的秩序。石油国有化和欧佩克的产生打破了西方国际石油公司为主导的油气治理秩序，至少是从西方阵营里夺回了石油勘探开发权、石油出口权和定价权。到 20 世纪末，国际上盛行的西方国家和石油公司熟悉的国际石油秩序和惯例（如产量分成合同、稳定的税收条款和合作比例等）被资源国大幅修改。1973 年第一次石油危机后，西方发达国家成立了国际能源署，对发达国家应对石油供应中断等问题，制定了一套紧急措施和防范机制。在欧洲，为了保护天然气进口国和过境国的利益，1991 年提出了欧洲能源宪章，1998 年进一步发展为能源宪章（ECT），2000 年后逐步将能源宪章有关投资、贸易和过境运输协定国际化。

---

① 北极地区在西方的地缘政治中称为高北地带（High North），已经被加拿大、美国和挪威高度关注。这方面的权威文献库是挪威防卫研究所的"高北地缘政治"（http：//www. geopolitic-snorth. org/）。

2000年11月，欧佩克中的产油大国沙特阿拉伯看到了加强能源供应国与消费国之间协作的重要意义，提出设立国际能源论坛（IEF）和在沙特阿拉伯设立永久秘书处的提议，以形成全球性的能源论坛，作为能源消费国与能源供应国之间开展对话和合作的平台。

所有这些机构与国际金融机构（世界银行和国际货币基金组织等）、世界贸易组织以及地区性和行业性的组织一起为维护国际油气秩序作出了贡献。但是，在过去的10年里，这些机构和他们的工作原则和机制受到了冲击。比如能源宪章受到了俄罗斯的否定，现行的行业惯例和合作模式受到资源国民族主义政策的挑战。资源国和发展中国家要求修改国际油气秩序规则，而发达国家的非政府组织还提出了采掘业透明度倡议（EITI）和资源开发中的问责制。世界油气秩序开始出现不平衡。

五 中国崛起后的茫然

中国的崛起是21世纪的一个重大事件，也是30年改革开放的必然产物。在这30年来，中国石油工业大体经历了三个发展阶段：

20世纪80年代最初几年，中国石油工业经历了短暂的徘徊，在中期出现了短期大幅增产。随后进入了缓慢的增长期，石油进口开始持续增长。到1993年中国成为净进口国，意味着中国国内石油需求迅猛增长，大大超过了国内的供应能力，中国进入了利用"（国内外）两种资源和（国内外）两个市场"的新阶段。1993年后中国石油集团和中国海洋石油总公司开始跨出国门，参与国际油气勘探开发活动。

从2000年开始，中国石油集团的国外业务形成规模，中国石化集团和中国海油的国际化经营逐步跟进。但是，国内石油消费快速增长，供需缺口不断扩大，对外石油依赖日益增大，环保压力日益严重。至此，国家除了更多的进口和石油公司借此机会加大海外投资外，似乎没有别的解决方案。中国的石油问题（如海外供应安全、主渠道与多元化、石油节约和利

15

用效率、环境保护、循环利用、气候变化、石油透明度、企业社会责任和国际责任等）不断涌现。而且这些问题既是中国的问题，也是世界的问题；如果中国解决不好，世界会遭殃。

应该说，世界没有充分认识中国的崛起，不仅如此，连中国人自己也没有充分认识自身的崛起和影响。比如在 2005 年前国内普遍的认识是，中国的油气需求是中国人自己的问题；世界石油价格的波动是外部世界的问题，与中国无关。

2008 年全球经济危机之后，世界政治与经济进入了一个新阶段。中国、印度、巴西和南非等国家的崛起越来越冲击着全球现有的油气秩序，特别是中国石油供需缺口加大，对外石油依赖日益加深。同时，国家石油公司的国际化经营规模和能力也进一步扩大和提升。到 2010 年，仅中国石油集团的海外勘探开发业务就达 80 个项目，遍布 29 个国家，作业产量达到 7000 多万吨。这一发展趋势加上其他石油公司的发展，直接冲击着西方国家既定的油气治理格局、所谓的竞争与合作规则和地缘战略格局，使西方政府和公司难以适应。

经过金融危机的洗礼，中国的油气消费依然持续，同时，中国石油公司更有资金实力和自信了。但是，对于国家来说，至今中国油气安全问题仍然没有一套综合的解决方案，自然也就没有相应的油气发展战略。除了石油和天然气的直接进口外，中国没有国际油气贸易体系；虽然近 10 多年来，中国石油公司的对外投资形成规模，但是这些直接投资在多少程度上解决了国内的油气供应安全问题，尽管大多数中国石油公司都打着维护国家石油安全的责任？通过调研可以看到，中国参与国际油气资源竞争与合作，只有模糊的目标、不断投出的美元和石油公司所掌握的油气资源。对于国家来说，并没有油气供应安全战略方案。

六 "灰色的"理论

回顾过去 20 年的发展历程，人们可以看到中国参与全球油气竞赛过程和实践缺乏应有的理论支持，以致目前国际化的实践背后充满着差异、冲突、矛盾和风险而无人领会。

（一）为何缺乏理论

从目前国内有关国际合作的分析看，暂时找不出比较系统的理论概念和理性分析。石油公司在"干"，国家在"看"，学界在"跟"。以中俄油气合作为例，综合目前国内有关中俄油气合作的主流研究成果，多数理性分析主要基于以下三个原则：

一是中俄战略协作伙伴关系。这是两国元首根据原苏联解体和"冷战"结束后国际形势和双边关系的变化，对中俄外交关系的定位。这一定位明确了1996年后两国关系的基本性质，但是，自1996年以来，中国与世界多个国家发展了类似的战略合作伙伴关系，尽管2011年6月胡锦涛访问俄罗斯时将中俄战略协作伙伴关系提升为全面的战略协作伙伴关系，仍无法展示中俄战略协作伙伴关系的独特性。

二是两国战略利益的互补性。这种互补性在"冷战"结束后具有明显的特征，其中油气供需的互补性不言而喻。但是，这种互补性仅为中俄油气合作的一方面，另一方面是近几年不断出现的差异、矛盾和冲突。后者已经越来越发展成为中俄油气合作不可忽视的重要特征。

三是双赢互利的普世原则。互利双赢是合作双方的愿望和期待，也是许多合作的现实基础。零和博弈和合作是难以发生和持久的。但是，这一普世原则在现实生活中的表现是具体的。其现实存在可能是单赢少利或少赢薄利，也可能是近薄利、长赢利。出现这些区别的原因就在于双方合作战略地位和诉求的变化。因此，简单的双赢互利本身不能解决两国绝对利益和相对利益之间的差别和博弈过程。

在过去20年的实践中，以上三个合作原则对于中俄油气合作提供了决策支持。但是，这三大原则（且不说自身存在发展和补充问题）都不是理论研究本身。三个原则不完全反映中俄双边合作的规律、特征、变化和趋势，不能反映大量的内在关系和本质，不能自圆其说，构成一套理论体

17

系。因此，就中俄油气合作的整体而言，至少在中国，尚缺乏系统的合作理论。在过去 20 年里，中国的国际油气合作积累了大量的实践经验，但始终未得以总结和提升，形成较为系统的、有高度的和抽象的理性认识，也更缺乏对已有的国际合作理论以及支持性的分析工具和方法的有效传承。

（二）可借鉴的国际合作理论[①]

通过梳理国际有关竞争、合作、竞赛、博弈和相关文化等理论研究成果，可以发现诸多可借鉴的理论认识，可为人们思考全球油气竞赛和选择提供有益的启示。

西方国际合作理论研究起始于 20 世纪 70 年代初。40 多年来，出现了诸多理论或理论倾向，可借鉴的有新现实主义、自由制度主义和建构主义三大理论传统。

新现实主义政治理念的基本假定是：（1）国际体系的基本特征为无政府状态；（2）国家是国际体系中最基本的行动单位，处在无政府状态下的国家追求权力，但一般采取理性的行为方式；（3）国际政治是权力政治，它追求权力的最大化。在此基础上，华尔兹的结构现实主义认为，国际体系的结构决定着国际体系成员之间的政治关系。主要方式是通过对行为体的社会化和行为体之间的竞争来实现。他假定，国际体系是无政府状态的，行为体是单一的和相类似的，所以国际体系的结构主要是行为体数量和他们各自的实力分配。实力是行为体的属性，行为体之间的实力分配决定了国际体系结构的根本特征，随着行为体之间实力分配关系的变化，国际体系也发生变化。一旦结构发生变化，行为体的互动模式也发生变化，并产生不同的互动结果。自 20 世纪 80 年代初以来，部分现实主义者在新现实主义的基础上提出了国家是统一的理性行为者的观点。国家理性至少包括国家的目标定位、有序的国家偏好、国家设计实现目标的战略，面对外部限制和机会，可以改变战略。

---

① 这一部分主要采纳了徐小杰等著《全球油气背景下的中俄油气合作研究》第三章第一节，由王铁军完成初稿，本书作者结合国际石油政治经济格局进行了修订。

就国际油气关系而言,虽然国体与政体各有差异,但是国家行为都是由政府或统治集团决定的。由于石油的上述属性,自然成为各国政府或统治集团控制的重要资源或战略产品,也是对内对外开展国际政治经济外交的重要手段。油气资源国往往以油气资源为筹码,甚至"武器",通过国际油气资源竞争、合作、对抗或战略博弈,获取自身最大利益和权力,而油气消费国为确保自身供应安全,必然通过实施各种手段,角逐油气资源,确保油气供应安全。因此,争夺油气是当今国际地缘政治和各国政治经济权力角逐的重要对象,油气博弈便是各国政治经济利益在油气领域的具体表现。

在国际油气竞赛中,许多国家的政府或统治集团通过制定油气战略与政策来发挥政府的作用。许多发展中国家通过其掌控的国家石油公司(NOC)或主权投资基金(SWF)来实现政治经济权力的最大化。而在一些发达国家,石油利益主要通过跨国石油公司(IOC),特别是石油巨头的全球化运作来体现地缘政治利益。因此,在现实的油气竞赛关系中,国际油气体系的结构是由参与油气合作和竞争的油气生产国与消费国、国家石油公司和国际石油公司以及它们的集团实力来决定的。无论是发达国家,还是发展中国家,代表石油利益的政府或家族在幕后起着重要的制衡作用。因此,在油气资源的争夺中,各个国家的战略永远处于不断平衡和对抗的状态之中。

理想主义或自由主义的基本思想是依靠国际法和国际组织的力量来追求国际社会的持久和平和普遍正义。理想主义认为,第一次世界大战前的均势体系的瓦解及"一战"的爆发,是各国漠视国际法和国际道德正义原则的恶果,而建立一个普遍性国际组织是解决这一问题的良好途径。[①] "一战"后建立的国际联盟是这一理想主义理念的伟大试验。[②] 从 20 世纪 60—70 年代开始,全球相互依存的发展使国际政治理论家们进一步从早期理想

19

---

① 伍德罗·威尔逊:《十四点计划》,美国驻华大使馆新闻文化处编:《美国历史文献选集》,第 134 页。

② A. LeRoy Bennett, *International Organizations:Principles and Issues*,*Prentice Hall*,1995,p. 1221.

主义的遗产中发掘出了有价值的思想，发展出新自由主义国际关系理论，并逐渐成为当代国际关系理论研究的一大主流流派。

就国际合作研究领域而言，新自由主义提供了两种有力的理论分析，即相互依存理论和新自由制度主义理论。这里的相互依存指的是国防关系体系中不同行为体之间互动影响和制约关系，相互依存者之间存在着敏感性与脆弱性。所谓"敏感性"是指一方感受另一方变化的速度与程度，敏感程度与依赖程度成正比，依赖程度越高，敏感性越强。所谓"脆弱性"是指一方对另一方变化的承受和适应能力的强弱，即以应变能力为基础，一般而言，实力越雄厚，调节机制越健全的一方不会脆弱。不同国家之间的相互依存经常表现为不同的敏感性与脆弱性。相互依存理论认为主权国家不再是世界政治的唯一行为体，超国家和跨国家组织、非政府组织、跨国公司等组织已经在不同的国际层次上发挥着重要作用。相互依存理论重视对跨国关系的研究，注重对一体化后果及影响的分析，认为一体化的发展不仅使得国家之间的相互依赖加深了，而且加强了军事、政治、经济、环境和生态等领域全方位的"复合相互依存"，以主权国家强权和利益为核心的国际间政治模式让位于超越主权国家范围的众多跨国问题研究议程。

"复合相互依存"世界的基本特征是：多渠道的社会联系的发展使国际间联系和依赖大大增强，如政府间的正式关系和非正式联系，非政府人士之间的非正式联系以及跨国组织内部的联系。规模性的军事行动不再总为首选。问题是国内与国外的界限越来越难以划分，许多过去被视为纯国内的事务现在划入了国际关系的议事日程。军事力量的作用大大减弱，在相互依存占优势的某些地区与问题上，一国政府不再随意对他国行使军事力量，但是不排斥在其他地区和问题上仍使用军事手段。

新自由制度主义理论认为"国家之间的各种关系存在着高度的秩序"，[①]

---

① Andreas Hasenclever, Peter Mayer and Volker Rittberger, *Theories of International Regimes*, Cambridge University Press, 1997, p. 65. 转引自王磊《无政府状态下的国际合作——从博弈论角度分析国际关系》，《世界经济与政治》2001 年第 8 期。

国家具有"有限理性"，追求的是"满意或绝对收益"。国际制度决定国家行为，是产生和维持国际合作的主要因素。合作可以使行为体的预期得到规范并建立信用体系，从而降低交易成本，最终推动该制度下所有行为体的利益最大化。

自由制度主义同样承认国家政治的无政府状态，认为即使是在无政府状态下的国际体系里，国家之间的合作也是有可能实现的。基欧汉认为，主权国家之间的合作并不必然依赖利他主义、理想主义、个人荣誉、共同目的、规范的内化或对某种文化价值观的共同信仰。[①] 相反的，富于算计的理性的国家之间关系并不必然是冲突，国家的优先目标也并非仅仅是军事安全。在国际制度和规制下，国家之间的合作不但是可能的，而且是必要的。甚至在开始创建制度主导合作的霸权国家消失后，合作也仍然是可能的。[②] 在这里，制度的力量发挥了独立而持久的作用，国家关注的不再是相对收益，而更多的是绝对收益。为此，国际关系理论研究的目标应当转移到探讨合作在何种条件下得以出现并维持，以及制度合作的演变上来。合作制度一旦建立起来并得以维持，行为体的预期就会受其规范，增加彼此获取的信息，建立信用体系，从而降低交易成本，最终推动该制度下所有行为体利益的最大化。

20世纪90年代，全球治理理论脱颖而出。全球治理理论的重要代表人物马丁·休伊森认为："全球治理概念最重要的应用在于，它是理解全球变革的根源和政治含义的制高点。"[③] 休伊森认为，全球治理理论的最大贡献在于它确定了四个方面的研究议程：（1）一体化和碎片化并存背景下的权威位置的转移；（2）全球公民社会的出现；（3）全球政治经济重组过程中七国集团中各界跨国精英阶层的兴起；（4）知识精英、符号分析人员

21

---

① Robert Keohane, "International Institution: Two Approaches", International Studies Quarterly, Vol132, No 14, 1988. 1.

② 罗伯特·基欧汉著，苏长和等译：《霸权之后》，上海人民出版社2001年版。

③ 马丁·休伊森：《全球治理理论的兴起》，转引自俞可平《全球化：全球治理》，社会科学文献出版社2003年版，第34页。

等主导全球信息秩序的新型权威的兴起。休伊森认为，全球治理理论中的这一研究所代表的政治经济学方法是所有全球治理理论中最为可取的。[①] 权威迁移的动因来自"分合"世界观下同时展开的全球化和区域化进程间的互动。有些情况下，超越国家边界的控制机制得到加强，而在另外的情况下，邻里间心理安慰和种族归属等需求则催生和强化了区域化的控制机制。[②]

全球治理理论透露出的信息是：世界政治中存在着多种形态的权威中心，除政府以外，社会上还有一些其他机构和组织负责维持秩序、参加对经济和社会的调节。各国政府不再是唯一的权力中心。现在，行使这些职能的是多样性的政府和非政府组织、私人企业和社会运动，它们合在一起构成本国的和国际的某些政治、经济和社会协调形式。全球治理论强调国际行为主体的多元性与多样性，主张将多种组织、多个层次和决策部门子系统纳入重要的政策网络，通过跨国网络处理国际关系，其基本标准是效益，即处理争议、解决问题的效益以及调和各方利益的效益。因此，全球治理不是全球政府，也不是一种单一的世界秩序，不是自上而下的等级制的权威结构，它是一系列与治理相关的活动、规则、正式的和非正式的机制等在世界不同层次上共存的现象。

就国际油气关系来说，在国际油气秩序和治理方面，既存在着像国际能源署（IEA）、国际能源论坛（IEF）、能源宪章（ECT）等这样国际性的能源组织，也存在像欧佩克这样的地区性的跨政府油气集团，其背后是国家行为体的联合体。目前，在国际油气领域尚不存在完全超国家的组织力量和统一的国际能源秩序。然而，为建立这种全球能源秩序和治理结构的努力一直没有放弃，哪怕是地区性和多边性的能源治理机制也在萌芽之中。[③]

---

① 马丁·休伊森：《全球治理理论的兴起》，转引自俞可平《全球化：全球治理》，社会科学文献出版社 2003 年版，第 48 页。

② James N. Rosenau, Along the Domestic2foreign Frontier, p. 154.

③ 自 2005 年以来，八国集团、欧盟、美国一直努力探索建立或重建国际能源治理秩序。美国、欧洲和亚洲一些以全球化为研究重点的机构逐步开展全球化和全球治理的系列研究。2010 年新加坡国立大学全球化研究中心设立了包括全球能源治理在内的跨国研究项目，推动亚洲地区对这一领域的研究。

在国际油气领域，一直存在着国际能源秩序的思潮。在第一次石油危机后，经济合作与发展组织国家之间建立国际能源署和后来的能源宪章在与油气资源国的地区性集团（如欧佩克）的对话方面，在规范国际油气市场、投资、贸易、运输方面发挥了重要作用。长期以来，普遍认可的国际投资贸易惯例、合作制度、合同模式在国际油气投资合作中发挥着不可忽视的作用。但是，2000 年，特别是 2003 年以来，包括俄罗斯和中亚油气国在内的重要油气资源国根据国际油气市场的变化和本国的战略利益，不断调整了对外合作的法律、模式和规则，挑战和否定了许多年来通行的国际油气投资和合作规则。

当前的国际油气供应状况主要体现了无政府主义者所构想的状态。而在油气消费方面，发达国家却正在努力推进建立全球性的能源治理秩序，重构国际油气合作制度，试图将主要发展中国家的消费政策和消费行为纳入国际油气治理秩序。但是，这一努力的效果和前景令人关注。在国际油气领域，国家的战略利益仍然是决定油气竞争与合作的核心所在。所谓地区性和国际性的能源秩序最终都受制于国家的核心利益。主权国家的战略利益依然处于主导地位。

建构主义认为，在体系结构与行为体两者之间既存在物质的因果关系，也存在着观念的建构关系。行为体只有在具备身份和利益之后才能采取适当的行动。行为体的身份和利益不是内生属性，而是在国际体系和行为体的互动中建构的。国际体系中的无政府性不是一成不变的和既定的，"是国家造就的。"[1] 国际合作不仅完全可能，而且国家可以造就一种从根本上趋于合作的国际政治文化。由于互动中的国家身份在不断变化，它们的利益和行动也会发生变化，从而造就不同的文化共识和共有知识，即关于对方是敌人、竞争对手和朋友的基本判断以及相互关系。国家是国际社会的主要施动者，但国家的身份和利益不是既定因素，是在结构

---

① Alexander Wendt, "Anarchy is what states make of it: the construction of power politics", in *International Organization*, Spring 1992.

与施动者的互动中建构的。文化共识和共有知识形成国际合作的条件。

在国际油气竞赛关系中存在着体系结构与行为体之间的紧密关系，它们是因果关系，也确实存在着建构关系。在国际竞赛中虽然存在无政府状态，但是国际体系确实受到国家行为体及其集团行为的影响或制约。国家行为体的身份和利益是客观存在的，但是，我们认为，这些身份和利益对于油气资源国和消费国来说既是内生的，又会受到国际体系的制约。而且，无论是资源国还是消费国，他们的身份和利益是逐渐变化的。因此，在国际合作的结构中，无论是双边合作，还是多边合作，都会逐步形成相互之间的战略认知，在不同的程度上形成共同的认识和文化。当然，在这一过程中，也自然会产生不同认知之间的差异、误解和可能的冲突。

需要指出的是，现实主义根据自身对国际无政府主义的理论假设，基本上否认了国际合作的可能性。该理论认为，国际合作的实质和目的是一国利用他国的优势服务于本国利益的行为。因此，这样的国际合作是比较绝对的利己主义，很难实现和得以维持。或者说，这种国际合作只有在全球和地区霸权的体制下才会存在。

在国际油气领域，特别是在 20 世纪的 30—60 年代，存在着西方发达国家霸权统治下的旧租让制式的国际合作，也存在苏联体制下以俄罗斯为主导的各加盟共和国之间的合作。1960 年石油输出国组织（欧佩克）的成立和发展，打破了西方跨国石油公司（所谓石油俱乐部）控制下的世界秩序。20 世纪 90 年代苏联解体后，俄罗斯处于独联体绝对统治的地位，而长期处于资源输出国地位的中亚原加盟共和国仍长期处于俄罗斯统一供气运输系统的垄断之下维持传统的合作关系，直到近几年才略显松动。

但是，新自由主义有关国际制度与国际合作的条件是值得注意的。新自由主义认为，国际制度是指确定行为的职责，规定行动和影响行为的一系列正式或非正式的持久规则。而国际合作是政策协调的结果，当一国遵从的政策被另外国家视为可接受的行为时，就会出现政府间的合作。[1] 因此，国际合作本质上是合作各方政策协调的结果。前提是合作各方具有共同的认知、经历和共识。国际制度对国际合作的作用表现在：第一，促进国家间达成特定的合作性协议，为建立新合作关系提供信任和信息交流的基础；第二，缓解利己主义、规范缺失和市场失灵等压力，促进合作关系的良性发展；第三，机制和规则有助于各国家行为体相互联系，大大减少短期或短视利益和行为。[2] 具有"权威性、制约性和关联性"的国际制度可以减少不确定性，并限制信息的不对称性。[3] 为了防止和减少合作风险，互信机制、预警和危机处理程序必不可少。

在国际油气合作中，虽然目前只有集团性和地区性的合作制度，尚不存在统一的国际合作制度，但是，这种集团性和地区性合作制度的示范作用明显，作用日益重要。

新自由主义认为，国际合作的产生需要三个条件，即：利益的多样性、对未来的预期以及行为体的数量；此外，一些互动性的要素（比如多层次博弈、互惠战略的应用）也对合作具有影响。[4] 新自由主义学派的学者还深入细致地分析了影响国际合作过程的各种因素，比如参与者数量、时间选择、重复次数、收益分配（绝对收益还是相对收益）、参与者的心理状态、游戏策略的选择、权力的对称性、国际机制问题、国内政治因素和认知共同体等。这些互动性的相互关系在国际油气合作都不同程度地存在。

建构主义对于合作文化的论述也很有启发性。建构主义认为，仅有共

25

---

① 秦亚青：《国际制度与国际合作——反思新自由制度主义》，《外交学院学报》1998年第1期；罗伯特·基欧汉，苏长和等译：《霸权之后——世界政治经济中的合作与纷争》，上海人民出版社2001年版，第13页。

② 罗伯特·基欧汉，苏长和等译：《霸权之后——世界政治经济中的合作与纷争》，上海人民出版社2001年版，第126页。

③ 秦亚青：《国际制度与国际合作——反思新自由制度主义》，《外交学院学报》1998年第1期。

④ Robert Axelrod and Robert O. Keohane, "Achieving Cooperation under Anarchy: Strategies and Institutions", in *World Politics*, Vol. 38, No. 1 (Oct., 1985), pp. 226—254.

同的利益，而缺乏对规则的共同认知，还不足以形成合作。① 他们认为国际合作的途径是：首先，在国际体系中互动的行为体在团体、类属、角色和集体四种类型中确认自己的身份。② 在合作文化中，又会在相互依存、共同命运、同质性和自我约束方面形成集体身份。③ 其次，在国家确定身份以后，在利益选择中有客观利益和主观利益。客观利益指再造自我时不得不满足的条件，是国家对外政策行为的客观限制因素；而主观利益为变化中的文化因素。最后，集体身份的形成和利益的确定不一定必然导致合作行为。即使存在合作，也可能是工具主义或机会主义的合作。实际上，在强制遵守和利益驱动之后，还有规范内化之后合作文化的出现。总之，建构主义认为，合作是一种文化现象，可以自我实现和强化。目前在国际油气合作中，确实存在仅有共同的利益，而缺乏对规则、机制和融合的共同认知，因而难以形成共有的文化。因此，合作难以维持或顺利推进。

最后，在国际理论中也对合作阻力进行了大量分析，主要针对三种典型情况分析：绝对收益和相对收益之间的矛盾、欺诈和共有文化的缺失。这些论述从反面进一步论证了新现实主义、理想主义或新自由主义和建构主义对国际合作的前提条件和存在困境或不确定性的分析。我们认为，三大流派从不同的角度和程度上主要反映了西方国家学者对国际合作活动的理性认识。许多认识和观点依然适用于人类经济合作过程，特别是西方对外合作行为。有关合作前提和阻力的认识具有启发意义，身份识别和战略利益博弈等论述具有启发意义和应用价值。合作秩序、合作阻力和多次博

① "在大多数组织中，人们合作不仅仅是因为合作使他们的个人利益得到了实现，而且也因为他们有着对合作规范的忠实和认同感。""制度化意味着合作文化要……厚重得多。"亚历山大·温特，秦亚青译：《国际政治的社会理论》，上海人民出版社2000年版，第277页。

② 这是因为不仅"每一种身份就是一种脚本或图式，在不同程度上由文化形式构成，涉及在某种情景中我们是谁和我们应该做什么等问题。"而且"利益是以身份为先决条件的……没有身份，利益就失去了方向。"亚历山大·温特，秦亚青译：《国际政治的社会理论》，上海人民出版社2000年版，第288—290页。

③ 亚历山大·温特，秦亚青译：《国际政治的社会理论》，上海人民出版社2000年版，第430页。

弈具有深刻的理论概括力和现实说服力。

本书的理论研究对象是全球油气竞赛，但是理论基础和方法包括但不限于现实主义、新自由主义和建构主义的基本思维特点和方法。仅靠这些理论认识和作者的延伸还不足充分阐述国际油气竞赛中的诸多问题，比如竞赛主体、国际油气合作的依据和秩序、博弈的演变、对诸多合作障碍的解释、地缘经济空间和石油轴心等。对于中国石油需求增长和中国未来的选择更难以用现有的理论给予解释。

本开篇之作旨在提出问题，设立思考和讨论的舞台。以下分五个部分十六章，从全球层面、重点油气区、国家层面以及重要问题展开论述。最后，落实到中国的选择和中国石油公司的选择。第十六章的结语并非结论，但是对国际油气合作理论作出回应，同时指出中国的未来选择是从人们不熟悉和不了解的"黑天鹅"情景变为人们熟知和了解的"白天鹅"情景。①

---

① 此处的黑天鹅取自纳辛·塔里伯（Nassim Nicholas Taleb）于2007年的著作《黑天鹅》中阐述的黑天鹅理论。

第一部分

全球油气态势

第一章

全球油气市场的变迁

一 油气市场的特征

在 21 世纪第一个 10 年里，全球油气市场出现了若干显著的变化。其突出的特征是：世界石油生产水平从 2003 年开始，从前三年的 36 亿吨显著提升到 2007 年的 39 亿—40 亿吨，而石油消费自 2005 年开始高于产量达 1 亿吨左右，需要通过库存等手段来弥补，也带动了全球石油价格的上升。全球天然气的供需曲线重叠，且水平平稳上升，起伏不大（见图 1.1 和图 1.2）。

（百万吨）

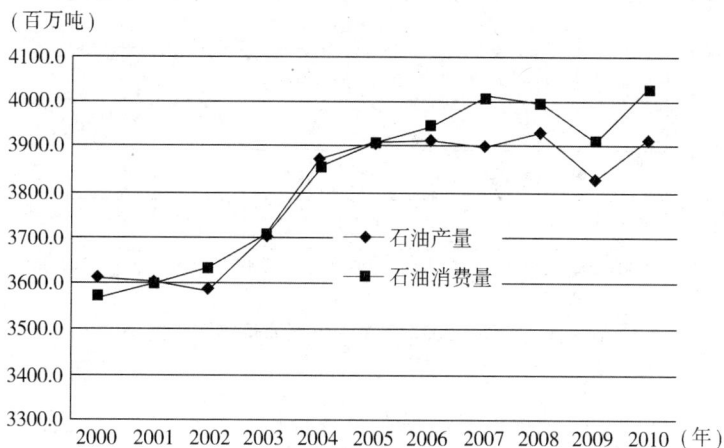

图 1.1　2000—2010 年全球石油产量和消费量变化趋势

(10 亿立方米)

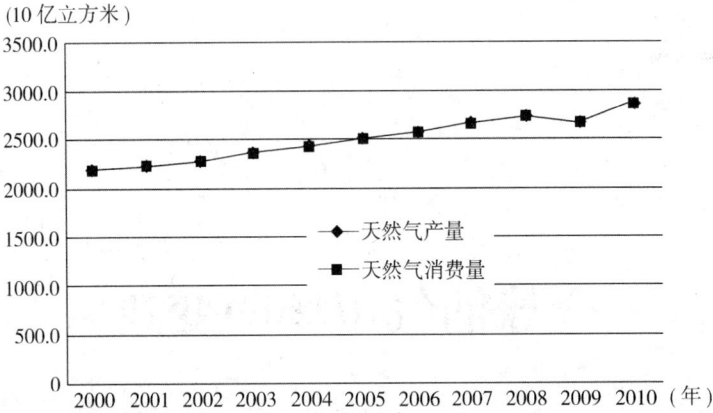

图 1.2　2000—2010 年全球天然气产量和消费量变化趋势

2000—2010 年布伦特原油即期现货价格总体趋于增长。其中,2008 年下半年金融危机导致油价下滑接近于 2005 年的水平,2009 年之后逐步回升,2010 年的平均价格超过 2007 年的水平(见图 1.3)。2011 年布伦特油价继续稳步回升,达到 80 美元以上的水平。

(美元 / 桶)　　布伦特原油即期现货油价

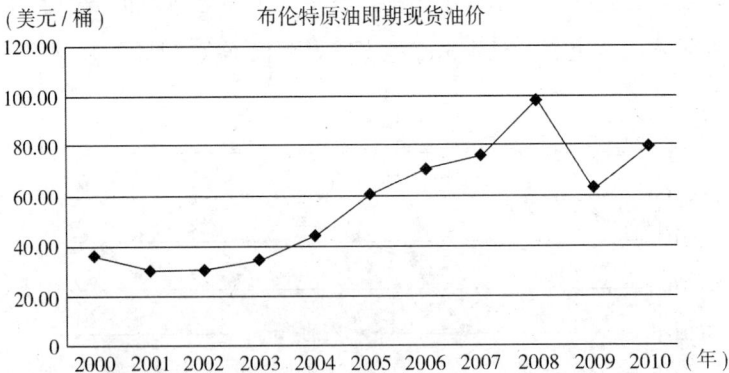

图 1.3　2000—2010 年布伦特原油价格变化趋势

值得注意的是,全球供需水平在经济合作与发展组织(经合组织)和非经合组织国家之间,在北美、欧洲、亚太、中东、非洲和拉美地区之间的变化明显。北美和欧洲的石油消费出现负增长，为 -0.18%，天然气消费在低水平平稳增长，而亚太、中东、非洲及拉美地区的油气消费明显增长，特别是中国和印度的石油消费以 6.69% 和 3.89% 的速度高速增长，天然气消费则以 16% 和 8.92% 的超高速增长（见图 1.4）。这一趋势迫使2010 年中国石油进口占国内的消费比例（即对外依存度）达到 55%。2010年中国还超越美国，成为世界第一大能源消费国，不能不为全球头号能源供应安全忧虑。

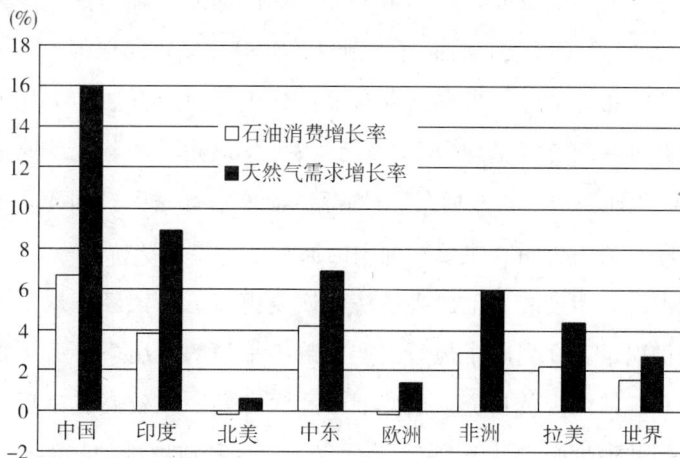

图 1.4　2000—2010 年中国与其他地区油气消费增长率比较

二　步入高油价时代

2009 年 2—3 月，国际原油价格曾跌至 35 美元/桶左右，而后逐步回升。从美国得克萨斯中质油（WTI）价格变化看，到 2009 年 6—7 月间升至 70 美元，随后在 65 美元上下波动，10 月 19 日冲上 80 美元，并呈现持续上升的态势。布伦特原油价格与 WTI 大体保持 4 美元左右的价差同幅度变化。2010 年后，随着布伦特原油价格的继续上升，WTI 价格受到美国国内供应的调节，这一价差逐步扩大至 8 美元以上。

　　国际原油价格如此稳步而持续性回升令人惊讶。但从石油作为特殊商品的属性看，离不开基本面和非基本面的影响。根据国际能源署的监测，全球原油供应量与需求量经历了 2008 年下半年急剧下降后，到 2009 年第二季度基本稳定在 8413 万桶/日，从第三季度开始回升到 8460 万桶/日。[①]为此，国际能源署预计，随着全球经济的缓慢复苏，第四季度全球原油需求量可回升到 8520 万桶/日。

　　在全球原油供应方面，2008 年下半年国际油价大幅回落，产油国和国际石油公司 60 美元以上的勘探开发项目被推迟、停止或取消，致使石油产量和后备产能相应下降。根据巴克莱银行分析，国际石油巨头和大独立石油公司最低可承受价格平均为 40 美元左右。[②]但是，随着全球原油需求于 2009 年第二季度回升 50 万桶/日，国际原油价格首先回升到 40—50 美元，使多数国际石油大公司和主要产油国的原油生产得以维持。

　　而且中国、印度和其他新兴经济体恢复内需，扩大经济规模需要继续新增石油供应量。在当时常规原油产量趋于平稳的情况下，必须增加勘探开发投资和炼油能力的投资，也使油砂、深海等一些较高成本项目得以顺利开展。因此油价必须回升到 60 美元以上。这种成本推动型的价格回升至少使全球原油供应量增加 100 万桶/日左右。

　　需求增长和成本推动是 2009 年上半年国际油价回升的基本动因。其中，成本上升是刚性的。同时，人们也要看到油价变化还受到诸多非基本面的影响。自 2000 年以来，欧佩克对全球原油供应的直接调控程度明显下降。2008 年下半年欧佩克先后四次削减产量共计 420 万桶/日，但是无明显效果，直至 2009 年 3 月成员国履约率达到 80％以上才对抑制原油价格产生一定的影响。与此同时，美元汇率、期权交易、股市下滑、投机和地缘政治等非基本面因素对于油价变化的影响程度明显增强。仅

34

①　International Energy Agency, World Oil Market Monthly, Janaury 2010.
②　资料来源：巴克莱银行：《国际石油公司财务分析报告》，2010 年 2 月。

以美元因素看，2004 年以来，WTI 原油价格变化与美元汇率的关联度不断加大。根据石油金融业人士的经验判断，美元贬值 1％，WTI 价格将提高 1.2％。2009 年上半年两者负相关性增大，美元贬值 1％，WTI 提高到 2％。[①]

2009 年 10 月初，美元指数跌破 75 大关，创 14 个月以来新低。10 月 23 日欧元兑美元突破 1.5 大关，进一步推低美元价值，使 WTI 价格一路上扬至 80 美元，直到 10 月最后一周掉头下跌。纽约路易斯资本公司 Louis Capital 研究部在调整美元汇率后得到的 2009 年 7—10 月的实际原油价格与名义价格之差达 20 美元左右（见图 1.5）。

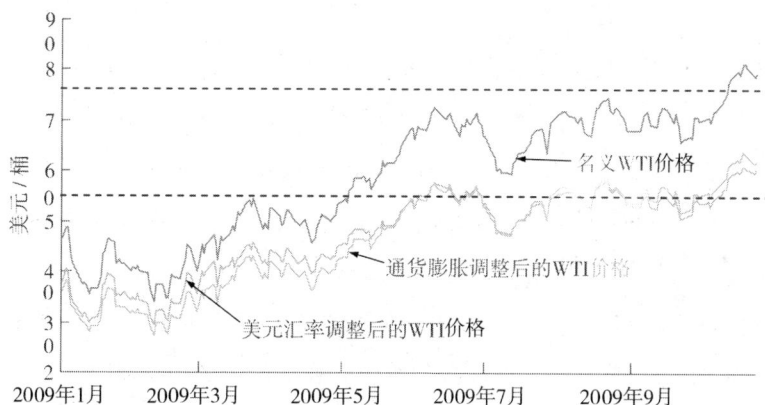

资料来源：Louis Capital，2009 年 10 月。

图 1.5 WTI 价格与汇率因素调整后的差异

作者在 2009 年底对剔除美元因素外的 2010 年国际原油价格走势作了以下趋势分析：

（一）50—60 美元/桶

这一相对低价的前提是全球原油需求量以 1.2％的速度缓慢增长。全球原油需求量增长减缓的理由是：（1）发达国家原油消费水平在 2005 年达

---

① 根据 2009 年 5 月与纽约诸多投资银行专家和经纪交易商交流所得看法。

到高峰后，基本稳定在 4800 万桶/日左右，大体占全球原油需求量 54％左右。虽然不排除以后局部地区需求反弹，但是总需求量没有提升的动力，尤其是占石油消费 60％的交通运输部门的需求量十分平缓。（2）虽然发展中国家对原油市场的依赖增大，但是，这些增长势头较前减弱。其中，中东地区的原油需求还有回落的势头。同时，在全球经济衰退的背景下，由于石油工程技术服务成本明显下降和技术进步，多数石油公司的成本压力明显下降。多数石油公司可在 40—50 美元的价格水平下运营。路易斯资本公司分析，在技术进步和成本的有效控制下，深海油气开发可在 50 美元/桶左右开发。

（二）70—80 美元/桶

这一相对高价的前提是全球原油需求量以 1.8％的速度增长，而全球供应量增长面临较高成本的压力和产能短缺问题。根据国际能源署分析，一批中期项目（2012—2015 年）和较高成本项目（如成熟区提高采收率项目、深海和超深海项目、重油以及油页岩等）在 60—70 美元价格水平以下难以运行。而目前的相对低价如果延续到中期（2015 年），将直接影响中期原油产量增长和供应能力的增长，可能出现供应短缺，从而必然推高国际油价至 70—80 美元。沙特阿拉伯等重要产油国也期望国际油价至少维持在 75—80 美元。

到 2010 年 3 月，国际原油价格呈现升高态势。3 月上旬，WTI 原油价格在每桶 80 美元起步，多次触及 83 美元的价位。在美元上涨的压力下油价曾在 78—83 美元的区间震荡。据国外机构分析，3 月份国际油价上涨是在美元总体走强、原油库存继续增加和中国石油需求增长等背景下出现的。其中，库存增加和美元走强的现实并没有按常规抑制油价的上升和投资者对经济增长的预期，而全球经济恢复的信心在增强，油价挑战高位的欲望也在增加。

短期来看，国际油价依然缓慢增长。如果欧元区国家的债务危机不恶化，全球经济颓势将被发展中国家需求回升所抵消。国际原油供需因素和地缘政治紧张因素成为影响原油价格变化的主要因素，尤其是 2010 年伊朗核危机对国际原油市场的冲击更加敏感，并推高原油价格至 70 美元以上。这一趋势对全球石油工业的影响是：首先，对于油气工业的持续发展，特别是扩大投资比较有利，全球上游勘探开发活动可能更加活跃；其次，国际油公司具有更大的利润空间，促进非常规、深海的油气合作与开发；最后，80 美元以上的国际油价再次支持了重点油气资源国现行的民族主义的对外合作政策。

（三）2011 年后重回高油价

2010 年 12 月，由于欧洲大部分地区进入冷冬，美国的就业率和中国的经济状况好转，布伦特原油期货价格上升到了 90 美元/桶以上，其他地区的原油价格也随之上升。这一趋势促使高盛等投资银行预测 12 月中下旬的布伦特油价可能继续上升至 100 美元以上。

在全球经济逐步恢复的同时，美国的就业率出现了回升迹象。根据路透社报道，美国失业率大体为 9.6%。总体上看，美国的经济比较健康。美国的原油价格上升了 5%。因此，专家预测，如果美国的就业岗位、家庭消费和零售的数据继续得到改善，油价的总体水平可能进一步提高到 90 美元/桶以上。同时，中国石油消费持续推动七个月来的高开工率，也推动了世界石油价格的上升。当时，JP 摩根的专家提高了对 2011 年的原油价格预期，其中，美国 WTI 原油价格为 93 美元，布伦特原油价格为 95 美元，而 2012 年这二者的价格分别为 104 美元和 105 美元。此前高盛的专家预测 2012 年的美元原油价格为 110 美元。

美国能源信息署期望 2011 年的 WTI 价格维持在 103 美元，2012 年为 107 美元。预计 2011 年的石油需求为 8790 万桶，而国际能源署（IEA）预测为 8940 万桶。实际的价格趋势如何增长与石油供应密切相关，特别是中东地区的原油供应。沙特阿拉伯和伊拉克是影响石油供应的最为关键的两个生产国。但是，出于国内基础设施建设的需要，沙特阿拉伯可能更希望油价维持在目前的水平，以增加石油收入；而中东的局势和利比亚石油出

37

口的减少仍需要多国供应的弥补。伊拉克未来 6 年内的增产趋势应是增加未来全球石油应量的重要因素。① 布伦特油价在 100 美元以上盘旋对于现有油田的开发，提高采收率是一个重要的支持，同时也有利于各国开发非常规油气资源。回想 2008 年后国际油价的回升态势，不得不感到：世界又回到了高油价的时代。

2003—2008 年，国际石油需求迅速增长。2004 年新增需求增长达到 300 万桶/日，主要的新增需求来源于（而且仍然是）中国，即中国汽车需求的增长带动石油需求的不断增长。2005—2008 年间，石油生产国加大了原油供应。但是，重大项目的生产成本指标翻番。随着信用和住房市场萎缩、金融体系的崩溃，使国际油价从 2008 年中期的 147 美元下降到了 2009 年初的 30 美元。石油生产成本下降 12%。需求是具有弹性的，而供应则需要 3—5 年的反应期。一些石油交易商根据世界经济衰退和油价的下滑形势，迅速从市场削减原油交易，转入油轮和储备。

现在国际经济形势再度明朗，国际石油需求增长逐步恢复，2011 年后由于中东北非地区局势紧张，特别是利比亚石油减产等原因，2011 年布伦特油价一直保持在 100 美元以上。5 月 10 日美国能源信息署公布的数据显示，2011 年世界石油消费增长 140 万桶/日。2012 年可能增长 160 万桶/日，比 4 月份的预期高。到 2012 年，非欧佩克的石油供应可能仅提高 60 万桶，主要来自巴西、加拿大、中国和独联体地区。从长期的角度看，如果不出现特殊的事件，国际石油价格将长期维持在 100 美元以上，继续延续过去 10 年的油价增长态势。相比而言，目前的国际原油市场与 20 世纪 90 年代 20 美元的油价情形完全不同，各国的石油发展战略和对外合作政策也必然不同。而这些不同反映了各国和各国际石油公司对国际石油资源的激烈争夺。

---

① 许多业内专家从目前的出口基础设施状况出发怀疑伊拉克在 2017 年达到 1200 万桶/日的可能性。见本书第八章第三节对伊拉克的专题分析。

三　天然气市场中的新因素

与世界石油市场不同，由于天然气开发、生产和运输的地区性，世界尚不存在全球化的天然气市场。美国、欧洲和亚洲的天然气价格也各不相同。在过去 10 年里，各地区的天然气领域也发生了令人关注的重大变化，同时伴随着世界各生产国和消费国对天然气的追逐。

（一）俄罗斯和美国的天然气供应能力的变化

长期以来，俄罗斯是世界天然气资源大国、生产大国和出口大国。但是，从天然气生产总量增长看，俄罗斯的天然气产量增长水平十分平缓。这一走势并不反映俄罗斯天然气资源的巨大潜力，而是因为这个国家天然气储产量关系失衡和市场制约。其中，能看清楚的因素是：（1）天然气勘探开发长期投资不足；（2）前沿地区天然气基础设施有限，特别是新区管道运输、处理和储备的基础设施和液化天然气出口设施有限；（3）欧洲天然气市场对俄罗斯管道天然气需求增长缓慢或下降，而新的非欧洲市场（中国和东北亚、土耳其和南欧等）并未得到开发。这些正是俄罗斯"油气软肋"的主要表现。[①]

与此相对照，经过 10 多年的积累，美国的水平井和分层压裂技术得到广泛应用使得美国的页岩气生产和供应在 2008 年后持续增长。2000 年美国页岩气产量仅为 109 亿立方米，2009 年产量达到 900 亿立方米，2010 年页岩气产量达到 1363 亿立方米，约占全美国天然气产量的 23％。[②] 美国页岩气产量增长的结果是：2009—2011 年，美国的天然气价格由于供应增加一直处于 3 美元和 4—5 美元的低位；页岩气产量的增加和原料的低廉也促进了美国化学工业的复兴；美国国内的发电站也增加了天然气使用量，增加了天然气发电能力，替代煤炭的发电量。由于国内天然气供应开始超过

39

[①]　见本书第三章第二节。

[②]　US Energy Information Administration，*Energy Review* 2011，March 2010，pp. 35—44.

国内需求，美国一批原定的液化天然气进口设施需要转变为出口设施。美国埃克森公司负责亚太、非洲和电力业务的副总裁艾马·科兰（Emma Cochrane）预计，到2025年美国的天然气生产能力将继续超越本国的消费量，即使在经济强劲增长时期也是如此，到2030年将完全自给自足。[①] 美国能源信息署预计，到2035年美国页岩气产量在天然气总产量中的比例可能提高到46％，届时天然气产量可达到3000多亿立方米。[②]

相比之下，具有类似页岩气资源潜力的中国和欧洲对页岩气的开发利用则远远落后于美国。

（二）欧洲液化天然气供应结构的变化

2010年11月份欧洲液化天然气的总进口量达到了3020亿立方英尺（相当于85亿立方米），同比增加了520亿立方英尺。[③] 2010年欧洲主要天然气消费国总进口量有明显的上升。从2010年11月份欧洲液化天然气进口量来看，最大的液化天然气进口国是英国。该国在这个月份共进口了730亿立方英尺，创造了当月进口最多的纪录。2009年英国液化天然气进口量为3760亿立方英尺，而2010年的进口量接近7000亿立方英尺。由于卡塔尔在法国和意大利两国液化天然气进口设施的建成，尽管10月份法国工人罢工临时停滞了三个液化天然气进口终端的运行，但是，2010年法国的液化天然气进口量仍从2009年的4750亿立方英尺提高到5040亿立方英尺；意大利的液化天然气进口由2009年的1110亿立方英尺提高到2010年的3230亿立方英尺。由于英国、葡萄牙和西班牙天然气发电利用率的提升，西班牙11月份的液化天然气进口量为830亿立方英尺，同比略有下降，但是该国2010年的液化天然气总进口量依然达到9910亿立方英尺，2009年为9640亿立方英尺，数量之多居于欧洲之首。11月份葡萄牙的液化天然气进口量为90亿立方英尺，同比增加明显，预计2010年的总进口

40

① 2011年5月4日在剑桥能源周上的专家发言。

② US Energy Information Administration, *Energy Review* 2011, March 2010, pp. 35—44.

③ 引自休斯敦Waterbourne能源咨询公司的报告。

量将达到 1140 亿立方英尺，比 2009 年 1000 亿立方英尺也有上升。

欧洲液化天然气进口量增长的直接原因是：欧洲需求季节性增长；由卡塔尔支持的意大利和英国的液化天然气出口设施接受了大量的卡塔尔液化天然气；由于美国国内页岩气产量的增长和开发热潮，开始向欧洲出口，也使得欧洲的液化天然气供应量不断充裕。对于欧洲来说，现在已经进入液化天然气供应的饱和期。10 月份 Waterbourne 能源公司曾经报道，欧洲从卡塔尔进口液化天然气量为 224.41 亿吨，居各出口国首位。阿尔及利亚和尼日利亚分别处于第二和第三位。卡塔尔出口地位的明显上升得益于其稳定的供应、稳定的政策和在消费国直接参与建设进口设施等措施。

（三）天然气需求增长可能改变供应过剩局面

对于今后世界天然气需求的增长趋势，由于欧洲市场基本处于饱和局面，未来的需求可能主要来自亚洲地区。中国、印度和巴西在全球经济衰退中受到了一定的冲击，但是，2010 年后对于天然气的需求仍然持续增长，韩国等其他一些经济体也出现较强的回升势头。日本在 3 月地震和海啸引发核电站事故后对液化天然气的需求迅速增长是最值得关注的重要因素。因此，剑桥能源咨询公司的研究主管拉法尔·麦丹纳（Rafael McDonald）认为，在今后几年内，全球天然气需求增长可能改变供应过剩的局面，而且这一转变的速度似乎在加快。[①] 这一趋势和预期可能对 2011 年下半年美国国内的天然气价格、欧洲和亚洲的天然气供需关系产生影响。作者预计，美国的天然气价格由于供应充足，继续处于低迷，可能限制页岩气的开发势头，或促使美国将页岩气转为页岩油，以提高天然气变现的能力。而亚洲需求的增长无疑将促使本地区液化天然气出口和页岩气的开发热潮。今后主要的竞争因素可能是：俄罗斯大幅增加对东北亚液化天然气市场的出口能力，中国加大对页岩气的开发投入。

41

---

① ¡2011 年 5 月 4 日在剑桥能源周上的专家发言。

21世纪第一个10年国际油气市场的变化确实是20世纪难以想象的。总的趋势是：石油供应日益衰老，石油需求依然年轻和蓬勃发展，高油价是必然的趋势，非常规石油（如油砂、页岩油和致密油等）需要高油价的支持；常规天然气的供应具有类似的特征，而非常规天然气开发和继续增长展示了不同的地区特征。但是，世界天然气需求将很快跟上供应的步伐，使得天然气不仅变得越来越全球化了，而且供需关系可能出现类似石油供需关系的特征。

第二章

全球油气勘探开发态势

一 全球勘探方向

在论述了全球油气供需状况之后，人们看到的现实的问题是，发达国家的石油需求难以在短期内大幅减少，发展中国家对油气的需求则蒸蒸日上。根据美国能源信息署和诸多咨询公司的预测，到 2030 年前世界对石油和天然气的年均需求依然以 1% 和 1.6% 的速度增长。发展中国家的油气需求增长速度在 2%—3%，发达国家的油气需求出现负增长。[①] 令人忧虑的是，油气供应分布极不平衡，发达地区的油气供需增长缓慢。近几年来美国页岩气的增长是 20 年来技术进步和推广应用的结果。具有相对丰富油气资源的中东地区的产油气国家的油气增长受到诸多因素的制约，难以在短期内增长。

为了解决供应的短缺问题，一靠加大勘探，获取更多的油气发现和可开发的油气资源；二靠直接投资现有的资源，加快基础设施建设和完善，提高生产能力和供应能力。两者相比，前者是根本，后者是现实基

---

① 美国能源信息署：《世界能源展望》，2008—2010 年。

础。2006年美国石油地质家协会（AAPG）的赫德伯格研究会议认为，世界待发现的石油资源是未来储量增长的潜在来源。AAPG研究会议公布的世界未发现的石油资源大体在4800亿—15500亿桶之间。其中，65％的资源位于9个油气省，每个省均拥有石油资源250亿桶，即西西伯利亚油气区、北里海油气区、中里海油气区、阿拉伯—伊朗油气区、西非油气区、西非中部油气、帕斯—桑托斯油气区、格陵兰岛东北大陆架、北极海域。①

近几年来，国际油气勘探重点也基本与此9个油气省对应。根据英国石油理事会于2010年的调研，业内具有共识的勘探热点是：波斯湾的伊拉克、伊朗、沙特阿拉伯。非洲地区的勘探目标可以具体分为北非地区的利比亚、阿尔及利亚、苏丹；西非地区的尼日利亚、加纳、加蓬、安哥拉、刚果（布）；东非地区的乌干达、坦桑尼亚、莫桑比克、马达加斯加。北美地区的勘探目标是美国和加拿大的非常规油气区域。南美地区的勘探目标是委内瑞拉、巴西、哥伦比亚、阿根廷。原苏联地区的东西伯利亚、北极海、里海。亚太地区的勘探目标是印尼海上、印度海上、孟加拉海上、澳大利亚。② 具体分析如下：

（一）波斯湾地区

多数地质专家和业内观察家依然认为，波斯湾地区是世界油气储量的聚集地，具有巨大的勘探开发前景。但是，80年代以后该地区除了伊朗的阿扎德甘以外，新的油气大发现很少。沙特阿拉伯的情形十分明显，除了在加瓦尔巨型油田周边的小发现外，其海上和南部沙漠地带的勘探难以突破。

今后，较具前景的勘探地区可能集中在伊拉克和伊朗。首先，在伊拉克，大量的现有发现的储量集中在南部。未来勘探重点或可能的发现在库

---

① 根据2007年7月14日作者与赫德伯格（Hedberg）会议主席Richard Nehring先生的交流信息。此处油气省（province）可以理解为油气区。

② Oil Council，Driller and Dealer，june 2010.

尔德地区和西部沙漠。目前这些地区由于政治相对封闭，基础设施落后，油气资源远未得到勘探开发。根据在库尔德地区作业的中小石油公司分析，该地区的特点是地质风险低、发现潜力大。一旦该区与伊拉克政府的法律问题得到解决，可能成为中东地区的一个勘探热点。其次，在伊朗，目前南北帕斯气田以及陆上阿扎甘干油田显示了阿拉伯盆地海域和扎格罗斯盆地北部的勘探潜力。由于伊朗核危机，在今后一段时期这些大油气田依然难以得到深入勘探开发，但是不排除出现惊奇。

（二）非洲地区

从整体上看，非洲油气储量不突出，但是未勘探的面积大，方向性强。首先在北非地区，利比亚陆上油气盆地的勘探程度很低，包括锡尔特盆地在内的该国未勘探面积在70%左右。阿尔及利亚南部沙漠地带的勘探前景一直是西方石油公司的至爱，尽管进展不大，但是依然十分诱人。过去15年来苏丹是东北非地区的勘探新星。该国的油气资源主要分布于南部。除了目前1/2/4区块、6区块和3/7区块外，其他区块的勘探开发步伐得到推进。2011年7月9日南苏丹共和国独立后，如不再出现南北苏丹争战，南方的油气勘探开发将成为国际石油投资的一个新重点。在北非地区，海域的油气勘探前景未见乐观，摩洛哥海上油气区带可能值得关注。

其次是西非地区。近10年来，该地区的油气勘探开发活动主要集中在尼日利亚、圣多美、加纳、加蓬、安哥拉、刚果等海域。其中，尼日利亚的海域油气勘探开发投入较大。2006年，英国Tullow石油公司与加纳政府签署了三个海上油气勘探区块，均获得油气发现，其中，Jubilee区块发现油当量12亿桶，改变了加纳的命运，展示了西非海域的前景。同时，安哥拉受到巴西盐下资源勘探潜力的启示，逐步加大对深海招标，推动了西非海域油气勘探开发的热潮。

近几年来，东非地区大裂谷带展示了勘探前景。一些中等规模的独立勘探开发公司先后在乌干达的阿尔伯特湖盆地、坦桑尼亚和莫桑比克及马达加斯加获得较大的天然气发现，吸引了越来越多的大型和中型国际石油公司对该地区油气资源的兴趣。

（三）南美地区

南美地区现有的勘探开发热点在委内瑞拉的重油资源和巴西的坎帕斯盆地和桑托斯盆地深海盐下区域。前者为超重油，即世界上独一无二的此类非常规石油资源，显示了委内瑞拉石油资源的实力和未来。但是，2005年后巴西海上油气勘探开发加速，2007年图皮海域系列油气田的发现展示了海上石油勘探开发的方向，需要以非常规的手段加以开发。此外，玻利维亚的天然气资源前景依然广阔，哥伦比亚也试图通过招标引进外国资金，开发其国内的资源潜力，主要在海上资源和 Ilanos 盆地。此外，福克兰群岛的探区也引起了国际勘探公司的关注。

（四）北美地区

除了近几年页岩气和油砂等非常规资源开发热潮外，美国东海岸、墨西哥湾东部以及格陵兰岛海域呈现了较大的勘探潜力。为此，2010年4月奥巴马宣布放宽对海域油气勘探的限制。不幸的是，4月22日英国石油公司墨西哥湾深水地平线石油平台沉没和原油泄漏事故暂时中断了勘探过程，大大增加了人们对环境污染和安全的忧虑。预计今后美国和全球海域油气勘探开发的环保条款将更加严格，从而将技术进步、设备、经营成本和人身安全推到更高的水平。

（五）原苏联地区

原苏联地区是世界油气勘探开发的老区，特别是里海。然而，这一广袤的地区分布着诸多巨大的油气盆地，使勘探的重点逐步从里海到西西伯利亚，再到西西伯利亚北部和东西伯利亚地区。未来的勘探重点是北极海、里海和东西伯利亚和远东地区。

（六）其他地区

与以上诸地区的含油气省相比，欧洲和亚洲地区的常规油气勘探潜力较小。但是，在非常规天然气资源（如亚洲的中国和欧洲的波兰的页岩气资源）具有较好前景。同时人们还看好印尼海上、印度东北部、孟加拉、东亚的菲律宾待勘探盆地以及澳大利亚西北大陆架和帝汶海。在欧洲地区，如果每桶油价维持在 80 美元以上，开发成本持续下降，伊比利亚半岛、冰岛和挪威等北大西洋盆地边缘的常规油气资源勘探也相对可行。

但是，需要指出的是，世界石油工业发展在 1844 年里海巴库出现规模性开发后，已经经历了 167 年。重大的油气发现出现在 20 世纪 40—70 年代。随后的 80—90 年代全球油气发现趋势是：发现的数量越来越少，发现的规模越来越小，大的发现珍贵和喜人，但是数量更少。在过去的 10 年里，10 亿桶以上的全球油气较大发现主要出现在深海，陆上油气发现十分稀少。

二　非常规油气成为热点

（一）美国以外页岩气资源评价结果

美国能源信息署《2011 年能源报告》指出，目前美国技术可采页岩气资源量超过 28 万亿立方米，美国的页岩气开发已成事实。[①] 为了分析其他国家页岩气的勘探潜力，美国能源信息署委托美国 ARI 公司评估了世界 32 个国家 48 个含页岩气盆地，约 70 个页岩气藏。其结果是：页岩气可采资源遍布世界其他地区，技术可采资源量为 5760 万亿立方英尺（161 万亿立方米），加上美国的页岩气资源 862 万亿立方英尺（即 24 万亿立方米），页岩气资源总计为 6622 万亿立方英尺（185 万亿立方米）。而世界技术可采的常规天然气资源量为 16000 万亿立方英尺（448 万亿立方米）。两者相加，天然气技术可采资源量超过 22000 万亿立方英尺（616 万亿立方米）。[②]

47

---

① 见本书第十章第二节的分析。

② 应该说对世界其他地区页岩气资源的评价是相当困难的。ARI 公司的研究时间较短，而且许多国家才开始理解和评估页岩气资源。因此，ARI 公司的总体评价数据是相当保守的，而且以下几个大的页岩气资源未作深入评价：（1）32 个被调研和评估国家以外的国家（如俄罗斯和中东）；（2）在所调研国家中有些页岩盆地没有预测数据；（3）海上的页岩气资源未作评估。

但是，ARI 公司把全球页岩气资源开发分为两类国家：一类是当前高度依赖天然气进口、又有较大页岩气资源的国家，包括法国、波兰、土耳其、乌克兰、南非、摩洛哥和智利等；另一类国家是生产大量常规天然气，但又有较大页岩气资源的国家，如加拿大、墨西哥、中国、澳大利亚、利比亚、阿尔及利亚、阿根廷和巴西。实际上，中国既有规模化常规天然气生产，又具有突出的进口需求，同时又有仅次于美国的页岩气资源量。

（二）常规和非常规天然气资源"再平衡"

根据英国石油公司的统计，目前全球天然气的可采储量在 180 万亿—190 万亿立方米之间，世界天然气产量约 3 万亿立方米，储采比为 60 余年。从总体上看，世界天然气供需基本平衡。但是，常规天然气资源和供应分布很不平衡，基本被俄罗斯、中亚和中东的伊朗（或目前"天然气出口国论坛"集团）垄断，使得北美、欧洲和亚洲地区曾长期处于天然气供应紧缺的局面。幸运的是，随着非常规天然气资源开发技术的成熟，北美的非常规天然气资源得到了规模化开发，2009 年美国天然气产量接近 6000 亿立方米，超过了俄罗斯的天然气生产水平，而且具有出口的能力。[①] 美国打破了俄罗斯对天然气产量的长期垄断的局面，欧洲地区分享到了多元化的利益和进口天然气"再平衡"的地位。

正如上述，北美以外地区的非常规天然气的开发潜力巨大。2011 年初伍德·麦肯锡公司发布的《全球非常规天然气增长的潜在冲击》报告指出，到 2030 年，中国、印度和欧洲地区的非常规资源量可能在 1400 亿—2900 亿立方米之间。其中，中国和欧洲的非常规天然气资源量分别仅次于美国。[②] 可见亚洲和欧洲不缺非常规天然气资源，而缺乏开发非常规天然气开发的技术和经验。因此，开发非常规天然气是这两个地区主要消费国

48

---

① 依据英国石油公司的统计数据，见 BP slatistical Review of World Energy 2010. p. 22。

② Wood Mackenzie, the Potential Impact of Unconventional Gas Groweh, March. 2011. 此处转自 energy - pedia. com 于 2011 年 3 月 2 日的要点报道。

今后的重大战略任务。

进入 21 世纪第二个 10 年后，世界面临着中东北非地区政治动荡和日本核危机带来的低核压力，使亚洲和欧洲的能源消费大国再次思考天然气的发展空间和力度，可选择的途径有：

第一，加速一体化开发国内的常规天然气资源，提高综合利用程度。

第二，确保天然气供应多元化，特别是国外天然气的稳定供应，包括管道天然气和液化天然气。这两种资源均被具有陆路相连优势和进口液化天然气优势的国家所利用。亚洲的天然气进口价格普遍高于欧洲价格和北美的价格。由于亚洲天然气市场发育有限，天然气利用程度低下，基础设施落后，亚洲国家的国内价格与进口价格差距较大，致使进口天然气（特别是管道天然气协议）的谈判十分艰难。

第三，开发非常规天然气资源，包括页岩气和致密气。目前，亚洲诸多公司加大了对北美页岩气资源的投资力度，侧重收购页岩气资产或与美国公司合资经营。这类投资的目的是为了获取开发经验和技术，以加速本国的页岩气开发。

第四，大规模投资天然气合成油（GTL）项目。在目前原油价格高企，天然气价格地区化的形势下，GTL 具有重大的开发价值。在这一领域，壳牌在卡塔尔建设超大型 GTL 能源城是一个突出的例子，今后将越来越引起资源国和消费国的兴趣。这里的资源国不仅是卡塔尔等中东国家，而且还有俄罗斯，后者正在加大 GTL 的投资建设步伐，改部分天然气出口为合成油出口。同时，美国也计划在路易斯安那州建设大型 GTL 项目。

伍德·麦肯锡公司预测，如果中国和印度能够充分开发其天然气资源潜力，到 2030 年达到 2300 亿立方米，到 2030 年估计有 500 亿立方米的液化天然气可被取代。[①] 通过减少平均成本，可能带动新的需求。这样增加

49

---

① Wood Mackenzie, the Potential Impact of Unconventional Gas Groweh, March. 2011. 此处转自 energy - pedia. com 于 2011 年 3 月 2 日的要点报道。

亚太地区的液化天然气的供应量，从而减少大西洋地区的液化天然气的压力。

在欧洲地区，开发其天然气资源潜力既需要扩大技术投入和作业力量，又必须降低开发成本，从而增加本地区的非常规资源的供应量，估计到 2030 年每年可达到 600 亿立方米，加上太平洋地区的液化天然气供应增量，将大大减轻对管道天然气进口的压力，特别是俄罗斯的天然气管道出口不稳定所带来的压力，从而在该地区和亚太地区大大降低天然气现货的价格。但是，这个时间可能是在 2025 年以后。

三 油田服务业展望

在全球油气勘探开发中，大量与技术解决方案和成本控制有关的活动依赖于油气田服务业的支持。金融危机后，全球油价下滑打击了油田服务业，但是，2010 年全球油价上升，北美地区非常规钻井活动趋于活跃，全球深海开发机会增多，而陆上钻井市场基本稳定，综合性服务巨头（如贝克休斯、哈利伯顿和斯伦贝谢）以及海上钻井承包商（如 Transocean、Diamond Offshore 和 Oceaneering International）承受了墨西哥湾临时钻井禁令的冲击，因为这些大服务公司把目标转向北美陆上钻探或国际市场，抵消了压力。在美国深海钻井临时禁令取消后，这一领域的服务公司行为变得更为谨慎。临时禁令取消后的挑战依然存在，北美地区的钻机市场活跃程度较低，恢复速度比较慢。钻机利用率还处于较低水平，而新的钻机进入服务市场比较缓慢。随着空闲钻机和积压未用钻机离开建设场地，钻井市场的成本可能会缓解。IHS 哈罗德公司认为，高油价和较高的勘探生产预算将带动 2011 年油田服务领域的持续增长，并预计油田服务公司的收益可能在 2012 年恢复到 2008 年的高峰水平。

根据作者观察，2011 年 4 月后全球钻机数量稳步增长。到 2011 年 5

月 15 日美国的实际在役钻机数量增多了 142 台，在过去八周内就净增了 124 台。而 3 月底以来，美国海上钻井只增加了 2 台。海上钻机队伍只占美国实际在役钻机的 1.6%。在 4 月份 WTI 价格超过 100 美元后，钻机活动一直导向具有高油气含量的陆上油气勘探开发活动和有利的勘探地层。勘探开发公司特别加强了对页岩气的开发力度，以提高天然气的产量。因此，2011 年 4 月美国的钻机数量已经接近 2008 年 7 月油价达到 147 美元时的水平。如果这一增长速度继续保持下去，几个月后美国的钻机数量将达到 1985 年以来的最高水平。

钻井公司面临的挑战是：一方面新的、更大、更强马力和技术更先进复杂的钻机需求越来越高；另一方面，老式的、较小的和较弱的钻机越来越受到市场需求的挤压。预计今后钻井公司需要扩大钻机队伍和钻井工作的能力。人们的忧虑是：是否出现过度建设。因为 20 世纪 70 年代末和 80 年代初海上钻机建设曾经出现过一个热潮。1983—1986 年产业萧条时这些钻机大部分被削减，但是并没有退出钻井领域。许多钻机依然在今天的海上大项目中使用。而新建的自升式（69 台）和半潜式与钻机船（66 台）之间的数量大体相当。半潜式和钻机船数量略多于过去的数量，特别是在巴西和西非地区，增加较为明显。从历史上看，大量新建钻机很可能是过度建设的征兆。这一情况是否会在陆上钻机市场重现，从而影响服务费还有待观察。

四 勘探与生产投资趋势 51

（一）全球勘探与生产投资总图景

全球油气供应能力的增长需要持续性的投资。只有规模性和持续性的勘探与生产投资才能增强油气生产和供应能力。但是，全球勘探与生产投资水平与全球石油需求、剩余生产能力和油价变化密切相关。图 1.6 概述了这些关系和变化趋势。从图中可以看出 1970 年以后这些因素的持续增长趋势,其中,1978—1986 年出现一个投资高峰;1998 年亚洲金融危机出现过小幅下降;此后特别是 2003 年后在高油价的推动下,全球勘探与生产投资呈持续上升的态势。

根据巴克莱银行(Barclay Capital)的统计,2003 年后勘探投资从近 300 亿美元一路上升到 2008 年的 4536 亿美元。然而受到 2008 年下半年金融危机的打击,2009 年全球油价下滑至 61 美元,全球勘探与生产投资下降到 4000 亿美元以下。[①]

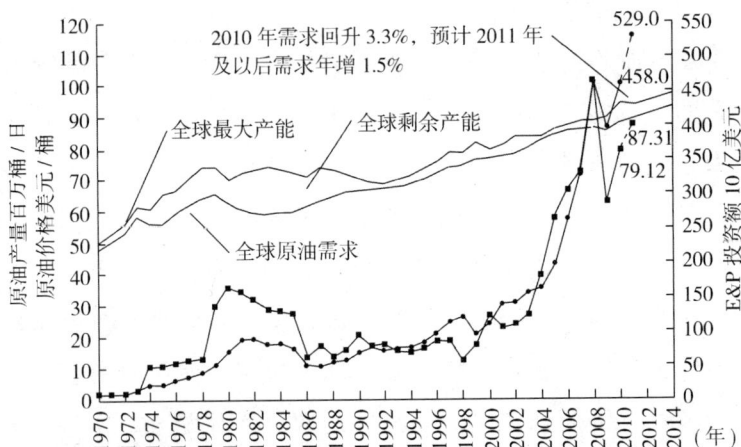

资料来源:刘兵根据英国石油公司、国际能源署和巴克莱银行数据编制。

图 1.6 全球勘探与生产投资趋势

又据伍德·麦肯锡咨询公司的分析,2009 年北美地区上游领域的投资在全球所占比例已从 2008 年的 31% 下降到 24%。欧洲和俄罗斯的上游投资比例也比 2008 年下降了约 20% 左右。其中,北美地区投资削

———————————

① 巴克莱银行的全球油气勘探与生产调查报告(E&P Spending Survey)是雷曼兄弟银行 1982 年以来持续开展的半年度油气上游领域投资预算调研报告的延续,也是与花旗银行的类似调查报告并列的全球勘探与生产投资预测报告。这里所说的全球指 300—400 家被调查公司的全球投资预算,不包括中东北非国家石油公司每年在上游领域的投资预算,因此是不全面的,但是足以反映全球勘探与生产投资的态势,具有参考价值。此外,伍德·麦肯锡咨询公司和 Dahlman Rose 投资银行也提供类似的调研成果。

减规模和速度最大最快，因为该地区大部分的项目投资预算和进度调整比较灵活。在加拿大，有许多油砂开发项目被取消或延期，导致投资同比下降 50%，勘探与生产投资下降到 3950 亿美元。当时对于2010 年的预测曾经比较暗淡，即不会出现大幅提升，可能与 2009 年基本持平。①

　　然而，到 2010 年由于澳大利亚的高更天然气田、伊拉克的鲁迈拉油田、安哥拉的区块 17 和区块 31 以及加拿大的 Kearl 油砂项目等一批新的大型投资项目得到落实，投资需求扩大，促使 2010 年勘探与生产投资得到较好的恢复。2009 年底巴克莱银行通过对全球 387 家公司的调研，预计2010 年的勘探与生产投资回升到 4390 亿美元，增长速度为 11%。到 2010年 6 月中期对 427 家公司的调研，这一投资水平提高到 4470 亿美元，提高12%。再到 2010 年底对 402 家公司的调研，这一投资水平调整为 4420 亿美元。三次调查展示了金融危机后油气工业对增加投资、推进发展的信心。

　　在这三次调研中，对美国、加拿大和北美以外的调查数据也逐步提升。其中，2010 年 6 月的调研比较具有代表性。在全球勘探与生产总投资预算 4470 亿美元中，美国的勘探与生产预算为 850 亿美元，埃克森公司、康菲公司和一批独立石油公司引导着美国的投资热潮，而加拿大的开支为270 亿美元，美加以外地区的投资预算为 3350 亿美元，主要由国家石油公司的投资拉动。平均油价为 73.56 美元（比 2009 年 12 月份的估计高5%），天然气价格为 4.65 美元/百万英制热量单位。

　　2010 年全球油气勘探生产投资好转的依据是：2010 年第一季度，国际油价已经逐步回升到 70—80 美元，使油气资源国和国际石油公司得到了喘息和恢复。北美地区的钻机数量逐步增加。其中，美国的钻机数量已经由 2009 年底的 1000 台，回升到 2010 年初 1373 台；加拿大的钻机数量也

53

① 伍德·麦肯锡公司的这些调研成果与巴克莱银行大体相近，并具有较好的分析。

从 2009 年底的 313 台，继续回升到 2010 年的 564 台。国际油气领域的并购活动依然活跃。一些石油巨头开始利用自身的资金优势，出手并购一些持有长期战略资产的独立石油公司，主要标志是埃克森公司收购 XTO 公司；国家石油公司出于资产重组的需要，出售一些比较麻烦的资产和在今后五六年难以形成产能的资产。而油气资源国对外招标也比较活跃，尽管对外合作的政策和条件更加紧缩或苛刻。

（二）2011 年冲破 5000 亿美元

2010 年 12 月 15 日巴克莱银行发布了 2010 年下半年的调查报告，预测 2011 年全球 402 家公司勘探与生产的投资预算（调查公司数为 402 家）从 2010 年的 4420 亿美元增加到 4900 亿美元，提高 11％。这是国际金融危机后一次较大的投资预期，在投资规模上向 5000 亿美元冲击。在作者写作本书之际（2011 年 6 月 15 日），美国独立投资银行 Dahlman Rose 公司对 445 家石油公司进行了调查，结果显示这些公司 2011 年勘探与生产投资达到 5330 亿美元，比其年初的调查预期提高 14％。其中，美国公司的勘探与生产投资达到 1220 美元，比年初的预期提高 22％，加拿大的这一投资预算为 420 亿美元，提高 16％。北美以外的投资预算为 3690 亿美元。56％的被调研公司认为，2012 年的投资预算还将继续提高。

2011 年勘探与生产投资增长趋势主要由拉美、中东、北非和东南亚地区的公司投资拉动。除了国家石油公司的投资拉动作用外，2011 年后国际石油巨头重新回到国际投资舞台，发挥主力作用。

今后，美国油气公司的投资重点开始从常规和非常规的天然气开发转向石油和其他液体资源丰富（包括页岩油）的领域。今后美国的油气总钻机数量基本与目前的水平相当，其中天然气钻机数略微减少。在加拿大，这一投资的缓慢增加也反映了油砂钻探活动持续增加，抵消了天然气钻探活动的减少。所以总体增长速度相对缓慢。

在北美地区以外，巴克莱银行调查的增长基本维持在 12％左右，略高于全球水平，与历年的国际投资水平相当。

对于油气田服务公司来说，一体化的钻井、技术服务和设备提供商及少部分中小型服务公司将发挥较大的作用。海洋钻井活动主要集中在大型的服务公司，新钻探活动面临更加严格的安全和环保监督。巴克莱银行专家分析，全球油气行业正处于一个长期增长周期的早期。

由于2011年下半年国际油价预期为100美元/桶左右，在一些主要产油区，投资者的信心比较稳定，国家石油公司正准备充分利用这些地区服务成本和材料成本下降的优势，筹划比2009年投资规模稍大的资本投资项目，主要的投资增长地区是沙特阿拉伯、伊拉克、巴西等国家。伍德·麦肯锡咨询公司预测，未来五年国家石油公司的总体投资规模将稳定保持在每年1000亿美元左右。在需要大规模、超前投资的产油地区以及人们认为商业或政治风险较高的地区，国际石油公司依然比较谨慎。从趋势看，今后两年国际油价将稳步回升。2010—2011年国际油价达到80—100美元是可以预期的。在这一价格水平下，许多石油公司都将加大投资。值得注意的是，许多国际石油公司的投资偏好是政治风险低和财政稳定的地区，即美国、加拿大、澳大利亚和部分欧洲发达地区，而中东北非地区以及南美的委内瑞拉和厄瓜多尔等国家的投资速度不会太快。

五 资源和资产竞争态势

针对全球的油气市场、油气勘探与生产投资的态势，全球性油气资源和资产竞争尤为激烈。这些竞争按照商业机会类型可以分三类：（1）资源国对外招标下对勘探与生产许可证或合同的竞争；（2）公司资源或资产转让，两者的结果可能形成独资、合资、财团合作、技术服务和分包等合作形式；（3）双边或多边之间的合作等。

第一类的竞争是在资源国的法律法规下，按照资源国的招标规则和提供的项目机会组织开展，开标后组织适当的谈判。目前，这样的竞争机会遍布许多油气资源国。比较令人关注的是2008年后伊拉克的对外招标、巴

55

西深海油气对外招标、安哥拉、尼日利亚和阿尔及利亚等非洲国家的对外招标等。第二类竞争是按照国际商业规则组织谈判，最后经过有关国家政府批准。第三类竞争是双边或多边按照双赢互利的原则通过协商谈判开展。在两国之间的合作可能没有市场竞争，但是存在激烈的博弈。在多边之间存在一定的竞争，但是也会出现联盟。

近10年来，无论哪种类型的竞争，共同的特点是国际油气竞争日益激烈。其中，对重点国家重点项目的招标竞争、对重要油气资产或资源并购和重点国家之间的双边油气合作博弈所出现的竞争尤为激烈。

以下仅以国际油气资产并购为例，说明近几年全球油气竞争的特点。从2009年12月美国埃克森公司以410亿美元收购美国XTO公司，到2010年3月份英国石油公司以70多亿美元收购戴文公司出售在巴西、阿塞拜疆和美国墨西哥湾的资产，再到壳牌集团与中国石油集团联合收购澳大利亚Arrow能源公司，以及埃克森公司拟收购加纳海上Jublee油田等举措，都清晰地表明国际石油巨头利用自身的资金优势，利用独立石油公司调整全球资产组合的机会，继续实施国际资产并购，与新兴消费大国的国家石油公司利用金融危机开展的国际并购形成了明显的竞争态势。这一趋势呈现了2010年上半年国际油气领域的新亮点，促使二者走向既交锋、又联合的发展方向。

（一）石油巨头的并购术

与10年前西方石油公司之间的资产重组不同，2009年后埃克森公司、壳牌公司、英国石油公司、雪佛龙公司等国际石油巨头的国际并购逐步针对非常规油气和深海领域。而金融危机后一些大型独立石油公司为了提高资产价值和投资回报率，决定出售国际资产，回笼资金，退居核心业务，为国际石油巨头提供了难得的发展空间。在此背景下，埃克森公司、英国石油公司和壳牌公司利用机会，积极"收编"，提高自身在已有战略性油气项目上的股份比例，或进入西非海上等一些油气战略区。从英国石油公司与戴文公司的交易结果看，双方达成的交易方案是非常有利的。首先，

70多亿美元的资产交易价值超过了戴文公司的总体预期。而对于英国石油公司来说，70多亿美元比每个项目的分别估值总和要低得多。可见，国际石油巨头的并购与独立石油公司的资产重组是呼应的。但是，这种在国际石油巨头和独立石油公司之间出现的资产并购具有浓厚的资产调整性质，主要是独立石油公司有限度的调整。2010年后此类并购逐步减少。

2009年7月英国石油公司为了筹集资金，弥补墨西哥湾石油污染的损失，决定出售200亿—300亿美元的非核心资产。到2010年底英国石油公司在不同国家出售了200多亿美元的资产。其中，主要交易的资产包括：向Bridas公司出售其在泛美能源公司60％的权益，取得70亿美元；向TNK—BP公司出售其委内瑞拉和越南的资产，取得18亿美元；向能源联合集团出售其在巴基斯坦的资产，取得7.75亿美元；向埃尼集团出售其在墨西哥湾的一些资产，取得6.5亿美元。英国石油公司大体利用了9个月时间出售210亿美元的资产，接近其2009年7月公布的300亿美元的资产剥离计划。英国石油公司这种案例恐怕今后不会经常发生。

（二）国家石油公司的并购特点

来自中国、印度、韩国和越南等消费国的国家石油公司的国际化经营步伐不断加快。中国国家石油公司确实一枝独秀。2009年中国石油集团在海外并购、战略联盟和参与战略区的油气项目竞争等方面取得重大进展。这三个发展方向体现了中国石油集团国际化经营的三个新方向。同时，中国石油集团进入加拿大，以19亿美元参与阿萨巴斯卡的油砂项目是一个重大的战略性举措。

57

中国石油公司进入南美地区也引起国际石油巨头和其他国家石油公司的关注。经过2010年第三季度的沉寂之后，中国的国家石油公司在第四季度对外国的油气资产发起了并购风潮，仅在上游领域就达到了310亿美元，约占全球油气资产交易的1/3，而2009年这一数字仅为190亿美元。2010年中国在14个国家展开了并购。如果说非洲是2009年中国的并购重点的话，那么2010年中国的并购重心似乎转到了美洲地区。在该地区10个并购事件中有 8 个是中国石油公司操作的。2010 年一季度最大的交易是中国石化集团以 71 亿美元收购雷普索尔公司在巴西的 40% 资产的权益,从而在巴西的海上盐下储量取得了一席之地。巴西国有石油公司的投资计划得到了中国公司的策应,将经历一个巨大的发展。

这一季度第二大交易是 Bridgas 公司(其中中国海油占 50% 股份)以 70 亿美元取得英国石油公司在泛美能源公司(阿根廷第二大油气生产商)中 60% 的股份。随后中国石化集团以 25 亿美元收购了西方石油公司在阿根廷的上游资产。最后一笔较大的交易是中国海油获得 Chesapeake 在美国 Eagle Ford 页岩气资产 33% 的权益,这是中国海油在 2005 年收购尤尼科公司失败后首次获得美国的资产。

多年来,国际石油巨头已经通过诸多方面的研究,积极与国家石油公司探索伙伴关系的途径。壳牌公司、英国石油公司、道达尔公司、雪佛龙公司等巨头一直在期待与国家石油公司形成以项目为基础或以地区为基础的战略联盟的机会和模式。而其他国家石油公司,主要是亚洲的国家石油公司纷纷寻求本国政府的支持,扩大对外竞争力。印度石油部近期再次提议政府成立 200 亿美元的主权基金,支持国家石油公司的国际投资,增强与其他国家石油公司的国际竞争力。

(三)在产开发项目并购减少,勘探项目增多

2006 年 11 月美国石油地质家协会(AAPG)赫德伯格研究会议经过几年研究后认为,目前和未来从现有油田可开采的石油储量大约为 3000 亿桶。其中,约 50% 的储量可通过 EOR 手段来开发。而目前 EOR 的应用程度只有 11%。通过加密井或水平井和多向井等强化开发手段,可以大大提高开采程度。所以,如果不是面临递减的风险、质量较差的在产资产,在产油气资产特别是资产较好的项目一般不会轻易出售,除非出现严重的资金困难和技术难题,如出现类似墨西哥湾漏油事件后面临的困境。

勘探项目的特点一是勘探风险较大;二是勘探掌握未来储量。一体化的石油公司的产业链始于勘探。通过勘探为公司提供源源不断的可采储

58

量，一般不出售勘探成果。但是，油气资源国为了加快勘探开发，尽快获得勘探信息、技术，扩大成功率，必然积极向国际石油公司提供勘探机会，鼓励外国公司参与勘探项目。在有了发现后，再由国家石油公司进入运作。多数独立石油公司的产业链始于购买，通过及时购买其他公司的勘探成果来发展。因此，必然产生一些专门从事勘探和出售勘探成果的公司和投资者。这些公司和投资者是全球勘探活动最活跃的分子。出售勘探成果或勘探中间成果，除个别重大发现外，一般规模不会很大，但数量较多。这些勘探项目在进入开发前投资少，风险低，具有增储上产的上升潜力，因此比较受追捧。

（四）页岩气和深海资产成为国际并购重点

2010 年 9 月 30 日，伍德·麦肯锡公司发布的研究报告指出，2008 年国际石油公司为收购美国页岩气资产支出 197 亿美元。而在 2009 年上半年，这一数字仅为 20 亿美元，2010 年上半年国际油气公司为收购美国页岩气资源或资产共支出 210 亿美元。这一变化说明，经过短期恢复后，国际石油公司继续看好页岩气，在对未来资源的投资上，谁都不想落伍。加上国际油价支持，水平井和液压技术的进步，给页岩气等非常规的资源开发带来了机会和希望。

2010 年上半年，页岩气是美国油气并购的主要推动力，第四季度的页岩气交易依然占据页岩资产交易的大头，总价值为 74 亿美元。其中雪佛龙公司以 43 亿美元收购在 Marcellus 和 Utica 区带拥有页岩资产的 Atlas 能源公司。考虑到天然气价格比较低，页岩油开始在页岩资源交易中地位上升。Eagle Ford 的页岩油气区带备受关注，2010 年上半年共发生了 10 起交易，价值为 45 亿美元。塔里斯曼独辟蹊径从他们的一处页岩资产中提高变现能力。该公司接受南非的一体化公司 Sasol 进入他们在加拿大的页岩区带。塔里斯曼接纳 Sasol 的主要原因是 Sasol 在天然气液化技术方面的全球领先地位。该公司将为一项天然气液化厂开展一项可行性研究。这一计划的实现将使该公司在天然气价格较低的情况下使该项目获利。

59

美国的投资热潮和技术进步已经对欧洲产生了影响。对于美国的投资者来说，进入欧洲资源领域非常容易。而中国和印度也正在页岩气领域跃跃欲试。与具有页岩气开发技术和经验的美国公司合资或合作是比较明智的做法。

近几年来，深海油气发现引发西非、北非、东非、拉美的巴西和阿根廷以及黑海、地中海东部周边国家（如以色列、黎巴嫩、埃及和塞浦路斯）的开发热情和系列对外招标活动，今后也将带动深海资产并购的热潮。

总体上看，随着国际石油消费水平的逐步回升，特别是国际油价的逐步回升，国际石油巨头的并购战略强化。但是，来自美国独立石油公司的资产调整的机会有限，今后扩大与北美以外，特别是亚洲国家石油公司的合作将成为重点，并为国家石油公司学习掌握石油巨头的技术和经验提供良好的合作机会。而对于国际化了的国家石油公司来说，加强与国际石油巨头的战略合作或联盟是其今后重点需要开拓的重要领域，尤其是在非常规资源和深海油气开发领域。然而，从全球油气竞赛的角度看，如何与国际石油巨头开展真正的联合经营，包括参与财团、合资合作、项目合作和地区合作，对于国家石油公司来说都绝非易事、一帆风顺。

第二部分

重点油气区的角力

第三章

俄罗斯的油气优势和"软肋"

一 "能源帝国"的强势

俄罗斯是世界石油和天然气资源大国。据英国石油公司统计，2010 年俄罗斯剩余探明石油储量 106 亿吨（774 亿桶），约占当年全球剩余探明石油总储量的 5.6%，居世界第 7 位，储采比为 20.6 年；俄罗斯剩余探明天然气储量 44.8 万亿立方米，约占世界剩余探明天然气总储量的 23.9%，储采比为 76 年。在过去 10 年里，俄罗斯经历了苏联解体后的复兴过程，尤其是在 2003 年制定出台《2020 年能源发展战略》后，俄罗斯的油气战略和对外政策逐步清晰，充分体现了油气资源大国的独特和强势的姿态和潜力。鉴于俄罗斯历史发展中的"帝国"传统，美国布鲁金斯学会的俄罗斯项目主任和研究员 Fiona Hill 女士将这一能源大国及其近 10 年来的战略倾向称为"能源帝国"。[1] 作者对俄罗斯的"帝国"性质和能源战略行为的认识类似，[2] 并从这一性质出发，揭示俄罗斯的油气地缘政治意图、战略

---

[1] Fiona Hill, *Energy Empire：Oil，Gas and Russia's Revival*，The Foreign Policy Centre 2004.

[2] 徐小杰：《新世纪的油气地缘政治》，社会科学文献出版社 1998 年版，第 70—73 页。

强势及其"软肋"。

基于上述丰富油气资源的基础，俄罗斯建立了庞大的油气工业体系。这"能源帝国"的油气强势可以概述为：

1. 巨大的资源潜力和油气集中度

（1）石油资源潜力：人们常用英国石油公司的统计，即按照西方对剩余探明储量的统计标准来反映，俄罗斯剩余探明石油储量为 106 亿吨。但是，按照俄罗斯自然资源部的数据，俄罗斯拥有石油资源量约为 526 亿吨，其中，A＋B＋C1 储量大体为 260 亿—270 亿吨，前景资源量（C3 级）为 132 亿吨，集中在西伯利亚；凝析油前景和预测资源有 92 亿吨，其中前景资源量占 30％；亚马尔—涅涅茨自治区估计约 18 亿吨，占 19％，还有不到 1/3（28 亿吨）蕴藏在海上，而海上石油资源 50％分布在喀拉海。[①] 可见，在俄罗斯的 A＋B＋C1 探明储量与英国石油公司的剩余探明储量之间存在较大的差距。而 100 多亿吨剩余探明储量在 526 亿吨石油资源量中仅占 20％。

俄罗斯 2/3 以上的探明石油储量集中在超大型油田（储量超 1 亿吨）和大型油田（3000 万吨以上），在俄罗斯探明石油储量中高含硫油（含硫超过 2％）占 12.5％，主要分布在伏尔加—乌拉尔含油气盆地，其中 30％在鞑靼共和国。56％以上的凝析油探明储量分布在亚马尔—涅涅茨自治区，20％以上分布在阿斯特拉罕州，海上的凝析油储量估计有 1.36 亿吨（不足俄罗斯总量的 7％），约一半位于鄂霍茨克海。

（2）天然气资源潜力：根据俄罗斯天然气工业股份公司的统计，俄罗斯原始天然气资源量估计达 248 万亿立方米，其中剩余探明储量为 47.8 万亿立方米，所占比例也不足 20％。[②] 而累积采出量仅占 6.2％

---

① 俄罗斯自然资源部 2011 年发布的《2009 年矿物资源状况报告》。其中，A＋B＋C1 储量根据对西西伯利亚盆地描述和其他盆地的已有数据具体推算所得。

② 英国石油公司世界统计为 44.8 万亿立方米，见 BP Statstical Review of World Energy, June 2011, p. 20。

（见表 3.1）。

表 3.1 　　　　　　　　　　天然气储量结构

储量类型	数量，万亿立方米	所占比例（％）
原始天然气资源量	248.6	100
预测资源量	165.2	66.5
初步评估储量	20.2	8.1
剩余探明储量	47.8	19.2
累计采出量	15.4	6.2

资料来源：《俄罗斯天然气工业股份公司年报》，2009 年。

在 47.8 万亿立方米的剩余探明储量中，未开发油田中的储量有 28.1 万亿立方米，占总探明储量的 58.8％，稳产油田中的储量占 16.1％，因此可以认为，今后俄罗斯长期维持天然气的稳产和高产具有可靠的资源保障（见表 3.2）。

表 3.2 　　　　　　　　　　天然气探明储量结构

储量类型	数量，万亿立方米	所占比例（％）
总探明储量	47.8	
未开发油田储量	28.1	58.8
受生态环境限制开发的储量	1.2	5.2
稳产油田的储量	7.7	16.1
产量下降油田的储量	8.3	17.4
小油田的储量（油田储量小于 400 亿立方米）	2.5	2.5

资料来源：《俄罗斯天然气工业股份公司年报》，2009 年。

探明天然气储量主要集中在西西伯利亚（占 77.4％，其中 60％集中在亚马尔半岛），预测资源主要分布在西西伯利亚、东西伯利亚、远东地区以及喀拉海、巴伦支海和鄂霍茨克海大陆架。

天然气探明储量分布高度集中，28 个巨型气田（储量超过 5000 亿立方米）聚集了 71.2％的探明储量，剩余 21.6％的探明储量分布在 86 个大型气田（储量在 750 亿—5000 亿立方米）。[①]

2. 庞大的油气基础设施和统一的油气管道体系

目前，俄罗斯的全年石油产量达到 5 亿吨。国内年均石油消费水平基本维持在 1.3 亿吨左右，炼厂加工量约 2.5 亿吨，原油出口量 2 亿吨左右。国内石油运输和出口主要通过管道、海上和铁路运输三种方式运送到消费市场。每年通过港口经海上出口石油达 1 亿吨以上；每年通过陆上友谊管道将原油输送到欧洲的德国、波兰、捷克、斯洛伐克等国家，在 5000 万—6000 万吨；每年铁路出口运输的运量在 1000 万吨上下。

俄罗斯年天然气产量在 6000 亿立方米以上，国内消费量维持在 4300 亿立方米上下，出口量为 1800 亿立方米左右。欧洲是俄罗斯最主要的天然气出口市场。

俄罗斯油气输送管网十分发达，油气管线总长度超过 22 万公里，其中，原油管线 4.9 万公里，油品管线 1.9 万公里。此外，还有约 11 万公里集输管道（管径小于 700 毫米）分布在石油矿区。到 2009 年 12 月，俄罗斯统一供气系统拥有 16.04 万公里的长输天然气管线及 6100 公里的支线，264 座压气站，总装机功率 4480 万千瓦，24 座地下储气库，6200 多口生产井，160 多套矿场天然气处理装置，3800 多座配气站，7 座天然气综合处理厂。运输能力为 6000 亿立方米。管道平均运营年限为 22 年。2009 年俄罗斯统一供气系统运输天然气 5897 亿立方米，比 2008 年减少了 1112 亿立方米。庞大的天然气供气系统不仅确保了国内天然气的安全可靠供应，还向 30 多个国家出口，其中，德国、意大利和土耳其是主要的出口市场。[②]

俄罗斯的跨国油气管线将俄罗斯的资源供应与国内市场、独联体地区市场和欧洲市场紧密连接，对欧洲许多国家的社会经济发展和人民生活具有直接的影响。

---

① 本小节数据摘自俄罗斯能源部《2020 前俄罗斯能源发展战略》2003 年版，由王也琪提供。
② 徐小杰、王也琪：《2020 年俄罗斯能源战略研究》，中国石油经济技术研究院报告，2005 年。

3. 一体化的天然气工业公司与石油公司

苏联解体后，传统高度集中的石油产业管理体制被打破了，石油产业分为十多家一体化的石油公司经营，石油寡头垄断地位突出。俄罗斯天然气产业始终没有分裂，即使公司化，仍归一家世界上最大的国有天然气公司——俄罗斯天然气工业股份公司（Gazprom）垄断经营。

4. 庞大的油气工业体系

俄罗斯是世界上少有的具有庞大油气产业体系的国家之一。从石油和天然气的普查、勘探与生产，到油气储备与运输，再到终端销售具有庞大而完整的资产、实体、科技教育培训机构。相对来说，液化天然气和深海开发相对薄弱。现阶段（2009—2015 年），石油工业的投资规模在 1600 亿美元以上，天然气工业投资规模在 1500 亿美元以上。按照俄罗斯的发展规划，2030 年前石油工业投资需求 6090 亿—6250 亿美元，天然气行业投资需求 5650 亿—5900 亿美元，其中天然气运输投资需求高达 2890 亿美元，而天然气生产投资仅 1940 亿美元。[①]

上述强势彰显了以油气为代表的俄罗斯能源产业的巨大优势。俄罗斯的油气产业是俄罗斯国家安全的重要保障，也是俄罗斯对外政治与经济合作的重要基础和手段，更是俄罗斯恢复经济和大国地位的重要砝码。从俄罗斯的国情看，没有能源资源产业，就没有俄罗斯应有的国际地位。对于俄罗斯来说，"能源帝国"不是梦想，而是现实。这一强势是俄罗斯在世界上抬首挺胸的重要根据，也是欧洲和世界至今奈何不了俄罗斯的重要原因。

67

二　帝国的"软肋"

再强大的"帝国"也有崩溃的一天；再强大的动物，也有它的软肋。俄罗斯油气工业的"软肋"也是显而易见的。这个"软肋"指的是这个

---

① 中国石油集团国际事业部：《俄罗斯 2030 年前能源战略》，2010 年，第 152 页。

"能源帝国"身上隐藏着的诸多薄弱环节和潜在劣势，称为"油气软肋"。

（一）"油气软肋"的具体表现

1. 西西伯利亚的油气产量递减显著

西西伯利亚在全俄油气储备中占据十分突出的地位。然而目前这一油气区出现了石油峰值过后诸多老化的现象，如油层压力下降，含水率上升，油质变差等。同时，石油储量接替率下降，后备储量不足，直接导致产量下降。据国际石油界预测，俄罗斯的石油产量峰值出现在 2010 年后，石油产量基本维持在 5 亿吨水平上下。在天然气领域，由于多年来在资源普查和勘探方面投入不足，使得老区天然气的生产能力增长有限，一些重大开发项目几经推迟，加上国外天然气需求削减，天然气出口减少，天然气产量增长受到了抑制。

2. 东西伯利亚、远东和北极海域等新区开发难以达到期望水平

根据俄罗斯发展战略，未来的油气产量增长主要靠东西伯利亚和远东地区以及北极海域等新区开发。但是，这些地区的石油和天然气开发受到了运输等基础设施的限制，2010 年显然难以达到 2020 年和 2030 年能源战略规划设定的目标。

3. 俄罗斯的油气出口管道面临过境运输的困局

苏联解体后，原有一国范围内的油气出口管道变成了跨国管道，原来的加盟共和国变成了油气进口国或过境国。乌克兰是俄罗斯向欧洲油气出口运输的主要通道，其独立使俄罗斯的油气管道技术设置和管理系统面临着此前未曾有过的过境运输问题和重新谈判问题。更为严重的是，由于俄乌在天然气过境、管理和天然气债务等问题上的周期性争执，使俄罗斯的天然气出口利益受到了严重侵蚀。

4. 中亚/里海地区油气生产国逐步摆脱俄罗斯的控制

土库曼斯坦允许外国公司进入其境内开发天然气，并积极推动修建从土库曼斯坦到中国、伊朗、阿塞拜疆等跨国天然气管道；哈萨克斯坦修建哈中原油和天然气管道，同时推动跨里海石油管道规划；阿塞拜疆在欧盟

与俄罗斯之间就纳布科管道气源问题摇摆不定。目前俄罗斯对中亚油气运输和价格控制逐步被外部参与者冲破，使俄罗斯不再能廉价利用中亚的油气资源。

5. 能源结构与国民经济结构调整滞后

这一状况在国际石油价格剧烈下滑和金融危机的双重打击下，严重依赖油气出口的结构暴露无遗。2008 年 10 月国际油价跌至 70—80 美元/桶时，俄罗斯油气行业开始失去稳定还债的能力。各石油公司收入平均损失 52%，税前利润降低 59%，净利润降低 67%。在国际油价处于 50—60 美元/桶的水平时，93% 的新储量不能开发，迫使大石油公司减少勘探开发的开支，导致 2008 年石油产量下降。①

6. 若干俄罗斯能源外交活动并没有达到期望的效果

虽然俄罗斯的能源强势在其外交上得到了体现，显示俄式"天然气武器"，包括对乌克兰的停气威胁，推进蓝流二线，对抗纳布科管线，"告示"中国勿介入土库曼斯坦天然气领域，不批准能源宪章条约等。然而，在过去 10 年来，这些对外行动并没有达到预想的效果。由于上述诸多"软肋"，使得俄罗斯力不从心。

作者将上述俄罗斯油气工业领域存在的劣势、不确定性及风险概括为"能源帝国"的"软肋"。这一分析视角是全面认识俄罗斯油气战略不可忽视的重要方面。② 这些"软肋"的产生是俄罗斯油气产业链失衡、结构调整长期滞延等各种内外矛盾长期积累的结果。

(二)"油气软肋"的成因

1. 油气资源、生产能力和有效供应三者失衡

2007 年以来，俄罗斯油气产量增长相对缓慢，其根源不在于缺乏资

69

---

① 俄罗斯《油气纵向一体化》2008 年第 7—9 期。

② 这一观点形成于 2008 年底，在《全球背景下的中俄油气合作研究》中进行了深入考察与研究。主要成果反映在本人专论《俄罗斯能源软肋与影响分析》，《转型国家经济评论》，东北财经大学出版社 2009 年第 2 辑，第 191—201 页。

源，而在于资源、生产能力和供应之间的循环矛盾。长期以来，俄罗斯对油气产业的勘探开发投资不足，导致新区油气勘探开发步伐滞后。近10年来，由于高油价和急功近利的政策，石油公司大多在吃老区的老本，新区投入非常有限；在天然气领域，天然气工业股份公司的储量和产量的增长主要靠收购独立天然气生产商，同时以较低价格从中亚进口廉价天然气，以维持高价出口。2005年后天然气工业股份公司加强了对管道运输基础设施的投入，生产领域的投资少于管道运输的投资，勘探开发和新区的产能建设的投资更少，勘探开发曾不足总投资的3％。[①]

2. 地区结构失调，东部和北部地区油气开发滞后

未来俄罗斯油气产量增长主要取决于新区。俄罗斯2020年能源战略确定，2010年整个东部地区的石油产量预计达到3900万吨，2020年达到7000万吨以上。东部的石油产量主要来自东西伯利亚的尤鲁勃琴—托霍姆、库尤姆宾、塔拉坎、上乔油田、中勃图鄂毕和萨哈林大陆架。东部天然气产量主要依靠科维克金和恰杨金气田。2020年东部大型气田天然气年产量可达到1050亿立方米，其中，东西伯利亚和萨哈林为700亿立方米，远东为350亿立方米。再考虑到滨叶尼塞和马加丹—西堪察加油气生产区可能的产量，东部地区天然气产量可以达到1200亿—1300亿立方米。为此，2008年需投入到东西伯利亚油田开发中的资金为500亿卢布。到2020年，仅伊尔库茨克州实施的项目需投入资金约6000亿卢布。现在看来，石油公司的投入远远不足。

根据俄罗斯自然资源部的规划，2020年巴伦支海和伯朝拉海大陆架年产石油2500万—3000万吨、天然气1000亿—1300亿立方米。然而，俄罗斯在本地区的对外合作进程缓慢，不仅没有实行积极的对外合作政策，反而采取一种自我保护的政策，实行比较苛刻的对外合作条件，限制了外国大资本进入重大油气勘探开发项目及基础设施建设。

70

① 俄罗斯著名石油专家康德罗维奇2005年3月15日在日本的演讲。

3. 西部和东部油气基础设施不连接，东部基础设施极为落后

国内东西部油气输送系统始终没有连接的原因在于俄罗斯始终没有把重点转移到东部。东部开发在很大程度上是一种战略姿态，而不是实际的投资倾斜对象。外国公司，特别是周边国家对东部的油气资源表现出了极大的积极性，但是在东西伯利亚和远东的合作始终未大规模展开。就天然气而言，俄罗斯曾缺乏统一的开发思路。在俄罗斯能源部和天然气工业股份公司于2007年完成东部天然气战略规划后，进展缓慢，难以形成国内东西部油气统一输送系统。

4. 油气出口通道多元化困难重重

俄罗斯为了避开传统的油气出口运输通道，加紧修建波罗的海的北欧天然气管道（"北流"管道）以及俄罗斯"蓝流"管道和"南流"管道。这些重大项目的论证与建设不仅需要较长的时间，而且与欧洲支持的纳布科天然气管道和液化天然气项目相竞争，尤其是"南流"管道。由于地缘政治方面的复杂性，使这一管道建设变得十分复杂。俄罗斯千方百计地控制中亚和黑海资源开发和出口的传统思维不符合中亚/里海地区国家的利益，使得俄罗斯对中亚/里海资源的控制难度日益加大。

5. 能源结构调整缓慢

近18年来，俄罗斯并未有效地实现经济转轨、转型，推动经济结构优化。国民经济发展依然严重依赖油气资源出口，依赖国际石油价格的变化，能源综合利用效率低下，禁不起国际经济危机的打击。这是一个深刻的经济结构问题，也是政治体制问题。俄罗斯的体制改革受集团势力影响较大。在能源结构中，没有适当增加煤炭的消费比例，减少天然气的比例，没有加快发展油气加工业和基础设施的更新换代，具有十分严重的资源依赖症。

6. 能源外交缺乏现实性

在俄罗斯的系列能源外交中（包括俄欧能源对话、俄罗斯与欧佩克对话、组织天然气生产国论坛等），俄罗斯意在极力施展自己的立场和影响，

又面临诸多挑战。2009 年 5 月 22 日俄罗斯在第 23 次俄罗斯—欧盟峰会上重申了不批准"欧洲能源宪章"的立场。然而，俄罗斯拿出的调整方案除了单方面保护自身利益外，并无实质性的调整。因此，难以与欧洲形成一个折中的现实的谈判方案。

俄罗斯十分清楚自己的"软肋"，并提出了系列举措，展示油气战略意图和博弈思路。

首先，为了提高油气产量，普京在 2008 年组建政府后出台强烈刺激政策：将石油开采税的起征点从 9 美元/桶提高到 15 美元/桶；北方诸海开采许可证的开采税免税期为 10 年，勘探开发许可证的免税期为 15 年；亚马尔和季曼—伯朝拉含油气区的油田的开采税免税期为 7 年；新油田累积产量 3500 万吨前免开采税；批准了暂免东西伯利亚和远东地区一部分油田的石油出口税。为应对金融危机，两次临时降低出口税；给石油公司提供贷款；下调企业所得税。

在基础设施方面，俄罗斯正在加速推进东西伯利亚—太平洋石油运输系统的建设，随着东部石油管道网络的建成，东部的一批油田将得到开发。在天然气工业领域，重点在东部地区建设四个天然气开采中心，统一天然气管网，发展天然气化工。在市场开发的部署上，采取"先地方，后全国"；"先国内，后国外"；"先整体开发，后考虑出口"的方针。这些措施能否带动油气产量的稳定上升，还有待验证。

其次，继续控制俄罗斯在中亚/里海地区的利益。西方支持的巴库—杰伊汉石油管线和巴库—埃尔祖姆天然气管道的建成以及中国—中亚天然气管道的投产，在俄罗斯的传统势力范围打开了缺口，但是，并不意味着俄罗斯丧失其多元优势。2009 年 6 月，俄罗斯为了抓住阿塞拜疆，向该国提出了按照欧洲价格购买阿全部天然气的诱人建议，促成了阿倒向俄方。最近普京同意以开辟和加大苏普萨—杰伊汉石油管道输量，换取土耳其对"南流"的支持。为了防止中亚天然气供应失控，又明显加紧了对乌兹别克斯坦的渗透。今后也有可能在与土库曼斯坦的天然气价格谈判中作出让步，扩大中亚—中央输气系统的能力并建设滨里海天然气管线。俄罗斯的目的是：通过利用多种优势，甚至让步，与中亚/里海产油气国签订更多的出口销售协议，确保俄罗斯的利益底线。

再次，积极开拓南中欧市场。近年来俄罗斯积极推进面向东南欧市场的"南流"管道。这一举措与欧洲支持的纳布科管线在走向、目标市场，特别是资源上存在激烈的竞争。如果俄罗斯能够控制住中亚/里海的天然气出口资源和运输通道，将会在资源上占有优势，而纳布科管线虽然得到欧洲的全力支持，如无资源保证便难以推进。但是，里海地区以及伊朗、伊拉克这些潜在的纳布科管线的供气国不是俄罗斯所能左右的。为确保欧洲天然气市场，开拓北欧和南中欧市场，俄罗斯积极推动"北流"管道建设。同时，更加积极地推进面向东南欧市场的"南流"管道建设。预计到2013年前后，"北流"和"南流"两条输气管道总输气能力将达到1180亿立方米，与目前乌克兰输气系统的运力相当（2008年为1170亿立方米），可使俄罗斯摆脱乌克兰输气系统，直接进入欧洲市场。

最后，我们也看到俄罗斯在应对其能源"软肋"过程中，尤其是加速东部地区的资源开发和经济发展中始终离不开与中国的合作。2004年普京进入第二任总统任期后两国油气合作进入了新的机遇期。中国的市场、资金和技术力量成为俄罗斯解决其能源"软肋"的重要因素。近年来，俄罗斯的战略调整措施也为中俄油气合作提供了诸多有利因素和机遇。比如2009年在全球金融危机下中俄达成了250亿美元贷款协议，进一步推进和落实了合作内容；俄罗斯对欧天然气出口趋缓后，加强了东部油气资源的开发步伐；中国—中亚天然气管道的建成投产，对俄罗斯形成了较大的压力，有利于中国进一步拓展在俄罗斯和中亚的合作领域。

对于俄罗斯油气工业来说，除了以上"软肋"外，还有两大问题制约着俄罗斯油气战略的实施，也影响着俄罗斯在全球油气竞赛中的角色，一是如何突破天然气困境，继续发挥天然气的优势；二是如何继续开展与国际石油公司的合作。

73

三　突破"天然气困境"

天然气是俄罗斯的王牌资源，也是参与国际能源竞赛有利的武器。然而，这一"王牌武器"在出口和运输方面受到了地区价格、消费市场和非常规资源的冲击和制约。

首先，由于欧洲天然气需求及国内市场需求的持续下降，2009年俄罗斯的天然气产量下降了16%（英国石油公司的数据为-12%），天然气出口下降了11%。[①] 根据伍德·麦肯锡公司的预测，俄罗斯的天然气产量要到2013年才能恢复到2008年的水平（即6017亿立方米/年），而天然气工业股份公司要到2014年才能恢复到危机前的状态。正是由于这一形势，一些重大的天然气开发项目被进一步推迟或分阶段实施。因此，原计划2012年投产的波瓦年科大气田可能进一步推迟，其产量到2024年达到1320亿立方米高峰平台。而由于美国天然气产量的增长（2009年超过了俄罗斯），对外需求明显减少，减轻了欧洲液化天然气的进口压力，预计什托克曼大气田在2017年前难以投产，2018年前难以形成液化天然气的出口态势。

其次，从中亚局势看，俄罗斯明显减少了对中亚地区的天然气进口量，其中，对于土库曼斯坦的进口量从2008年的420亿立方米减少到了2009年的110亿立方米。对乌兹别克斯坦的进口也将相应减少。今后中亚的天然气出口量取决于欧洲市场的复苏情况，短期内难以恢复到300亿立方米。不仅如此，中亚国家纷纷增加对中国的出口量，从而对俄罗斯形成了抢占中国市场的态势。这一局势促使俄罗斯加大对东西伯利亚和远东地区天然气田和基础设施的开发，特别是恰杨金的开发，以便在2018年前向中国出口天然气。

中国在确保中亚天然气进口和沿海液化天然气进口后，大大提高了多

---

① Pavel Kushnir and Tatiana Kapustina, Deutsche Bank, China – Russian "Natural" Gas Coopertion, September 13, 2010. pp. 3—4.

元利用海外天然气的地位。而中俄之间在天然气价格谈判问题上的久拖不决对俄罗斯并不利。分析俄罗斯的天然气规划可以发现，俄罗斯希望尽快修建阿尔泰天然气管道，以推动西西伯利亚北部天然气的开发。

总之，随着国际天然气市场的变化，俄罗斯国内需求逐步恢复，俄罗斯的天然气战略将在欧洲市场、俄罗斯国内市场与中国市场之间进行有效的平衡。[1]

四　什么叫"部分私有化"

在过去的 10 年里，俄罗斯的油气对外合作走过了曲折的过程。2003年后普京开始强化国家对油气资源的控制，提升国有公司对油气资源和资产的控制程度。2006 年后俄罗斯政府明显加强了对战略性油气资源和战略性企业的管控，收紧了这些领域对外合作的比例。国际资本进入俄罗斯油气领域的步骤明显放慢和缩小。然而，目前面临的问题是：（1）由于政府对油气管制过度，国有企业的经济状况困难，国家财政收入增长缓慢；（2）根据国家油气投资规划，未来油气领域投资需求巨大，外国资本依然是不可或缺的部分。2030 年前石油行业投资需求 6090 亿—6250 亿美元，天然气行业投资需求 5650 亿—5900 亿美元，其中天然气运输投资需求高达 2890 亿美元，投资资金来源主要依靠公司吸引贷款及发行股票。外国直接投资在能源投资结构中的比例不少于 12%。为此，俄罗斯不得不对对外合作政策进行反思和重新调整。

（一）尝试与国际石油巨头合作

自苏联解体以来，俄罗斯在季曼—伯朝拉、萨哈林地区和北极海域积极与埃克森公司、壳牌石油集团、英国石油公司以及道达尔公司和挪威国家石油公司等国际石油巨头开展合作。目前，除了俄罗斯政府批准俄罗斯

75

---

[1]　Pavel Kushnir and Tatiana Kapustiana，Deutsche Bank，China Rassian "Natural" Gas Partenership，September 13，2010. p. 1.

TNK—BP 建成合资公司外，其余的均为以项目为基础的合作。

首先，与英国石油公司的合作是双方公司间合作的重要尝试。为了从战略上进入俄罗斯，与俄罗斯的石油巨头合资，英国石油公司投入数十亿美元，与 TNK 合资合作，也取得了巨额的石油利润。这种合作从经济效益上看是成功的。但是，自 2005 年后两者之间产生了战略分歧。TNK 希望扩大国际业务，而英国石油公司把俄罗斯业务作为国际业务，坚守俄罗斯的业务经营，使得此后的合作难以持续正常运行，直到调整了该合资公司的总裁和主要管理人员，才调整了发展战略。2011 年英国石油公司在处理完墨西哥湾事故后，决定与"俄石油"股份公司成立战略联盟，开发北极海域的油气资源。这个举动违反了英国石油公司与 TNK 签署的合资协议，政府协商无效，TNK 把英国石油公司告上国际法庭，才停止了这一举动。此后，"俄石油"股份公司继续加强与埃克森公司等其他国际石油巨头的接触，试图继续推进大公司间的联盟，加快北极海域开发步伐。

其次，在什托克曼项目的合作上，俄罗斯天然气工业股份公司与道达尔公司和挪威国家石油公司多次谈判，进展较为缓慢。

（二）改善对外合作政策

为了扩大对外合作领域，俄将简化外资进入战略性行业程序。2010 年 11 月 26 日普京在德国大公司领导论坛上指出，俄将简化外资收购战略资产的程序。2010 年有 28 份申请正在审议过程中，外资法律分委会例行会议拟批准其中 8 份。2010 年 4 月底普京提出修改外资进入战略性部门法，5 月底俄反垄断署向政府提交该法修正案，建议将银行从战略性部门名录中剔除。在反垄断署的第二批修改意见中，除地下资源监管外，外国投资者提出的意见都纳入其中。2010 年 9 月俄罗斯自然资源部通过修订案，增加了合法开发海上油气田的公司名单，允许国内的非国有石油公司和外国石油公司开发俄罗斯海上油气田，打破了只有"俄石油"股份公司和俄罗斯天然气工业股份公司才有资格进行海上开发的局面。同时，继续给予边远地区优惠税收政策，鼓励新区开发。政府同意从 2011 年 1 月起降低里海原油出口税率。作为回应,鲁克石油公司调整了里海地区的油田开发计划,准备未来每2—3年投产一个油田。政府为刺激东西伯利亚石油开发和出口,从2009年12月到2010年1月先后免除了东西伯利亚22个油田的出口关税。从2010年7月开始对东西伯利亚油田征收石油出口关税,但仍然给予一定的税收优惠。2010年7月,俄罗斯的原油出口税为248.8美元/吨,而根据优惠的计税公式,产自东西伯利亚油田的原油出口税为69.9美元/吨。俄还制定了给予亚马尔—涅涅茨自治区北部油田石油开采税零税率的税法修正案。

2008年的地下资源利用法修改案规定,海上地质勘探许可证从5年延长到10年。明确对外国投资者在俄获得油气大发现后的补偿政策。俄政府批准了对外国投资者发现属于战略性资源的补偿条例,按照该条例在收回许可证时对投资者所有勘探费用给予100%的补偿,并根据资源类型和地区差别给予25%—50%不等的奖励。

(三)慎重推进部分私有化

2010年7月26日,俄罗斯财政部部长库德林对外宣布,财政部建议在2011—2013年逐步出售国家在10家国有大公司和国有大银行中的股份,推进国有企业的部分私有化,其中包括国有石油公司。

俄罗斯财政部向俄政府提交了关于2011—2013年出售10家国有公司和银行部分股份的建议,目的是使国家在这三年内获得额外预算收入8835亿卢布(291亿美元),其中每年可增加财政收入约100亿美元,从而逐步削减政府的财政赤字。财政部建议,在出售部分股份后国家仍保持对这些大公司和大银行的控股地位。

2010年10月20日,俄罗斯政府副总理伊戈尔·苏瓦罗夫对外公布,政府已经批准了出售900家公司股份的一揽子计划。这一计划的目的是将政府预算赤字由2010年的国内生产总值的5.3%缩小到2020年的3.6%,即1.8万亿卢布,这是10年经济收缩后的第一次预算赤字。俄罗斯总统梅德韦杰夫已经同意这个计划,随后需要政府将这一计划交由有关政府部门制定具体的实施方案。

自苏联解体以来，俄罗斯经历了三次私有化过程，第一次是 1992—1994 年的私有化；第二次是 20 世纪 90 年代中后期的私有化；第三次是本次，2012 年以后付诸实施。显然，前两次私有化都是俄罗斯第一任总统叶利钦的"杰作"，导致大规模的私有化。而第三次私有化的目的主要是：（1）解决财政缺口；（2）缓解过高的国有程度，推进现代化和国际合作；（3）巩固统治党派的地位。从私有化的方式看，是在国家控制的前提下推行，甚至在俄国有股份居主导的地位下，推进私有化。

目前，国际资本市场和投资者对于俄罗斯宣布的国有企业部分私有化计划反应谨慎。一些金融投资者一方面看到了俄罗斯国有企业特别是石油企业的潜力和投资机会，而且投资的监管体系相对简单，多数小规模投资者可能比较积极；另一方面又对俄罗斯的法律和政策吃不准，对于俄罗斯"掉萝卜"的办法，不以为然。其中，国际大油气公司的反应则更加冷静。

第四章

中亚三国

  此处的"中亚三国"指哈萨克斯坦、土库曼斯坦和乌兹别克斯坦。这种称法是作者与研究小组多年的约定俗成。中亚三国集中了这一内陆区三个主要的油气资源国。虽然油气资源、生产和消费各不相同，但是，自原苏联解体后三国都面临着依靠油气发展、立国和走向富裕的问题。中亚三国的油气发展从一开始就是一场异常激烈的油气竞赛，可能是对19世纪沙俄与英帝国在中亚地区"大对抗"的一种回音。但是，从过去20年的发展经历看，中亚三国都不同程度地利用了国际资本，突破了俄罗斯的传统控制，获得了发展，同时也面临着差异、矛盾和相互分离的局面其关键因素在于中亚三国的战略定位和战略运作。

一　哈萨克斯坦的发展引擎

  哈萨克斯坦是中亚最大的石油生产国。自1991年独立以来，哈石油工业发展较快，石油年产量持续增长，已经从2000年3000多万吨上升到2010年8160万吨。天然气产量也持续增长，从1997年的76亿立方米增长到2010年的332亿立方米。根据哈2010—2014年油气发展规划草案（见表4.1），2014年哈生产石油8500万吨，比2009年增长11%，出口

7500 万吨，比 2009 年增长 10.1％；生产天然气 558 亿立方米，比 2009 年增长 55％，出口 150 亿立方米，增长 114％。预计实际的发展可能比这个中期目标更乐观。

表 4.1　　　　2010—2014 年哈石油和凝析油产量与出口规划　　（单位：万吨）

	2009 年（实际）	2010 年	2011 年	2012 年	2013 年	2014 年
产量	7650	8000	8100	8300	8380	8500
出口	6810	7300	7300	7400	7400	7500

数据来源：2010—2014 年哈油气发展规划草案。

独立后的哈萨克斯坦政府坚持油气立国的方针，积极推行对外合作政策，以良好的投资条件吸引外资，使本国油气工业快速发展，油气产量快速增长，油气运输基础设施明显改善，出口多元化战略逐步体现，能源振兴经济的目标稳步实现。对外开放和出口多元化是哈萨克斯坦的油气发展的两大引擎。

（一）对外开放政策

1. 对外开放

在中亚国家中，哈萨克斯坦是油气对外开放最早、吸引外资最多的国家。20 世纪 90 年代初，以英国天然气公司（BG）为作业者和以雪佛龙公司为作业者的国际作业财团分别获得了卡拉恰干纳克和田吉兹两个大型陆上油气对外合作开发项目。1993 年以阿吉普和壳牌等西方公司组成的国际财团签署了在里海北部大陆架从事地质勘探的合同。随着 1995 年哈《石油法》和 1996 年《矿产和矿产资源利用法》的颁布实施，为外国公司在该国石油领域投资提供了有效的法律保障，使哈在吸引外资、开发本国丰富的油气资源方面迈出了一大步。据不完全统计，目前有 16 个国家几十家油气公司在哈萨克斯坦从事油气勘探开发活动。外国的油气作业者除了国际大石油公司（如雪佛龙、阿吉普、英国天然气公司、埃克森莫比尔、壳牌、康菲等公司）外，一批国家石油公司和中小独立石油公司（分别来自俄罗斯、中国、印度、阿曼、韩国等国家）纷纷进入哈国，不断扩大市场份额。

初期，哈萨克斯坦推出的招标区块基本是陆上区块，主要位于哈西部产油区。进入 21 世纪后，随着里海卡沙甘大油田的发现，哈政府将里海地区作为对外合作的重点。2008 年后哈萨克斯坦开始放缓了与外国公司签署新合同的谈判步伐。除了康菲和 Mubadala 公司获得了哈萨克斯坦里海海上的 N 区块外，几乎没有与外国公司签署新的勘探开发合同。

哈政府在 2005 年批准《2015 年里海开发规划》五年后，拟再对该规划进行重新修正。原规划分三个阶段实施，从 5 年的执行情况看，由于一些项目没能按时投产，直接影响了整个规划的实施。修改草案的主要内容是：对原规划中提出的某些项目的实施从第一阶段推迟到第二阶段；延长加快资源开发的时间段；增加了一些新的具体任务；推迟了稳产期开始的时间。如卡沙甘油田本应在 2005 年投产，却不得不推迟到 2013 年 10 月甚或不早于 2014 年 4 月。2003 年哈政府计划在 2010 年前签署 25 项海上石油合同，但是，到 2008 年只签署了 8 个合同（南让巴伊、第 341 号合同、阿塔什、秋勃—卡拉甘、库尔曼加兹、让姆贝尔、热姆丘日纳和"N"区块）。2009 年后与一些投资者签署了新的海上合同，包括与挪威国家石油公司签署阿拜和伊萨泰区块的合同，与印度 ONGC 签署萨特帕耶瓦区块的合同，与中国石油集团签署达尔汗区块的合同等。2010 年 9 月哈萨克斯坦和俄罗斯签署了开发里海伊马什夫斯克凝析气开发协议，以及加快里海库尔曼加兹和"中央"区块的联合地质研究和勘探的政府间协议。

2. 调整对外合作政策

哈萨克斯坦于 1995 年 6 月通过石油法，经过了 15 年的执行过程，初期的合同特点是积极宽松，为外国公司创造了比较有利的投资环境。但是自 2004 年以后，哈政府逐步收紧和加强对外国投资者的控制。尤其是为了追求高油价中的"经济租金"、调整卡沙甘开发项目的方案，防止一国投资规模过大，通过多种途径扩大了对重大项目的渗透，逐步加强了国家对重大油气项目和利益的直接控制。2010 年 6 月 24 日，哈萨克斯坦总统纳扎尔巴耶夫签署了新的《地下资源和地下资源利用法》。该法十分明显地扩大了国家对油气产业的控制力度,被认为是目前最为严格的资源利用法。哈政府加强国家控制的过程主要体现如下:

第一,优先购买权。2003年英国天然气公司(BG)计划撤离卡沙甘项目,促使哈政府于2004年出台优先购买政策,使得哈国家石油公司2005年在该项目中获得了8.33%的股权。2008年哈政府又将这一股权提高到了16.81%。此后,这一优先购买权多次运用,如2005年在中国石油集团购买PKZ的资产时,哈政府获得了33%的权益;由于卡沙甘项目推延投产日期和成本超支等原因,促使哈政府于2008年宣布不再签订新的产量分成合同(PSA),取消了2005年签署的PSA中的有关条款。针对卡拉恰干纳克项目第三个开发阶段提高油气产量的状况,政府拟以10亿美元回收11%的股权,导致重谈PSA合同中的税收稳定条款和支付条款。

第二,税收问题。哈萨克斯坦总理马西莫夫多次表示,必须全面提高地下资源利用税,重新修订税收制度,停止签署新的产品分成协议。目前,在哈投资的税收问题涉及新税法和原PSA合同中的税收稳定条款。根据2009年的税法,除了具有税收稳定条款的产量分成合同和纳扎尔巴耶夫总统亲自签订的田吉兹项目外,所有合同执行者都必须根据最新的税法交纳税收。这就给没有税收稳定条款的卡拉恰干纳克项目带来了税收调整的麻烦。这一问题的背后意图是,政府欲低价进入和获取该项目的股权。

同时,新关税明确了海关税费和石油出口税。政府认为石油出口税不含在税法中,也不属于PSA税收稳定条款范围,因此必须纳入关税法,除非在PSA合同或合资合同中有十分明确的免除任何出口税的规定。因此,今后政府可以随时增加和减少出口税。比如,2008年5月出台出口税的时候,原油出口税为每吨190.91美元,2009年1月由于油价下降停止缴纳。2010年重新恢复出口税,每吨20美元;2011年每吨40美元。

另外,根据新税法,政府将根据产量和油价状况向所有的油气生产商征收矿产生产税。这项税收也因原油的产量、价值和销售市场而不同。对于那些没有与 PSA 合同税收稳定条款挂钩的项目，今后政府可随时增加税收。

第三，新的勘探与生产协议。根据《地下资源和地下资源利用法》，政府将与外国公司分别签订新的勘探与生产协议。这样做的主要目的是防止在产量上升阶段出现错误计算，因为项目参数将随着生产提高，变化很大，政府担心一旦在勘探生产协议中固定这些参数，将使政府的利益受损失。政府明确依然将勘探与生产捆绑，尤其对于战略性项目和难以开发的项目。但是新法将勘探期限由过去的 10 年缩短为 6 年。是否授予合同还考虑两个因素：一是签字费，二是社会义务。后者还需要受到执行结果的监督，可能给外国公司带来较大的压力。在新法中，还包括了许多新的规定，比如防止将矿产开发权转移给海外第三方公司。天然气的燃烧仅限于勘探阶段。新的合同必须包括提供针对当地员工和外籍员工的支付额度。此外，还有特殊技术培训、基础设施建设和其他设施建设的义务，等等。

此外，当重大项目实施不力，影响到哈方的战略利益时，哈政府可以单方面修改合同；对外国投资项目，设置严格的"绿色壁垒"（即严格的排放等环境保护要求）。此外，哈政府为了提高自身的形象，在新的资源利用法中引入了采掘业透明度举措（EITI）的原则。要求所有申请矿产勘探和开发权的公司都必须参与 EITI，必须公开投标者、投标过程和遵守新法的信息。

3. 调整对外合作政策的原因分析

2010 年 12 月 1 日，哈萨克斯坦总理在接受路透社记者采访时特别指出，有关该国油气领域的合同争议是由外国公司为寻求更多的利益而引起的。除非外国投资者不能实现他们的目标，否则哈政府不会提出调整现行的产量分成合同的条款。比如巨型里海油田卡沙甘项目的产量如果可以在 2012 年如期投产，政府就没有调整目前合同条款的必要。但是如果不能在 2012 年投产，政府必然重新调整目前的合同条款。他反复强调，在哈外双方签订了合同之后，政府过去、现在和未来都没有主动调整合同条款的意图。

不管双方谁提出这个问题，目前哈对外合作政策，包括合同条款的调整和相关的税收政策等方面都出现了诸多调整和变化。这些变化都是该国的发展规划与外国投资者之间的矛盾，资源国的核心利益得不到实现而必然引发的。

2010年哈萨克斯坦原油产量为8160万吨。这一水平正是哈过去几年努力的结果，为哈经济社会的发展和政治稳定，带来巨大的利益。按照哈萨克斯坦政府制定的未来5—10年石油工业发展规划，2015年哈全国的石油产量必须达到1亿吨，2020年达到1.3亿吨（少于原来规划1.5亿吨的水平），将为哈未来的经济发展奠定坚实的基础。哈国未来的石油产量增长动力和主要来源靠里海，特别是包括卡沙甘在内的巨型油田的投产和增产。否则，哈政府的中长期油气发展规划将要落空，从而动摇国家经济社会发展的基础。这必然触动哈萨克斯坦的核心利益。

再从哈石油天然气产量的结构看，目前80%以上的石油产量均产自外国公司参与的重大项目，目前这些重大项目均控制在国际石油财团手里。国家石油公司在诸多战略性项目的持股比例较少。这已经与产量不断增长的哈萨克斯坦的发展利益相矛盾。即使卡沙甘国际财团继续承诺2012年投产，也不一定不面临哈方增加参与的压力。在项目的运作中，国际财团面临一系列问题，即环保压力加大，预算超支，政府政策强硬。因此，从效益的角度，国际财团不得不提出推迟投产日期。但是，这一推迟计划必然影响上述哈的石油发展规划，伤害哈的发展利益。这是哈政府不可容忍的。2008年哈政府借此提高了国家石油公司在卡沙甘项目的持股比例，并对该项目提出了包括单方面修改合同的系列规定。卡拉恰甘纳克凝析气田也具有类似的情况。

（二）出口多元化

除了对外开放外，出口多元化是近20年来哈油气稳步发展的另一个引擎。到 2010 年，哈油气干线总长度为 19160 公里，其中，石油干线总长度为 8161 公里，天然气干线管道总长度为 1.1 万公里。没有这些运输基础设施，7000 万吨的多元出口是无法实现的。

目前，哈石油出口主要通过三条出口管道、一个港口和铁路运输来实现。三条管线分别是里海管道财团管道（CPC）、阿特劳—萨马拉管道、阿塔苏—阿拉山口管道，港口主要是阿克套港。2009 年石油出口运输量最多的是里海管道财团管道和阿特劳—萨马拉输油管道，分别出口运输哈油 2750 万吨和 1750 万吨；向中国出口运输 770 万吨；海上港口出口 1100 万吨，铁路出口 400 万吨；向俄罗斯的奥伦堡天然气加工厂运送 180 万吨。

目前，哈天然气出口量不大，境内的天然气出口管道主要用于过境出口运输俄罗斯、土库曼斯坦和乌兹别克斯坦的天然气（见表 4.2）。2009 年哈出口天然气 100 亿立方米，国际过境运输 732 亿立方米，其中过境运输俄气 480 亿立方米，土气 119 亿立方米，乌兹别克斯坦气 134 亿立方米。哈预计 2014 年的过境运输量将达到 1223 亿立方米。

表 4.2　　　　　　　　哈萨克斯坦干线输气管道的输气量　（单位：亿立方米/年）

	2004 年	2005 年	2006 年	2007 年	2008 年	2009 年	2010 年
总输气量	1216	1293	1219	1142	1163	911	994
其中：国际过境运输量	1095	1157	1076	979	977	732	775
哈萨克斯坦天然气出口	70	76	78	83	96	100	135
内部运输量	51	60	65	80	94	79	85

资料来源：《哈国家石油公司 2010 年年报》。

近 10 年来，哈萨克斯坦新建成的石油管道是里海国际财团管道和中哈石油管道。里海管道财团管道从哈田吉兹油田到俄罗斯黑海港口诺沃罗西斯克，全长 1580 公里，设计输油能力 6700 万吨。2009 年实际输送量为 2750 万吨。而中哈石油管道，从阿特劳到中国新疆的独山子全长 3000 多公里，其中哈萨克斯坦境内 2800 多公里，中国新疆境内 240 多公里，年输油能力 2000 万吨。2009 年，阿塔苏—阿拉山口管道向中国输送了 510 万吨原油。以上管道确保了哈油气的多元化出口，未来的上亿吨出口需要更加健全和多元的油气管道的支撑。

二 土库曼斯坦的出口战略

（一）土库曼斯坦天然气供需和出口状况

土库曼斯坦是中亚的天然气生产大国。2009 年生产天然气 364 亿立方米，较上年大幅减少了 44.8％。天然气产量大幅下降的主要原因是俄罗斯大幅减少从土库曼斯坦的进口量所致。2010 年上升到 424 亿立方米。根据土库曼斯坦天然气储量和开发能力，具备 1000 亿立方米以上的生产能力，国内天然气消费量却不足 200 亿立方米，可见土库曼斯坦具有较大的天然气出口潜力。2009 年土库曼斯坦生产石油 1020 万吨，石油消费约 520 万吨，较上年增长 1.6％。

土库曼斯坦天然气出口干线首先是中亚—中央输气系统，向俄罗斯和欧洲方向出口天然气。该干线于 1974 年建成，分为西部支线和东部支线。西部支线沿着里海和哈萨克斯坦西部地区通往俄罗斯；东部支线从土库曼斯坦东部地区经乌兹别克斯坦和哈萨克斯坦通往俄罗斯。土境内管线总长 3940 公里，沿线有 5 座加压站，年输气能力 550 亿立方米，2009 年实际出口天然气 450 亿立方米。

1997 年建成从土库曼斯坦的克尔佩热到伊朗库尔特的输气管道，运力为 80 亿立方米。土每年通过该管道向伊朗出口天然气 60 亿立方米以上。根据土库曼斯坦和伊朗签署的补充协议，从 2010 年土库曼斯坦每年向伊朗出口天然气 145 亿立方米，其中 80 亿立方米通过老管道运输，65 亿立方米通过新管道运输，即 2009 年开工建设、2010 年 1 月通气的多夫列塔巴德—谢拉赫斯—汗格兰天然气管道。该管道设计输气能力 120 亿立方米/年，在土境内长 30.5 公里，起点位于土东南部的最大气田多夫列塔巴德，到与伊朗边境的萨雷尔杨普居民点，再继续向伊朗境内延伸。新管道与向俄罗斯方向供气的多夫列塔巴德—捷利亚雷克输气管道连接。该管道的建成使土库曼斯坦向伊朗方向的天然气出口量扩大了一倍。根据合同2010年土库曼斯坦通过该管道向伊朗供气65亿立方米。

最后是通往中国的中亚天然气管道。该管道在土乌边界接收天然气，经过乌兹别克斯坦和哈萨克斯坦，运往中国新疆。在土境内修建气田到边界的管线。2009年12月一期建成投产，运输能力为300亿立方米。

（二）多元化出口规划

与哈萨克斯坦相比，土库曼斯坦的国内对外开放首先起源于里海海域的四个对外开放项目，而陆上对外开放非常有限。中国参与阿姆河右岸天然气项目开发与中国的进口战略紧密相关。因为土库曼斯坦天然气发展战略的关键在于出口多元化。

根据2006年10月土政府批准的《2030年油气发展规划》（见表4.3），2015年天然气产量达到1600亿立方米，2020年达到1750亿立方米，2030年达到2500亿立方米，相应的出口规模为1250亿立方米、1400亿立方米和2000亿立方米；而2030年的石油产量将达到1亿吨以上，原油加工量将达到3000万吨，出口油品2000万吨。

表4.3　　　　　　土库曼斯坦2006—2030年油气产量与出口预测

（万吨、亿立方米）

	2006 年	2007 年	2015 年	2020 年	2030 年
石油产量	900	1040	3000	5000	11000
加工量		800	1600	2000	3000
石油出口量	130	200	1000	2600	7000
天然气产量	660	780	1600	1750	2500
国内需求量		180	350	350	500
天然气出口量	460	580	1250	1400	2000

资料来源：《油气纵向一体化》2007年第20期。

根据土库曼斯坦的中长期油气发展规划，未来土国油气出口战略是：

首先稳定俄罗斯出口市场，同时积极开辟避开俄罗斯的新的市场和新出口通道。新的市场主要是中国市场、南亚市场和欧洲市场。为此，土正在积极强化中国—中亚天然气管道建设的配套工程，规划跨里海输气管道和沿里海管道建设以及土库曼—阿富汗—印度天然气管道，目的在于利用市场多元化，打破俄罗斯的垄断，提高出口价格，在确保市场的前提下，提高本国的天然气产量，增强本国的经济实力。近几年来，出口多元化战略在向东和向南扩展上已经获得实质性的进展，2009 年通向中国的中亚输气管道全线贯通，2010 年 1 月通向伊朗的新管道建成，向伊朗的供气量从每年 80 亿立方米增加到 2010 年的 140 亿立方米，有望增加到 200 亿立方米。

2010 年 5 月，土库曼斯坦"东气西输"管道正式动工建设，该管道长 1000 公里，计划输气能力 300 亿立方米／年，投资近 20 亿美元。该管道的建设意图非常明确，首先是在土国内形成统一的天然气供应系统，满足国内西部地区的需求；其次是实现土气向国际市场的多元供应。

同时，土库曼斯坦依然将欧洲视为今后开辟出口多元化战略的主要方向，明确表示支持纳布科管道建设，前期每年可以提供 50 亿—100 亿立方米的气。具体方案是：（1）通过跨里海管道，连接巴库—埃尔祖姆管线（BTE）；（2）经过伊朗管道供气。输往欧洲的天然气源主要来自土库曼斯坦的里海开发项目。预计早期年出口量可以保证 80 亿立方米。随着这些气田的大规模开发，供气量可以增加一倍。由于气源不同，土气进入纳布科管道，不会对中国方向的天然气产生重大的影响。如果土气不能如愿以偿地进入纳布科管道，将进一步推动土库曼斯坦向东、向南出口。

土库曼斯坦油气出口状况相对简单，但是由于其位置的特点，具有哈萨克斯坦和乌兹别克斯坦不具备的全方位出口的优势。虽然中亚—中央管道仍是土主要的出口通道，但是由于受俄罗斯削减需求、低价和诸如 2009 年 4 月中亚—中央 4 管道爆炸事故等影响，使土库曼斯坦下定了多元化的决心，即通过开辟多通道、多市场，做活本国天然气出口局面。对于中国来说，中国—中亚天然气管道是一个具有重大意义的战略开局。今后土库曼斯坦还将逐步推进沿里海、跨里海、跨阿富汗管道等出口方向，逐步形成多元的"一对多"的出口合作格局。

但是，在土库曼斯坦的周边存在诸多不稳定和令人忧虑的地区安全等问题（如伊朗问题、阿富汗问题、里海边界和环保问题等）。这些政治和安全因素又是制约土库曼斯坦实施天然气出口多元化战略的重大障碍。

三　乌兹别克斯坦的困境

2009 年乌兹别克斯坦生产石油 450 万吨，较上年减少了 6.6%，年均石油消费 490 万吨，国内石油产量不能满足本国的需求。2009 年生产天然气 644 亿立方米，较上年增长 3.9%，2010 年下降为 591 亿立方米，天然气消费 487 亿立方米。2009 年向俄罗斯及中亚国家出口天然气 150 亿立方米。乌兹别克斯坦计划到 2015 年出口增加到 187 亿立方米。

乌兹别克斯坦拥有 1.33 万公里输气干线，其中主要的输气管道为过境运输管道，包括中亚—中央输气系统、布哈拉—乌拉尔输气管道和加兹利—奇姆肯特—比什凯特—阿拉木图输气管道。国内主要的天然气管线有布哈拉—塔什干、德扎尔德扎克—布哈拉—萨马尔罕—塔什干、穆巴列克—卡甘、舒尔坦—穆巴列克、克里夫—穆巴列克、克里夫—杜尚别等管线。乌兹别克斯坦共有 42 座天然气泵站。近年来，除了修建中国—中亚天然气管道乌兹别克斯坦段外，新的天然气管道项目主要是改造和扩大老管道的运力，提高向俄罗斯方向的天然气出口和向中国的天然气出口。

乌兹别克斯坦在中亚地区处于地缘中心和文化中心的地位，又是人口大国和较大的民族，因此，一直在中亚具有自己的中心区的战略定位。遗憾的是，该国的油气供需余地非常有限。在天然气领域，独立的出口

89

通道和能力非常有限。通过调研，该国的天然气出口战略可以概述为：在扩大天然气产量的基础上，维持和扩大现有通道的天然气运输能力和安全运输可靠性，重点任务是改造现有输气管道，以向俄罗斯方向出口为主要目标，同时利用中亚输气管道增加向中国出口。具体地说，从当前和未来几年看，乌兹别克斯坦天然气运输发展重点是优先发展以下三个主要运输方向：一是改造现有天然气运输系统，扩建和更换老管道设备，扩大国内和国际过境运输能力，提高安全运输的可靠性，满足不断增长的天然气产量和出口量，实现政府规划的到2020年天然气出口比2006年增长275％的目标；二是扩大中亚—中央输气系统的输气能力，提高天然气过境运输能力，增加向俄罗斯方向的过境运输和出口，计划年运输量从目前的450亿立方米提高到750亿—900亿立方米的水平；三是利用中国—中亚天然气管道开辟向中国市场的出口方向，增加天然气出口。

经过现代化改造后的乌兹别克斯坦天然气出口输送能力将达到254亿立方米，其中向北206亿立方米，向南44亿立方米。过去乌兹别克斯坦的天然气出口几乎全部被俄罗斯购买，因为乌没有其他更合适的出口通道。中国—中亚天然气管道的建成，为乌国打开了这样的通道。乌的态度由最初的不积极向积极转变。乌方最初提出可为该管道提供7亿—13亿立方米的气量，后来乌方称可以提供60亿立方米。俄罗斯天然气工业股份公司为了防止中亚天然气供应失控，也明显加紧了对乌兹别克斯坦的渗透，包括直接经营一段乌兹别克斯坦的管道。但是，金融危机以来，由于俄罗斯自身需求的减少，促使在乌开发油气资源的俄罗斯鲁克石油公司主动寻求中国市场的支持。

总体上看，经过近20年的发展，中亚三国通过开放、引进和合作发展，从法律、战略和政策上改变着过去完全从属性的油气生产、运输和销售地位，并具备和增强了油气走向、价格和政策制定的决定权和影响力；通过增储上产或稳产和出口的多元化战略，逐步建立健全本国的油气工业体系和符合本国利益的发展道路和战略；也通过地区合作和战略运作，逐步使本国和本地区从大国的传统势力范围和竞技场变为地区油气竞争与合作中的首要行为主体和独立自主的发展力量。与此同时，人们也可以看到，中亚三国之间利益差距、发展差距较大，历史、民族和社会矛盾较深，又不能不对本地区的油气竞赛产生深刻的影响。

第五章

管道战[①]

近 10 年来，在欧亚大陆的石油心脏地带展开了多场激烈的管道争夺战。这场场管道战主要涉及俄罗斯和里海中亚油气出口通道、流向和流量，从油气资源国看，涉及俄罗斯、哈萨克斯坦、土库曼斯坦、阿塞拜疆和伊朗等国家；从消费国看，涉及西欧消费国、中南欧消费国、土耳其、印度、中国、日本和韩国等国家；从过境国看，主要是乌克兰、白俄罗斯、格鲁吉亚、土耳其、保加利亚等国家。逐一剖析这些管道战，可以从地区能源连接的角度进一步深入分析欧亚大陆油气竞赛中各行为体之间的相关性和依赖性。

一 俄罗斯的油气出口管道

正如本书第三章对俄罗斯这一"能源帝国"强势和"软肋"的论述，俄罗斯油气发展严重依赖出口。虽然其出口通道和手段在不断扩大，但是出口方式离不开管道、海上和铁路运输三种方式。俄罗斯每年通过港口经海上出口石油达 1 亿吨以上；其次是通过友谊管道将原油输送到欧洲的德

---

① 本章的基础材料来自作者与王也琪于 2003—2006 年所开展的系列专题研究与咨询报告。

国、波兰、捷克、斯洛伐克等国家，每年运量在 5000 万—6000 万吨；再次是铁路出口运输，每年的运量在 1000 万吨上下。近 10 年来，俄罗斯天然气产量和消费量基本稳定，年天然气产量在 6000 亿立方米上下，出口量大体为 1800 亿立方米左右。2009 年，受全球金融危机、液化天然气产能扩大和天然气现货市场价格等因素影响，俄罗斯天然气生产和出口遭受打击，全年天然气产量下降为 5824 亿立方米，同时，国内天然气消费量减少 6.6%，为 4292 亿立方米，天然气出口量 1671 亿立方米，同比下降 11%。2010 年俄天然气产量和出口量明显回升，1—6 月产量同比增长 21.8%，出口增长 20% 以上。随着全球经济的复苏和需求增长，俄罗斯天然气产量和出口仍具有上升空间。

到目前为止，欧洲仍然是俄罗斯最主要和最稳定的天然气出口市场。根据俄罗斯 2030 年天然气发展规划，2020 年向西欧和中欧地区的天然气出口量将从 2007 年 1685 亿立方米提高到 2500 亿立方米，增长约 48%。同时，亚太地区是俄罗斯油气出口多元化的重点方向。按照俄罗斯 2020 年能源战略设想，到 2020 年，亚太地区国家在俄罗斯石油出口中所占的比重将由目前的 3% 上升到 30%，天然气出口比例将上升到 15%。[①]

（一）油气管道现状

俄罗斯油气输送管网十分发达，油气管线总长度超过 22 万公里，其中天然气管线 16.04 万公里，原油管线 4.9 万公里，油品管线 1.9 万公里。此外，还有约 11 万公里集输管道（管径小于 700 毫米）分布在石油矿区。

目前，俄罗斯原油管道长度为 4.87 万公里，年运量约为 3.75 亿吨，90% 以上的原油出口经过石油管线系统，7% 通过铁路系统出口。油品管道近 2 万公里。油品干线年运量约 2560 万吨。

俄罗斯的天然气运输能力相对发达。截至 2009 年 12 月，俄罗斯统一供气系统拥有 16.04 万公里的长输天然气管线及 6100 公里的支线，264 座

93

---

① 俄罗斯能源部，《2020 年前能源战略》，2003 年版。

压气站，总装机功率4480万千瓦，24座地下储气库，160多套矿场天然气处理装置，3800多座配气站，7座天然气综合处理厂，运输能力为6000亿立方米。管道平均运营年限为22年。2009年俄罗斯统一供气系统运输天然气5897亿立方米，比上年减少了1112亿立方米。

（二）管道扩张方向

1. 在建油气管道

俄罗斯垄断国内油气出口管道，包括维持中亚经俄罗斯的油气出口管道。但是由于原苏联的解体，压缩了俄罗斯的油气出口通道和空间。其结果：一是失去了与中西欧直接对接的油气出口通道，主要是乌克兰和白俄罗斯，波罗的海和黑海的出口通道十分困难，需要重新打通；二是失去了对中亚油气资源出口的绝对控制。

为了扩大能源出口区域，减少油气出口的中转和过境，在原苏联解体后，俄罗斯启动了多个油气出口管道建设项目。正在建设中的北欧天然气管道（"北流"天然气管道）和东西伯利亚—太平洋原油管道是其中的代表。"北流"管道是俄罗斯正在建设的一条经过波罗的海海底直接达到德国的天然气出口管道，包括修建海上支线将天然气送到加里宁格勒地区。"北流"管道设计运输能力550亿立方米（双线），管道陆上长917公里，海上管段长1198公里，从俄罗斯维堡沿波罗的海海底到德国海岸。俄罗斯亚马尔的南鲁斯气田是该管道的主要气源，年设计生产能力250亿立方米。"北流"管道是俄罗斯避开乌克兰和白俄罗斯，直接向欧洲出口天然气的一条新出口通道，没有过境国，降低了天然气运输风险和运输成本，同时提高了出口供应的可靠性。"北流"管道建设的核心意图是平衡和部分代替目前俄罗斯经过乌克兰的天然气出口。在这一点上具有极为重要的战略意义。

东西伯利亚—太平洋原油管道运输系统全长4770公里，一期从伊尔库茨克州的泰舍特到阿穆尔州的斯克沃罗季诺，长度2757公里，预计投资3000亿卢布，2009年12月建成投产。二期从斯克沃罗季诺到太平洋沿岸，长 2046 公里。该管道系统的设计输油能力为 8000 万吨，其中 5000 万吨输送到太平洋沿岸，3000 万吨输送到中国。这是俄罗斯面向东北亚次区域市场的新出口通道和战略管道，意在带动俄罗斯东部地区的油气开发和经济发展，占领和左右东北亚次区域的石油市场供应。

2. 拟建油气管道

除了以上在建管道外，俄罗斯还规划了以下跨国油气管道项目。首先，面向欧洲市场，拟建"蓝流"二期，扩大经过黑海向中东、以色列及其他国家的出口能力。此后俄罗斯又决定铺设一条新的黑海海底输气管道，即"南流"输气管道，年输气能力 630 亿立方米，将俄罗斯天然气直接输送到保加利亚，进而延伸到奥地利及意大利北部，不再经过土耳其，使蓝流二期项目难产。2007 年 6 月，俄罗斯天然气工业股份公司和埃尼集团签署了"南流"管道建设项目谅解备忘录。该管道全长超过 900 公里，从俄罗斯新罗西斯克穿越黑海海底，到保加利亚瓦尔纳后分为两条支线：一条经希腊通向意大利南部；另一条穿越塞尔维亚、匈牙利、保加利亚通向奥地利、德国等西欧国家。管道将形成向欧洲腹地供气的管道网络。预计年输气约 310 亿—630 亿立方米，计划 2015 年建成投产。目前，俄罗斯天然气工业股份公司独立完成"南流"的经济技术科研报告，2013 年开始工程实施，目前已经与过境国（保加利亚、塞尔维亚、匈牙利、希腊、斯洛文尼亚、克罗地亚和奥地利）分别签署了政府间协议；同时也已经与塞尔维亚和匈牙利等国组建了实施项目的合资公司。俄罗斯天然气工业股份公司与埃尼集团组建了 50 对 50 的合资公司，负责设计建设管理穿越黑海海底管道部分，还与法国公司签署加入海上管道合资公司的建议。"南流"的战略是在打破黑海的出口瓶颈，同时也是与欧洲的纳布科管道争夺市场。

其次，为了减轻博斯普鲁斯海峡和达达尼尔海峡的运输压力，加强欧洲能源供应安全保障，俄罗斯积极推动修建布尔加斯—亚历山德鲁波利斯输油管道，开辟新的出口路线。2007 年 3 月，俄罗斯、希腊、保加利亚签署了《关于铺设布尔加斯至亚历山德鲁波利斯的跨巴尔干石油管道》政府间协议。该管道东起保加利亚黑海城市布尔加斯，西至希腊地中海港口亚历山德鲁波利斯。俄罗斯和里海地区的原油经油轮运达保加利亚的布尔加斯港后，通过新建的管道将原油输送到希腊的港口，再经油轮运往世界市场。全长约 300 公里，年输油能力初期为 3500 万吨，随后增加到 5000 万吨，预计耗资 8 亿美元。俄罗斯、保加利亚和希腊三方已组成合资管道公司，俄罗斯占 51% 股份，保加利亚和希腊分别各占 24.5%。原计划该管道于 2008 年开工建设，2010 年建成。但是，该项目进展迟缓。

再次，在中亚里海地区，拟建滨里海天然气管道。2007 年 5 月，俄罗斯、哈萨克斯坦和土库曼斯坦三国元首签署关于共同建设滨里海天然气管道的联合声明，12 月三国签署了管道建设的政府间协议。该管道在土库曼斯坦境内长 360 公里，在哈萨克斯坦境内长约 150 公里，与现有的中亚—中央输气管道连接，预计年输气能力 260 亿—300 亿立方米。这一管道意在增强面向俄罗斯市场的中央—中亚管道的出口能力，增强对中亚的控制力。

值得注意的是，2006 年 3 月普京访华时，中俄签署了从俄罗斯向中国供应天然气的谅解备忘录。根据协议，俄将从西伯利亚的西部和东部分别建设两条通向中国的输气管道。双方商定，首先建设全长近 3000 公里的西线管道（即阿尔泰项目），将天然气从西西伯利亚，经阿尔泰共和国进入中国新疆，最终与"西气东输"管道连接。阿尔泰项目原计划在 2011 年建成，对华的年输气量为 300 亿立方米。该管道建设计划被多次推迟，但是 2012 年总统大选后有可能重现曙光。

在俄罗斯远东地区，按照俄罗斯东部天然气发展规划，计划修建恰杨金—斯克沃罗季诺—布拉戈维申斯克—哈巴罗夫斯克—符拉迪沃斯托克输气管道。这一管道主要为远东地区恰杨金气田高峰年产量 300 亿立方米寻找市场。该管道在哈巴罗夫斯克与在建的萨哈林—符拉迪沃斯托克输气管道连接，向亚太地区出口。这一输气管道长 2600 公里，管径 1420 毫米，

工作压力 9.8 兆帕，年输气量在 350 亿—550 亿立方米。计划 2012 年开始
铺设，2016 年在恰杨金气田投产时建成。这一管道的建成将为俄罗斯远东
地区的天然气出口奠定基础，并掌握液化天然气资源的主动权。具体在建
和拟建管道项目详见表5.1。

表5.1　　　　　　　俄罗斯主要在建和拟建管道项目一览表

项目名称	作业者	年运输能力	计划投产时间	状态
"北流"输气管道	北欧天然气管道合资公司	550亿立方米	2011年	2010年4月开工建设，2011年建成
东西伯利亚—太平洋输油管道	俄罗斯石油运输公司	8000万吨	一期2009年底	2009年一期完工，二期在建
"南流"输气管道	俄罗斯天然气工业股份公司	300亿立方米	2015年12月	与过境国签署了政府间协议
布尔加斯—亚历山德鲁波利斯输油管道	俄罗斯石油运输公司			未定
阿尔泰输气管道	俄罗斯天然气工业股份公司	300亿立方米		拟建
恰杨金—哈巴罗夫斯克—符拉迪沃斯托克输气管道	俄罗斯天然气工业股份公司		2016年	2011年建成

　　俄罗斯是跨国油气运输大国，在跨国油气运输方面拥有庞大的基础设
施优势，也具有跨国油气管道建设、经营和管理经验。作为资源国，俄罗
斯比较充分地利用了自身的资源优势和跨国油气管道运输的垄断地位，积
极推进与周边过境国和市场目标国的紧密合作。在其运作模式中，俄罗斯
的主导作用十分突出。具体做法既有双边合资协议，也有跨政府间的多边
协议；既有统一经营的做法，也有分段经营管理的做法。从安全运输的角
度看，除了技术因素、双边管理者和决策者的人为因素外，主要是价格、
税收、过境费的因素影响较大。

　　需要指出的是，中亚传统的油气出口管道是俄罗斯统一油气管网的
一个组成部分。中亚国家除了开辟新的通道，很难摆脱俄罗斯的控制。

97

从俄罗斯方面看，在尽力控制中亚现有的出口通道和管道运输的同时，通过在建和拟建管网，进一步增强新的通道（如"北流"管道、"南流"管道和远东管线等）和独立出口的能力，开辟新的市场（北欧、南欧和亚太市场）。

向中国出口油气，开辟东向的出口通道，既是中亚国家的愿望，也是俄罗斯的战略目的。但是，从俄罗斯天然气管网建设初期看，重点是在欧洲部分。北欧和南欧是其在建和拟建管道的重点目标市场。对于向中国出口的油气管道用尽了俄罗斯的战略思维和手段，尤其是俄罗斯的"先国内，后国外"的政策构想。在东北亚地区，俄罗斯对中国、日本和韩国施展"一对多"的战略博弈，既积极创造条件，促进双边合作，又制造障碍，限制"一对一"的双边合作空间。但是，在金融危机后，俄罗斯远东地区的油气管网建设变得日益迫切，将迫使俄罗斯在出口战略上作出新的调整。

二　中亚的油气出口管道

中亚是欧亚大陆的内陆区，也是连接欧亚的"中陆区"（Midland）。中亚油气资源国发展的关键在于建立稳定而多元的油气出口通道。但是，鉴于这一地区历史上作为原苏联的"南方"、现在的"准国外"以及复杂的周边和全球的地缘政治关系，中亚的油气出口战略将牵涉十分复杂的地缘政治关系，主要是俄罗斯、中国、土耳其和欧盟与各个中亚与里海地区国家的合作关系以及他们之间的双边和多边的竞争关系。这些关系反映了错综复杂的欧洲大陆油气竞赛的性质和趋势。

（一）哈萨克斯坦

正如本书第四章所述，哈萨克斯坦是中亚最大的石油生产国。自1991年独立以来，经过20年的发展，哈萨克斯坦的石油工业获得了较快发展，石油年产量已经从2000年的3000多万吨上升到2010年的8160万吨。

7000 万吨的石油出口量已经对哈萨克斯坦和消费市场形成较大的效应。而随着天然气管道网络的建设和发展，天然气也具有较大的增产和出口潜力。

到 2010 年，哈萨克斯坦油气干线总长度为 19160 公里，其中，石油干线总长度为 8161 公里，天然气干线管道总长度为 1.1 万公里。石油管道平均运营时间在 10—20 年以上。目前天然气长输系统基本上是在前苏联时期建成，是统一供气系统中的中亚过境管道，而非独立的跨国天然气管道，大部分已运营了 30—40 年，管道老化较为严重。

目前，哈萨克斯坦的石油长输管道分别是：（1）卡拉恰干纳克作业公司拥有并运营的阿克赛—大卡干—阿特劳管道，长 635 公里，设计年输油能力 700 万吨；（2）西北管道公司运营的肯基亚克—阿特劳石油管道，长 448.58 公里，设计年输油能力 600 万吨；（3）中哈石油管道公司运营的阿塔苏—阿拉山口石油管道，长 962 公里，一期设计年输油能力 100 万吨；肯基亚克—库姆科尔石油管道，长 794.147 公里，一期设计年输油能力 100 万吨；（4）图尔盖石油公司运营的长 14.5 公里、设计输油能力 400 万吨的一条连接库姆科尔—卡拉科因的管道；（5）里海管道财团（即 CPC 管道）长 1580 公里，设计年输油能力为 6700 万吨，2009 年实际输油约 3150 万吨，其中俄油 400 万吨，哈油 2750 万吨；（6）阿特劳—萨马拉石油管道，长 695 公里，涉及运输能力 1500 万吨。

哈萨克斯坦天然气管道主要由哈国家油气公司的天然气运输公司拥有和运营，天然气运输公司又通过中亚国际天然气子公司经营哈国内天然气干线和出口过境运输业务。

石油出口主要通过三条出口管道、一个港口和铁路运输来实行。三条管线分别是 CPC 管道、阿特劳—萨马拉管道、阿塔苏—阿拉山口管道。2009 年石油出口运输量最多的是里海管道财团的管道和阿特劳—萨马拉输油管道，分别出口运输哈油 2750 万吨和 1750 万吨。海上港口出口 1100 万吨，铁路出口 400 万吨，向俄罗斯的奥伦堡天然气处理厂运送 180 万吨。

2014 年前哈石油出口流向和流量见表 5.2。

表 5.2　　　　　2010—2014 年哈萨克斯坦石油主要出口方向　　（单位：百万吨）

序号	名称	2010 年	2011 年	2012 年	2013 年	2014 年
1	石油和凝析油产量，包括	80.0	·　81	83	83	85
	卡沙甘			0.5	1.5	3.5
	其他海上油田（除卡沙甘）					
	从俄罗斯进口/过境	7.0	7.5	8.0	8.0	9.0
2	总资源量：	87.5	88.5	91.0	91.0	94
3	国内市场供应量	12.7	13.5	14.0	14.5	15.0
4	总出口量其中：	73.0	73.0	74.0	74.0	75.0
4.1	阿特劳萨马拉	15.0	15.0	15.0	15.0	15.0
4.2	里海管道财团（CPC）	28.0	28.0	28.0	32.0	37.0
4.3	哈—中石油管道	10.0	12.0	14	20	20
4.4	奥伦堡天然气处理厂	2.0	2.0	2.0	2.0	2.0
4.5	阿克套港	11.0	10.0	10.0	3.0	2.0
4.6	铁路	7.0	6.0	5.0	2.0	1.0

资料来源：哈能源部，《2010—2014 年哈萨克斯坦油气发展计划草案》，2010 年版。王也琪提供。

目前，天然气出口量不大，境内的天然气出口管道主要用于过境出口运输俄罗斯、土库曼斯坦和乌兹别克斯坦的天然气。主要的天然气出口管道有中亚—中央输气管道（主要运输中亚气）；布哈拉—塔什干—比什凯克—阿拉木图输气管道（主要运输中亚气）；哈中输气管道一期（主要运输中亚气）；奥伦堡—诺沃普斯科夫斯科输气管道（主要运输俄气），布哈拉—乌拉尔输气管道（主要运输俄气）。

2009 年哈萨克斯坦出口天然气 70 亿立方米，国际过境运输 732 亿立方米，其中过境运输俄罗斯的天然气 480 亿立方米，土库曼斯坦天然气 119 亿立方米，乌兹别克斯坦天然气 134 亿立方米。哈预计 2014 年的过境运输量将达到 1223 亿立方米。

目前，哈国石油的主要出口市场是欧洲和俄罗斯。但是，随着中哈石油管道的建成，开辟了新的市场通道；天然气出口主要方向是俄罗斯，但是仍加速推进中哈的天然气管道。

近10年来，哈萨克斯坦新建成的石油管道是里海管道财团（CPC）的管道和中哈原油管道。前者是原苏联解体后修建的国际联合财团拥有和管理的出口管道，管理体制和效益发生了重大变化，但是依然经过俄罗斯，到俄罗斯的黑海港口新罗西斯克，仍然面临着黑海到地中海的运输问题。而中哈原油管道，从阿特劳到中国新疆的独山子全长约3000公里，年输油能力2000万吨。二期管道（西起哈萨克斯坦的阿塔苏，东至中国阿拉山口）于2005年12月全线贯通输油。这一管道不仅将哈萨克斯坦的石油管道东西相连，而且开辟了从哈萨克斯坦直接进入中国巨大而稳定的消费市场，对两国都具有重大的获得资源和市场的双重效益。

为了不断提高本国的油气产量，哈萨克斯坦计划分阶段扩大里海管道财团的运力，计划到2015年将CPC管道运力提高到6700万吨。建设经过里海从东向西的走廊。2006年哈萨克斯坦与阿塞拜疆签署了哈连接巴库—第比利斯—杰伊汉（BTC）管道的协议。2007年1月哈国家油气公司与雪佛龙和埃克森公司签署了组建哈萨克斯坦里海运输系统的谅解备忘录，共同建设跨里海连接BTC管道的运输系统。计划在2016年卡沙甘投产后建成，初期输量2500万吨，随后提高到3800万吨，将卡沙甘和田吉兹油田的原油直接运往国际市场。在天然气方面，考虑沿里海输气管道，即在改造中亚—中央三线输气管道的基础上建设一条新的支线，主要是将土库曼斯坦和哈萨克斯坦的天然气输往俄罗斯。

随着沿里海天然气管道和里海石油运输系统的建成，哈萨克斯坦将具有更大的多元化的油气出口选择，为哈实现其2030年的发展战略奠定坚实的出口基础。今后，哈萨克斯坦天然气出口管道主要依靠沿里海天然气管道和中哈天然气管道。这一西一东的天然气出口方向，将增加哈的天然气出口能力和国内天然气消费和出口平衡，成为哈未来天然气发展的重要保障。相比而言，沿里海天然气管道需要由俄、哈、土三国协作，目前三国的配合仍然需要协调。这一管道与中哈天然气管道暂不存在资源和出口通道的冲突。哈政府的最终目的尽快建立本国独立的天然气出口管网和出口能力。

（二）土库曼斯坦

2009年土库曼斯坦生产石油1020万吨，生产天然气364亿立方米，较上年大幅减少了44.8%。天然气产量大幅下降的主要原因是俄罗斯大幅减少从土库曼斯坦的进口量所致。但是，根据土库曼斯坦天然气储量和开发规模，具备1000亿立方米以上的生产能力。2009年土库曼斯坦石油消费约520万吨，较上年增长1.6%，天然气消费量仍不足200亿立方米。可见，土库曼斯坦依然具有较大的天然气出口潜力。

土库曼斯坦国内石油运输系统由4条石油管道干线组成，主要连接油田与炼产和港口。土库曼斯坦唯一一条石油出口管道是鄂木斯克—巴甫洛达尔—奇姆肯特—谢伊季管道（长718公里，管径720—760毫米）于1992年停运。

目前，土库曼斯坦的石油出口主要采用铁路、海运和管道联运方式，以海上运输为主。西部经马哈奇卡拉—诺沃罗西斯克管道、巴库—巴统管道运往黑海和地中海沿岸国家；北部经阿斯特拉罕—科尔奇港进入黑海和地中海沿岸国家；南部经涅卡港输往伊朗，再经伊朗管线分流。

土库曼斯坦天然气管线主要是中亚—中央输气系统，向俄罗斯和欧洲方向出口天然气。该干线于1974年建成，共有5条直径1220—1420毫米的支线管道，分为西部支线和东部支线。西部支线沿着里海和哈萨克斯坦西部地区通往俄罗斯；东部支线从土库曼斯坦东部地区经乌兹别克斯坦和哈萨克斯坦通往俄罗斯。土境内管线总长3940公里，沿线有5座加压站，年输气能力550亿立方米，2009年实际出口天然气450亿立方米。

已建跨国天然气管道有：（1）中亚—中央输气系统。20世纪60—70年代建成，是土库曼斯坦主要的天然气出口管道，每年向俄罗斯方向出口运输约 450 亿立方米天然气。2009 年，由于俄罗斯大幅减少了购买量，土库曼斯坦经过该管道仅出口天然气 120 亿立方米，较往年大幅减少。（2）克尔佩热（土库曼）—库尔特—库伊（伊朗）管道，1997 年建成，运输能力为 80 亿立方米。土每年通过该管道向伊朗出口天然气 60 亿立方米以上。根据土库曼斯坦和伊朗签署的补充协议，从 2010 年土库曼斯坦每年向伊朗出口天然气 145 亿立方米，其中 80 亿立方米通过老管道运输，65 亿立方米通过新管道运输。（3）多夫列塔巴德—谢拉赫斯—汗格兰天然气管道。2009 年开工建设，2010 年 1 月建成通气，该管道设计输气能力 120 亿立方米/年，在土境内长 30.5 公里，起点位于土东南部的最大气田多夫列塔巴德，到与伊朗边境的萨雷尔杨普居民点，再继续向伊朗境内延伸。新管道与向俄罗斯方向供气的多夫列塔巴德—捷利亚雷克输气管道连接。该管道的建成使土库曼斯坦向伊朗方向的天然气出口量扩大了一倍。根据合同 2010 年土库曼斯坦通过该管道向伊朗供气 65 亿立方米。（4）通往中国的中亚天然气管道。该管道在土乌边界接收天然气，经过乌兹别克斯坦和哈萨克斯坦，运往中国新疆。在土境内修建气田到边界的管线。2009 年 12 月一期建成投产。

为实现 2030 年天然气发展目标，土库曼斯坦将重点建设沿里海天然气管道、跨里海管道和土库曼斯坦—中国天然气管道的配套设施。

沿里海天然气管道是根据 2007 年 12 月俄罗斯、土库曼斯坦和哈萨克斯坦总统签署的协议修建。建设该管道的目的是将里海油田以及土库曼斯坦和哈萨克斯坦油田的气向俄罗斯方向运输。沿里海天然气管道长约 1700 公里，设计年输气能力 300 亿立方米。项目原计划在 2009—2010 年改造中亚—中央 3 管道，从土库曼斯坦的别格达什到哈萨克斯坦的别伊涅乌，随后使其达到每年输气 100 亿立方米的能力。第二阶段在 2010—2017 年建设一条新的从俄哈边界到亚历山大罗夫加伊，年输气能力 200 亿立方米。在沿里海管道建成后，年输气能力达到 300 亿立方米。但是，由于 2009 年 4 月土库曼斯坦与俄罗斯在管道爆炸问题上的争议，该管道修建困难重重。

跨里海输气管道项目是计划从土库曼斯坦里海沿岸穿越里海海底到达阿塞拜疆的巴库，与现有的巴库—第比利斯—埃尔祖鲁姆（BTE 管道）连接，然后输气到欧洲，计划年输气量为 200 亿—300 亿立方米。在一定意义上，这也是土库曼斯坦支持欧洲推动的纳布科管道计划的一部分。这一跨里海输气管道既要落实天然气资源问题，也可能面临土阿边界争端问题和里海的环保问题，至今难以落实。

土库曼斯坦—阿富汗—印度天然气管道（也称跨阿富汗天然气管道）早在 1993 年提出建设，将土库曼斯坦天然气出口到南亚地区。苏联解体后，20 世纪 90 年代中期由当时美国优尼科公司提出，得到了世界银行的支持。阿富汗战争打消了人们对这一管道的希望。但是随着阿富汗卡尔扎伊政权的建立，国际石油界又重新关注这一管道。2008 年土库曼斯坦、巴基斯坦和印度政府签署了建设跨阿富汗天然气管道的框架协议。该管道长 1680 公里，年输气能力为 330 亿立方米，原计划于 2010 年开始建设，2015 年建成供气。但是，该管道建设面临诸多不确定性。虽然该管道经过巴基斯坦的南部，阿富汗地区不确定的安全局势和恐怖袭击使人们十分怀疑这一管道的可行性。

需要看到，在土库曼斯坦周边仍存在诸多不稳定问题（如伊朗问题、阿富汗问题、里海边界和环保问题等），对于目前的土库曼斯坦来说，提高出口量最为现实的方案是提高向中国的出口量。通过以上的事实分析可以清楚地看出，中国—中亚天然气管道的巨大优势和重大意义。

（三）乌兹别克斯坦

2009 年乌兹别克斯坦生产石油 450 万吨，较上年减少了 6.6％，年均石油消费却达到 490 万吨，国内石油产量不能满足本国的需求。2009 年生产天然气 644 亿立方米，较上年增长 3.9％，天然气消费 487 亿立方米。2009 年向俄罗斯及中亚国家出口天然气 150 亿立方米。根据前几年的规划，乌兹别克斯坦计划继续加大向俄罗斯和中亚国家的天然气出口，到

2015 年向俄罗斯的出口量增加到 150 亿立方米；到 2030 年向中亚各国的出口量增至 37 亿立方米。

乌兹别克斯坦拥有 1.33 万公里输气干线，管径 700—1400 毫米，其中主要的输气管道为过境运输管道，包括中亚—中央输气系统、布哈拉—乌拉尔输气管道和加兹利—奇姆肯特—比什凯特—阿拉木图输气管道。国内主要的天然气管线有布哈拉—塔什干、德扎尔德扎克—布哈拉—萨马尔罕—塔什干、穆巴列克—卡甘、舒尔坦—穆巴列克、克里夫—穆巴列克、克里夫—杜尚别等管线。乌兹别克斯坦共有 42 座天然气泵站。

乌兹别克斯坦天然气出口管道主要是两个方向：一是向俄罗斯方向的中亚—中央输气系统，除 2009 年外，经该系统年过境运输天然气约 450 亿立方米；另一条是向中亚国家方向的加兹里—阿拉木图天然气管道，每年出口天然气约 30 亿立方米左右。

乌兹别克斯坦 30％以上的天然气管道已运营了 30 年以上，51％的管道运营了 20—30 年。

乌兹别克斯坦的全部天然气运输系统、天然气过境运输及储存设施均归乌兹别克斯坦油气公司（Uzbekneftegaz）的乌兹别克斯坦天然气运输公司所有。自 2002 年以来，俄罗斯天然气工业股份公司开始管理乌兹别克斯坦西部的天然气过境运输基础设施和出口管道。

已建跨国天然气管道是：（1）中亚—中央输气系统乌兹别克斯坦段；（2）布哈拉—乌拉尔输气管道（复线）；（3）布哈拉—塔什干—比什凯克—阿拉木图输气管道，该管道是一条跨国管道，起点在乌兹别克斯坦，终点在哈萨克斯坦的阿拉木图；（4）中国—中亚天然气管道的乌兹别克斯坦段，管道年输气能力 300 亿立方米，乌兹别克斯坦段长 530 公里。

目前，除了中国—中亚天然气管道乌兹别克斯坦段外，新的天然气管道项目主要是改造和扩大老管道的运力，提高向俄罗斯方向的天然气出口和向中国的天然气出口。

乌国的石油和天然气供需余地不大，未来的出口空间取决于提高国内

105

的产量。目前,该国的天然气出口量主要输往俄罗斯及哈萨克斯坦。其中,对俄罗斯的出口依赖较大。中国—中亚天然气管道的建成为乌打开了新的出口通道。未来的发展主要取决于对现有管道的扩建和改造,确保安全可靠的运输,提高本国在中亚天然气运输体系中的中心地位。近几年来,正是由于乌兹别克斯坦处于中亚天然气管道运输的特殊地位,俄罗斯明显加强了对乌的合作力度,包括天然气上游资源的控制和对西部管道的直接运行管理。

三　面向欧洲的管道战

(一)维持现有管道稳定运营是目前俄罗斯和中亚国家向欧洲出口油气的基本战略

友谊管道是俄罗斯向欧洲出口石油的现有主干线,是俄罗斯石油管道系统的重要组成部分。1959 年 12 月 18 日,以苏联为首的经互会成员国通过决议,共同建设从苏联到波兰、捷克斯洛伐克、德国和匈牙利的长输石油管道,各国提供建设管材。该长输管道从萨马拉出发,从伏尔加河岸边向西延伸到俄罗斯与白俄罗斯边界,在白俄罗斯的威索科耶村分别向两个方向延伸:(1)在白俄罗斯境内经过波洛茨克向波罗的海沿岸延伸,达到布京格港(立陶宛)和文茨皮尔斯港(拉脱维亚);(2)经过莫孜尔(白俄罗斯)和布罗德(乌克兰)继续向东欧国家延伸。友谊管道系统总长度为 8950 公里,俄境内管线 3800 公里,在白俄罗斯境内长 2910 公里,乌克兰境内长 1490 公里,立陶宛境内长 332 公里,拉脱维亚境内长 420 公里。原苏联解体后,俄罗斯曾计划修建亚得里亚管道,目的是打通友谊管道到亚得里亚的出口通道,为友谊管道增加灵活性。

乌津—阿特劳—萨马拉石油管线是苏联时期建成的老管道,将哈萨克斯坦西部的油田与俄罗斯统一石油管网连接,主要向俄罗斯欧洲部分出口原油,运输能力为 1500 万吨。根据 2002 年哈俄两国政府签署的石油过境运输协议（有效期 15 年），哈油经阿特劳—萨马拉和马哈奇卡拉—季霍列茨克—诺沃罗西斯克管道的过境运输量由政府批准，过境费由哈俄政府执行机构批准确定。目前这一管道是哈萨克斯坦的传统出口通道，将继续得到运营和维护。

（二）扩大里海管道财团（CPC）的运力，提升中亚和俄罗斯石油出口地位是俄哈两国和里海财团的共同利益[①]。

该管道于 2001 年 10 月投产，一期运力为 2820 万吨。2001—2009 年累计运输原油超过 2.09 亿吨。主要运输田吉兹原油。2004 年原油运量达到 2800 万吨，2005 年实际运输 3050 万吨，2006 年保持这一运输水平，2009 年实际运输原油 3457.4 万吨。其中运输俄油 400 万吨，使俄罗斯增加了一个不小的出口通道。2009 年 CPC 股东通过了将运输能力提高到 6700 万吨的决定，2010 年后分阶段扩大运输能力。

（三）巴库—第比利斯—杰伊汉（BTC）石油管道

途经阿塞拜疆、格鲁吉亚和土耳其三个国家，总长度为 1767 公里。2003 年 4 月开始建设，2005 年 5 月完成。2008 年经该管道出口运输石油和凝析油 3290 万吨。2009 年管道年输油能力扩大到了 5000 万吨。该管线的主要油源是阿塞拜疆的阿泽里—奇拉格—丘涅什里海上油田（ACG 项目）。2009 年 ACG 项目的石油产量达到 4500 万吨。这一管道在设计上也为哈萨克斯坦提供了 500 万—800 万吨运输空间，为哈萨克斯坦提供了石油出口战略运作和谈判的砝码。

BTC 管道打破了俄罗斯对里海石油出口的垄断局面，在俄罗斯和中亚地区之外将里海石油运往地中海和世界市场的跨国石油管道。这一管道也是西方国家支持、以西方公司为主修建和管理，避开俄罗斯的现代化跨国

107

---

① 里海管道公司成立于 1992 年，最初由哈萨克斯坦、俄罗斯和阿曼政府组建。1996 年国际大公司加入到该财团中，组建里海管道财团（CPC）。管道财团只负责原油运输。运费是在所有股东签署的合同基础上确定，而不是按各国规定确定。CPC 股东与非股东的原油运费区别对待，股东低，非股东高；运费与原油品质有关，如果不符合 CPC 质量要求的原油，运费更高。CPC 的经营活动根据股东签署项目合同来进行，这些合同明确确定了所有方的合同义务。

石油管道。其法律体系、经营和管理方式都是现代西方跨国管道的模板。①

在 BTC 管道公司的 11 家股东中，英国石油公司和阿塞拜疆国家石油公司合计占 55.1%，其余股东的比例都在 10% 以下，包括了四个非 ACG 油田项目的投资者。11 家股东来自 9 个国家。

BTC 各方认可的一些条款包括：协议的期限为 60 年（40＋20）；该项目内含并行的从巴库到埃尔祖鲁姆的 BTE 天然气管道系统，最大输送能力为 200 亿立方米/年。此外，各方同意格鲁吉亚以特殊价格购买阿塞拜疆的天然气 20 年。

（四）"北流"管线走活了俄罗斯的北欧市场

这一管线是将俄罗斯天然气经过波罗的海直接输往德国北部。该项目也包括从海上支线将大然气运送到加里宁格勒地区。"北流"管线把俄罗斯的天然气统一供气系统与欧洲的天然气系统连接起来。在这一天然气管道建成后，俄罗斯可以不通过第三国直接向西欧出口天然气，从而减少管道建造费用，提高俄罗斯天然气出口的可靠性和安全性。其出口量相当于俄罗斯经过乌克兰向欧洲的出口量，大大提高了俄罗斯对乌克兰的平衡能力，走活了欧洲的天然气市场的棋局。

2001 年 4 月，俄罗斯方面与德国的 Ruhrgas 公司、Wintershall 公司和芬兰的 Fortum 公司在莫斯科签订了一份联合研究项目建设协议。在同年 11 月 11 日布鲁塞尔俄欧峰会上，"北流"管线作为与欧盟对话的重要项目，也为欧洲金融机构参与本项目提供了机会。技术和可行性研究结果都确认这一项目在技术上是可行的。这一管线还可以作为未来俄罗斯什托克曼天然气输往欧洲的最短线路。

（五）"南流"管道与纳布科管道的竞争

纳布科管道的建设依据是欧盟直接与奥地利、匈牙利、罗马尼亚、保

---

① 自 1996 年 10 月以来，到 2003 年，在阿塞拜疆、格鲁吉亚和土耳其三国之间陆续签署了 BTC 管道跨政府协议，所在国政府分别与管道的经营者签署了所在国合作协议。BTC 管道公司成立于 2002 年 8 月。

加利亚、土耳其等政府就共同建设该天然气管道签署了的政府间协议。运营公司是"纳布科天然气国际有限责任公司",为欧洲多国油气公司的合资公司,均持股 16.67%,持股者分别为奥地利 OMV 公司、匈牙利 MOL公司、罗马尼亚 Ransgaz 公司、保加利亚 Bulgargaz Holding 公司、土耳其Botas 公司及德国 RWE 公司。该管道公司是欧洲相关国家能源安全政策的执行者,欧盟支持以纳布科天然气管道为主的"南部能源走廊"建设,希望它成为欧盟与中亚等地区间商品、投资、信息与人员双向交流的一条大动脉。

　　该管道原计划 2011 年开工,2014 年开始供气,2019 年全线建成,总投资近 80 亿欧元。建成后,可每年向欧洲输送 260 亿—320 亿立方米天然气,约为欧盟天然气进口量的 5%,为欧洲政府、成员国、股东、消费者与能源安全服务。

　　显然,俄罗斯的"南流"天然气管道与纳布科管道形成了资源、通道、市场和投资的直面竞争关系(见图 5.1)。

图 5.1　南流和纳布科管道分布图

　　首先在天然气资源方面,纳布科管道是一条至今资源尚未落实的天然气管道。按照欧盟的规划,纳布科管道的天然气资源主要依靠中亚里海地区的天然气，包括阿塞拜疆、土库曼斯坦，也可能利用伊朗、伊拉克和卡塔尔等国的天然气资源。但是，这一管道显然在里海地区与俄罗斯争夺天然气的出口资源。为此，俄罗斯与阿塞拜疆单独谈判，答应以欧洲的价格购买阿塞拜疆的天然气，把阿塞拜疆拉回到俄罗斯的阵营。欧盟唯一的希望是利用英国石油公司在里海的萨赫·杰尼兹的天然气资源，将巴库—埃尔祖姆的天然气管道进一步延伸到纳布科管道。至于中东地区，伊朗由于目前紧张的国际关系和制裁，根本难以与欧洲达成供应协议。卡塔尔的天然气有可能向北进入伊拉克，再进入土耳其。这是地缘政治上可行，但是技术和投资上很难确定的方案。如果天然气市场落实，伊拉克的天然气产量具有上升的潜力。如果伊拉克和土耳其的边界安全得到解决，卡塔尔和伊拉克可能是纳布科管道的主要天然气资源。当然，俄罗斯的"南流"管道须经过保加利亚，如果保加利亚不予支持也难以实现。[①]

其次，在市场方面，纳布科管道所要求的 300 亿立方米左右的天然气供应需要得到欧洲市场中若干大用户的长期购买承诺。而这一点又是欧洲目前难以做到的，尽管欧盟在这方面与有关国家的电力公司作了多方的努力，仍然得不到一家大用户的照付不议的承诺。[②]

四　面向亚太地区的管道竞赛

（一）东北亚地区的管道博弈

1. 俄罗斯对东北亚地区的战略选择

俄罗斯油气的发展离不开东部地区的油气开发。根据其发展战略，2020 年前俄罗斯油气开发的重点是东部地区和北极海域，其中石油产量的增长主要依靠东部地区。2009 年 1 月俄政府批准的《2030 年的能源发展战

---

① 以上是作者于 2009—2011 年间在布鲁塞尔、巴林和迪拜与上述管道公司有关专家交流的观点。

② 这是作者于 2010 年 5 月在布鲁塞尔与欧盟能源总局专家交流得到的看法。

略》提出，2015 年后全俄石油产量将向 5 亿吨以上水平推进，并稳产到 2030 年。这是一个巨大的挑战。这种挑战的难点不在 2020—2030 年，而在 2010—2020 年能否将国内产量稳定在 5 亿吨以上。这一重任显然要落到东部地区和北极海域的接替作用上。如上所述，尽管存在资源短缺的问题，但完成这一目标的关键在于政府的政策导向和投资导向。而东部油气资源的开发离不开亚太地区国家的配合和支持。

未来俄罗斯油气出口战略是在稳定欧洲市场的同时，开发非欧洲市场，其中，中国和整个亚太地区的市场居于重要地位。正如普京在 2006 年索契八国集团会上指出的，未来向亚太地区的原油出口占总出口的比例将从目前的 3％提高到 30％，天然气出口将从目前的 5％提高到 25％。① 在天然气方面至少具有 1000 亿立方米的出口市场，其中中国 2020 年对俄罗斯的天然气需求为 680 亿立方米。亚洲市场的意义在金融危机之后更加突出了。

通过近几年来中俄油气合作的实践，中国向俄罗斯的油气公司不仅提供了强大的资金支持，而且为俄罗斯提供了东部消费市场的稳定性。中国和亚太市场的巨大作用是欧洲市场无法取代的，更何况俄罗斯对中国的战略选择，不仅体现在油气工业领域的合作意义，还体现在加强全面战略伙伴关系的长远利益上。在过去的几年里，俄罗斯基于自身的战略目标和相对利益的思考，有意把中国放在东北亚地区的合作平台上与周边国家进行平衡，既明确将中国纳入其战略规划之中，又有意无意地回避或避免突出与中国的双边合作态势。这一狭隘的战略考量在 2003—2008 年十分明显，实际上限制了俄罗斯东部油气开发的步伐，阻碍了俄罗斯自身能源战略利益的实现。

111

2. 远东石油管道的竞争

中、日、俄在东北亚地区油气博弈的重点是争夺俄罗斯东部地区的油

---

① 这些数据直接引自俄罗斯能源部的《2020 年前俄罗斯能源战略》。

气资源。而为了确保资源开发和运输安全，争夺出口通道成为关键。1994年，自俄罗斯提出了东部石油出口管道项目之后，中、日、俄就石油管道走向展开了激烈的战略角力。具体可演绎为三个阶段。

一是安大线阶段。1994年，俄罗斯尤科斯公司向中国提议的原油出口通道是过境蒙古通往中国的出口方向。对俄罗斯而言，这一通道距离最近也相对安全。但是，经过中俄双方深入商议，修改为西起俄国安加尔斯克，东到大庆的出口方向，管道年输送能力超过5000万吨。2001年9月8日，中俄两国签署了这一原油管道项目可行性研究总协议。根据该协议，这一管道项目于2003年7月施工，2005年建成供油。但是，这一协议未得到实施，主要原因是2002年11月日本从中作梗，说服俄铺设"安纳线"，将俄罗斯出口战略由针对中国市场转到东北亚市场。而建设纳霍德卡附近的科兹米诺出口通道也符合俄罗斯的战略意图。"安大线"被俄方放弃。

二是安纳线阶段。2002年11月后，俄罗斯石油运输公司根据俄政府旨意，转而研究修建从俄安加尔斯克到太平洋沿岸纳霍德卡的输油管线方案。日本承诺从俄罗斯进口原油5000万吨/年，并提供50亿美元贷款。2003年1月，日俄最高级会谈表示尽一切可能建成这一出口管线，并且为此开出了种种经济与技术方面的优厚条件。同年，俄日首脑共同签署的《俄日行动计划》首次将"日俄共同建设远东石油管道"列入两国行动日程。

对于俄罗斯来说，"安纳线"的优点是：出口范围辐射整个东北亚地区乃至美国，俄罗斯的选择余地更大；"安纳线"全部在俄罗斯境内，可以带动东部地区的经济开发。在资金方面，按照日本的说法，如果修建"安大线"，俄罗斯需要负担修建俄境内管线17亿美元，而建"安纳线"的所有费用均依靠日本的贷款。但是2004年，俄罗斯以"安纳线"太过于接近贝加尔湖，一旦管道破裂极易造成生态灾难为由排斥了这条管线。

　　三是泰纳线阶段。这一方案将输油管道的起点改在泰舍特，途经伊尔库茨克州、阿穆尔州和哈巴罗夫斯克边疆区，沿贝加尔—阿穆尔铁路和西伯利亚铁路通向纳霍德卡。同时，为了不放弃中国市场，俄罗斯承诺优先修建一条通往中国的支线，即由斯科沃罗季诺到大庆的管线，然后再修建通往太平洋港口的管线。从俄方来看，该线途经更多的不发达地区，能更好地带动沿线地区的经济发展，同时也离贝加尔湖更远。从最终结果看，在这场石油管道博弈中，俄罗斯充分平衡了中国和日本的利益，确保俄罗斯成为最大的获益者。

　　3. 天然气管道的竞争

　　天然气管线曾被视为中俄能源合作中极具前景的项目，起步于1996年底，并与上游开发紧密结合。[①] 有关铺设中俄天然气管道的论证和谈判持续10年，直到2006年后比较明确地确定了向中国输气的两个战略方向：一是以俄罗斯东部地区为起点，中国东北地区为终点的"东线方案"；二是以俄罗斯西西伯利亚天然气产地为起点，穿越中俄西段边界地区，最终到达中国新疆维吾尔自治区的"西线方案"（也称"阿尔泰"管线）。2006年3月，中俄签署了《中国石油天然气集团公司与俄罗斯天然气工业股份公司关于从俄罗斯向中国供应天然气的谅解备忘录》，表明俄罗斯计划修建两条通往中国的天然气管道，并计划从2011年开始向中国出口天然气。根据《备忘录》，西线工程原预计在2011年开始正式向中国供气。然而，由于中俄双方的商业谈判不能达成一致，天然气管道项目悬而未决。直到2010年8月，"阿尔泰"天然气项目被列入2030年前俄罗斯天然气领域发展纲要，并出现在2015—2018年俄罗斯天然气管道运输系统"具有前景的主要项目"名单中。而俄罗斯针对南欧的"南流"天然气管道的建设时间为2015—2024年。但是，中俄双方在天然气价格公式谈判上依然艰难，面临着战略共识下的较大差距、冲突和真正的较量。

113

　　① 李国玉：《世界油气区考察报告集》，石油工业出版社1997年版，第382—389页。

4. 管道战略博弈剖析

首先，能源安全是中日俄油气合作关系的首要动因。长期以来，俄罗斯油气出口管网的问题是出口方向过于集中、出口市场单一，直接威胁到俄罗斯的油气安全。以 2003 年俄罗斯原油出口结构为例，对欧盟出口比例为 44%，加上向独联体和东欧国家的出口比例，欧洲方向的出口比例近 80%，而亚洲只占 9%。俄罗斯向欧洲出口的天然气比例更高。这种过度依赖欧洲市场的状况使俄罗斯的油气安全受制于欧洲的市场变化和过境国的制约。况且，欧洲作为俄罗斯的传统出口市场，一直致力于减小对俄罗斯油气出口的高度依赖性。这两股压力促使俄罗斯推行油气出口多元化战略，以减少出口市场单一化的风险。在叶利钦时期，美国市场曾被规划为第一位的潜在市场。但是，后来被亚太市场所替代。

日本是一个高度依赖油气进口的国家，其所需油气供应 90% 依靠进口，其中大多数来自中东。日本通产省面对石油安全的严峻形势，于 1993 年 4 月发布了一份题为《能源安全与环境问题》的报告。该报告建议日本政府与能源供应伙伴保持友好关系，同时采取各种措施阻止能源灾难，包括实施能源来源地的多元化。俄罗斯油气资源自然进入日本的战略规划，成为日本油气进口地区多元化的必然选择。根据日本通产省估计，如果日本每年能从俄罗斯进口石油 5000 万吨，便可将日本对中东石油的依赖度从当时的 88% 降至 60%。[①] 可见，俄罗斯的石油供应对于日本缓解对中东石油依赖的重大意义。

114　　其次，由于日俄油气合作交流较早。日本于 20 世纪 70—80 年代开始研究俄罗斯东部地区的油气资源。[②] 而 90 年代后，俄罗斯一直十分看重日本的石油市场和日本资金与技术实力，认为日本是俄罗斯推行油气出口多元化的重要国家，为此俄罗斯一直游走于中国与日本之间，以中国单一市

---

① 国土资源部信息中心的资源网（www. lrn. cn），《借鉴日本经验建立我国石油储备体系》，2007 年 5 月 8 日。

② Kuen - wood Paik, Oil and Gas in Northeast Asia, Chatham House, 1995, p. 228.

场的理由，拉近与日本的合作。1990 年俄罗斯曾预测，2020 年日本的能源需求将持续增长 20％以上。因此，开拓日本市场就成了俄罗斯政府、商界及能源界的共识。2003 年俄联邦政府正式批准的《2020 年前俄罗斯能源战略》明确指出："到 2020 年，亚太国家在俄罗斯原油出口中的比重将由目前的 3％上升到 30％。"① 2000—2004 年，俄罗斯认为从油气消费角度看，日本的重要性不亚于中国。然而，自 2002 年后日本石油需求持续下降，与中国石油市场的持续增长形成了鲜明的对比。俄罗斯人的判断错了。

最后，从能源开发的资金需求来看，油气资源开发耗资巨大，俄罗斯油气工业设施严重老化，庞大的技术和设备更新需要投入大量资金。据俄罗斯专家估计，2001—2020 年俄罗斯能源工业最低投资需求为 4800 亿—6200 亿美元，其中 75％的资金可依靠俄罗斯国内的投资者，其余的 25％则要依赖外国投资。② 俄能源部的一项调查统计显示，1994—1996 年俄罗斯能源工业部门的外国直接投资总额尚不到 10 亿美元，1999—2000 年增长到 30 亿美元左右。资金短缺一直是俄罗斯能源工业发展的软肋。在俄罗斯看来，日本具有俄罗斯油气产业发展急需的资金和技术。以两国油气合作重点地区为例，日本在俄远东地区的所有外国投资者中位列第二位。俄罗斯估计，日本参与的萨哈林—Ⅰ、Ⅱ项目开发可为俄罗斯带来 550 亿美元。这些项目将为当地创造多达 3 万个就业机会。这一估算使得俄罗斯对吸引日本资金寄予了厚望。为此，日本一度被俄罗斯所追捧。不幸的是，与俄中、俄韩油气合作关系相比，俄日油气合作并不顺畅。主要原因：

115

一是日本对俄罗斯的投资能力有限。到 2001 年初，日本向俄罗斯累计投资 3.72 亿美元，仅占俄吸引外资总额的 1.1％，日本排在俄投资伙伴国中的第十位。而且，日本给予俄罗斯的所谓软贷款为空头支票。2000 年以

---

① 徐小杰、王也琪：《2020 年前俄罗斯能源战略研究》，中国石油经济技术研究院报告，2005 年。

② 同上。

来，日本经济一直低迷，日本的资金实力大大缩水。

二是日本在油气工业方面的技术不配套，处于上游弱、下游强，工程设备相对先进，服务不配套等局面。尤其是日本缺乏独立承担重大油气田项目的技术、资金和经营经验，更缺乏开发俄罗斯战略前沿油气区的实力。

三是由于"北方四岛"领土争端，俄日两国迟迟没有真正建立"和平友好关系"，也限制了两国在油气领域的深层次的合作。尽管俄罗斯多次提出解决"北方四岛"问题的各种方案，包括两国对这一地区联合开发的建议，或首先归还其中两个小岛，但均被日本否定。日本坚持把缔结日俄两国和平条约与解决"北方四岛"归属问题挂钩，把归还四岛作为两国关系正常化的前提。俄罗斯则主张把领土问题与缔结两国和平条约问题脱钩，并且认为日本在这一问题上的表现不够现实和灵活。"北方四岛"领土问题成为两国深度合作的一个政治障碍。

总之，俄日之间油气合作具有突出的实用主义色彩。在日本看来，如何更多地获得资源是根本目的；在俄罗斯看来，获得资金和技术是目的，给予项目合作是手段。因此，在俄日油气合作当中，双方的战略思考错位。日方是实用主义，甚至不惜以软贷款为诱饵参与俄罗斯资源开发；而俄罗斯是实用主义加现实主义。在俄罗斯认识到日本的弱点后，十分注意中日之间的战略平衡运作。俄罗斯关心的是俄罗斯远东地区经济发展，在平衡中日合作过程中，使俄罗斯处于主动的地位。因此，近20年来，除了萨哈林—I 和 II 等若干项目上有日本参与，俄罗斯对日合作态度比较保守，对日合作空间有限，未见更大的拓展。日本目前的地位、实力和对俄态度几乎关闭了与俄罗斯的谈判大门。

未来俄日油气合作在不触动"北方四岛"问题的前提下也许会有一些发展，但是，未来的合作程度不取决于日本和俄罗斯任何一方，而取决于两国的创新思维。在东北亚地区，俄罗斯非常现实地正视中国的影响。在东北亚地区，中国与日本既有共同性，也有差异性。中俄之间没有"北方四岛"这样的领土问题。中国巨大而稳定的市场对俄罗斯来说是不言而喻的巨大诱惑。近几年来，中国的资金优势和资本市场的重要作用日益突出，更不用说陆陆相连、管道运输的优势。与俄日合作相比，中俄合作互补优势更加突出。在东北亚地区，从某种角度说，中俄油气合作具有形成地区油气合作轴心的客观条件。

虽然俄日油气合作关系作为一种竞争性合作对中国的油气供给安全形成了现实挑战，日本与俄远东地区油气合作的先发优势和重大项目合作对中俄合作构成了一定的压力，但是，在战略上，俄罗斯认识到，在东北亚地区的油气合作格局中，可以没有日本，也可以没有韩国，但不可以没有中国。[①] 只是俄罗斯从自身的多元化战略利益出发，不愿意仅推动中俄油气合作，或者说由中国"垄断"俄罗斯资源出口和市场。因此，俄罗斯必然将日本和韩国纳入本地区的油气博弈之中，寻求战略平衡，以确定最有利于俄罗斯的战略地位和"一对多"的相对收益。因此，对于中国来说，如何在东北亚地区的油气博弈中体现自己的权力、角色和优势是一个挑战。这是一场一个资源国面对多个消费国的博弈局面。俄罗斯和中国都需要在地区视野下驾驭和处理地区合作中面临的矛盾、差距、对抗和不平衡，各自寻求"一对多"合作模式下的相对优势和相对收益。

（二）中亚东向油气出口管道战略

1. 中哈原油管道背后的动因

哈萨克斯坦是中国在中亚地区最为重要的合作对象。中哈原油管道是两国实现供需互保的重大项目。早在1997年哈萨克斯坦能源矿产部和中国石油天然气集团公司便提出联合修建该管道的设想。中哈原油管道西起哈萨克斯坦里海港口城市阿特劳，经过肯基亚克和阿塔苏，从阿拉山口进入中国新疆地区。该原油管道全长3007公里，其中哈国境内长2755公里，中国境内为252公里。该管道不仅是中国的第一条跨境原油管道，也是哈

117

---

① 徐小杰等著：《全球背景下的中俄油气合作研究》（2005年教育部软科学课题）第四章。

萨克斯坦首条不经过过境国的原油出口通道。该管道不仅将哈国原油运往中国，而且横贯哈国东西部地区，将哈国主要的油气田相连，对哈国国内的统一原油运输起到了重要作用。

中哈原油管道由中国石油集团和哈萨克斯坦国家油气公司共同修建，按东线、西线和中线划分，分三期完成。第一期工程为2003年建成的阿特劳至肯基亚克的西线。该管道将阿克纠宾油田原油运往阿特劳，再通过铁路运输或者海运向西输往欧洲市场。第二期工程为阿塔苏至阿拉山口的东线，于2009年建成投产，将哈库姆科尔油田的原油运往中国。

中线工程从肯基亚克至库姆科尔将前两期工程连接起来，最终实现西起阿特劳，东至中国新疆阿拉山口，横贯哈萨克斯坦东西全境的中哈原油管线全线贯通。待第三期工程建成后的中哈原油管线全长约3000公里，年输油能力将达到2000万—3000万吨。

建设中哈石油管道的战略意图在于直接获取哈萨克斯坦的油气资源，将哈萨克斯坦的油气资源与中国国内市场直接连接。同时，在战略上改变哈萨克斯坦东部和西部间原油运输需经俄罗斯的尴尬局面。同时，中哈原油管道也对俄罗斯开放，为俄罗斯增加向中国出口原油的通道。这种"一对一"的合作带来了"一对多"的效果。

2. 中国—中亚天然气管道的案例

中国在中亚地区实施"一对多"的合作战略在中国—中亚天然气管道运输领域得到了清晰体现。中国—中亚天然气管道运输系统是覆盖土库曼斯坦、乌兹别克斯坦、哈萨克斯坦和中国四个国家的长距离跨国管道运输项目。该天然气管道由中国石油集团与乌兹别克斯坦和哈萨克斯坦的合作伙伴分别成立合资公司承担，分段建设和运营乌兹别克斯坦段、哈萨克斯坦段和中国段的管道，是由三个双边合作组成的"一对多"合作模式。

1998年，土库曼斯坦前总统尼亚佐夫正式向中国提出出口天然气的愿望。[①]

---

① 关于中亚天然气管道可以追溯到1994年日本向土库曼斯坦和中国提出修建从土库曼斯坦到中国再到日本的宏伟设想。后来日本感到难以运作而退场。

2000 年 7 月，中国石油代表团访问土库曼斯坦，中土双方签订了《中国石油天然气集团公司与土库曼斯坦天然气康采恩在石油天然气领域合作谅解备忘录》。2006 年 4 月，已故的尼亚佐夫总统访华，中土两国签署了关于实施中土天然气管道项目和土库曼斯坦向中国出售天然气的总协定。2007 年 7 月，土库曼斯坦继任总统别尔德穆罕默多夫访华，中土双方在北京签署了《中土天然气购销协议》和《土库曼阿姆河右岸天然气产品分成合同》。这两项协议为中土天然气合作和管道建设提供了坚实的法律保障。根据前一协议，自 2009 年起 30 年内，土库曼斯坦将通过中国—中亚天然气管道每年向中国出口天然气 300 亿立方米。

中国—中亚天然气管道横跨土、乌、哈和中四国，涉及多个商业合作伙伴，是中亚三国东向天然气出口的重要通道，也是中国第一条跨国天然气管道。管道起点位于土库曼斯坦—乌兹别克斯坦边境的格达伊姆，途经乌兹别克斯坦的卡什卡达里、布哈拉、纳沃伊州，哈萨克斯坦的南哈萨克斯坦、江布尔、阿拉木图州，最终到达中国新疆的霍尔果斯，单线长度 1833 公里。2010 年 9 月底 A、B 双线建成通气，2011 年底达到年输气能力 300 亿立方米。

中国—中亚天然气管道进入中国境内后，经乌鲁木齐、兰州、西安、到达南昌，并可延伸至广东。如果这一天然气管道能够按照最大设计输气能力运行，预计到 2020 年，从中亚进口的天然气将占国内天然气消费 30% 以上，对中国天然气供应安全无疑是一个巨大的保障，而且这一跨国管道的气源还有进一步提升的空间。

中国对这一跨国天然气管道的战略思维是：抓住历史机遇，将中亚的油气开发与管道运输配套，确保获取中亚的天然气资源，实现双赢互利；同时，以中国为主导，分别推进与乌兹别克斯坦和哈萨克斯坦的双边合作，不仅使乌哈进入合作，享受过境运输的巨大利益，也可以分享管道运输能力，增加向中国出口天然气的比例。这一管道排除了俄罗斯的干扰和影响，打破了俄罗斯对中亚天然气的垄断，通过"磨合"，促使俄罗斯

"认可"中国与中亚的合作利益。在这一战略合作的策略上，中国将多边合作拆分为中土、中乌和中哈三对"一对一"的合作，达到了中国在中亚地区营造"一对多"的合作战略。从现阶段来看，这一战略运作是互利多赢和成功的。

但是，在这一跨国天然气管道进入运营后，由于没有形成一个统一的四国多边的跨政府协议，可能难以应对跨国天然气管道"牵一发而动全身"的挑战，即一国一个环节的问题可能导致管道运输中断，使其他国家和合作方受到损失。因此，如何借鉴国际跨国天然气管道运输的经验和法律体系，签订统一的多边政府协议，便成为保障中国—中亚天然气安全运输的新问题。从理论上分析，有效的"一对多"的合作模式，不一定是"一对一"的简单达加；"一对多"的合作模式需要多边合作框架做支持。在苏联时期，加盟共和国之间的多边合作制度之所以成功是因为不存在跨国运输中的争议。而在苏联解体后俄罗斯对中亚地区的油气运输也实行一个国家面对多个双边的合作模式，也一度垄断了该地区的油气出口。但是，也面临着过境费、税收和价格等诸多问题。因此，有效的"一对多"合作模式必须有多边合作的法律框架的支持。

综上所述，在多边油气合作举步维艰的时候，"一对多"的油气合作策略有助于打破僵局，推动多边油气合作。一个消费国面对多个资源国的情景对消费国有利，有利于增加消费国的选择性，并以此在多个供应国间形成制衡，促使供应国形成竞争，降低油气进口的成本。但是，这种"一对多"的长期稳定发展需要多边合作机制作为保证。相反，一个资源国面对多个消费国的情景对于资源国有利，有利于增加资源国的选择性，并以此在多个消费国之间形成制约，促进消费国之间的竞争，降低出口成本。但是，这样一种"一对多"模式面临着消费国联盟的威胁或消费国消费能力失衡的挑战。[①]

---

① 有关"一对一"和"一对多"的博弈理论见本书附件二。

第六章

非洲的"资源诅咒"[①]

一 非洲的油气资源和开发状况

从英国石油公司的统计数据看,非洲地区的剩余探明石油储量为174
亿吨,占世界剩余探明石油储量9.5%,储采比为36年;剩余探明天然气
储量为14.7万亿立方米,占世界剩余探明天然气储量7.9%,储采比70
年。[②] 从地区比较看,非洲的油气储量绝对数并不突出。但是,非洲的油
气勘探历史较短。在其20个主要产油国中,尼日利亚和利比亚的勘探历史
较早。1938年壳牌石油公司在尼日利亚获得全尼日利亚境内的勘探特许
权。1956年在三角洲地区发现石油,1958年生产了第一桶原油。利比亚
于1955年开始石油勘探,1959年在锡尔特盆地发现了石油,1961年开始

① 这一部分是作者牵头研究的中国社会科学院2009年B类课题《中非油气合作环境与情景
分析》部分内容,得到该项目的赞助。
② 目前,非洲的油气储量或资源潜力分析缺乏可参考的对比数据。这里暂且利用英国石油
公司的统计数据作为参考值。仅从过去20年的世界各地区石油储量增长趋势看,非洲、欧亚和南
美的石油储量一直处于增长之势。随着非洲中部和东部地区勘探工作的推进,特别是非洲海域勘
探活动的增加,未来10年内非洲石油储量水平将以几何指数增长。

出口原油。但是，由于政治、经济和社会环境的原因，石油勘探开发几乎完全依靠外国石油公司，而外国公司的勘探工作，尤其是沙漠勘探活动断断续续。因此，勘探程度较低，从20世纪60年代到80年代，油气储量增长十分有限。90年代后随着非洲私有化的推进，外国石油公司对非洲沙漠和海洋的石油勘探力度加大，非洲石油储量增长速度较快，使非洲地区成为世界石油勘探领域的"热土"。

目前，产油气国家主要是尼日利亚、安哥拉、利比亚、阿尔及利亚等。其中，安哥拉的储量和产量后来居上。虽然目前安哥拉石油的储量仅有尼日利亚的一半，但是石油产量迅速上升，已接近100万桶/日，仅次于尼日利亚。1995年后国际多家机构认定，利比亚的锡尔特盆地和阿尔及利亚的沙漠地区具有巨大的勘探潜力。近十几年来，西非、中非和东非地区具有系列喜人的油气发现，出现了像苏丹、加纳和中西非其他新兴油气生产国。最值得关注的是过去10年来西非几内亚湾油气勘探开发和近几年东非地区的石油发现。

（一）西非几内亚湾油气资源开发

几内亚湾是非洲最大的海湾，其海岸线构成非洲板块西部边缘的一部分，与从巴西到圭亚那的南美海岸线明显一致。这两条海岸线在地质、地貌上的吻合，为大陆漂移理论提供了清楚的论据。几内亚湾的大陆棚几乎一片狭窄，只有从塞拉利昂到几内亚比绍的比热戈斯群岛间以及比夫拉湾内较宽，达160公里。尼日尔河以全新世的泥沙堆积了一大片三角洲，非洲和南美板块间的契合只有在这里被破坏。几内亚湾沿岸10多个国家及邻近地区拥有丰富的石油资源，目前已探明的石油储量超过100亿吨，约占世界总储量的10%。2001年全球新探明的80亿桶原油储量中绝大部分来自几内亚湾地区。近10多年来，几内亚湾的石油勘探因其独特的优势而不断升温，成为世界关注的热点地区。

近4—5年来，几内亚湾陆续出现系列重大油气发现。特别是2007年6月英国Tullow石油公司在加纳海域Jubilee的大发现，称为过去10

年来具有 10 亿桶储量以上的西非最大石油发现。① 2008 年后，刚果共和国、莫桑比克和加纳海域又有系列发现。2010 年以来，当世界几乎把所有的目光都注视墨西哥湾漏油灾难的时候，道达尔公司在安哥拉海上17/06 区块取得发现。安哥拉国家石油公司与埃尼集团在 15/06 区块有了发现。这些发现向国际石油工业展示了十分诱人的开发前景。而且2008 年巴西在桑托斯盆地盐下取得的巨大发现进一步启发了勘探者对东到安哥拉深海的类似地质构造的联想。2010 年安哥拉经过了一场内部研讨后，悄悄展开对外油气招标，尤其是在尼日利亚石油产量下降，原定2011 年上半年对外招标暂停之际，更吸引了国际石油巨头对安哥拉的关注。可以推断，今后 10 年内将在大西洋盆地南部迎来海上油气勘探开发的热潮。

（二）东非地区油气勘探动向

非洲东部的东非大裂谷地带属古老的地块。长期以来，东非大裂谷地带的坦桑尼亚、乌干达和肯尼亚都是石油进口国，三国合计年进口石油 500 万吨。但是，该国的石油勘探可推溯到 20 世纪 50 年代。自 1995年以来，坦桑尼亚政府加快了勘探速度和力度，先后与外国公司签署了20 多项勘探协议。目前，共有 10 多家外国公司在坦桑尼亚大陆、河流入海口、岛屿和近海大陆架进行油气勘探。2006 年 12 月巴西国家石油公司与坦桑尼亚国家石油发展公司签署合同，以 4600 万美元获得坦桑尼亚大陆架勘探权，为期 11 年。勘探范围为 1.11 万平方公里。2007 年 6月 25 日，加拿大阿图马斯（坦桑尼亚）有限公司宣布，在坦桑尼亚的东南部省份穆特瓦拉的穆纳兹海湾中钻探时，从三口试探井中发现油气显示，发现石油的前景看好。同时，外国公司在坦桑尼亚经过多年的勘探，发现了储量可观的天然气田，在松戈—松戈和姆纳西两处较大型天然气

123

---

① Jubilee 油田于 2010 年 11 月投产，将在今后的若干阶段得到开发。第一开发阶段包括 17口海底生产井，与泊位于 3609 英尺的 Kwame Nkrumah MV21 的供应船（FPSO）连接，油、气处理能力分别为 12 万桶/日和 1.6 亿立方英尺/日。

田形成了规模化商业开采。这两处的天然气田储量分别为 300 亿和 150 亿立方米。

值得注意的是，2000 年后，加拿大、英国等多家石油公司在乌干达从事石油勘探活动。2006 年 6 月 Heritage 油气公司首先宣布，该公司在乌哈伊玛地区发现特大新油田，预计储量达数 10 亿桶，估算价值 70 亿美元。该公司称，这个新油田是过去 10 年来非洲撒哈拉以南地区最令人激动的发现，这也是目前在乌干达发现的最大油田。2006 年澳大利亚哈德曼能源公司在乌干达艾伯特湖北部钻探出一口日产量为 1.2 万桶的油井。尽管这家公司只勘探了该地区 6% 的区域，但这一区域探明石油储量为 3 亿桶，预计还可增加 1 亿桶的储量。

肯尼亚的油气勘探活动始于 1950 年，至今打了 39 口钻井，但尚未发现足以进行商业生产的油气资源。但是，肯尼亚国家石油公司认为，肯尼亚是东非地区最具石油开采潜力的国家，因为该国沿海几处大的地质构造与澳大利亚油气资源丰富的西北大陆架很相似。

2010 年以来，东非地区正成为一些独立石油勘探开发公司寻找高潜力项目的第一选择。理由是东非地区未被勘探和开发的区域非常广阔，近年来的油气发现也展示了该地区的开发潜力。但是，深入该地区的油气勘探开发需要耐心和勇气。近来国际石油公司在坦桑尼亚和莫桑比克获得较大的天然气发现，包括 2010 年 2 月阿纳达科公司在 Rovuma 盆地的发现；目前法国的道达尔公司和马达加斯加石油公司正在对马达加斯加莫龙达瓦盆地的一个区块和两个陆上区块的发现进行资源评估。2009 年 10 月香港联合石油公司也对马达加斯加西南部的轻油资源发现进行评估。与 2007 年澳大利亚 Woodside 石油公司因在该国打了干井而退出的情况不同的是，越来越多的大型和中型国际石油公司开始对该地区的巨大油气资源表示兴趣，并决定加大勘探开发活动和投入，期望在东非陆上区域有更大的发现。但是，从专业角度看，东非地区的勘探区域属于早期勘探阶段，需要时间和投入。

二 "资源诅咒"的破解

在论述非洲油气发现和勘探潜力之后，最需要回答的一个问题是，既然非洲油气资源十分丰富，并不断被发现，为什么50多年来这些油气勘探开发进展如此缓慢？尤其是丰富的油气资源为什么没有带来应有的经济发展和国民财富的增长？为什么利比亚、尼日利亚、阿尔及利亚等产油国的人均国内生产总值还处于11000美元、1400美元和4000美元等极不均衡的水平，尤其是国内财富分配极为不均？即存在严重的资源开发与经济社会发展之间的悖论，也就是"资源诅咒"问题。具体地说，为什么尼日利亚在石油资源开发中获得了巨大石油美元，而同时油气资源丰富的三角洲地区的居民依然生活在"石器时代"？[①] 即为什么巨大石油收入在为少数统治者带来了巨额财富的时候，而广大的民众却依然一无所得，也无能为力？如果仔细翻阅非洲独立50年来的各种书籍，回顾非洲独立后发展的艰难历程，无不感到，在非洲地区，"资源诅咒"不仅反映了资源开发与经济社会发展之间的悖论，而且反映了非洲殖民根源、外国公司投资战略的失败、资源国权贵制度、分配的不公平和不透明以及监督问责制度的严重缺失等系列原因。[②]

（一）殖民根源

非洲地区在世界不平衡的发展过程中不仅受到了西方殖民国家不光彩的巧取豪夺，而且诸多非洲国家的社会发展进程、民族宗教制度、生产生活方式也被西方列强强行扭曲了。20世纪60年代前那段殖民历史埋下了

---

① P. O. Oviasuyi and Jim Uwadiae, The Dilemma of Niger – Delta Region as Oil Producing States of Nigeria, *Journal of Peace, Conflict and Development Issue* 16, *November* 2010. p. 2. *www. peacestudiesjournal. org. uk.*

② 较早的文献是勒内·杜蒙、玛丽—弗朗斯·莫坦著，隽永、纪民译，《被卡住脖子的非洲》，世界知识出版社1983年版。较近的文献是 Martin Meredith, *The State of Africa：A History of Fifty Years of Independence*, The Free Press, 2005。

到今天依然作怪的根源，如土地和民族划分引发不同民族之间的对抗，土地纠纷以及外国势力对原殖民地的制约。目前，尼日利亚、苏丹、卢旺达和索马里等国家依然面临殖民者遗留的内部分裂或内部对抗问题。

殖民历史结束以后，非洲国家先后开始了50年的独立发展过程。但是回顾这50年的发展历程，非洲各国走过了艰难曲折的道路。从外部世界引入的民主制度和所谓的"社会主义"制度，与非洲朴素落后的文化结合，并非成功。诸多国家虽然经历了一段迅速增长和社会建设，但是并没有根本解决非洲自身发展所面临的深层问题，比如工业与农业的协调发展问题，经济繁荣和民族和解问题，收入分配差距日益扩大问题。独立50年来，各国的不同政党和军阀反复争夺国家政权和各种特权，军阀和武装派别之间长年内战、混战，经济发展被中断、被扭曲。各国经济发展始终离不开对原宗主国的依赖。60—70年代个别国家相对良好的发展又很快被1973年和1979年的石油危机打乱。原宗主国为摆脱经济危机，进一步加大了对非洲原殖民地市场的干预和渗透。

（二）西方公司的殖民做法

在过去几十年里，西方石油公司以传统的不平等的特许协议获得尼日利亚、利比亚和阿尔及利亚等非洲产油国的勘探开发权。虽然这种特许勘探开发权后来有所调整，增加了资源国的要求，但是，至今他们依然没有改变对这些油气国家近似殖民主义的投资合作战略和策略。如只从事初级资源勘探开发，而不投资基础设施和下游设施。外国石油公司以政治不稳定、经济回报不高等理由，回避对资源国急需的基础设施等领域的投资责任。这些西方公司的投资战略一直奉行股东利益最大化的原则，而不是双赢互利的原则，或与资源国的同生共长的原则。壳牌石油公司自1938年进入尼日利亚三角洲，至今具有70多年的经营历史，依然面临着三角洲地区武装分子的冲击，只能说明这一公司依然没有摆脱殖民主义的掠夺思维和做法。虽然欧洲诸多国家政府启动了所谓的国际援助计划，但是，这些援助并没有产生应有的效果。为此，欧洲诸多国家开始思考对非洲国家政治经济结构进行改造的必要性，并将这些政治经济改革作为进一步国际援助的条件。在西方国家看来，这是解决"资源诅咒"的一个合理条件。但是，人们也必须反思殖民主义的根源和西方石油公司自身的投资战略的根本缺陷。在投资、合作和援助之前，必须思考什么是非洲国家经济社会发展的最佳方案？这个问题需要结合非洲的实际，和非洲国家的需求来制定。外部因素必须根据内部因素的性质和需求来调整。强行推行西方的先决条件（即使愿望是善意的），结果只能适得其反。因为最终的解决方案需要通过觉悟后的非洲人民和以非洲人民普遍接受的方式来确立。

（三）权贵统治和腐败政治是内因

除了以上两个外部因素外，内部因素是什么？这是必须正面回答的问题。回顾非洲的历史，许多非洲国家由于落后，既缺乏具有统一全国的强有力的政党，又缺乏民主的制度。其结果必然是军阀、党派和权贵当道。在20世纪50—60年代出现的初期比较正直的政党和领袖最终都逃不出蜕变为权贵的结局。固然西方的民主制度在东非、西非和南非也取得了不同程度的发展和推广，具有独裁统治和权贵政治不具有的选举和监督机制，但是，这种民主制度依然存在巨大的对抗势力，最终多数沦为权贵势力的统治。腐败成为权贵统治的必然产物。

在非洲，腐败是生活的现实，几乎无处不在。在石油资源开发的全过程中，由于石油的巨大诱惑力，腐败现象更加突出和严重。近几年来，尼日利亚、安哥拉、阿尔及利亚等非洲国家频繁暴露对外油气合作中的腐败行为。2010年5月31日，阿尔及利亚总统宣布解雇国家石油公司总裁和所有高层管理者，理由是该公司原总裁梅志安（Mohammed Mezian）和包括4名副总裁在内的10多位高级管理人员涉嫌侵占数亿美元而被关押或拘留。贪污侵占的领域包括国家重大能源项目、高速公路、电车轨道、电讯、港口以及其他国家控制的商业领域。自2009年底以来，此类贪污腐败调查涉及几个政府部门和城镇一批官员。这种调查和处置行动表明，这家国家石油公司的腐败现象已经到了无法容忍的地步，不得不由当权者出面

127

制裁。

有关国际石油公司反映，2009 年该国 10 个招标项目仅达成 3 个协议，天然气出口管道等有关工程被拖延。原因之一是合作条款非常苛刻，原因之二是阿方腐败现象极为严重。此次调查涉及与国家石油公司有合作关系或业务往来的所有外国石油公司，包括法国道达尔公司、法国燃气公司、西班牙的雷普索尔公司（Repsol）、"俄石油"股份公司、意大利的埃尼集团、英国石油公司、挪威国家石油公司、美国的阿纳达科石油公司和中国石油集团。

外界将这次人事变动和腐败调查结果视为一次"地震"。但是，介于国家石油公司在阿尔及利亚国家经济中的地位与作用，估计政府不会对正常业务形成过大的冲击。但是，此事再次引起国际和非洲大陆资源开发利益相关者，特别是非政府组织对资源国透明度的极大关注。其中，影响最大的是"透明度国际"和逐步成为"商业规则"的"采掘业透明度倡议"（EITI）提出的透明和监督的系列原则。[1] 其中，讨论最多的问题是：（1）要求商业合同条款开放透明；（2）要求对非商业性的安排进行规制。增加利益相关方的参与程度；规制律师、会计和审计等第三方的行为；推行广泛的问责制。披露参与黑幕的外国公司名单。作者认为，权贵与腐败是非洲诸国的痼疾，是制约非洲国家政治经济治理体系建设和外部投资的大敌。非解决这两问题，难以破解非洲的"资源诅咒"。

（四）共同的责任

在非洲许多国家独立 50 年来，独裁统治普遍存在，权贵势力把持政治，部族势力被利用和压制。许多国家在无社会监督和国际监督下或陷于战争状况或军事管制，或处于无政府状态。从许多非洲国家落后的基础设施看，许多社会问题，除非竞选需要，否则无人关照。丰富的油气资源只能给少数统治者和石油商人带来不光彩的财富，给社会和民众带来不安、

---

① 见本书附件三。

冲突和无休止的战事。非洲的稳定与发展需要地区组织的推动、国际协助和国际监督，最关键的是非洲国家自身的政治经济改革。2011 年初因为民生问题而在突尼斯、埃及、利比亚等系列国家爆发的动乱和内战，充分反映了这种政治经济改革的迫切性。破解"资源诅咒"主要靠非洲国家自己。但是，鉴于非洲的历史和现状，在非洲国家和地区外的国家和国际石油公司也具有破解"资源诅咒"的共同责任。

这些共同的责任和行动标准至少包括但不限于：（1）包括西方国家和公司在内的所有外部势力都必须实施去殖民化的战略和政策；（2）国际石油公司必须承担更加全面的公司社会责任；（3）必须邀请独立第三方实施国际监督；（4）协助推动非洲国家政治和经济的民主化进程，实施有原则、有限度的对话和必要的联合干涉政策。这些共同的责任和行动可能是解决非洲地区"资源诅咒"的辅助手段。进入非洲地区从事资源勘探开发的国际石油公司都具有不可推卸的责任。盲目与非洲资源国政府合作，忽视上述的"共同责任"，忽视利益相关者的诉求，难免被冠以"新殖民主义"的帽子。

第七章

"非洲陷阱"[①]

一 非洲政治版图的变化

进入 2011 年以来，突尼斯、埃及、巴林、也门和叙利亚的动荡局势不断冲击着非洲中东地缘政治格局和非洲油气竞赛环境。

2011 年 1 月 14 日，突尼斯首都突尼斯城爆发连续 20 余天的反政府暴乱和抗议活动。当晚当任 23 年总统的本·阿里携家人弃国出逃沙特阿拉伯。这一由街头事件触发人们对腐败、失业和高物价的不满达到了极点，致使突尼斯政府全面洗牌。这一事件在马格里布以东的地区和中东国家引起了轩然大波。1 月 25 日在埃及首都开罗爆发了 30 年来最大的一次大示威抗议活动。示威者不仅抗议高失业、高物价和腐败，而且矛头直指当任 30 年的穆巴拉克当任总统。31 日布伦特原油价格冲过 100 美元。尽管穆巴拉克及时做出了反应（即不连任、不让儿子继位、任命副总统、修改宪法和改善民生等系列措施），而且委派副总统与反对派对话，并达成部分共识，局势出现了缓和，但是未能最终被示威民众接受。虽然军方保持了中

① 这一部分是作者牵头研究的中国社会科学院 2009 年 B 类课题《中非油气合作环境与情景分析》部分内容，得到该项目的赞助。

立,但是,2月11日军方在没有穆巴拉克出席的情况下开会掌握政权,宣告了穆巴拉克时代的结束。

埃及大游行和对抗在约旦、也门、巴林、阿尔及利亚乃至利比亚引发程度不同的多米诺效应。反政府示威所反映的社会对抗、腐败和民生问题在这些国家十分突出。有关国家的宪法、现政权、统治者和现存的政治经济和社会格局受到冲击,在未来几年内还会连续改变上述国家和地区的政治格局。长期的当政者直接被赶下台或面临被赶下台的危险。腐败、失业、物价等民生问题和社会底层问题被激发,被反对派用来冲击权贵统治制度的合法性。

上述国家的国内危机或潜在危机引起了有关执政者的警觉。虽然有些国家未出现类似政权危机,但是他们面临总统选举或公投所带来的重大考验,也必然导致相关国家对国内民生、腐败和法律调整的关注,尤其是在政权更替时期。尼日利亚的石油工业法案、阿尔及利亚的反腐行动、科特迪瓦内战、利比亚内战和苏丹南北分裂都已对非洲大陆政治版图的变化产生深远的影响。

二 力求稳定的尼日利亚

努力确保政治稳定在非洲国家具有极为重要的意义。这一点对于非洲人口大国和产油大国尼日利亚来说尤其如此,并在科特迪瓦因总统选举导致一度内战的压力下,经历了一场严峻的考验。

2011年4月18日,尼日利亚国家独立选举委员会主席杰加在阿布贾宣布,尼人民民主党候选人、当任总统古德勒克·乔纳森获得2249.5187万张选票,在全国36个州的31个州得到超过25%的选票,符合尼宪法要求,当选为下一任总统。乔纳森的主要竞争对手、进步变革大会党候选人穆罕默德·布哈里赢得1221.4853万张选票,只得到16个州超过25%的选票。按照惯例这一届总统选举应该由北部轮流执政,这一结果对于北部

131

省份来说是一个打击。局部地区出现了小范围的骚乱。但是，来自欧盟、非洲联盟、西非国家经济共同体等组织的大选观察团对 4 月 16 日的尼日利亚总统选举给予积极评价。西共体观察团主席、利比里亚前总统阿莫斯·索耶于 17 日下午在阿布贾对媒体表示，西共体的 300 名观察员在本次总统选举中没有发现重大事故和违规行为，此次选举符合自由和透明的标准，是尼日利亚加强民主和良治所走出的历史性一步。加纳前总统约翰·库福尔说，选举过程顺利，秩序良好。

自 1960 年独立以来，尼日利亚经历了长期军政府统治和向民主制度过渡的过程。此次总统选举是 1999 年民选政府执政以来的第四次总统选举。此次总统选举中除了北部部分地区骚乱外，总体上看相对平静。从内部看，主要是现任总统乔纳森的治国能力基本得到确认。作者在听取他在美国的讲话后认为，他是一个富有智慧又有经验的领导人。从外部看，乔纳森的政权显然得到了美国等西方国家的支持。此外，科特迪瓦因总统选举发生的内乱给尼日利亚精英阶层和民众提供了对照。尼日利亚国内人民意识到因选举而带来的动荡危险。在尼日利亚，社会各界特别是社会精英比较活跃，具有较大的发言权和影响力。在大选前和推迟期间，他们一直呼吁国民吸取科特迪瓦的选举教训，力求按照民主程序推进选举。确实，尼日利亚回归民主政体已有 10 多年时间，民主制度具有群众基础，民主意识比较强。这一成绩部分归功于主动脱下军装的老总统奥巴桑乔，也与现任总统的巧妙工作和准备有关。

2011 年是诸多非洲国家的选举年，先后有 20 多个国家举行选举。尼日利亚拥有 1.5 亿人口，是非洲人口最多的国家，具有重要的地区影响力。公正和平稳的选举有利于该国的持续稳定发展，也为其他非洲国家树立了良好的榜样，即与科特迪瓦的选举形成了对照。

对于国际石油工业来说，尼日利亚是非洲最大产油国。该国总统选举的成功是一个利好消息，其意义在于：（1）有利于政治稳定，治理经济；（2）治理国内腐败；（3）继续推进石油工业改革，特别是对外合作政策调整，使外国投资者看到该国的发展趋势和稳定的方向。

长期以来，尼日利亚是非洲第一、世界第八的产油大国。石油产量一直在1亿吨以上，国内90%的外汇收入来自石油出口。然而，地方武装势力在三角洲地区对石油设施的攻击和对外国石油员工的绑架活动猖獗，极大地影响了外国公司在该地区和该国的正常生产和投资热情。近几年来石油产量和石油出口明显下降。油品供应短缺，补贴严重。因此，能否和如何改革石油体制考验着这个国家的稳定性和改革韧力，也引起国际社会对这个资源国的关注。

（一）石油产量下降，国内矛盾激化成为改革焦点

近10年来，武装分子一直在尼日利亚的石油主产区尼日尔三角洲破坏输油管道，盗取原油，非法出口，并发展成为规模达数十亿美元的行当，其触角已延伸至政府机构的犯罪网络。2005年以来，由于产油区周期性和严重的武装冲击，三角洲地区石油产量下降30万桶/日，全国石油产量已经削减到150万桶/日，不到该国应有产能的一半，同时出口下降，加上油价回升缓慢，2009年第一季度石油收入仅为49亿美元，同比下降了50%。

武装分子的活动与该国政府腐败和石油收入分配不均有关。尽管该国政府采取了一些措施来治理腐败分子，但是涉及石油投资环境的问题难以改变。因此，政府把改革方向放在石油体制改革上。2000年以来，政府一直计划改革尼国家石油公司（NNPC）。国家石油公司被认为是管理混乱和腐败的代名词。工会和反对派一直追究该国家公司每年几十亿美元的石油收入分配问题。2007年尼新政府成立后，成立了国家能源委员会监督石油工业，治理腐败行为。2009年初，这项改革计划递交给国民大会，继续推动国家石油公司的改革，显示了尼政府稳步推进改革的决心。

（二）新的改革设想与反应

针对石油工业的混乱局面，2009年前以资深石油界领导人、欧佩克前秘书长鲁克曼为首的尼日利亚石油部对国内石油工业体系进行了调查研究，提出了大幅改变尼石油工业结构的一整套方案，并形成了鲁克曼递交

133

议会审议的《石油工业法案》（PIB）。

该法案的主要内容：政府将在石油工业的上游、中游和下游领域分别建立管制机构，防止过去的职责交叉，同时使办事制度公开透明；在继续保持国家石油公司国有性质的同时，将其经营活动商业化，直接参与国内外石油活动的竞争过程。提出这些改革措施的目的是规范石油工业的经营行为，提高透明度，防止严重的腐败。在对外合作方面，主要内容包括：大幅度提高矿区使用费和石油税收；对1993年前签订的产量分成合同进行重新谈判，以提高政府的收益。这一重新谈判条款也将植入今后签署的合同中；而目前已发许可证但未勘探的区块必须收回，举办新的招标，以尽快提高石油后备储量。

这一系列的改革措施确实冲击了尼日利亚现有的石油工业运营体系，对外国石油公司在尼日利亚的投资合作作出严格的调整。尼日利亚国内外各种势力反应十分谨慎。诸多外国石油公司表示反对。理由是这些调整显然加大了在尼日利亚开展业务的成本，同时引发更加激烈的外部竞争，尤其是亚洲国家石油公司的竞争。与尼日利亚的现状相比，近几年来，邻国安哥拉的投资环境有了较大改善。石油储量和产量不断增加，为外国公司展示了良好的发展前景和良好的投资机会。因此，在该法案递交议会后，审议进程缓慢。

2011年初，国会通过立法，承诺继续推进石油工业改革，把若干家比较腐败的国有公司分拆为多家商业企业，在市场上融资，接受公众对交易的审查，并重新组织合同谈判，为政府争取更优惠条款。同时，尼政府计划特赦三角洲地区的武装分子，每天发生活费，以说服他们放下武器。但是，国内外的反应依然谨慎。在2011年4月总统选举前，该法案仅进行了一读。但是，这一法案得到了乔纳森总统的肯定和支持。因此，在4月成功举行总统选举后，继续进行二读和三读。可以肯定，一旦得到议会批准，意味着尼石油工业和对外合作政策和环境将发生较大的变化。

高矿费、高税收和低刺激的财税措施对在尼作业的外国石油公司造成了消极影响。雪佛龙和壳牌等一些国际大石油公司开始减少在该国的投资和产量，其中，壳牌在经过认真分析后，虽然依然坚持在尼的投资承诺，但是逐步分离在尼三角洲地区的油气资产。2011 年 5 月，法国道达尔公司在得悉《石油工业法案》被局部调整后表示相对乐观。

总之，尼日利亚需要稳定，并在稳定政治、推进经济改革方面展示了决心和稳步推进的策略。尼日利亚的石油工业特别是海上油气开发仍然需要大量的外国资本和技术。若干国际石油巨头没有放弃尼日利亚，但是必须冷静观察和等待合适的投资环境和机会。

三 利比亚局势

在作者写作本书之际，利比亚不仅内战正酣，而且正遭受北大西洋公约组织战机持续不断的轰炸。这是 2011 年 3 月初突尼斯、埃及和一些中东国家（也门、叙利亚和巴林）内部动乱以来的一个对抗高潮，更是导致联合国制裁和北约军事行动的巅峰。虽然中国与其他国家一样在 3 月初从利比亚成功撤离 4 万—5 万中国人，但是留下的思考依然是深重的：为什么一个我们原先认为"非常稳定的"的北非产油国会产生如此严重的内战？为什么西方势力如此疯狂地打击卡扎菲政权？利比亚的局势今后会是什么结局？很多人与卡扎菲一样纳闷：西方的战略意图是什么？

（一）"误判"？

对于上述第一个疑问，中国石油人可能会反思自己先前所作的判断。 **135**
首先根据诸多访问过利比亚首都的黎波里的石油人大多这样反馈：利比亚的社会基本稳定，卡扎菲的行为怪异，但是政权牢固。其次，其他人，从学者到官员们，无不判断，40 年来卡扎菲政权稳定，自 2003 年后其国际关系逐步改善，回到国际大家庭了。因此，多数人推断，今后的利比亚局势应是现状的延续。而且，作者与一些国内专家也看到卡扎菲在一批非洲国家的影响力及其内在关系，因此，得出了与利比亚建立紧密合作关系，可以推动中国与一批非洲国家合作的结论。对于卡扎菲本人的怪异极为宽容，不少人还推荐研读卡扎菲"绿皮书"的意义。现在看来，这一切似乎都错了？可能不尽然。但是，现在中国的学者至少需要看到，中国对利比亚的历史文化，对利比亚东西部的部族关系，对北非贝都因人特别是卡扎菲离奇思想的不了解。中国石油公司的商业行为也脱离了利比亚的政治经济文化实际。从 2008 年到 2010 年初，中国石油经理包括作者在内仍在积极争取瓦兰杰伊的石油利益。现在我们能说的就是："幸亏没成"。

2010 年 5 月 14—16 日，作者应邀参加"巴林全球论坛"，期间面见了时任"利比亚经济发展委员会"主任贾布里勒（Mahmoud Gebril）博士。当时作者至少两次当面提到卡扎菲，竟然遭受到对方异样的目光。现在看来，此人早已"身在曹营，心在汉"了。2011 年 4 月后他成为利比亚全国过渡委员会（NTC）的一位领导者。现在作者懂得了深入研判利比亚真实国情的必要了。

（二）动因

略微了解非洲石油分布的人们会说，西方干预和介入利比亚内战的目的在于石油，是继伊拉克之后的又一场石油战。这是符合常理的。自 2007 年以后，诸多进入利比亚的国际石油公司因没有在利比亚取得大的油气发现和较大石油收益而伤感离去。但是，这可能不是如今西方倒卡扎菲的主要原因。如果仔细分析 2005 年以来利比亚与西方的政治、外交和文化关系，尤其是 2009 年 9 月 25 日卡扎菲在联合国大会近 100 分钟的演讲和撕毁联合国宪章，完全激怒了国际社会。此后，西方国家政府和石油公司积累了太多的反卡扎菲的实例，更加坚定地认为没有良好的政治治理结构，就没有油气投资合作的基础。而在利比亚内部，尤其是东部地区的部族和部分接受西方教育的精英近几年来也出现了反感卡扎菲和严重的反叛思想，贾布里勒博士、司法部部长、中央银行行长、国家石油公司总裁等许多政府官员的倒戈都说明了这一点。2011 年 3 月初北非的动乱被这些精英与东部部族认为是反卡扎菲的难得机会。此后的内战和北约的空袭是对卡

136

扎菲政权的极大打击。不管这一内战结果如何说到底，内因是根，已经从根本上否定了卡扎菲40多年的权贵统治。

（三）直接影响和长远冲击

与突尼斯、甚至埃及不同，利比亚是北非的产油大国和出口大国。利比亚的内战和政权变化必将改变目前利比亚的对外油气合作关系和政策，从而改写北非地区的油气贸易、投资和合作形势。2011年2月初，埃及社会和政局动荡推高国际油价至95美元以上。然而，这场动荡始终未直接威胁苏伊士运河的石油运输，特别是地中海—红海石油管道运输。当时国际油价上升主要受心理因素等非基本面的推动。而先前的突尼斯动乱由于该国石油产量规模较小，对国际石油市场基本无影响。而当3月初北非的动乱发展到利比亚的时候，特别是利比亚反对派占领东部班加西，从而进入内战的时候，这个局势不仅使利比亚的石油生产和出口大幅减少，也冲击了2011年比较脆弱的国际石油供需关系。

4月份，由于埃尼、雷普索尔、道达尔和德国Wintershall等公司停产，利比亚国内石油产量迅速减少50%—60%，由当时的160万桶/日降为70万—75万桶/日，出口码头基本关闭，直接减少相同数量的产量出口，冲击了国际油价的供应面，致使2月24日布伦特原油期货价格跳到近120美元，美国WTI价格达到102美元。25日由于沙特明确发出了动用剩余产能、增加供应的信号，布伦特和WTI油价分别下降5美元左右。一时间甚至出现了所谓石油危机即将到来的声音。实际上，当时的国际面临如下几种情景：[①]

一是1个月内无他国产量有效弥补的情景，即利比亚内战全面爆发，加上国际制裁，石油产量急剧下降至40万桶/日，沙特阿拉伯的增产措施作用有限，布伦特期货油价可能冲破120美元，继而冲向130美元。

二是1个月内欧佩克介入情景，即沙特阿拉伯等国家增加产量，弥补

137

---

① 徐小杰：《出现新石油危机的可能性分析》，BWChinese中文网，2011年3月3日。

利比亚的缺口,同时,经合组织国家启动战略储备,但是维持在 50 天左右;中东北非局势基本得到控制,布伦特油价可下降并维持在 80—90 美元。

三是中东北非局势蔓延的情景,即阿尔及利亚、也门、叙利亚等国持续动乱,难以收场,石油产量和出口普遍受影响,即使沙特阿拉伯弥补了利比亚的产量缺口(2 月份沙特阿拉伯已经增加了 2000 万吨产出),欧佩克未出现整体配合,经合组织国家启动战略储备缓慢,布伦特油价可能继续维持在 100 美元,甚至更高。

当时,作者指出,今后的情景可能是以上情景的混合或交叉,第三种更接近现实。但是,由于沙特阿拉伯等海湾合作理事会成员国的剩余产能在 300 万—500 万桶/日,经合组织国家具有 57 天的石油储备,沙特阿拉伯的局势基本稳定,因此认为出现大幅减产和油价高升不下的石油危机的可能性较小。这种可能的石油危机也是美国和欧洲国家极力防止的,中国和印度也不愿意看到这一情景。

当时,作者对利比亚的结局做了三种情景的构想:一是卡扎菲政权被推翻,利比亚的政治格局被班加西彻底改写,并在政府军残余被消灭后,走向稳定;二是形成以卡扎菲为首的的黎波里政权和目前利比亚全国过渡委员会为首的班加西政权,内战持续进行,利比亚沦为第二个"索马里";三是在战局僵持不下时临时停火,东西部分治,甚至分裂为两个国家。不管哪种结局,都是利比亚的悲剧,使那里的石油工业发展再次被打断、被打乱,合作政策和竞争规则也会被调整,使外国石油公司面临新的油气竞赛局面。这一情景在一定程度上可能也是一些西方政府和一些外国石油公司所预备的结局。

四　南苏丹独立后的思考

2011 年诸多非洲国家进入选举年。对于非洲大陆面积最大的国家苏丹来说不仅是总统选举，还迎来了一场针对南部是否独立的公投。经过1月公投和充分统计，到5月苏丹南部公投委员会公布的初步结果显示，98%以上的投票者支持南部地区从苏丹分离。苏丹政府表示承认公投结果。在这一背景下，苏丹南部独立成定局，7月9日宣布独立。从此，苏丹的行政版图改变了。此后，原为一体的南北苏丹双方将如何处理边界问题、民族问题和石油收益分配问题，成为十分敏感的问题。

（一）南部独立是大势所趋

苏丹南部地区的公投于1月15日结束。据公投委员会和国际观察员的观察，为期一周的公投总体上是在和平、透明和民主的气氛下进行的。根据2005年签订的《全面和平协议》，只要登记选民投票率超过60%，公投即有效，而实际投票率已经超过80%。

由于历史、文化、宗教和政治等原因，苏丹北部和南部之间积怨甚深。自独立后苏丹国内出现过两次内战，前后持续20余年。2005年内战结束后，苏丹南部实行自治，但是南北矛盾依然巨大。这次公投是南部苏丹人民以和平方式走向独立的坚定选择，是大势所趋。因此，公投期间没有引发大规模的动荡和冲突。由于最受争议的阿布耶伊地区未被纳入此次公投范围，在很大程度上限制了冲突的程度，尽管阿布耶伊地区归属、石油收入分配和民族问题依然存在。

（二）石油利益

在上述所有的遗留问题中，尽管边界问题，特别是阿布耶伊地区归属十分敏感，但是石油收入分配直接关系到南北双方的切实利益，所以才是关键问题。根据目前的勘探开发情况，苏丹大部分的油气储量分布在南方。根据目前南北之间实际存在的边界线，目前发现和在产的1/2/4区块、3/7区块和6区块都处于南北边界线上下。因此，苏丹南部一旦独立，就必然从行政管辖上割断统一的油田勘探开发规划。石油利益再分配必须通过重新谈判，确定边界、划分石油资源来确定。对于南部来说，5区块虽然完全处于南方，但目前尚处于勘探阶段，资源量并未完全探明。南部石

139

油资源丰富，但相关基础设施薄弱，没有出海口，石油输出受到制约，除非利用目前从 1/2/4 区块到苏丹港的管道出口。预计南苏丹独立后，将考虑修建一条通往肯尼亚的石油管道，借肯尼亚的港口向国际市场输送石油。这一通道将有力地保证南苏丹的经济独立，也将改善南苏丹的石油工业投资环境，吸引法国道达尔公司等国际石油公司再次大规模进入。但是，这一出口管道在一两年内难以建成。

南苏丹独立后短期内需要与苏丹政府就石油区块划分、石油设施利用，特别是现有出口管道运输问题签署系列石油协议，双边将在石油权益、运输成本和过境费等问题上有一系列艰难的谈判。根据 2005 年签订的《全面和平协议》，苏丹南北双方平等分享石油收益。但这仅为一个原则，双方在边界上下的区块分割等具体问题上分歧严重。独立前，已开发的石油收益归苏丹中央政府所有，尔后按照和平协议精神再分配部分收益给南方自治政府。南方政府一直认为北方政府隐瞒部分石油储量和收益，因此分配是不公平的。合理分配的基础是透明的储量、产量和收益数据，做不到这点，难言平等和合理的分配。除了这些石油数据外，南方政府认为，北方政府的石油运输成本和过境费用也需接受审计监督。这不仅直接涉及石油利益，而且关系到石油治理和问责等系列重大问题，因此越来越受到双方政府、国际石油公司和外部势力（例如采掘业透明度倡议）的关注和影响。

最受争议的阿布耶伊地区，其归属问题难以在短期内解决，双方都不希望目前正在进行的石油开发受到影响，但是都未拿出可供谈判的方案。如果双方争执不下，有可能长期处于摩擦状态。国际社会可以协助双方避免冲突，① 但是，作者认为，可借鉴的模式或许是中立区或共同开发区的

---

① 2011 年 5 月，阿布耶伊地区爆发冲突，国际社会均表示忧虑。中国政府非洲事务特别代表刘贵今大使专程访问苏丹，深入做苏丹北南双方工作，劝和促谈。中方还在联合国安理会等多边场合做疏通工作，促进和谈、缓和阿区局势。2011 年 6 月 20 日，苏丹政府与苏丹人民解放运动在亚的斯亚贝巴签署《阿布耶伊地区行政与安全临时安排》。

方式。所谓中立区的方式就是永久搁置争议，共同开发。由两国授权的公司签署联合开发协议组织开发，平分石油收益，也可以经两国政府同意，组织对外合作开发。沙特阿拉伯和科威特之间的中立区是一个例子。而共同开发区的方式是对两国有争议的地区暂时搁置争议，或与争议问题相分离，认可共同的合作模式和制度，组织开发和对外合作。苏丹南部一时无法摆脱对北方石油管道的依赖，因此共同开发可能不失为一种权宜性的解决方案。最终的抉择取决于南北双方的智慧和勇气，不排除外部势力的积极干预。毕竟这是一场地区油气竞赛的一个关键棋子。

（三）"多米诺骨牌"效应

苏丹南部独立，从行政地理的角度看，在非洲大陆增加了一个新的国家。南苏丹的影响不仅限于此，可能会形成一种"多米诺骨牌"效应，因为类似于苏丹南北部分立、分治和分离的事实在诸多非洲国家（索马里、卢旺达、尼日利亚和利比亚等）均不同程度地存在。首先最有可能受此影响的自治区是索马里兰。索马里兰原为英属殖民地，1960年与意属索马里合并，成立索马里共和国。1991年，西亚德政权被推翻后，代表西北部族利益的索马里兰寻求独立，宣布成立"索马里兰共和国"，成为一个实际独立但未被承认的"国家"。2010年6月通过民选方式产生了本地区的总统。因此南苏丹独立后，索马里兰可能效仿之。

其次可能受影响的国家是卢旺达。该国图西族和胡图族之间的民族仇恨异常深刻。两个民族相互屠杀已致数百万人死亡。因连年战乱和种族屠杀，导致卢旺达男性大量死亡，人口锐减。目前大多数国会议员只能由女性担任。苏丹南部通过公投走向独立，已经给卢旺达传递了一个成功的信息。

尼日利亚也有可能受到此次公投的影响。该国不仅存在类似于苏丹的"南北问题"，而且东西部之间存在对立。南北方在权力划分、石油收入分配和民族与社会发展上的矛盾十分尖锐，尤其是南方对于北方势力利用权力将南部的石油财富再分配于北方，导致南方基础设施极为落后十分不满。但是，从以上对尼日利亚的分析结果看，乔纳森的当选，比较成功地避免了这个令人担忧的分裂。这种"多米诺骨牌"效应未成一种现实，但是依然是一种担忧。

50多年来，非洲地区多数国家因贫困、腐败和权贵统治而动乱，殖民时代遗留的社会矛盾以及50年来积累的矛盾和冲突普遍存在，显示了非洲地区和若干国家的不稳定性和投资合作的风险。在这些背景下，破解"资源诅咒"绝非易事。看似能成功的选举、顺利推进的公投，或看似积极的解决方案得到支持和呼应，但并不意味着彻底根除非洲内部存在的分裂、对抗和冲突。作者在浏览了非洲独立50年的历史之后，在与壳牌公司经理探讨壳牌在尼日利亚前后70多年的经历之时，感到非洲的困境和围绕油气资源的争夺可能是一种"非洲陷阱"，即在非洲地区，看似成功的选举、顺利推进的公投或积极解决的方案并不意味着彻底根除非洲国家内部存在的痼疾、分裂、对抗和冲突。非洲的稳定和可持续发展需要一个历史过程。在此背景下和环境里，国际石油公司进入非洲成功与失败参半。但是据作者观察，多数公司面临着既难以全面进入，又难以净身而退的两难困境。

第八章

中东产油国再评估

中东地区产油国可分为两类：一类是海湾合作理事会（GCC，简称海合会）成员国，近年来沙特阿拉伯和海合会盟友在中东地区的地位和欧佩克中的地位有所下降；一类是伊朗和伊拉克，两伊油气工业的发展以及对全球油气竞赛的影响有所提升。

一 海合会的忧虑

自 2008 年以来，海合会六国（沙特阿拉伯、阿拉伯联合酋长国、卡塔尔、科威特、巴林和阿曼）经济都不同程度地受到了金融危机的冲击。银行和资本市场受到了冲击，尤其是国际油价的下跌，使这些海合会国家石油收入明显减少。但是，由于这些国家油气资源和资金优势以及海合会的协作作用，总体上看，金融危机没有对这些国家石油工业和整个国民经济造成严重打击。但是，着实使海合会成员国的王室忧虑一场。

首先，在金融领域，由于巴林和迪拜的银行业比较年轻，面临金融危机时金融市场的损失较大。同时，由于大量的股权资金外流使得多哈证券市场损失 22%，一度导致该国信用期权紧张。股市的投资信心受挫，造成股指狂跌，市值严重缩水。至 2008 年 12 月 31 日，海湾国家 7 个股市总市值仅为 6000 亿美元，较之 2007 年同期的 11160 亿美元市值，损失了 5160 亿美元。

据沙特的桑巴金融集团分析，2007 年年末海湾国家的国外资产总额（含官方外汇储备）为 1.28 万亿美元，其中对美国的投资额为 3000 多亿美元。金融危机使海湾国家的国外资产额损失了 3550 亿美元，沙特、阿布扎比、科威特和卡塔尔的主权财富基金资产缩水了 40%。

其次，影响较大的领域是房地产业和建筑业。主要是由于迪拜大兴土木，房地产迅速发展，导致企业的借款上升和国家的外部债务总体水平上升。

最后，金融危机后，石油价格下降直接削减了海湾产油国的石油收入。2009 年海湾国家的石油收入从 2008 年的 5180 亿美元减少至 3100 亿美左右。重大炼油项目被推迟。

2008 年 11 月到 2011 年 5 月，是海合会各成员国较为焦虑的两年半时间。初期，他们的总体对策是：（1）中央银行采取更加谨慎的银行管理制度，为确保货币的优化回流，采取了积极的措施；（2）在六国之间加强贸易合作；（3）利用高油价下积累的石油收入支持六国政府渡过当前的难关；（4）持续支持基础设施工程建设。具体地说，沙特将银行的储备准备金比例从原来的 13% 下降到 10%，并确保在当地银行的存款，以解决银行的资金短缺。卡塔尔收购当地上市银行股份，为金融机构注入了 53 亿美元资金。科威特政府表示了积极介入的态度。2008 年 10 月 12 日阿联酋中央银行也提供了 327 亿美元，确保阿银行业的资金流动性。同月沙特向低收入国民提供 27 亿美元无息贷款。

2008 年 12 月 29 日，海合会会议期间成员国进一步强调了单一货币和统一的中央银行监管的关键作用。海合会国家还与欧佩克的削减产量计划相互配合，减少供应，支持油价回升。

但是，值得关注的问题是：2008 年以来，海合会国家对国际石油市场的影响力在下降。沙特阿拉伯带头的减产计划难以在其他欧佩克国家得到响应。直到 2009 年中期当减产计划履约率到 80％ 以上时才发挥了较明显的作用。另一个问题是：当油价回升到 100 美元以上并持续 5 个月以上时，国际市场发出了需要增加石油供应的呼声。但是，2011 年 6 月 8 日欧佩克第 159 次会议未能批准沙特阿拉伯等海合会国家提出的增产抑制油价的建议。这次会议的分歧明显，主要是伊朗领头的其他六个欧佩克成员国反对沙特阿拉伯和它的海湾盟友提出的增产 150 万桶/日的提议。出现这种情况的主要原因是：（1）伊朗和它的支持者没有太多的剩余产能，而沙特阿拉伯等海合会大产油国则具有世界所需的剩余产能。（2）沙特阿拉伯等国认为油价已经比 2008 年底高出三倍，需要提高产量满足需求的增长。欧佩克秘书处预测 2011 年下半年为 3066 万桶/日，即增加 160 万桶/日。但是，伊朗等国并不认同，认为这一增产举措不符合伊朗等成员国的利益。这次会议的分歧充分反映了欧佩克内部不断扩大的石油利益差异和内部对抗。海合会成员国的王室对此极为不满，依然坚持将适时提高所需要的产量，而伊朗则发誓重组欧佩克组织体制。

　　海合会地位的下降与"带头大哥"沙特阿拉伯有关，而沙特阿拉伯地位的下降又与其石油生产能力的下降相关。沙特阿拉伯到底具有多少石油资源和剩余生产能力一直是个谜。2003 年 2 月马修·西蒙斯通过访问沙特阿拉伯和随后近 3 年的潜心钻研，特别是对美国石油工程师学会（SPE）图书馆中由沙特阿拉伯石油工程师撰写的近 300 篇论文的逐篇研读，逐步形成了对沙特阿拉伯石油生产能力的极大怀疑。特别是沙特有关"即使没有大发现，沙特仍然可以在未来 50 年内维持 1000 万—1500 万桶/日的原油生产能力"的自信。[①] 至今人们仍然不断怀疑沙特阿拉伯所谓 2630 亿桶剩余石油探明储量和 300 万—500 万桶/日的剩余产能水平。实际上，80 年代中期以后沙特阿拉伯一直没有较大规模的石油发现，壮观的鲁卜哈利大沙漠和周边海域的油气勘探前景并不十分乐观。就外界对沙特阿拉伯石油

145

---

① 马修·西蒙斯著：《沙漠黄昏——即将来临的沙特石油危机和世界经济》，徐小杰主译，华东师范大学出版社 2007 年版，第 23 页。

生产能力的质疑，沙特王室和石油部或愤怒或"不屑一顾"。但是，除了拍胸脯说"相信我"外，不提供任何数据。[①] 近20年来沙特阿拉伯一直与外部世界"玩神秘"。由于沙特阿拉伯和科威特在20世纪60—70年代石油国有化后不允许外国石油公司参与他们国内的油气勘探开发活动，使得西方的国际石油公司再也无法直接掌握沙特阿拉伯和科威特地下油气资源的真实数据。[②] 读者如果认真细读西蒙斯《沙漠黄昏》这部著作，可能会对沙特阿拉伯的神秘之处有所了解。但是，仍然"雾里看花"，难以真正揭开沙特王国的神秘面纱。真正认识沙特阿拉伯石油生产能力可能需要一个较长的过程。这令石油储量和供应如此紧缺的国际石油公司十分着急。

二　倔强的伊朗人

在对海湾国家石油生产能力的再评估中，除了海合会国家外，还有必要考察伊朗和伊拉克，甚至伊拉克内部的库尔德地区。

（一）伊朗油气资源地位

伊朗石油储量十分丰富，是世界主要石油生产大国和出口大国之一。伊朗的石油大发现始于1908年，是在中东地区最早发现和开发石油的国度。根据英国石油公司统计，2009年该国的石油剩余可采储量为189亿吨，但是，由于长期战乱及国际制裁，2010年的原油年产量仅2亿吨，储采比为90年。而国内消费仅为产量的一半，年出口原油能力为1亿吨，在

---

① 作者在阿布扎比和巴林分别询问过沙特阿美石油公司的高管。他们对这个问题的回复是：石油是国家的财富，只有所有者才能知晓。世界上哪个储户会对外公布自己在银行的存款呢。他们很不喜欢西蒙斯的著作，认为本书的数据不可靠。

② 沙特阿美石油公司的前身是1948年成立的阿美石油公司，其股东是美国的埃克森、美孚、雪佛龙和德士古四大石油公司。但是，从20世纪70年代初开始，沙特政府出资从四家西方石油公司手中逐步购回了全部股份，阿美石油公司于1980年成为沙特国有独资石油公司。根据法赫德国王的指令，于1988年以阿美石油公司为基础新组建了沙特阿美石油公司。客观地说，这家石油公司的基础是美国人打下的，至今与美国石油界保持紧密的业务联系。但是，70年代以后美国人再也控制不了这家公司，更不用说数据了。

欧佩克国家次于沙特阿拉伯。据国际能源署预测，到 2020 年和 2030 年伊朗的原油年产量可分别达到 2.4 亿吨和 2.6 亿吨，而根据伊朗政府的规划，到 2015 年石油产量便可达 2.5 亿吨。

伊朗的常规天然气可采储量为 29.6 万亿立方米，世界排名仅次于俄罗斯，而 2009 年天然气产量为 1312 亿立方米，世界排名第四位，储采比超过 100 年，具有较大的发展前景。同样，国际能源署预测，到 2020 年和 2030 年伊朗天然气年产量可分别达到 1560 亿立方米和 2100 亿立方米，次于俄罗斯和美国。

值得指出的是，除剩余探明石油储量外，伊朗还有待发现石油资源量 81.3 亿吨，天然气资源量 8.9 万亿立方米，主要聚集在扎格罗斯盆地和波斯湾伊朗海域，未来主要勘探方向可能集中在伊朗靠近伊拉克边境地区。[①] 这一丰富的油气资源和生产规模为伊朗人民带来了巨大的财富，同时也带来了前所未有的石油权力之争和大国的介入。翻阅伊朗的石油开发历史，这个伊斯兰国家与周边的阿拉伯国家有着类似的经历和不同的感受。如果回顾 20 世纪 50—70 年代的历史，在诸如国有化等问题上，伊朗人记恨阿拉伯人的不合作态度。

伊朗人喜欢走自己的道路，因为她有自己辉煌的独立文化、影响广泛的民族、丰富的石油资源，还有不可忽视的重要地理位置和对中东事务的影响力。伊朗是连接欧亚两大洲的陆桥，是连接波斯湾地区油气出口和里海与波斯湾，更是连接欧洲、中亚、俄罗斯、印度和中国四大经济体的中亚枢纽。该国北通里海中亚，南扼霍尔木兹海峡。后者是全球最为重要的石油出口咽喉。2008 年以来日运量高达 8.4 亿吨，约占海运石油贸易总量的 40%，全球石油贸易总量 27%。

（二）西方制裁、国际投资和油气产量的关系

伊朗与西方国家的合作和斗争历史较长，分分合合，十分复杂。

147

---

① 根据伊拉克石油专家 Tariq Shafiq 先生的评估。

1979 年前，西方扶植伊朗巴列维王朝。1979—1992 年出现美国人质危机，美伊断交，还发生了伊朗与伊拉克战争。美国在两伊战争中支持伊拉克，1987—1988 年美伊发生海上军事冲突。1993—2000 年克林顿政府推出针对伊朗的遏制政策。1996 年出台《伊朗制裁法》，但又实施接触政策。1997 年改革派哈塔米当选总统后，美伊恢复对话。但是，进入 2001—2008 年小布什总统时期后，美国推动多边制裁，一方面推动联合国安理会通过三份针对伊朗的制裁决议；一方面实施军事威慑，加大在海湾和伊朗邻国的军事力量；一方面释放缓和美伊关系信号，一方面又继续延长对伊朗的单边制裁，推动新一轮对伊朗多边制裁，其中核制裁成为主要内容。

国际石油公司在伊朗的油气合作可追溯到 20 世纪初。1979 年前主要实行产量分成合同，但是 1979 年后在伊朗引入回购合同后，逐步形成如今的合作模式。2010 年前，许多项目中的外国投资逐步增加。但是 2010 年联合国和美国对伊朗实施制裁，致使外国石油公司在伊朗投资呈下降趋势。截至 2010 年 3 月，共有来自 23 个国家的 36 家石油公司参与伊朗 35 个合作项目（见表 8.1）。后来因为制裁而不得不撤离了一批外国石油公司。据费氏全球能源咨询公司（FGE）预测，伊朗 2015 年的原油产能将从 2010 年的 420 万桶/日下降到 350 万桶/日，2020 年将进一步下降到 330 万桶/日。如果国际制裁影响到中国和其他亚洲国家与伊朗签订的石油合同，那么到 2015 年伊朗的原油产能可能降至 300 万桶/日。[①]

148

尽管伊朗拥有丰富的天然气资源，具有巨大的液化天然气供应潜力，但是计划中的三大液化天然气项目（波斯液化天然气、帕斯液化天然气和伊朗液化天然气项目）均难以如期实现。

2004 年，道达尔公司和壳牌公司分别与伊朗签订帕斯液化天然气和波斯液化天然气项目框架协议，年产能分别为 1000 万吨和 1610 万吨。但是，

---

① 方小美："国际制裁将直接冲击伊朗油气生产"，《国际石油经济》2010 年第 10 期。

表 8.1　　　　　　　　国际石油公司在伊朗的项目状况

项目名称/业务	项目类型	国家/公司	持有权益（%）	备注
南帕斯 13.14 期（波斯液化天然气项目）	天然气	荷兰壳牌	25	2004 年签订框架协议，项目总价值为 100 亿美元；2010 年 6 月合同被伊方取消
		西班牙雷普索尔	25	
南帕斯 11 期（帕斯液化天然气项目）	天然气	法国道达尔	30	项目总价值为 40 亿美元；2009 年 6 月合同被伊方取消
南帕斯 6—8 期	天然气	挪威国家石油公司	37	2001 年获得 37% 权益，2008 年起暂停注资
南帕斯 6—8 期天然气脱硫装置	工程建设	韩国 GS 公司		2009 年 10 月签订协议，合同总价值 12.4 亿美元；2010 年 6 月退出
Anaran 区块（包括 Azar、西 Changuleh、Dehloran 和 Musian）	石油勘探开发	挪威国家石油公司	75	项目总价值超过 10 亿美元；2007 年起因受美国制裁威胁暂停活动
		俄罗斯鲁克石油公司	25	
达克霍因（Dark-hovin）油田 1、2 期	油田开发	意大利埃尼集团	60	2001 年签订期限为 5.5 年的回购合同，项目总价值为 10 亿美元，埃尼持股 60%；1 期和 2 期开发结束；2010 年 4 月，作业权移交给 NIOC，停止关于 3 期的谈判
北阿扎德干油田	油田开发	中国石油集团		2009 年 1 月签订服务合同，中国石油提供 90% 资金，投资额超过 20 亿美元
Masjid – I – Sulaiman	勘探开发	中国石油集团	75	2007 年协议获得批准并开始钻井作业
亚达瓦兰油田	油田开发	中国石化集团		2007 年签订合同，合同价值为 20 亿美元
拉万岛 Resalat 油田	油田再开发	马来西亚 Amona 公司		项目总价值为 15.3 亿美元，计划 2011 年 9 月完成
Jofeir 油田增产项目	油田生产	白俄罗斯 Belorusneft		2007 年签订为期 2 年、价值 4.5 亿美元的合同，2009 年 6 月进行谈判，无后续报道
阿扎德干油田	油田开发	日本国际石油开发株式会社（Inpex）	10	迫于美国压力，2006 年持股比例从 75% 下降到 10%
		俄罗斯天然气工业股份公司		2008 年 7 月签订合作框架协议
		英国 Hinduja 公司，印度 ONGC	45	2009 年 12 月签订协议，项目总价值为 25 亿—30 亿美元，两家公司合资参股 45%

149

项目名称/业务	项目类型	国家/公司	持有权益（%）	备注
Azar 油田（Ana-ran 区块）	勘探开发	俄罗斯天然气工业股份公司		2009 年 11 月签订谅解备忘录，无后续报道
Saveh 区块	气田勘探开发	泰国 PTT 勘探和生产公司	100	2005 年签订为期 25 年的合同
海上 Golshan 和 Ferdos 气田开发及液化天然气厂建设	气田开发	马来西亚 SKS 公司		2008 年签订回购合同，合同价值 50 亿—60 亿美元
	液化天然气厂建设	马来西亚 Petrofield 公司（SKS 子公司）		2008 年达成协议，提供全部资金，并在投入运营后 7 年内通过销售液化天然气和其他相关产品收回投资
Farzad - B 气田（法尔斯区块）	气田开发	印度石油公司（IOC）	40	已递交 2009 年开发计划，项目总投资为 50 亿美元
		石油印度公司（OIL）	20	
		印度 ONGC Videsh Ltd（OVL）	40	
拉万（Lavan）气田开发	气田开发	波兰 PGNiG		2008 年 2 月签订备忘录，合同价值为 20 亿美元；无最新进展报告
波斯湾 Dayyer 区块勘探	勘探	意大利 Edison		2008 年签订为期 4 年的勘探合同，合同价值为 0.44 亿美元
阿尔达比勒省 Maghan 2 油气区块勘探	勘探	克罗地亚 INA		2008 年 4 月签订合同，合同价值为 1.4 亿美元
Kuhdasht 区块（即三区）	勘探	中国石油集团	75	
南帕斯 9、10 期	天然气	韩国 GS 公司		项目总价值为 40 亿美元，以 GS 为首的财团签订价值为 16 亿美元的开发合同，原定 2009 年 3 月完成
南帕斯 11 期	天然气	中国石油集团	12.5	2009 年 6 月签订合同，项目总价值为 130 亿美元
北帕斯天然气开发—液化天然气厂建设	天然气一体化	中国海油	—	2009 年签订合同，计划 2015 年完成，项目总价值为 160 亿美元

续表

项目名称/业务	项目类型	国家/公司	持有权益（%）	备　注
南帕斯 12 期及配套液化天然气厂建设（"伊朗液化天然气项目"）	天然气开发和"伊朗液化天然气"项目	奥地利 OMV 公司		2007 年签订初步协议，项目总价值300 亿美元，无最新进展报告
	天然气开发	委内瑞拉国家石油公司（PDVSA）	10	2009 年达成初步协议，投资 7.6 亿美元，PDVSA 持有 10％的股份
	天然气开发和液化天然气厂建设	英国 Hinduja 公司		2009 年 12 月签订协议，开发合同总价值 75 亿美元，英国 Hinduja 公司和印度 ONGC 合资参股 40％；液化天然气项目总价值 50 亿美元，三家公司合资参股 20％
		印度石油天然气公司（ONGC）		
	液化天然气厂建设	印度 Petronet 液化天然气公司		
	储罐建设	韩国大林公司		该 EPC 合同价值 1.62 亿美元，原计划 2011 年 1 月建成
南帕斯 22—24 期	天然气	土耳其国家石油公司（TPAO）		2010 年 2 月签订初步协议
Bid Boland Ⅱ 天然气处理厂	工程建设	英国 Costain Oil, Gas & Process Ltd		项目总价值 17 亿美元，原定 2009 年完成
伊朗—印度海底管道	可行性研究	意大利斯南工程公司		2005 年开展可行性研究，无后续报道
伊朗—亚美尼亚天然气管道	工程建设	俄罗斯天然气工业股份公司	45	项目价值为 1.2 亿美元，2009 年 5 月开工
阿拉克炼油厂升级改造	工程建设	中国石化集团		2008 年签订合同，合同价值 28 亿美元；预计 2011 年完成

151

续表

项目名称/业务	项目类型	国家/公司	持有权益（%）	备 注
阿巴丹岛炼油厂扩建	工程建设	原跨国 ABB 鲁玛斯集团。2007年瑞士 ABB 将该集团整体（包括在伊朗的项目）出售给美国芝加哥桥梁钢铁公司（CB&I）		项目总投资 4.5 亿美元，原计划 2009—2010 年完成，现已停止
阿巴斯港炼油厂扩建	工程建设			合同总值 5.12 亿美元，ABB 提供部分资金，原计划 2010 年完成，现已停止
霍梅尼港石化厂乙烯技术转让	技术转让			合同总值 3.2 亿美元，ABB 提供部分资金，现已停止
克尔曼沙阿石化厂	工程建设	德国 Uhde 公司		新建一个年产 30 万吨 HDPE 的石化厂，计划 2009—2010 年完成
	技术服务	荷兰利安德巴塞尔公司（LyondelBasell）		
萨南达季（Sanandaj）LDPE 石化厂	技术服务	荷兰 LyondelBasell		原定 2008 年启动，无最新进展报道
	CPC 合同	意大利 Tecnimont 公司		

注：某些项目无最新进展报道，已经完成的项目不在本名单中。

资料来源：公司名单来自 2010 年 3 月由"美国政府问责办公室"向美国"国土安全和政府事务委员会"和参议院"司法委员会"提交的调查报告——《源自公开报道的、外国公司在伊朗石油、天然气和石化领域的商业活动》，并根据 Global Insight 相关报道内容进行补充修正。方小美编辑提供。

迫于政治压力，道达尔公司和壳牌公司一直在"等待和观望"，一再推迟提交"最终投资计划（FIDs）"。2010 年 6 月，伊朗国家石油公司（NIOC）取消与这两家公司签订的南帕斯 11、13 和 14 期开发合同；8 月，NIOC 宣布放弃帕斯液化天然气和波斯液化天然气项目。

到 2010 年仅有伊朗液化天然气项目仍在进行中。该项目设计总产能 1080 万吨/年。据称已投资了 13 亿美元，由当地公司和韩国公司联合组建的财团建设液化天然气储罐；伊朗当地承包商 Mapna 承接配套工程的设计和建设。但是，液化天然气厂的核心工程液化设备的建设则未见进展。尽管伊朗液化天然气公司已经与德国林德公司签订协议，获得使用该公司多级冷冻液化技术的许可，但是，该许可协议和前端工程设计（FEED）都以欧洲技术为基础，属于欧盟制裁的范围。因此，伊朗从欧洲公司购买到关键性的液化设备的希望非常渺茫。

此外，过去几年伊朗与多家外国公司（主要是亚洲公司）签订了一系列气田开发及天然气出口初步协议，计划建设液化天然气产能 3500 万—3800 万吨/年。但是，迄今为止，还没有一个项目签订最终协议，而且很难预计签订的时间。如果伊朗的国际政治环境没有改善，即使资金有保障，技术障碍也可能使液化天然气项目被长期推迟。

就以上的情形分析，伊朗石油工业的发展与外部制裁和国际投资紧密关联，这是两股冲突的力量。国际投资与合作的顺利推进必将推动伊朗石油工业的现代化，但是，长期的西方制裁使得伊朗的石油工业寸步难行。工业技术落后、设备陈旧，事故不断，正是伊朗近 30 年来的石油状况。

外部威胁主要是美国的政治孤立、经济制裁和军事威胁，还有本地区周边阿拉伯国家的安全猜忌。同时，伊朗的内部问题也越来越严重。近 10 年来，内部威胁主要是政治派别斗争错综复杂，宗教矛盾难以化解，经济社会问题日益凸显。随着全球化趋势的进展和信息的开放以及伊朗 80 后和 90 后年轻一代的崛起，伊朗政教合一的政治体制受到越来越大的冲击。伊朗核问题成为内外压力的焦点，难有突破。但是，伊朗依然是中东地区的大国，具有辉煌的历史和宗教影响力。波斯帝国辉煌的历史塑造了民族自豪感和倔强心理。十多年来，伊朗依托宗教影响力，积极打造什叶派新月地带，在本地区积极扩大影响。2011 年以后北非中东动荡，伊朗借机增强影响力，成为什叶派的主要支持力量。总之，伊朗顶住了西方制裁和联合国制裁的压力，国内政治体制经受着考验，至今相对稳定。

（三）多元的能源突围战

153

为了发展本国的油气工业，拓展外交空间，伊朗一直在开展艰苦的能源突围战。

第一，在短期内伊朗与美国的关系不会改变。美国继续维持其对伊政策，使得伊朗难以从美国方面获得任何发展和突围的可能。但是，伊朗与美国非官方多渠道的联系和交流较多，为伊朗提供了大量的无形的突破美国压力的资源和通道。2013 年伊朗总统大选是否出现变化有待观察。

第二，欧盟对伊朗的政策将继续坚持对话与制裁并行的原则，因此具有一定的发展空间。而且欧洲的石油巨头在伊朗仍有较大的投资规模。这是伊朗刻意利用和运作的结果。伊朗也喜欢使用欧洲的工业标准。

第三，伊朗看到俄罗斯在伊朗问题上两面下注：一方面借助伊核问题，与伊朗发展能源合作，比如，2010 年 11 月，俄罗斯帮助伊朗修建的首座核电站布什尔核电站投入运营，将伊朗作为其在中东地区的战略伙伴，施展俄罗斯的影响力，制衡美国力量；另一方面俄罗斯又参与西方阵营，同意安理会制裁伊朗，换取美国暂停在东欧部署反导系统、乌克兰大选亲俄派获胜等战略利益。伊朗也可能与俄罗斯的石油公司进一步推进合作。

第四，在中东和中亚的能源连接上，伊朗是一个极为重要的过渡。土库曼斯坦已经开通两条通往伊朗的天然气管道。在欧盟构想的纳布科管线中，依然把伊朗作为天然气资源最为现实而地缘政治风险最大的国家。

近 10 年来，伊朗注意与新兴国家发展关系，开拓其外交空间，推进能源突围战。比如与巴西签订核燃料交换协定；与委内瑞拉扩大经贸和能源合作，共同反对石油美元，呼吁建立世界新秩序。伊朗还积极发展与中国的能源外交关系。在 2000—2007 年期间中国成为伊朗最大的投资国，共计向伊朗投资了 2017 亿美元，主要在石油天然气、水利水电、交通设施、金融领域。至今中国在伊朗油气领域有 5 个勘探开发项目。但是限于伊朗僵死的油气管理体制和回购合同，整体项目的运作十分谨慎。

154

在全球油气竞赛中，伊朗恐怕是诸多国家和国际石油公司最难以应对的国家，但是，伊朗的局势是公开的，倔强的伊朗人并不神秘。根据以上的分析，今后可能的变化取决于两个因素：一是伊朗国内形势的变化，比如 2013 年总统选举如果出现政策的重大调整，就有可能打破目前的国际制裁格局；二是美伊在核问题上的姿态。任何变化都有可能打破美国与伊朗的外交关系。只要这两个因素中任何一个因素出现变化，就会为伊朗在全球油气竞赛中的地位和作用带来戏剧性的变化。

三　伊拉克!

(一) 中东石油的"黑天鹅"[①]

按照英国石油公司的能源统计数据,2010 年伊拉克的剩余石油探明储量为 155 亿吨,看似少于伊朗的石油储量 189 亿吨。可是,伊拉克的这个石油储量数据至少已经保持不变十年有余。因此,自然受到人们的质疑或嬉笑。2010 年底,伊拉克石油部曾给出该国剩余探明石油储量为 2150 亿桶,即 300 亿吨以上,仅次于沙特阿拉伯! 而根据伊拉克石油部老人、著名的伊拉克石油专家塔里克·沙菲克 (Tariq Shafiq) 先生的评估,到2010 年底伊拉克的剩余可采储量至少为 1435 亿桶 (约 200 亿吨)。[②] 相对于石油来说,伊拉克的天然气勘探活动有限。目前该国的天然气探明储量预计为 3 万亿立方米,潜在储量为 7.5 万亿立方米。[③] 目前的天然气产量主要是油田伴生气,主要被放空燃烧。

2010 年目前,该国的石油水平已恢复到 1.20 亿吨,仍低于其历史高峰产量 1979 年的 1.71 亿吨。根据伊拉克石油部的观点,通过对外招标,勘探开发现有的油气田,该国石油产量可在 5—6 年内达到 3 亿吨,2017年后石油产量可冲向 6 亿吨。沙菲克先生则认为,如果基础设施到位,产量达到 5 亿吨是可能的。但是难以确定达到这一目标的具体年份。他建议伊拉克政府分步骤实现上述目标,经过一个阶段的增长措施之后,依照油藏的反应,逐步推进。国际石油公司从目前的出口设施分析,对 2017 年实现 6 亿吨目标表示怀疑。2011 年 6 月伊拉克石油部非官方透露,2017 年的

155

---

① 这里的"黑天鹅"可以理解为类似中国人说的"黑马",一个事先未知的事物。在本书第十六章结语部分将对"黑天鹅"进行具体的说明。——作者注。

② 塔里克·沙菲克为伊拉克国家石油公司的创始人之一,在石油领域从业 50 年,其中从事专业地质、技术服务和经济评价咨询 37 年,为伦敦的全球能源研究中心 (CGES) 写作四卷"伊拉克石油生产能力"巨著,是资深的伊拉克石油专家、作者的私人朋友。本数据为他的评估。

③ 见本书附件四。

石油产量最多能达到 3 亿吨。即使如此，也将明显增加世界石油供应量，改变海湾地区的石油生产格局。

不论如何，伊拉克巨大的石油储量正是世界的期待。国际能源署对伊拉克增加供应量预测给予肯定。未来伊拉克的天然气开发程度取决于外部投资和出口。欧盟已与伊拉克正式接触谈判，加强天然气合作，希望伊拉克的天然气成为纳布科管道的一个重要气源。

（二）伊拉克的竞标赛

与伊朗截然不同的是，伊拉克油气发展的未来主要取决于持续性的对外招标和出口设施建设。2008 年以来伊拉克已经先后举办了三轮对外油气招标。从这些招标看，国际石油财团和国际石油资本的投入已经有力地推动了伊拉克油气工业的重建步伐。

第一轮招标始于 2008 年 1 月 7 日，这是萨达姆政权被推翻后的第一轮对外招标，也是 30 年来的第一次公开招标。此轮招标包括了鲁迈拉、西库尔纳、朱巴、米桑、基尔库克和巴哈桑共六个油田以及阿巴斯和马苏里亚两个气田。2008 年上半年对所有拟参与第一轮招标的 120 家外国石油公司进行了资格预审，在确定了由国际石油巨头、国家石油公司和其他大石油公司组成的 35 家公司具有招标资格后，伊拉克石油部于 6 月 30 日正式招标。但是，整整过了一年之后，于 2009 年 6 月 30 日才正式开标，包括壳牌、埃克森、英国石油公司和中国石油集团在内的 31 家外国石油公司对 8 个油田进行了投标。结果石油部只授予一个许可证，即储量具有 170 亿桶之巨的鲁迈拉油田，由英国石油公司和中国石油集团联合中标。英国石油公司和中国石油集团投标的服务价格为 3.99 美元/桶，结果伊拉克石油部仅接收 2 美元，高峰产量为 285 万桶/日（1.50 亿吨/年）。5 亿美元的签字费在 2011 年后分五年回收，最低工作量为 3 亿美元。尽管第一轮招标结果总体不理想，许多外国石油公司也很失望，但是国际石油公司都不想失去这样巨大的投资机会。伊拉克石油部的目的是，通过引进国际大资本，在提高石油产量的同时，为基础设施的重建提供支持。

2008 年 12 月 31 日伊拉克石油部对外宣布了第二轮石油招标，以开发国内一些巨大的待开发油气田，预计增加石油生产能力 250 万桶/日。伊拉克政府希望，二轮招标所形成的生产能力可在 2017 年提高到 600 万桶/日以上，基本实现伊拉克确定的战略目标。

到 2009 年 2 月 15 日，伊石油部收到了 38 家国际石油公司的申请，5 月份 45 家公司收到邀请。参加第一轮招标的公司可以继续参加第二轮招标。第二轮招标的结果于 2009 年底（即在 2010 年大选前）公布。

第二轮对外招标的 15 个油田都是长期发现而未开发的新区油田，完全不同于第一轮招标的油田。国际石油公司普遍看好第二轮招标。在第一轮招标中，伊石油部接受 GCA 顾问公司的建议，主要向具有经营大油田经验的国际大公司开放。大批小一些的国际石油公司被置一边。2009 年伊石油部根据其他咨询公司的推荐，第二轮招标降低门槛，允许第二梯队的国际石油公司参与招标。由于较小一些的石油公司行动迅速，可以推动大公司提高效率。在这些公司中表现比较突出的是亚洲的国家石油公司。这些公司不仅受利润推动，而且客观上推动了国际石油巨头的行动，承担风险较大。因此，确定合同条款，确立安全的法律环境成为更加关键的问题。

从第二轮招标的结果看，在 10 个待开发的招标油田中，有三个油田无投标者；另三个油田由单一公司投标，即无竞争者；其余四个油田由多个公司投标，竞争激烈，其中包括马吉努、西库尔纳二期油田、哈法亚和格雷夫。较为明显的赢家包括壳牌公司、鲁克公司、中国石油集团和马来西亚国家石油公司。

按照投标公司所报高峰产量和所接受的服务费计算，俄罗斯鲁克石油公司获得西库尔纳第二阶段油田开发权，并在财团中持有 85% 的利益，该公司确定高峰产量定为 180 万桶/日，服务费为 1.15 美元，为最大的每日获益者，即 176 万美元/日；马来西亚国家石油公司因在四个大小油田获得 20%—60% 不等的股份，合计收益为 155 万美元/日，壳牌获得的马吉努油田高峰产量为 180 万桶/日，服务费为 1.39 美元/桶，收益为 170 万美元/日，而中国石油集团获得的哈法亚油田高峰产量为 53.5 万桶/日，服务费为 1.4 美元/桶，收益为 37 万美元/日。通过本轮招标，国际石油公司为伊拉克开发国内大中型油田提供了较低的成本和收益指标。

作者分析，伊拉克决定中标公司/财团的标准是：争取选择产量最大和服务费最低的公司/财团；或产量较高，而服务费最低的公司/财团。对无竞争的投标公司所报的服务费进行适当调整。从参加投标的公司情况看，参与者和中标者主要是欧洲石油巨头和国家石油公司。美国方面仅西方石油公司参与，并没有中标。安哥拉国家石油公司单独参加了两个具有550 万吨和 600 万吨高峰产量的油田并中标（表 8.2）。

作者分析，在第二轮招标以外的未开发油田以及两轮招标未落实的油田有可能采取有选择的双边谈判来完成。作者判断：一是在伊战前后，外国公司进入并研究过伊境内的油气田。目前石油部内外有影响力的官员倾向于通过有选择的双边谈判，采用 EPC 合同方式推进合作，也可能考虑萨达姆时期的经验，采取类似回购合同的模式，即外国公司在 5—6 年的开发期内将油田的产量提高到高峰阶段，维持高峰生产一个时期，然后在以后的两年过渡期内逐步转移给伊地区石油公司。外国公司的回报可以在回收成本后从每桶油的产量收入支付报酬，也可以获得一笔成本与报酬的总收益。二是除了以上油田外，在两轮招标中未落实的油田以及 65 个勘探区块，采取有选择的双边谈判方式更有利于油田研究和方案优化选择最佳的合作模式。

2010 年 10 月 20 日伊拉克举办了第三轮针对天然气的招标。这轮招标的区块是位于伊拉克西部安巴尔省的阿卡斯气田、东部迪亚拉省内的曼苏里亚气田以及南部巴士拉省内的锡巴气田。伊石油部数据显示，这三座气田已探明天然气储量共为 3180 亿立方米。伊石油部时任部长萨赫里斯塔尼说，伊拉克举行天然气田招标的目的是"满足伊拉克计划建造的一批新发电厂对天然气的需求以及向全世界出口天然气的要求"。

表 8.2   伊拉克第二轮招标和投标状况

合同区块	公司/财团和赢家	高峰产量目标 千桶/日	服务费美元 /当量桶油
马吉努	Shell（60%）/ Petronas（40%）中标	1800	1.39
	Total（57%）/CNPC（43%）	1405	1.75
哈法亚	CNPC（50%）/Petronas（25%）/Total（25%）中标	535	1.4
	Statoil（50%）Lukoil（50%）	600	1.53
	ONGC（50%）TPAO（30%），Oil India（20%）	550	1.76
	Eni（30%）Sonangol（15%），CNOOC（15%），Kogas，（20%），Occidental（20%）	400	12.9
东巴格达(中部和北部)	无公司投标		
东部五个油田	无公司投标		
奎亚拉	Sonangol 中标	120	5.00（12.50）
西库尔纳（第二阶段）	Lukoil（85%）/Statoil（15%）中标	1800	1.15
	Petronas（60%）/Pertamina（20%）/PetroVietnam（20%）	1200	1.25
	Total（100%）	1430	1.72
	BP（51%）/CNPC（49%）	888	1.65
格雷夫	Petronas（60%/Japex（40%）中标	230	1.49
	KazMunaiGas（45%）/Kogas（45%）/Edison（10%）	185	2.55
	TPAO（60%）ONGC（40%）	200	
	Pertamina（100%）	150	7.5
巴达拉	Gazprom（40%）/Kogas（30%）/Petronas（20%）/TPAO（10%）中标	170	5.50（6.00）
中福拉特	无公司投标		
纳吉马	Sonangol 中标	110	6.00（8.50）

资料来源：根据沙菲克先生提供的数据编辑。

竞标结束后，萨赫里斯塔尼宣布，阿卡斯气田（储量为 1580 亿立方米）被哈萨克斯坦国家油气公司以及韩国天然气公司联合中标，两公司各持股 50%。为拿到阿卡斯气田，两公司为伊拉克政府支付的每桶石油当量天然气价格为 5.5 美元，并承诺未来 13 年内将天然气日产量稳定在 1140万立方米。曼苏里亚气田（储量为 1270 亿立方米）由土耳其石油国际公司、科威特能源公司以及韩国天然气公司组建的合资企业中标。曼苏里亚气田每桶石油当量定价为 7 美元，未来 13 年天然气日产量稳定在 910 万立方米。土耳其石油国际公司占有 50% 的股份，科威特能源公司占有 30%，剩下 20% 归韩国天然气公司所有。储量为 340 亿立方米的最小气田锡巴归属于土耳其石油国际公司和科威特能源公司的合资企业，两公司分别控制60% 和 40% 的股份，并与伊拉克政府签订了 9 年的开采合同，每桶石油当量天然气定价为 7.5 美元，未来 9 年日天然气产量为 290 亿立方米。[①]

第三轮招标的成果意味着在未来 6 年内，伊拉克的天然气生产量将每日增加 2290 万立方米，足够每口生产 3 万千瓦时的电力。而当时伊拉克的天然气日产量仅为 150 万立方米，而且全是伴生气，其中 50% 被燃烧掉。

在本书写作之际，伊拉克石油部正在组织第四轮招标。预计 2011 年11 月后举行。

通过以上调研可以看出，伊拉克已经成为国际陆上油气资源竞争最重大、最受关注的国家。各大国际石油公司在伊拉克石油法出台之前为重返和新进伊拉克油气领域进行了激烈的竞争。经过三轮对外招标，一批国际石油公司和国家石油公司获得了一批储量较大的勘探开发项目。这些国际石油投资对于伊拉克在 2010 年实现 260 万桶/日的石油产量起到了关键作用，继而到 2017 年将对伊拉克产量上升到 3 亿吨继续作出贡献。也正是国际石油财团的努力，将使伊拉克这只巨大的"黑天鹅"逐步变为世界的"白天鹅"。

---

① 参见本书附件四表 6。

在这一国际油气资源的大竞争中，伊拉克的石油工业体系将得到重建。但是，随着伊拉克石油法的出台，特别是国家石油公司的重建，伊拉克的油气竞赛将如何展开还有待深入观察。

四　库尔德地区，没有预先备好的盛宴

库尔德地区是伊拉克、也是中东地区的石油老区，具有争议的北部石油重镇基尔库克是 1927 年发现具有 84 年历史的老油田。但是，这一地区的油气资源潜力依然巨大，预计石油储量在 250 亿桶以上，仍具有大幅提高石油产量的资源潜力，预计 2012 年达到 5000 万吨。在当今国际陆上油气资源版图上，像库尔德地区这样的陆上在产并具有上升潜力的油气区较少。而且，库尔德自治区相对稳定，投资环境（对外合作政策、合同模式和社会环境）有利。多年来，这一地区一直吸引着美国和欧洲独立石油公司的注意力。目前，许多国际大石油公司暂时不敢行动，主要原因是伊拉克石油法未出台，联邦政府与自治区政府关系不明朗而未能决策，但是，大约十多家欧美的独立石油公司就顾不上太多的疑虑了。石油可以不断被发现的第一属性和库尔德地区存在世界少有的诱人的油气资源是他们的"王道"。况且，2011 年 2 月伊拉克政府总理马利基表示，由于伊拉克在石油法和国家石油公司的问题已经逐步达成共识，有待议会审读批复。巴格达政府将承认外国石油公司与库尔德自治区政府达成的石油协议。

与伊拉克前三轮招标的苛刻条款相对照的是，库尔德自治区对外合作政策相对符合现存的国际惯例，政策稳定。而且该自治区执行的产量分成合同比伊拉克政府的服务合同具有明显的优势，至少外国公司可拥有的份额资源和投资回报率较高。基于对这些因素的预判，2010 年 10 月 21 日，美国马拉松石油公司与伊拉克库尔德自治区政府签署了四个勘探区块的许可证协议。当时，对于许多国际石油界人士来说，马拉松石油公司这一行动类似一场战略性赌注，他们预判，在勘探许可期间，巴格达和库尔德自

治区政府之间将达成协议，尽管那时没人能够保证这一点。很明显，作为独立石油公司的马拉松公司为了在本地区取得战略先手，对库尔德地区进行了战略性尝试。这一举动给国际石油公司带来希望和信心，而它的失败也并不意味着多少损失。中国石化集团在购得 Addax 石油公司在库尔德地区的资产后可能也具有类似的思考。不存在预先准备好的盛宴等待国际石油公司的到来，这才是中东油气竞赛特有的魅力！

第九章

南美:分离的新老石油中心

这里的老石油中心是指南美地区的老产油气国家,如秘鲁、委内瑞拉、玻利维亚和厄瓜多尔等,与巴西海上新的石油开发中心形成一个地区内的鲜明对照。老石油中心一直是南美油气工业的主力,其中,委内瑞拉的超重油还代表着南美地区非常规石油开发的未来。但是,在过去的 10 年里,特别是 2005 年以后南美地区的新老石油中心尽显地区一体而分离的油气竞赛风景。

一 老石油中心的走向

2006 年初,委内瑞拉、玻利维亚和厄瓜多尔三国先后宣布,根据政府的新政策或新油气法,修改原有的对外油气合作模式,按照资源国主权原则,明确国家对石油项目的控股权,提高油气所得税和矿区使用费,增加政府收益,或对油气资产进行国有化。这些政策变化,充分反映了这些国家加强对油气工业的控制意图,对外国投资者和周边国家形成了较大的冲击,对本地区和其他地区的投资环境具有重大影响。

（一）三国石油政策变化背景分析[①]

委内瑞拉：在合作方式上，变服务合同为合资模式，期限为20年，国家石油公司（PDVSA）持股60%—80%；对稠油项目，PDVSA至少持股51%；将合资公司税率提高到83.33%（矿区使用费提高到30%，所得税提高到50%，附加税为3.33%）；要求将1%税前利润用于社会奉献；稠油矿区使用费提高到33.3%；2005年按50%缴纳所得税并补交2001—2004年所得税差额。

玻利维亚：政府按照审计后的价格收回油气资源所有权。限外国公司在180天内重签合同，重组混合制公司，政府持股50%＋1；2005年日均产量达1亿立方英尺的气田，生产价值82%归国家（矿区使用费18%，生产税32%，额外收益税32%），18%归外国公司；低于此产量门槛的气田，原分配比例不变。

厄瓜多尔：修改油气法，并按新石油法同外国公司重新谈判石油合同。过去项目合同价与当前油价差额收入50%归政府；另增收50%额外收益税。

作者分析，这些南美国家石油政策的变化是多年来国内经济形势、主流政治思潮、现政府统治需要和国际油气局势变化的必然结果。

首先，近10年来，南美国家政府收入增长缓慢，甚至赤字，贫富差距扩大，推动左翼和中左翼政治思潮抬头或占据统治地位。如委内瑞拉，政府收入增长缓慢，贫富差距扩大，政府失去对油气资源和经营管理的主导权，促使强大的中下阶层支持查韦斯政府，左翼政治势力成为统治势力。自2002—2003年大罢工以后，查韦斯政权趋于稳固，甚至提出建设所谓的"21世纪的社会主义"。这种"社会主义"实际上是大众平均主义、民族主义和地区霸权主义的混合。在油气工业的体现是所谓的"彻底的石油主权"政策。这一政策否定了过去十多年的石油政策，特别是对外合作和

---

① 这一部分根据作者2005年的研究报告改编，当年窦红波与钟文新提供了信息调研协助。

1998 年前国家石油公司的政策，重新提出了一系列强化国家控制石油工业发展和对外合作的政策措施。

玻利维亚自 2006 年 1 月平民出身的莫拉雷斯上台后，极力推行"社群社会主义"发展思路。这一思路是农民社群中的相互平等和平均主义，维护本土价值观，反对新自由主义和新殖民主义，带有浓厚的土著居民的利益和情绪。在经济上，主张国家必须掌握本国资源，体现经济主权。前两任总统由于没有充分体现以上要求，回应国内国有化呼声分别下台。作为左翼总统的莫拉莱斯不得不适应国内的要求，制定和实施油气工业国有化的法令，兑现对国内民众的执政承诺。

其次，为了兑现改善国内大众生活的承诺，左翼或中左翼政府上台后，积极推行所谓"社会主义"经济政策，必然要求掌控本国油气收入，而近几年来的高油价正是实现这一目标的良好时机。查韦斯政府认为，过去的石油合作政策使政府失去了对本国油气资源开发的主导权，更失去了大部分的石油收入。为此，委政府批评了过去 10 年来 PDVSA 所实行的"业务外包"、"国际化政策"、重油带战略联合体和三轮招标签订的 32 个作业协议，认为这些政策和协议实际上违背了委内瑞拉的宪法和石油主权，损害了国家利益和多数人利益，肥了外国资本。必须对目前的合作模式、控股比例、资产记录、销售权、公司董事会组成和股权转让、雇佣制度、合同争议仲裁、国际协议和税收分配政策以及公司社会义务等进行全面清理和调整，增强国家对本国油气资源的直接控制力度，保证本国政府的收入。

在玻利维亚，莫拉莱斯为了兑现上台的承诺，推行"社群社会主义"，也需要掌握大量资金，改善国内人民特别是土著人的生活。新政府认为，从国家主权原则看，过去 70％的对外合同都未按法律执行，属非法合同。政府决定以审计后的价格对对外合作的石油资产实行国有化。如果外国公司已回收投资，便不予赔偿。要求所有外国公司在 6 个月内要么重新签订合同，在新合作中确保玻政府对石油资源的主权和对石油资产的控股权和销售权；要么撤离。

在厄瓜多尔，现政府也认为 1992 年和 2002 年签订的合同不合理。合同中确认的油价均在 20 美元以下。因此，必须修改本国油气法，要求外国公司根据新油气法，重新谈判合同条款，同时强行要求追溯过去过低的合同价格给政府造成的经济损失，对今后的石油项目征收 50% 的超额收益税，确保政府是对外合作的最大利益获得者。

最后，近几年来，随着国际油气价格不断攀高，希望利用其油气资源强势，提高其在地区和国际事务中的影响力。目前，委内瑞拉的常规石油储量为 772 亿桶，非常规资源（奥诺纳科重油）储量为 2300 亿桶。两者之和超过了沙特 2600 亿桶的石油储量。玻利维亚的天然气储量为 31 万亿—54 万亿立方英尺，在南美居第二位。这些国家看到了当前的有利时机，通过上述政策变化，体现自身对本地区和周边国家的政治影响力。查韦斯自1998 年上台以来，一直在打石油牌。玻利维亚在地缘上处于巴西、秘鲁和阿根廷的领土和市场包围之中，没有出海口。争取天然气资源的国有化和天然气出口的主导地位是其难得的政治手段。

总体上看，由于以上内外因素的多年酝酿与发展，最终由现当权的左翼政府付诸实施各项措施，具有社会发展的必然性。这一变化对今后其他国家和地区油气对外合作具有不可忽视的影响。

（二）四年来分析验证

1. 三国石油政策仍有微调，个别国家有强化趋势，但没有反弹

加强国家石油主权，加大政府控股比例，与当前南美国家的当政政治倾向紧密相关。这种思潮在今后一段时期内还会延续。从目前情况看，委内瑞拉改变合同模式，提高控股比例实际上是对现有合同资产的变相国有化。2011 年 5 月 26 日，查韦斯为了更好地控制国家石油公司，为实施其施政纲领的需要，决定撤销财政部长的职务，并要求在该国家石油公司的董事会中拥有提名两位内阁成员（即财政部长和外交部长）为董事的权力，此外还有工会主席的董事位置。目前，美国正在制裁该国

家石油公司与伊朗从事受制裁的合作业务，并计划将这种制裁扩大到该国家石油公司的所属部门。目前，外国石油公司不断抱怨委内瑞拉的投资环境不断恶化，查韦斯的政策不受多数外国石油公司的欢迎。玻利维亚的国有化是非没收式的国有化。这些国有化政策或补交税收都是对过去私有化政策的一种纠正，符合这些国家国内政治经济上的需要。但是，这些国家现出台的石油工业新政策尚处于试探与调整之中，经过一段时间，可能按照国内外因素的变化和谈判结果进行适当修正。如委内瑞拉有可能按不同地区设置不同的税率，玻利维亚在与巴西谈判中逐步调整国有化的做法，使其能被国外投资者和周边消费国所接受。这些潜在的调整都反映了南美国家左翼政治中的实用主义的成分。作者预计，如果上述两个国家不出现政局上的重大变化，其石油政策在可预见的未来不会反弹。

值得提出的是厄瓜多尔。自 2004 年以来，厄瓜多尔是南美若干油气资源国中明显加强对本国油气资源控制和开发力度的少数国家之一。2006 年 5 月因与美国西方石油公司（Oxy）对抗，出现了声势浩大的反美浪潮。近年来厄瓜多尔政府仿效委内瑞拉，决定与外国石油公司重新谈判合同条款，重新签署合同或协议。显然并不顺利。重谈合同的期限由原定 2010 年的 3 月 8 日推迟到 4 月底。2010 年 7 月该国通过了新的石油法，以固定的服务费取代原来的产量分成合同，要求外国石油公司重谈合同。这一做法对在该国作业的外国石油公司（主要是西班牙的雷普索尔公司、巴西的国家石油公司、意大利的埃尼集团和中国石油集团的安第斯石油公司）形成了很大压力。

重谈合同的目标和目的：厄瓜多尔重开谈判的目标是提高本国对资源开发的直接控制力，收取更多的石油收益。克雷尔总统公开呼吁，所有外国石油公司要么将现有的利润分成合同改为固定桶油收费的服务合同；要么继续允许实施现在的利润分成合同，但是，必须同时上交 99％的超额利润税；他还声称，厄瓜多尔政府有能力收回任何不愿意重新谈判的公司资

167

产，自己经营。这些动向突出说明，厄政府希望通过重新谈判来完全由本国政府制定"游戏规则"，不受所谓的国际惯例约束，最大限度地增加对油气资源的控制权和分配权。当然，政府也表示不直接征收外国公司的资产。

重谈的难度：正如人们关注的，目前这种重新谈判的动作在新的油气法出台前推进十分缓慢。外国石油公司和政府的立法者都认为，重新谈判合同与油气法相互关联，油气法出台后，重谈合同依然十分困难。到2011年1月在厄瓜多尔的16家外国石油公司中已有7家经营边际油田的外国石油公司决定撤离。

目前，业内专家分析，厄瓜多尔的这一举动，对外国石油公司的投资合作带来了负面影响，也必然限制了外国公司对该国的进一步投资的热情和计划。相比之下，作为邻国的哥伦比亚的情形则呈现了不同的情景。2011年5月哥伦比亚组织路演225个勘探区块招标计划，吸引了国际石油界和投资界的兴趣。

2. 三国的石油政策在南美地区难以普遍推广

南美的左翼思潮和左翼政权并不是"铁板一块"。查韦斯的"21世纪的社会主义"成分复杂。虽然他在国内影响较大，在本地区积极靠近古巴，拉拢玻利维亚，但是，其他国家并不一定呼应，甚至有意躲避查韦斯的影响。如在2011年6月秘鲁总统二轮选举中，左翼候选人乌马拉最后与查韦斯的影响拉开距离，明确表示不跟从委内瑞拉政策才赢得多数选票和总统宝座。巴西总统卢拉也比较冷静。哥伦比亚和秘鲁已经与美国签订了自由贸易协议。厄瓜多尔也没有因为西方石油公司的资产案终止与美国的自由贸易协议谈判。在政治上，厄瓜多尔也不属于委、玻、古三国"社会主义"阵营。

总体分析南美多数国家的国情，包括国内民族情绪、当权的政治主张和国内外压力等因素，初步判断上述三国石油政策暂不会在本地区出现普遍效仿的趋势。

3. 加强资源主权，提高政府收入将渐成普遍趋势，但未走向极端

目前，南美国家提高石油税收和矿区使用费的政策意图既是国内政治经济需要，也是当前高油价下的必然做法。外界估计，通过政策调整，委内瑞拉可将政府税收收入从过去的 4600 万美元提高到 7.5 亿美元。在油价进一步升高的情景下，为确保国家收入，资源国提高政府税收是普遍做法，从而给外国公司的经营成本带来较大压力。但是，今后无论是委内瑞拉、玻利维亚，还是厄瓜多尔石油工业的发展都离不开外国公司的技术、资金、管理、经验，仍将保持对外合作的政策。政府高税收政策估计不会走向极端，导致外国资本大量外流。这是南美国有化和政策变化的最大特点。即便是委内瑞拉与美国之间的经贸合作仍在继续扩大。这种实用主义政策倾向在玻利维亚和厄瓜多尔也存在。

从国家层面上看，巴西正积极与玻利维亚谈判天然气进口价格问题，并将极力与玻利维亚协调政策。秘鲁表示，本国油气工业需要外国资本，不跟从委内瑞拉和玻利维亚的政策。哥伦比亚是美国在南美比较可靠的合作伙伴，政治经济关系紧密，难以做出得罪美国和西方国家利益的事。

美国正在加强对南美的政治经济外交攻势。首先维持与哥伦比亚的政治经济和军事关系，维持自由贸易协议，争取拉拢厄瓜多尔，孤立委内瑞拉；对于委内瑞拉，除了继续支持查韦斯的反对派外，暂无良策。美国与欧盟对玻利维亚的国有化表示担忧，并主要从保护西方石油公司利益和稳定市场的角度，对玻施加压力。

从公司层面看，巴西国家石油公司、西班牙的雷普索尔公司、英国石油公司、美国雪佛龙公司和法国道达尔公司都是在南美地区有较大投资的外国大石油公司。这些公司对上述三国石油政策反应十分敏感，认为这些政策变化打击了外国石油公司的利益，抑制了他们今后对这些国家的投资进程。巴西国家石油公司在南美地区的天然气一体化计划也受到很大冲击。但是，没有出现集体撤离的现象。

目前，在委内瑞拉的 16 家外国公司的 22 份合同，经协商谈判已变为

合资模式。只有康菲公司、埃克森公司提出诉讼。2011 年可能获得一定的进展。在厄瓜多尔,仅有西方石油公司的资产被没收而起诉。在玻利维亚,20 多家外国公司经营该国 72% 的天然气产业,投资总额近 40 亿美元。巴西国家石油公司开始对玻利维亚的国有化反应强烈,最近经协调,两国国家石油公司均表示可以协商解决。西班牙的雷普索尔公司(在玻利维亚的天然气产量占该国天然气总产量近 26%)表示尊重玻利维亚国有化政策,但是必须保护本公司的利益。

(三)对老油气中心走向的基本认识

第一,目前南美三国的石油政策实际上是资源与资本之间在新形势下的博弈,还处于形成期,具有较大的不确定性,下一步的发展尚不明朗。许多外国公司都处于观望和被动配合的过程中。这对三国政府和国家石油公司如何直接管理本国油气资产也是一个考验。下一步如何发展非常值得关注和分析。

第二,目前南美个别国家的国有化,与 20 世纪 70—80 年代资源国的国有化运动具有较大区别。过去的国有化是没收,是驱赶外国公司,结果使外国公司失去对资源的控制权。此后一些国家为了发展本国经济,不得不通过许多合作模式,吸引外国资本进入本国资源开发领域,并获得一定的份额油或收益。目前南美个别国家的国有化不是没收外国公司的资产,也不是驱赶外国公司,而是在夺回外国公司对本国资源的控股权情况下保持继续合作。这种情况体现了油气资源国在世界油气合作中的绝对强势地位,成为石油地缘政治中的新特点。

170

(四)南美依然是外国石油公司争夺的一个重点地区。最近几年南美政治经济相对稳定,油气资源开发潜力巨大。多数外国公司看好与南美国家的合作趋势。但是,现在这一地区对外合作政策调整幅度较大,政治风险增加。20 世纪 80—90 年代盛行的国际合作惯例(如全球化、业务外包、WTO、自由贸易、产品分成合同等)受到挑战。国家石油公司与国际石油公司的合作模式也受到挑战。国际石油公司必须探索在不拥有资源控制权和高税收情况下继续与资源国合作的途径与方式。

（五）尽管南美三国的石油政策不会很快对其他国家产生跟进的影响，但是，加强石油主权，加强政府对油气工业的控制力，提高政府收入的政策走势将随着今后油气市场的变化产生普遍的影响。目前南美三国挑起资源国与国际资本之间的较量，客观上将对其他国家起示范作用。影响的重点首先是那些油气产量迅速增长的发展中国家，从而带来全球性和长远性的效应。俄罗斯、土库曼斯坦、哈萨克斯坦都已有相似的做法。不排除这些国家和一些非洲国家今后出现类似的做法。

二　巴西：深海的魅力

巴西石油工业历史较长。1920 年在陆上钻了第一口探井。1939 年发现第一个陆上油田，1940 年产油 300 吨。1953 年成立巴西石油公司。从1955 年开始，勘探工作量不断增加，1960 年石油产量达到 387 万吨。60 年代后期，由于陆上油气资源的勘探前景有限，勘探开发一直难以突破。70 年代后开始把勘探工作转移到海上，开展大量海上石油勘探的工作，1975 年在坎帕斯盆地获得一系列油气发现。此后，巴西油气储量的增长主要来自大陆架油气田的发现。80 年代以来，在大于 250 米深水区勘探获得成功，发现大量深水大型油田，石油产储量快速增长。在 80 年代投入开采的油气田约有 130 个，近 87％的石油和 70％以上的天然气来自海上油气田，且大部分集中在坎帕斯盆地。此后，又徘徊了一个时期，而国内的石油消费逐步增长，进口压力加大，巴西不得不加大对新能源的开发，特别是生物能源的开发，并取得较大的成功。但是，2005 年在桑托斯盆地的巨大发现，彻底改变了巴西石油和天然气工业的命运。当时在桑托斯盆地发现特大气田，证明地质储量 4.19 亿立方米。勘探表明，在桑托斯地区还有大量的气田有待勘探和开采，从而展示了海上油气开发的前景。

171

在世界上，巴西石油工业的突出特点是：（1）巨大的油气资源分布于深海。2005年的发现和近几年来大规模的对外招标合作，将该国的石油产量迅速提升到1.3亿吨，由进口国变为石油资源和生产大国。（2）巴西向深海进军取得巨大成功。目前，巴西石油公司在国际深海油田勘探和开采技术领域已经处于领先地位。随着陆上石油资源勘探开发成熟程度提高，海上油气资源的作用越来越明显，巴西在世界石油行业的地位愈发重要。在发展天然气方面，除了加快国内资源的开发、巩固和扩大传统的供应市场，巴西还积极扩大天然气进口的来源与形式，拓展管道气进口与液化天然气进口市场。

（一）进军深海的国家石油公司

巴西国家石油公司（Petrobras）于1954年根据巴西国会关于垄断巴西石油工业的决议成立，目的是在石油工业领域设立一家国有公司替国家处理一些石油进口、下游设施建立等事务。初期这家公司在石油行业没有经验，也不是政府收入来源或政治工具。因此，在开始20年主要依靠财政的补贴来维持生存。但政府给予该公司较大的经营自主权。

在坎帕斯盆地发现石油后，该公司为了解决资金和技术缺口，利用自身的垄断地位，降低金融和经营风险。主要从浅海入手，用浅海积累的资金，主要是通过边学边干的办法逐步配套和改进技术设备。到1997年已经具备了深海勘探开发所需要的关键技术、物流和管理能力。

该公司的可持续发展与自身的发展战略，特别是进入深海的技术能力培育和政府的政策紧密相关。该公司为了加快深海油气开发的主动权，确保自身发展的技术实力，迫使外国公司必须与其分享新技术应用成果，十分注意确认最先进和有效的技术，并将这些技术纳入本公司的技术体系之中。比如1975年发现了坎帕斯盆地后，公司抽调15位技术专家参加该盆地若干油田的开发，引入壳牌公司在北海运用的浮式生产系统。

90年代巴西经济开始自由化，诸多国有公司的垄断地位被取消，但是，该公司利用自身的地质信息、技术信息、产业信息和政治信息优势与国内外伙伴竞争。在技术上，通过模拟技术和数据油田等综合研究，降低公司的地质风险，再通过对深海技术项目的投资（Procap，2000）开发水深 2000 米的新技术。通过创新的解决方案，将老式的油轮和半潜式生产装置转变为可从事大型油田生产的生产平台。与挪威国有石油公司签订多项长年的技术服务协议，共同开发技术项目。这些技术举措使得该公司具有与进入巴西海域的国际石油巨头相竞争的巨大优势。随着油价的上升，该公司更是坚定不移地进入深海和超深海勘探领域，近几年来，在盐下取得了重大发现。

（二）走向开放和国际合作

1975 年以前，巴西的石油工业主要由巴西国家石油公司垄断经营，没有私人资本和外国资本参与地质勘探工作，从 1979 年开始准许一些外国公司和私营公司进行风险投资。为吸引国内外私有资本投资石油工业，1979年巴西启用新的石油投资法，结束了国家石油公司对石油工业近 40 年的垄断，标志巴西石油工业进入新的竞争体制。之后相继颁布了一系列政策鼓励外资投资其石油工业，油气产储量迅速增加。2000 年曾经举办了系列陆上中小油田的招标，但是效果不理想。真正的发展还是在 2005 年的深海海油发现和 2008 年以后的陆续发现。自 2005 年特别是 2008 年巴西海上取得系列发现后，巨大的近千亿桶的盐下石油储量吸引了全世界石油公司的目光。

1. 近几年的对外招标

2008 年 9 月 18 日，巴西石油管理调控机构（ANP）宣布第 10 轮招标，提供 130 个陆上区块，覆盖 7 个盆地，面积 70370 平方公里。其中，100 个区块位于成熟的盆地。2008 年 12 月 18 日截标。2008 年巴西通过新的对外招标，吸收 860 亿美元。在 2008 年深海再次获得发现后，巴西将重点转向深海。巴西国家石油公司董事会决定在桑托斯盆地盐下区域一体化开发计划中，将 2015 年前的盐下投资额提高到 730 亿美元。这是涉及该公司 2011—2015 年投资计划的第一个决定。这一计划投资额比 2010—2014 年的投资计划提高了 63.3%，其中，74% 的资金由该公司直接投资，其余的 26% 由公司的商业伙伴投资。目前公司正在评估这个投资计划，试图进一步降低开发成本，计划中的成本比 2008 年原始计划降低 45%，比 2010 年的计划降低 32%。这个成本减低将通过生产工程项目优化，主要是提高这一开发区域生产井的生产率和对潜在生产区域的更好理解来实现。

2009 年巴西继续对外宣布了第 11 轮对外招标。但是，由于准备不足，一直推迟到 2012 年进行。届时，将有 174 个区块招标，其中 87 个为海上区块，87 个为陆上区块。所有的许可合同模式为矿税制。除了陆上的成熟生产区域外，多数区块为新的前沿区域。

巴西国家石油局（ANP）于 2011 年 5 月 26 日上午举办公开听证会，展示和讨论即将批准第 11 轮对外油气区块招标的决议草案。该听证会的主要目的是通告石油部门的机构和其他相关部门有关调控的建议，收集意见和决策所需要的信息。第 11 轮招标计划在 2011 年 10 月举行。

目前，诸多国际石油公司在加大对巴西石油资源的研究与接触。比如，2011 年 5 月 25 日，挪威国有公司（Statoil）与巴西国有石油公司（Petrobras）签署了意向书，扩大勘探领域的合作，获取联合的综合效益。根据意向书，一是可能参与公开的招标，联合收购共同感兴趣的新的勘探区块；二是联合研究，共同评估可能合作经营的协同效应。Statoil 公司透露，该公司与 Petrobras 具有许多年的技术合作协议，双方共享信息和共同开发的技术项目，因此希望根据这一意向，继续推进这些合作。

中国中化与巴西的石油合作源于石油贸易。2005 年中国中化集团大力推动与巴西的石油贸易。近几年来，双边的石油合作领域不断拓宽。主要的背景是，在全球信贷紧缩的情况下，巴西国家石油公司一直维持较大深海勘探开发计划，为此该公司必须寻求国际银行贷款和债券的替代品，资助其支出和运营计划。2009 年 3 月，巴西国家石油公司首席执行官加布里埃利表示,公司计划到 2020 年需要投资 1110 亿美元,让位于深海盐下层的油田日产量达到 180 万桶。2009 年巴西国家石油公司和中国国家开发银行也签署了 100 亿美元的贷款协议,用于帮助开采巴西于 2008 年发现的深海盐下层石油。贷款将用于巴西国家石油公司的投资计划,包括从中国购买货物和服务的融资。同时签署的文件中还包括巴西国家石油公司与中石化全资子公司联合石化亚洲公司签署的长期出口协议。协议规定 2009 年巴西国家石油公司向中国每日出口 15 万桶原油,从 2010 年起至 2019 年每日向中国出口 20 万桶原油,相当于每年 1000 万吨原油。

2010 年 4 月在中国国家主席胡锦涛访问巴西期间,中国石化集团与巴西国家石油公司签署协议,从后者购买西北部 Maranhao 盆地 BM—PA-MA—3 和 BM—PAMA—8 两处海上石油区块的权益。

2011 年,中国中化集团进军巴西油气领域。4 月 14 日,中化股份还完成与挪威国家石油公司关于巴西海上一块油田的股权交割。双方于 2010 年 5 月达成协议,中化股份以 30.7 亿美元的对价收购挪威国家石油公司 Per-egrino 区块 40% 的权益。根据中国中化集团的业务特点,中化集团和巴西石油公司将在油气上下游开展全面合作,合作范围涵盖巴西海上陆上以及全球其他地区的油气田勘探、开发和生产项目;巴西陆上油气田提高采收率项目;巴西及全球其他地区原油以及石油产品的销售合作。

2. 巴西的经验

综合起来看,巴西进军深海的经验是:从浅海逐步过渡到深海;积极推进国际合作,始终利用对外合作的主动权,尽快引进和掌握国际石油公司的技术;加大投入,启用早期生产系统;最后通过再投资和滚动开发,稳步推进本国的深海油气开发和国外的深海勘探开发活动。该公司认为,把巨大的技术资源集于一身,可以积极、迅速和主动地武装自己,发展自己的竞争优势,形成后发优势。

通过横向比较可以看到,巴西国家石油公司的运营状况稳定,是在发

175

展中国家经历了困境后迅速崛起的国家石油公司的代表，也是立足海上石油开发，不断走向深海，在技术和管理上比较领先的现代国际石油公司。2000 年该公司的市场价值为 264 亿美元，2009 年达到 1736 亿美元，是目前拉美地区最大的上市公司。该公司计划到 2020 年将油气产量提高到 580 万桶/日，海外产量为 60 万桶/日，计划在未来五年内投资 1744 亿美元，其中海外投资额为 159 亿美元。

第十章

北美的"非常规"冲击波

一 油砂的情景

世界大约 90% 以上探明的油砂资源分布在加拿大,特别是加拿大阿尔伯塔省北部的阿萨巴斯卡河流域、和平湖和阿尔伯塔省与萨斯客彻温省交界处的冷湖地区。其中,北部阿萨巴斯卡河流域的油砂是世界上最大的已知油砂资源,大约有 2130 亿立方米,加上冷湖和和平湖等地区的油砂和重油资源,加拿大已经探明的油砂和重油资源达 4000 亿立方米(约 2.5 万亿桶)。目前,凭着现在掌握的开采技术,仅仅可以开发 12% 的油砂储量(或 3000 亿桶),其余为地下深处和含量较低的资源,还不具有进行经济开采的价值。但是,布鲁斯·马奇认为,阿尔伯塔省可采的油砂资源为 1700 亿桶,仅次于沙特阿拉伯的石油储量。[①]

加拿大的油砂已经有 40 多年的开采历史。仅阿尔伯塔省就有 26 个油砂项目投入生产,其中露天开采 7 个,采用现场分离技术(in-situ)的项目 19 个,总生产规模达到 83 万桶/日,占加拿大石油产量的 43%。如果

---

① 中国油砂网:布鲁斯·马奇:《加拿大油砂:机遇与创新》,《能源》2011 年第 4 期。

加上重油产量，达到 59％。预计随着加拿大常规石油资源的日益减少，油砂在加拿大能源生产中所占的比例将逐年增加。2010 年，加拿大的油砂产量比例达到 75％，常规石油所占比例降到 16％，重油占 9％。①

在过去的几年间，油砂产业经历了过山车式的发展。2008 年全球性的金融危机对油砂开发进程是一记重击。一些石油巨头和油砂作业公司曾推迟和延缓对油砂项目的投资。但是，油砂工业依然持续发展。

现在油砂投资正在经历一个恢复期，特别是经济复苏对能源需求的拉动以及对能源的发展前景长期看好。SUNCOR 能源公司 2010 年的投资预算为 55 亿加元，其中包括重新启动一些油砂项目。2009 年 10 月，时任加拿大能源研究所（CERI）《能源地缘政治》杂志主编文森特·洛尔曼（Vincent Lauerman）先生在给作者的未发表文稿中对加拿大油砂的未来发展作了一个有趣的地缘政治情景分析。在他提供的研究报告中，到 2020 年，加拿大的油砂产量可以从目前的 119 万桶/日提高到 199 万桶/日。洛尔曼认为，在"爱你的邻居"的情景中，假定从现在到 2020 年乃至更长的时期各大国经济与环境合作处于主导地位；大国之间通过合作，采取必要的政策，使全球经济衰退时期相对缩短，此后全球经济能够持续强劲增长。在此情景下，阿尔伯塔经济得到强劲增长，环保成本提高，供应成本依然较高。但是，较高的石油价格可以使油砂产量从 2008 年的 121 万桶/日提高到 2020 年的 320 万桶/日。但是，在"恶化邻居"的情景中，大国之间的地缘政治竞争居于主导地位，大国之间的合作破裂，使得全球经济衰退时期延长，中国和俄罗斯挑战西方大国的主导地位。因此，全球经济衰退将更长、更深，并有可能在 2010 年形成第二个谷底，因此，全球经济持续增长比现在还要缓慢。石油价格处于相对低位。那么加拿大的油砂产量有可能从 2008 年的 121 万桶/日提高到 2020 年的 240 万桶/日。这种产量的翻番主要是由全球经济衰退前已投产项目建设推动的。而且，阿尔伯

---

① 中国油砂网（Chinaoilsands. net）。

塔的经济比较弱，供应成本比较低，油价回升会相对缓慢，但是仍会促进产量缓慢回升。

无论在何种情景下，由于阿尔伯塔省外沥青改质成本比较低，拟建油砂项目的作业公司均希望将他们的阿尔伯塔沥青加工生产得到提升。在"爱你的邻居"情景下，阿尔伯塔省政府将规定，2015年前所有新的油砂项目必须100％改质其省内沥青生产。但是，在"恶化邻居"的情景下，这可能不是省政府的一个选择，因为轻重油的价差非常小。因此，在前一情景下，82％的新沥青生产会得到改质为合成油；而在后一情景下，只有大约50％的沥青生产得到改质。

对于市场问题，洛尔曼认为，美国市场对加拿大油砂的需求不论在何种情景下都不可能超过59万桶/日。目前，阿尔伯塔省经济、财政和人民受到全球经济衰退的严重影响。越来越多的阿尔伯塔人对输出经济活动和工作岗位而不是输出合成油感到不快。在"爱你的邻居"情景下，到2020年油砂的国际市场主要是东北亚。然而，加拿大对于东北亚尤其是对中国的石油与天然气供需格局依然不清楚。加拿大需要调研中东和中国周边油气资源对中国石油市场的保证程度。而在"恶化邻居"情景下，国际市场仍然依靠美国市场。由于油砂产量提高有限，常规石油产量又有较大幅度的下滑，加拿大石油总产量的增加量非常有限。因此，在"恶化邻居"情景下，只有美国中西部地区（而不是墨西哥湾地区）成为加拿大石油出口的新市场。

二 页岩气的潜力和影响

近几年来，页岩气成为美国能源领域中的新星。确实，在美国及世界其他地区，这一非常规天然气资源十分丰富。但是，近10年来页岩气开发技术（主要是水平井、多段压裂技术、水压裂技术和同步压裂技术）在美国不断推广应用，大大提高了美国页岩气的产量，使这一非常规天然气开发首先在美国变成现实。根据美国能源部的研究报告估计，美国的页岩气资源量超过 28 万亿立方米。2000 年美国的页岩气产量仅为 100 多亿立方米，2009 年却达到了 900 多亿立方米，2010 年又达到了 1300 亿立方米。2010 年美国天然气总产量达到 6110 亿立方米，其中页岩气产量约占 23%。根据美国能源信息署预计，到 2035 年美国页岩气产量在天然气总产量中的比例可能提高到 46%，届时天然气产量可达到 3000 多亿立方米。[①]

按照这一开发速度，页岩气的产量可以满足美国国内需求 60 多年。这一结果将大大改变美国未来对国外油气资源进口的高度依赖，特别是大大缓解、甚至改变对液化天然气的进口。从国际贸易关系上看，如果美国通过开发国内页岩气，减少对国外天然气的依赖，可以增加欧洲进口液化天然气的选择空间，从而减少对俄罗斯天然气的依赖。在欧洲和美国减少对俄罗斯天然气依赖的情况下，国际天然气贸易格局可能因此发生明显变化，至少将改变天然气贸易的流向，从而影响地区天然气的价格。随着技术的进步，美国的页岩气开发成本有可能减少到 2—3 美元/百万热量单位。

美国的页岩气开发形势为具有类似丰富储量的中国和欧洲国家提供了喜人的前景。据美国能源部的估算，中国页岩气可采资源量可能与美国相当，约为 26 万亿立方米。从现有资料看，页岩气主要分布在四川、鄂尔多斯、渤海湾、松辽、江汉、吐哈、塔里木和准噶尔等含油气盆地。在中国的海相页岩地层、海陆交互相页岩地层及陆相煤系地层也有分布。根据美国的初步评估，欧洲的页岩气资源也相当丰富。但是，目前欧洲和中国都缺乏开发页岩气的相关技术和经验，都需要加强与美国公司的技术交流和直接合作。美国的独立油气公司和投资机构也主动地吸引中国石油公司和投资公司参与。中美公司合作的目的是通过合作向中国推广技术应用，最终开发中国市场，开发中国的页岩气资源。

由于欧美发达地区增加本土天然气供应，减少对国际天然气的依赖，

---

① US Energy Information Agency, Annual Energy Report, March 2011, pp. 35—44.

将在一定程度上减少中国参与国际天然气资源竞争的压力,尤其是在利用俄罗斯天然气方面,由于俄罗斯与美国在供应方面的竞争,与欧洲在销售领域的竞争,将有利于推动俄罗斯加强与中国的天然气合作,为加快中俄天然气管道谈判创造有利的环境。

全球页岩气开发也为中国的投资基金带来新的投资机会。目前的先行者是新加坡政府投资基金淡马锡与中国香港的厚朴基金合作,以近 10 亿美元收购美国 Chesapeake 能源公司 6 亿美元可转换优先股。其中,淡马锡购入了 5 亿美元可转换优先股;其余则为厚朴持有。这两家基金为我国的主权基金和其他有实力的投资基金的独立投资或联合投资提供了经验。

三 对重油和页岩气开发的认识[①]

(一)重油

其实,除了加拿大的油砂外,重油资源在加拿大、美国、墨西哥和委内瑞拉极为丰富。包括油砂的美洲重油开发趋势将弥补常规石油的下降趋势,同时也会改变炼油的状况。加拿大油砂开发改变了美国的经济状况。根据加拿大政府统计,美国有 11 万个工作岗位与加拿大油砂生产密切相关。在未来的五年内,还将有 38.5 万个工作岗位将随着加拿大油砂的扩张而增加。然而,目前人们关于油砂经济的认识仅片面地停留在环保这一层面上。事实上,加拿大的重油研发的成果已经得到广泛的应用。目前正在使用的现场分离技术是过去 20 年加拿大特别是阿尔伯塔省着力研发的科技成果。由于该省原能源部长莫利·史密斯(Murray Smith)和他同事的不懈努力,这一技术足以开发未来 80% 的油砂,同时比现在的露天开采技术更加经济和环保。目前,面对有关环保的呼声,能源行业正在努力改进基础设施系统,以确保油砂开发的经济性,确保稳定供应。

181

[①] 根据 2010 年 10 月 27 日美国能源理事会主席、密西西比州参议员 Tommy Moffatt 先生在"中国—加拿大能源研讨会"上的发言稿整理。他的发言对页岩气和重油开发问题进行了阐述。

（二）页岩气

现在看，北美的非常规油气资源分布于从加拿大的哥伦比亚省霍恩河盆地（Horn River）到美国得州的沃思堡（Fort Worth）附近的巴尼特地区（Barnett），再到宾州的马塞卢斯（Marcellus）以及美国东北部其他州。在过去的 10 年里，水平井和压裂技术将页岩气和页岩油开发成为可能，也使目前这些非常规资源产量占美国天然气资源的一半。美国的能源专家认为，目前非常规资源开发和并购热潮除了技术因素外，还得益于美国联邦政府的非常规发展战略方针和针对非常规资源开发的税收减免政策。正是由于这些条款的成熟，使美国中型石油公司开发含非常规油气盆地资源成为可能，而这些盆地在过去是无法开发的。加拿大哥伦比亚省西北部的页岩气储量大到足以将位于太平洋沿岸基蒂马特（Kitimat）的液化天然气的进口终端变为出口终端。

当然，北美非常规资源开发也面临全美环保组织就压裂技术对地下水污染问题的忧虑和挑战。由于这些忧虑，美国的联邦环保局面临着来自各州的管制压力，即使在州一级也有许多不同的意见。比如宾夕法尼亚州和纽约州就对环保有不同的看法。

但是，从政策角度看，天然气的开发利用是不可阻挡的，因为，从排放角度看，它与煤炭和石油相比具有较大的环保优势；从安全角度看，资源十分丰富。从经济角度看，在不同燃料之间，目前天然气的价格也比较合理。

20 年前，美国的生产商曾抱怨加拿大的天然气占据了很不合理的市场份额，而如今北美天然气和管道已经将美国和加拿大变成为完全一体化的北美市场，就不存在对加拿大天然气市场份额对美国的影响等任何议论了。在全球油气竞赛中，美国和加拿大因为具有丰富的页岩气、致密油、致密气和油砂等非常规油气资源而具有了地缘政治竞赛和博弈的重要地位，尤其是在 2030 年后他们的地位可能更加突出。

第三部分

"玩家"再洗牌

第十一章

国际石油公司重组和战略调整

一 新的"七姊妹"和新型石油伙伴关系

（一）国际石油公司的演变

自 20 世纪 50 年代以来，在传统的石油工业体系中，石油公司大体可以划分为三大类：一类是国际石油公司（IOC）；一类是独立石油公司（Independents）；一类是国家石油公司（NOC）。从经营地域看，国际石油公司就是具有国际业务的跨国石油公司，一般指垄断石油财团演化而来的大石油公司；而独立石油公司主要是在国内经营、独立于垄断财团之外的中小石油公司；而国家石油公司主要是 60—70 年代后一批油气资源国实行石油国有化后而发展起来的国有石油公司，在其国内具有垄断地位。

在国际石油工业舞台上，在西方的观念中，国际石油公司是指西方的跨国石油公司。在 50 年代后，这些国际石油公司就是大的跨国石油公司，特别是石油垄断组织中发展出来首先实现跨国经营的大石油公司，比如埃克森石油公司、莫比尔石油公司、德士古石油公司、加利福尼亚石油公司和海湾石油公司等美国大石油公司，也指英国石油公司和英荷壳牌石油集团等欧洲地区发展起来的大石油公司。这七家石油公司，特别是美国石油公司（除德士古公司外）都源自洛克菲勒石油财团，他们具有共同的历史背景，相互默契和配合，垄断着中东地区石油业务，排斥其他石油公司进入，被意大利的埃尼集团董事长恩里科·马泰（Enrico Mattei）称为"七姊妹"。60年代以来，这些跨国石油公司通过旧租让制和特许经营权占据资源国大片的勘探面积，拥有几十年，甚至近百年的经营期限，因此就占有了巨大的油气发现和油气储量，控制和垄断了国际石油生产过程。因此，在西方文献中有关所谓的国际业务就是这些国际石油公司的业务。他们甚至形成了一个无形中的"石油俱乐部"，内部相互协作，控制着资源国油气资源的勘探、开发、生产、运输、加工和销售，维护着一个庞大的国际石油治理秩序。当然，这种过时的、靠不合理和不平等的租让协议与制度维护的国际石油秩序随着60年代欧佩克的成立、60—70年代的国有化和国家石油公司的纷纷建立而被打破了。70年代后这些国际石油公司的国际油气储量大大缩减。但是他们在一体化经营，特别是在运输和下游领域仍然具有突出的技术和管理优势。1993年左右，其国际化业务、国际投资和国际利润一般占到50％左右。因此这些石油公司自然就是国际石油公司的代表，被称为石油巨头或"大石油"（"Big Oil"）。受20世纪80—90年代国际低油价的冲击和石油产量增长的限制，他们之间相互重组，有的公司消亡或更名，到2000年，原来的"七姊妹"变为"六姊妹"（海湾公司并入雪佛龙公司），以后又并为"四姊妹"了，即目前的埃克森石油公司（含莫比尔石油公司）、雪佛龙石油公司（含德士古公司）、英国石油公司（含阿科公司）和壳牌集团。

国际石油公司的演化史除了以上"七姊妹"这类典型的公司外，还有目前的道达尔公司。在法国，石油大公司经历了从道达尔公司到道达尔—埃尔夫—菲纳公司，再回到道达尔公司的重组过程。目前，道达尔公司是国际石油巨头之一。与此同时，独立石油公司也分化为大独立石油公司、中型独立石油公司和成千上万的小独立石油公司，变成各具特色的跨国石油公司或独立石油公司。其中，大独立石油公司（如美国大陆石油公司和菲利普石油公司）也出现了合并，成为国际石油巨头（如康菲石油公司）。

在国际石油工业结构中，油气资源国的石油国有化必然出现国家石油公司。这些国家石油公司从 30 年代的墨西哥，到 50 年代的巴西，再到 60—70 年代中东非洲的系列国家公司，迅速发展壮大。而 80 年代后的中国、印度和韩国等亚洲国家石油公司的兴起，可称为过去 30 年最靓丽的风景。这些国家石油公司首先在国内发展壮大，然后逐步走出国门，实施国际化经营。它们一方面牢牢控制着国内的油气资源，令上述国际石油公司难以进入其油气资源勘探开发领域；另一方面开始走向国际领域，与上述国际石油公司相互竞争国际油气资源。2000 年后这一类国家石油公司的发展逐步形成日益明显的趋势，以致 2002 年阿尔及利亚国家石油公司（Sonatrach）首先发起召开了第一届国家石油公司论坛，以后每 18 个月举办一届会议，成为令西方国际石油公司刮目相看的重大动向。

这一趋势随后引起西方的国际石油公司、西方的诸多战略研究机构和国际组织（如世界银行）的极大关注。前沙特石油部长亚马尼领导的"国际能源研究中心（CGES）"较早地组织研讨国家石油公司的经营行为和对国际石油公司的挑战。包括美国詹姆斯·贝克第三公共政策研究所（下称贝克研究所）和美国斯坦福大学能源与环境研究项目在内的多家研究机构以及世界银行的资源研究团队随后跟进，组织了系列国家石油公司的案例研究和综合分析。

贝克研究所的调研结果显示，大约 30 多家的国家石油公司占据了近 77％的世界剩余探明石油储量，除了俄罗斯石油公司的 6％和国际石油公司和国家石油公司联合拥有的石油储量 7％以外，西方国际石油公司仅拥有 10％的世界石油储量（见图 11.1）①。这一结论敲响了西方国际石油公司的警钟。2003 年后俄罗斯、中亚、南美和非洲等一些资源国的投资环境

187

①　Amy Jaffe，The Role of National Oil Companios in International Energy Markets，Baker Institute Policy Report No. 35. p. 1，April 2007.

趋紧，国家石油公司的地位提升，国际油气合作环境日益困难，使得西方的国际石油公司越来越难以进入许多资源国拥有的战略性资源，从而只能进入深海、超深海和非常规油气资源领域。

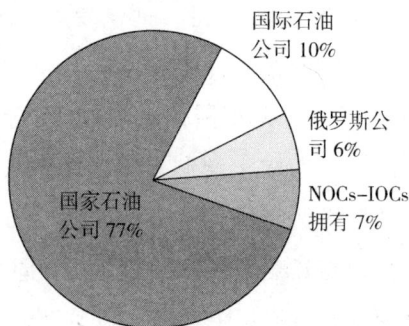

图 11.1　国家石油公司的资源比重

（二）新"七姊妹"的兴起

2007 年 3 月 11 日，英国《金融时报》经过多方咨询后认为，在 30 多家国家石油公司中，有七家国家石油公司最为突出。他们是沙特阿美石油公司（Saudi Aramco）、伊朗国家石油公司（NIOC）、委内瑞拉国家石油公司（PDVSA）、中国石油集团（CNPC）、俄罗斯天然气工业股份公司（Gazpom）、巴西国家石油公司（Petrobras）和马来西亚国家石油公司（Petronas）。如果按照 2008 年纽约石油情报周刊（PIW）的统计，在前 10 家石油公司中，国家石油公司占据石油储量的 98%，占据石油产量的 78%（参见图 11.2 和图 11.3）。

188

这些国家石油公司除了储产量的优势外，国际竞争能力也不断增强。经过近 18 年的发展，中国的国家石油公司、巴西国家石油公司、马来西亚国家石油公司、印度和东亚南国家的诸多国家石油公司已经成长为国际石油公司的重要成员，并且在一些国际油气领域与西方的国际石油公司相竞争，进一步挤压了后者的生存空间，打破了国际石油公司仅由西方石油公司垄断的历史和格局。至今，西方国家仍认为，国际石油公司就是他们的

原油储量

图 11.2 新旧"姊妹"公司石油储量比较

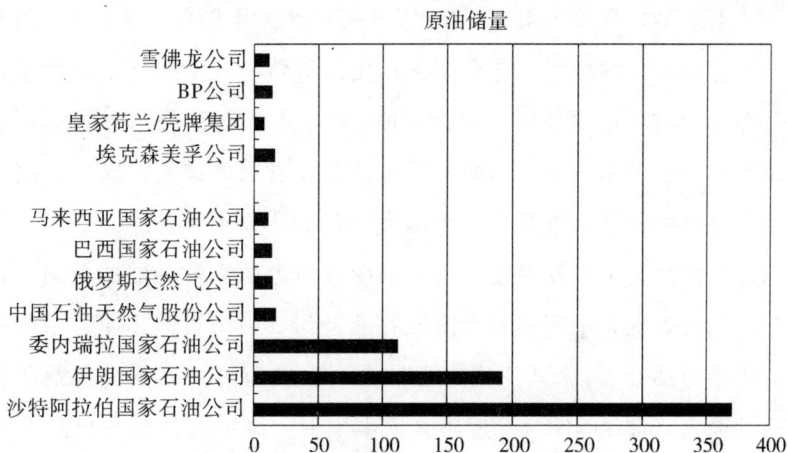

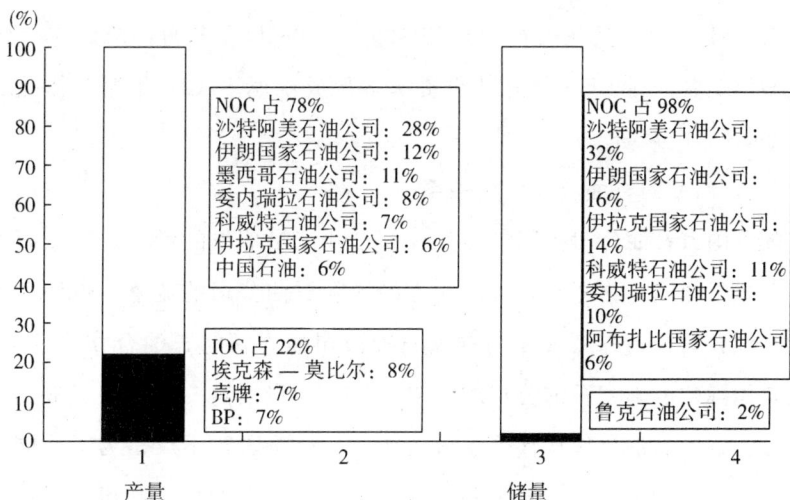

资料来源：PIW，2008 年。

图 11.3 十大国家石油公司产储量比较

资料来源：PIW，2008 年。

石油公司，而视国家石油公司的国际化为国家政策的延伸物。因此，提出的合作是国际石油公司和国家石油公司或 IOC－NOC 合作关系，即不承认国家石油公司也是国际石油公司中的重要成员。基于这一状况，作者在

2008 年英国 CWC 会议的 IOC - NOC 会议上特别提出了"国际化的国家石油公司"(INOC)的概念。这个概念首先是指要承认国际化了的国家石油公司已经变为国际石油公司。其次,INOC 是国际石油公司和国家石油公司的结合体,是国家石油公司向国际石油公司发展的产物,其中,国家和国有是其突出的特征,也是其巨大的发展优势,而不是障碍。最后,国际化的国家石油公司可以发展成为具有国际竞争力的一流的能源公司。目前比较突出的代表性是中国的三大国家石油公司(中国石油集团、中国石化集团和中国海油)、马来西亚国家石油公司、巴西国家石油公司及印度的国家石油公司(如 ONGC)。近年来,中国三大国家石油公司已经在海外取得了快速发展,逐渐成为全球油气领域并购市场的主角。2009 年,中国石油公司的海外并购业务金额达到 182 亿美元,占当年全球油气并购业务金额的 13%,占国家石油公司并购业务的 61%[①]。其中,中国石油集团从 1993 年跨出国门,从秘鲁的小油田起步,1996 年在苏丹、哈萨克斯坦和委内瑞拉发展,到 1999 年海外投资基本形成规模。2010 年海外作业石油产量 8673 万吨[②]。

(三)新型的石油合作伙伴关系

随着国家石油公司控制世界油气储量和产量地位的增强,国家石油公司进一步强化国际化经营,直面西方的国际石油公司的竞争,迫使西方的国际石油公司开始思考如何与国家石油公司建立新的石油合作伙伴关系,这也是国际化的国家石油公司的愿望。2005 年以后这一发展趋势成为双方的强音。这一石油合作伙伴关系或公司间的战略联盟不仅是为了共同开发资源,而且是为了技术和管理共享,共同应对未来的危机和风险,更重要的目的在于协调竞争,充分利用国际资源,营造竞争秩序。

目前,在中国石油集团与邻国的国家石油公司之间,中国石油集团和

---

① Julie Jiang and Jonathan Sinton, Overseas Investments by Chinese National Oil Companies, International Energy Agency Information Paper, p. 7, February 2011.

② 中国石油集团,《2010 年企业社会责任报告》,第 6 页。

西方的国际石油公司（如 Statoil 和道达尔石油公司、壳牌公司等）之间开展了不同类型和程度的合作。目前的石油合作伙伴关系主要限于具体项目，如联合投标、联合经营、联合收购和共同经营、合资合作等。今后，以项目为基础的合作伙伴关系有可能逐步过渡到全球性的油气合作伙伴关系。但是，在这一过渡之前，需要克服不同公司之间在经营理念、经营行为和文化上的差异，需要反复磨合，逐步培育合作文化。

二　西方公司的战略调整：赢得未来

在过去 10 年里，西方国际石油公司的资产和业务重组十分明显。特别是面对金融危机，不同的石油公司具有不同的应对战略和策略。西方石油巨头的战略独具保守主义的特色。面对金融市场动荡、国际油价大幅下滑的局面，2008—2009 年国际石油巨头的资本支出计划未见大调整。其中，英国石油公司的资本支出为 210 亿—220 亿美元（不包括收购）；雪佛龙公司为 200 亿—210 亿美元；壳牌公司 2008 年投资为 300 亿—310 亿美元（不包括收购）；埃克森公司为 250 亿—300 亿美元（也是其今后 5 年内的计划），该公司宣布未来 5 年 1250 亿美元的投资仍按计划进行。康菲公司由于需要剥离非核心资产，总体投资水平有所下降。在此前提下，这些国际石油巨头适当推迟或取消了一些高成本项目，但是他们紧密观察全球油气市场的中长期发展趋势，十分突出和侧重长期投资态势，特别是对天然气和海洋的投资，确保长期增长的利益；同时，加快对重油、页岩气、深海勘探开发核心技术的投资。

191

与此同时，国际大石油公司现金充裕，负债率低，受危机和油价下跌影响有限。而中小石油公司面临盈利下降和融资难度加大的双重压力，为国际大石油公司实施资产收购提供了机会。2008 年 7 月和 9 月英国石油公司分别以 17.5 亿美元和 19 亿美元收购了美国 Chesapeake 公司两项天然气资产。通过收购，英国石油公司完成了在北美洲三大页岩气勘探区域的战略布局，为该公司带来了 10 亿桶油当量的资源。2008 年 11 月挪威国家石油公司以 12.5 亿美元收购 Chesapeake 公司在美国东北部页岩气区块 32.5％的股份，还以 21.3 亿美元资助 Chesapeake 公司的钻井作业。此后壳牌公司以 58.7 亿美元收购加拿大比迪韦尔奈公司。比迪韦尔奈公司拥有 1800 平方公里的天然气作业面积。2010 年上半年，壳牌计划出售其在尼日利亚 10 个陆上区块，总价值为 50 亿美元，使公司集中力量发展海上业务。以下列举若干案例分析。

（一）埃克森公司：收购非常规和西非战略

1. 收购 XTO 公司

2009 年 12 月 14 日，埃克森莫比尔公司宣布以 410 亿美元全股权交易方式收购 XTO 能源公司，引起了年底国际石油界的广泛关注。

埃克森的这种并购规模比较罕见。但是，2009 年埃克森公司十分明确未来的发展重点是石油和页岩气、油砂和深海三大领域。由于所有这些领域的开发都需要新技术和经验，是未来公司发展的基础。如果不进入和开发这些资源和领域，石油公司只能限于已有油气资源的交易，其结果固然可以在短期内增加后备储量，但是在未来 10—20 年内将面临快速递减的危险。目前，世界上没有一家国际石油公司在上述三大领域同时具有领先的地位，因此，都谈不上确保长期可持续的发展。埃克森收购 XTO 的战略目的正是利用其资金优势和当时出现的并购机会，抢占三大领域的制高点。相比之下，巴西国家石油公司只在深海领域占有一定的技术和作业优势，而许多国家石油公司则完全没有三个领域的技术和优势。

2. 进入西非的战略

为了实施深海战略，西非是不可忽视的重要区域。本书非洲章节提到加纳的 Jubilee 油田发现于 2007 年，预计具有 12 亿—18 亿桶的石油可采储量，并且还可能有新的发现。2007 年 9 月美国阿纳达科公司在塞拉利昂宣布获得 Venus 发现后，又一次引发了业界对该地区的兴趣。专家预计从加纳、科特迪瓦、利比里亚到塞拉利昂 1100 公里的深海岸线还会有大发现的机会，并将扩大目前从尼日利亚和赤道几内亚到几内亚湾东部的深海生产区。

目前，Jubilee 油田的作业者 Tullow 石油公司拥有该油田 34.7％的权益，美国阿纳达科公司拥有 23.5％，加纳国家石油公司拥有 13.75％，Sabre 和 EO 集团分别拥有 2.8％和 1.75％。Kosmos 能源公司拥有该油田 23.5％的权益，在 31 亿美元开发成本中承担 26.2％的投资责任。

2009 年 10 月，埃克森公司宣布拟以 40 亿美元收购 Kosmos 公司在 Jubilee 油田的股份。这一新闻使同日埃克森公司股票上涨 14％，Tullow 石油公司的股票也推向新高。这一收购对于埃克森公司、Kosmos 公司及其背后的投资者和该地区都是一个利好消息。这一动向说明了以下几个问题：

（1）在金融危机下石油巨头依然对西非战略资源择机行动。从媒体报道看，Kosmos 公司叫卖其股份已有数月。这一动向引起了壳牌、印度 ONGC、中国海油，甚至加纳国家石油公司等多家石油公司的兴趣。其实，早在一年前，埃克森公司就准备进入其曾经离开的加纳海上业务。2009 年 7 月在奥巴马总统访问加纳时，作者关注到其代表团中有埃克森公司的代表。奥巴马总统的访问是象征性的，但埃克森公司显然加快了拟收购 Kosmos 公司资产的步伐。埃克森公司一直对外放风，在油价上升到适当水平时就将出手收购若干战略资产，尤其从未来 5—10 年看，油价上升到 100 美元/桶后便是可预见的机会。埃克森公司显然提前动手了。

（2）埃克森公司进入西非符合其非洲战略。埃克森公司在尼日利亚、赤道几内亚、喀麦隆、乍得和安哥拉等非洲国家都有投资合作项目。该公司还在利比亚、马达加斯加、刚果共和国、尼日利亚和圣多美—普林西比合作开发区从事石油勘探活动，是非洲地区较大的国际石油巨头之一。该公司曾撤离加纳，如今重回加纳成为公司全球深海战略的重要部分。

（3）这一交易反映了西方金融投资者的典型行为。美国 Kosmos 公司是由纽约黑石资产管理公司（Blackstone）和瓦尔伯格·皮卡斯（Warburg

Pincus）公司拥有。因此，Kosmos 的行为显然受金融投资者的控制。这两家金融投资者分别向 Kosmos 公司投入了 3 亿和 5 亿美元开展勘探，获得了近 10 年来的深海油气大发现。在目前的金融危机面前，这些金融机构都需要进一步融通资金。现在，40 亿美元交易额是其投入成本的 5 倍，已经达到了他们的投资目的。而对于埃克森公司而言，Kosmos 所占的储量大约为 4 亿桶，按照每桶探明＋证实储量 10 美元计算，价值在 40 亿美元左右。然而，分析人士估计这一油田的股份价值应该在 50 亿美元以上。因此，这一笔交易也符合石油巨头的战略。虽然其他国际石油公司也跃跃欲试，但是没有特定的利害关系和渠道。9 月 20 日，中国海油曾派高级代表团访问加纳，在阿克拉直接向加总统表达了中方计划提供基础设施贷款，参与经济开发，协助开发其油气工业的愿望，也得到加纳总统政治经济顾问们的支持。尽管加纳欢迎中国的贷款和技术，但是也喜欢美国石油巨头参与和技术保证。次日加纳国家石油公司将这一收购方案交给石油部。据 12 日美国欧亚集团专家分析，如果 Kosmos 愿意与埃克森公司达成协议，而后者愿意按照加方要求，就加目前石油工业薄弱的状况和需求对协议条款作适当修改，并保证在 2011 年投入开发与生产，加政府将给予批准。

然而，2010 年 8 月 18 日，埃克森美孚公司宣布放弃收购 Kosmos 能源公司 Jubilee 股份的计划。这一出手又一放手的行动引起业内关注。自 2009 年 10 月埃克森美孚公司与 Kosmos 能源公司达成收购协议以后，这一收购协议以及埃克森公司的收购行为一直受到加纳政府的审查、质疑而被搁浅。近年来，加纳更加强了对深海石油开发的管制，使埃克森公司与加纳政府的谈判更加困难，逐步削弱了埃克森公司的耐心。该公司逐步感到，该油田权益的战略价值已消退。但是，更主要的原因是出现了如下不得不令人关注的发展趋势：

一是 2009 年 7 月以来深海对外合作勘探开发的机会增加。在诸如墨西哥、东非海域（如坦桑尼亚和马达加斯加）、黑海、菲律宾、格陵兰岛等海域均出现了许多新的勘探机会和购买机会。

二是在英国石油公司墨西哥湾深水地平线平台爆炸和发生原油大量泄漏后，许多国家的中小石油勘探公司由于深海勘探风险加大，深海设备租赁费用增大，管制措施更加严厉，而被迫撤离深海勘探开发领域和项目，为那些具有技术和资金实力的石油巨头扩大深海业务提供了难得的机会。

当时，作者与一些美国咨询公司交流后认为，墨西哥湾原油泄漏事故可能使埃克森公司更有机会在墨西哥湾获得发展，或者为其大力发展创造了许多有利条件。同时，康菲公司也在7月份的电话会议中表示，该公司计划拨出20亿美元，加大在墨西哥湾和其他深海海域的投资。英国石油公司也暗示，在成功解决原油泄漏后，计划在附近再钻一口井生产。

三是继续在墨西哥湾扩大深海勘探开发，无疑与稳定的投资环境相关。美国可以提供更稳定和具吸引力的税制。使埃克森公司比以往更重视墨西哥湾了。况且，作为美国最大的石油公司，埃克森公司在墨西哥湾的石油投资规模、数量可能比其他同行（如英国石油公司、壳牌公司和雪佛龙公司）的项目少得多，因此需要加大投资。

四是西方石油巨头加大在墨西哥湾和其他有关深海油气勘探开发也可以避免或减少与国家石油公司的高成本竞争，特别是来自亚洲的国家石油公司的竞争。

（二）英国石油公司：墨西哥湾事件后的发展战略

从2010年7月底开始，英国石油公司开始将工作重点从控制漏油转向处理污染赔偿问题和战略调整。其中，一项重要的任务是原先宣布的资产出售计划。这一举措自宣布之日起便引起国际石油界的紧密关注。7月20日，英国石油公司就证实正在与阿帕奇公司紧密接洽有关资产出售事宜，后者也证实了这一谈判，并十分看重对英国石油公司资产的收购机会。至今，英国石油公司没有公布其资产出售的清单。但是，作者的分析是：该公司将出售一些"非核心"的资产筹集资金。拟出售的资产特征是：（1）投资大、利润小的资产或项目；（2）投资长、资金需求大

195

的项目；（3）在项目总权益中所占比例小、但价值大的项目；（4）在公司全球油气产量和利润中所占比例小，利润空间也小的项目；（5）合同即将到期的项目；（6）在美国和欧洲一些回报率较低的下游项目；（7）非油气的项目。

英国石油公司采取"成熟一个，出售一个"的方式，逐步公开资产拍卖计划和活动。当时作者否定英国石油公司撤离墨西哥湾和俄罗斯战略性资产的可能性，也否定了出售其在萨赫—杰尼兹项目股份比例的可能性。作出这些判断的基本依据是：英国石油公司正利用赔偿筹资的机会对公司资产进行一次优化重组，以便轻装上阵。

（三）康菲公司：出售非战略性资产

2009 年 10 月 7 日，美国第三大石油公司康菲公司宣布可能在未来两年内出售 100 亿美元资产，以增强公司财务状况。随后，瑞银（UBS）、巴克莱银行和花旗银行对此均做了分析和评估。

根据 10 月 14 日瑞银分析家与康菲公司休斯敦总部人员交谈后提供的分析报告证实：康菲公司大体确认价值约 200 亿美元的全球资产，试图从中剥离 100 多亿美元的资产，以回收资金，增强公司财务能力。这些将被剥离的资产可能是非战略性资产（主要是那些该公司为非作业者的资产和持有小股的资产），也可能是成熟的资产。其中可能包括康菲公司在加拿大 Syncrude 公司油砂项目中 9.03％的股份。根据瑞银的分析报告，该公司管理层没有对可能出售其在鲁克石油公司 20％的股份作出任何承诺。但是，该公司如果收到高于其内部评估价值的收购要约，也可考虑出售大约 10％左右的股份。此外，康菲公司管理层对美国的天然气价格作了更加谨慎的评估和展望，认为公司在北美天然气资产重组中也可能包含一个较大部分的剥离计划。如果国际油价和并购环境理想，出售的资产价值有可能超过 100 亿美元。根据作者与全球能源资本公司的交流，康菲公司的这一资产重组计划不会是一次降价处理的销售行为，而是待价而沽的增值套期行为。

（四）戴文公司：重归北美陆上

2009 年 11 月，这家美国独立石油公司决定退出在墨西哥湾的所有业务（87％未开发），卖掉国际项目（主要是阿塞拜疆、巴西、俄罗斯和中国的待开发项目），约 75 亿美元，以降低公司债务，降低资产风险。2010年后公司在美国的投资力度明显加大（图 11.4），估计该公司在墨西哥湾和国际项目的资产大体占公司探明储量（28 亿桶油当量）的 7％。从 2011年开始公司收益主要依靠美国和加拿大陆上资产组合（如页岩气）。戴文公司这样做的目的在于优化资产，提升股东的回报率。虽然墨西哥湾的业务和国际项目质量很好，但是并不在公司的股票价格上得到充分的反映。出售这些资产，一方面可以实现这些资产的价值；另一方面，使得公司可以充分投资和开发北美陆上资产价值的增长潜力。2010 年 12 月 22 日，公司宣布与 Maersk 石油公司签订协议，以 13 亿美元将其在美国墨西哥湾的三个勘探资产转让给 Maersk 公司。

单位：百万美元

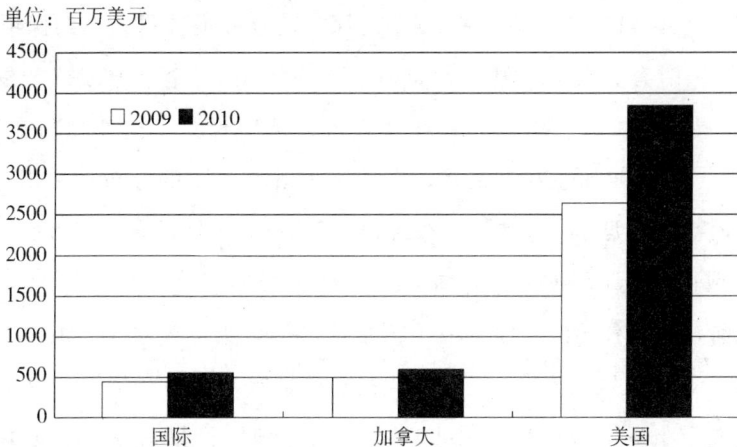

资料来源：巴克莱银行，2010 年。

图 11.4　戴文公司的投资分布

（五）Tullow 石油公司：多样而平衡的资产组合

资产组合管理是许多石油公司非常重视的资产价值管理，对于独立石油公司来说更是如此。因为公司资产组合管理体现了资产的整体效益、内部协调与效益滚动的关系，也体现着公司可持续发展的动力。所以，形成符合公司自身特点的资产组合对于稳定经营、提高效益和竞争力具有重要的意义。

英国的 Tullow 石油公司成立于 1985 年，至今 25 年，是英国第四大独立石油公司，也是近几年来发展比较快和成功的石油公司。该公司的石油业务起步于国内，发展于国际。国内的项目主要在英国，国际业务起步于国内和巴基斯坦项目，但是真正的发展还是在 2000 年，特别是 2004 年大规模进入西非和中南非洲地区之后。目前，该公司在全球 23 个国家，欧洲、非洲、南亚和南美四个地区，持有和经营着 85 个生产与勘探许可证。2008 年公司的权益油产量为 330 万吨。

该公司的经营特点在于多样而平衡的资产组合：主要体现在项目类型上，作为勘探开发公司，具有发现（F）、勘探（E）、开发（D）和生产资产的良好组合。在 23 个国家有 20 个勘探或待勘探的项目，纯勘探项目 12 个，近年来时有重大油气发现，如 Jubilee 油田；10 个开发或待开发的项目，7 个已经开发生产的项目，在四大地区均有产量。这些项目在勘探、开发和生产合同期限上相互衔接；在地区上既有一定的分布，又相对集中在非洲，特别是西非、中非和东非地区。2009 年该公司集中精力推进加纳 Jubilee 项目第一阶段的开发和乌干达储量的勘探评价。

目前，在该公司的总储量中，石油占 69%，天然气占 31%；非洲储量占 92%，其他地区占 8%。但是，从权益产量看，石油产量占 66%，天然气产量占 34%；非洲地区产量占 65%，其他地区产量占 35%。公司收益分布基本类似。可见现有油气产量对公司具有重要的带动作用，而未来的勘探潜力和生产潜力在于非洲。

从 2009 年的勘探开发与生产预算看。勘探预算为 2.6 亿英镑，开发预算为 4.9 亿英镑。其中，加纳的勘探开发预算为 3.9 亿英镑，乌干达为 1.1 亿英镑，非洲其他地区 1.87 亿英镑，欧洲和南亚为 0.58 亿英镑。

　　由于该公司在非洲的巨大成功，今后该公司的主要精力将越来越转向非洲地区。今后几年内，该公司在维持其他地区开发与生产的同时，主要抓加纳和乌干达的业务，集中和加大对这两个核心资产的投资，并扩大项目股份比例。此外，将在利比里亚和塞拉利昂等国家继续参与一些战略合作开发。从长远规划看，公司也没有忽视其他地区的开发，该公司多次表示，资产组合管理要与公司的实力、优势和技术特点及战略目标相适应。

第四部分

竞赛规则

第十二章

谁制定国际油气规则？

一　从"石油俱乐部"到欧佩克

从 20 世纪 50 年代到 70 年代，国际石油领域发生了系列重大事件：国际石油勘探重心由墨西哥湾转波斯湾及世界其他地区、国际石油巨头进入中东、西方"石油俱乐部"的形成、石油民族主义的萌动、石油收益分配谈判、伊朗的国有化、欧佩克的诞生、石油大幅提价和石油危机，等等。在这些历史过程的背后是主要产油国与西方石油巨头在石油主权、利益分配和合作方式上的激烈博弈和角力。实际上反映的是谁应制定国际油气合作的规则。在欧佩克成立前后，西方石油垄断势力和石油民族主义在这一问题上展开了激烈的较量。

（一）西方石油巨头的垄断

自 1859 年美国德雷克上校在宾夕法尼亚打出了第一口油井后，大规模的石油开发引发了激烈的商业竞争。洛克菲勒通过逐步控制下游和运输价格，渐渐控制了石油勘探开发，逐步形成了实力较大的"标准石油"托拉斯。但是，这一托拉斯在 1911 年又不得不解体。由于这一解体，各地标准石油公司，如泽西标准石油公司（后来的埃克森石油公司）、纽约标准石油公司（后来的美孚石油公司）、加利福尼亚石油公司（后来的雪佛龙公司）、海湾石油公司（后来并入雪佛龙公司）和德士古石油公司（后来也并入雪佛龙公司）逐步发展。他们与欧洲的壳牌集团和英国石油公司一起被业内人士称为"七姊妹"。这七大石油公司都是实力强大的一体化石油公司。从 20 世纪的 50 年代到 70 年代，这些石油巨头凭借手中的特许经营权不仅控制着大量的石油资源，而且具有强大的炼油能力、技术力量和分销网络。

正是倚仗这一垄断优势，他们逐步扩张，比较早地进入了南美、中东和非洲等地区。他们通过长期租赁协议和联合公司（如英波石油公司、阿美石油公司、伊拉克石油公司和伊朗石油财团），在资源国获得了大面积的、长达几十年甚至近百年的油气勘探开发的特许权，而他们仅仅需向资源国缴纳少量的矿区使用费。这显然是一个极不平等的协议，他们不仅侵占了资源国的所有权，而且侵占了巨大的石油利益。这一状况很快被逐步觉醒的资源国精英察觉，因此他们提出了重新分配石油利润和国有化等要求。

但是，西方石油巨头的"俱乐部"凭借自己的技术和全球销售优势，进行顽强抵制。为此，他们形成了强大的封闭型的联盟。虽然在反托拉斯法下人们看不到他们的有形组织，但是他们确实存在且相互配合。具体的对策是：不对外公布石油公司的经营状况，不与外界尤其是媒体接触，不与资源国单独谈判。一旦发现资源国有反抗和国有化的倾向，立即组织压制，或动用政治手段、支持军事政变或暗杀。30 年代他们扼杀了墨西哥的国有化，联合抵制了 50 年代伊朗国有化，几乎屡屡得手。他们在 50—70 年代拥有资源、资金，掌握技术，制定标准，设定合作模式，代表着"国际石油工业"。所有这些活动都由这些公司的美国与英国总部操纵。他们傲视天地、目空一切，不思变革。

60 年代后他们目睹了资源国的觉醒与反抗和自身联盟的失败。这些石油巨头的"俱乐部"分分合合，经营领地不断退缩，但是他们始终没有离开自己的圈子。尤其是"七姊妹"及其影子依然存在。他们依然被工业界称为石油巨头，甚至是国际石油公司（IOC），对政府、对公众、对独立石油公司依然傲慢无比。他们内部有形和无形的交流和合作频繁。由于他们在资金、技术和管理领域具有突出的优势，并长期占据国际油气工业发展的前沿，因此，他们在商务谈判，制定行业标准和规范以及商业惯例方面具有引导力和制约力。近年来，他们明显感到来自国家石油公司的竞争压力。为了增强与资源国国家石油公司（NOC）的合作，积极推进 IOC－NOC 伙伴关系，但是对"国际化的国家石油公司（INOC）"概念格格不入。作者感到他们对资源国的战略目的仍然是资源、资源、资源。他们并没有与资源国发展长期合作关系的长远计划。一些石油巨头抵制资源国修改既定的合同条款，不愿意在资源国投资下游领域和基础设施建设，更不愿意承担石油业务以外的社会责任。

（二）石油民族主义

石油民族主义是石油资源国的合理要求。它首先从觉悟了的石油资源国精英开始形成。经历了从自发到自觉，从诉求、谈判到争取和反抗的过程。石油民族主义者通常首先提出提高矿区使用费的比例，然后提出对石油收益实行五五分成的要求，最后提出提价，成立卡特尔组织，甚至以石油为武器，打破西方石油公司的垄断和封锁。他们的目的是从西方石油"俱乐部"那里夺回本该属于自己的资源所有权和油气开发的主动权，以平等和合作者的角色，参与国际石油工业的分工过程。

目前，中国国内对于石油民族主义的形成、特点尚未深入研究，尤其是阿拉伯的石油民族主义与埃及"纳赛尔主义"的关系，石油民族主义与国有化的关系，石油民族主义与当权集团的利益关系，各国的石油民族主义之间的区别，特别是民族主义的历史根源与现实表现的关系，等等。

石油民族主义还曾被美国当做苏联的共产主义势力的扩张来遏制。因为 60—70 年代石油民族主义的高潮时期也正是美苏"冷战"正酣的

205

时期。苏联也的确加强了对中东非洲的渗透。但是，石油民族主义与苏联式的共产主义不是一回事。《石油俱乐部的女王》的主人公旺达对这一点有清晰的认识，她早就告诫过美国白宫，不能脱离中东的实际和切身的民族利益，把石油民族主义与共产主义混为一谈，否则吃亏的是美国。①

60年代前后石油民族主义的先锋是埃及、沙特阿拉伯、委内瑞拉、科威特、伊朗以及背后的埃及总统纳赛尔，沙特阿拉伯首任石油部长塔利奇、继任石油部长亚马尼，委内瑞拉石油部长阿方索和利比亚卡扎菲等阵营。这一阵营要求以石油为手段，发展本国经济，逐步改变与西方的合作格局，使本国的石油工业进入国际石油工业体系。国有化、欧佩克和石油武器都是他们的杰作。但是，这个阵营不是铁板一块。纳赛尔、塔利奇和后来的亚马尼、阿方索思维不同，他们也因与国内当权者思路不和而被排斥。这些阿拉伯人和伊朗人虽然同属一个地区，具有相同的石油合作历史，但是思维和要求并不一样，尤其是伊朗首次国有化失败后长期记恨阿拉伯国家的不配合行为。

另一阵营是西方的"石油俱乐部"或石油巨头的无形联盟。这一阵营要求维持或恢复传统控制。虽然他们已经失去了对全球多数油气资源的控制力，但是在技术、服务和标准等方面依然具有优势。他们之间依然相互交流与联系，共同形成应对资源国的谈判立场。但是，这个阵营也不是铁板一块。独立石油公司（如大陆石油公司、西方石油公司）反感石油巨头的行为。而独立石油公司经历了50—60年的发展，也逐步突破只经营"下游"和国内业务的界限，向国际领域和新技术领域进军。

总之，两个势力主线和两个阵营之间的较量构成了50—70年代和80年代国际石油工业变革的主要内容。欧佩克是石油民族主义的一个产物。两次石油危机对西方国家打击巨大，欧佩克在配额生产和调节国际

---

① 安娜·鲁比诺著：《石油俱乐部的女王》，徐小杰、李东超译，华夏出版社2010年版，第62页。

油价方面曾起到了越来越大的作用，迫使西方必须认真与其平等对话。但是，自欧佩克成立至今50年来，这个组织的运作盛衰不定。该组织曾经对市场和油价的变化起到关键的作用。但是现在受到西方石油势力、受到非欧佩克产油国和其他能源的竞争，影响力逐步下降。面对2008年金融危机下国际油价的巨大变化，欧佩克似乎失去了对国际油价的调节能力。

进入21世纪后，正如前述，资源国对20世纪90年代的对外合作进行了反思，一直伺机调整90年代的国际石油合作格局和合作规则。由于国际石油供需关系的变化，世界产能吃紧，2003年后油价持续上升。一些资源国领导人开始再次提出强化国家对本国油气资源的控制力，重新调整对外合作协议。因此，出现了资源民族主义的回潮。

二 资源民族主义回潮

自2003年以来，国际油气投资环境发生了较大的变化，特别是一批资源国在高油价的推动下，纷纷调整本国的油气法律、发展战略和对外合作政策，包括：增强国家石油公司的地位与利益、实施优先购买权、政府单方面修改合同、设置多种"绿色壁垒"、征收出口税、不再签订新的产量分成合同等。这些都是目前和今后国际各类石油公司普遍面临的问题。显然，国际石油公司的经营战略受到资源国政策的"干扰"；投资利益被资源国"蚕食"；更核心的问题是，国际已有的合作规则受到了挑战。

金融危机之后，油气资源国又吹响增税号角。因为增税是高油价的产物。2003年以后，国际油价高企引发了资源国轮番提高石油税收，主要是采取针对石油公司的特别利润税或超额利润税以及直接提高政府出口收入的出口税，推动了全球油气资源国的资源民族主义热潮。这一趋势曾经受到2008年金融危机的遏制。但是，进入2011年后由于国际石油需求持续

207

增长, 地区局势紧张既影响了有效供应, 又增加了石油需求, 使得近两个月来国际油价不断提升, 而不断提高的国际油价又一次激发了资源国增税的热潮。2011年全球石油领域的增税趋势与油气产业投资需求产生了直接的冲突, 令石油公司和资源国矛盾重重。

2011年4月委内瑞拉对100美元/桶以上的石油收益征收95％的利润税。之前, 外国公司最多上交60％的超额利润税。但是, 4月25日委能源部长提示, 对于合资公司未回收投资前的产量不征收暴利税。这样新建项目和增产的项目均不包括在征税范围。俄罗斯政府决定从2011年5月1日起取消东西伯利亚万科尔油田、上琼斯克油田和塔拉坎油田的税收优惠政策。同时石油出口税提高了44％。

2011年3月开始, 英国政府对石油公司征收额外税收从20％提高到32％。同时, 燃油税下降1英镑/每升。为此, 财政部国库将可以增加33亿美元的收入, 引发产业的一片抗议声。目前石油公司预计油气田的总体利润税比例由62％提高了81％。2011年5月1日英国的Centrica石油公司公开表示, 由于北海税收提高, 难以恢复该公司经营的英国北海最大油田的生产。目前英国的石油公司正在游说政府, 警示政府税收的变化可能限制本地区石油天然气的未来发展。

在加拿大, 高油价给该国的油砂工业带来了福音。到目前为止, 为了鼓励投资, 政府支持过去15年一直执行的刺激发展的措施。但是随着选举的临近, 所有的党派都支持减少对油砂的支持政策和激励措施。

在澳大利亚, 政府曾经试图提高资源税40％, 但是后来由于业界反对而流产。目前, 澳大利亚正经历着19世纪末以来最大规模的矿产和能源产业的发展热潮。2010年6月吉拉德继任后由于普遍的抗议, 将超额利润税降低30％, 并且只适用于煤炭和铁矿石领域。吉拉德政府可能通过税收法, 稳定目前相对较高的税收水平。但是, 矿产业依然感到税收过高, 压制了投资。澳大利亚油气产业担心, 一旦油价下降, 投资将下滑。而且, 与美国和加拿大近年来的页岩气部门的发展相比, 澳大利亚的税收缺乏公允，在全球缺乏竞争力，英国具有类似的特点。两个国家必须考虑到政府收益和资源匮乏的矛盾。

自 1995 年以来，国际石油公司一直在研究确保在资源国经营利益的对策。主要措施大体有三个方面：一是完善合同中的稳定性条款以及实施合同的保障措施，二是签订双边投资贸易等协定，三是落实能源宪章规定。[①]稳定性条款是在谈判中可以争取确保的条款，需要聘请专业律师，制定严密的稳定性条款，争取在法律范围内确保国际公司的利益。但是，这种做法有可能面临资源国单方面修改合同的挑战，如 2007 年 9 月哈萨克斯坦议会针对里海卡沙干油田投产日期一再拖延，损害哈战略利益为由，通过以保护战略性资产为目的单方面修改合同条款的法案。签订双边投资保护协定也是在两国范围内确保相互利益不受侵犯的重要手段。最好的选择是签订系列交叉的双边协议，如贸易、投资、税收、货币和劳工等。但是，这些双边投资保护协议完全受制于双边的政治外交关系。在外交关系一般或比较紧张的双边关系中，较难以签订和实施这些协议。

能源宪章条约是在能源领域制定的世界贸易组织（WTO）的规则，甚至试图成为 WTO 在能源领域的"增值版"。但是，根据作者的研究以及与能源宪章机构专家的直接交流，目前的能源宪章可在成员国（包括中亚油气资源国在内）内部运用，但是效果十分有限。

总的看，在委内瑞拉、厄瓜多尔、玻利维亚为代表的一批南美国家，在苏联地区的俄罗斯和中亚国家，甚至在尼日利亚、安哥拉、阿尔及利亚和利比亚等非洲国家，石油民族主义的回潮加强了国家对油气工业的直接控制力度，修改了现有的合作模式，颠覆了 90 年代形成的有利于国际石油公司的合作规则。

但是，任何时期的资源民族主义的效益都是有界限的。墨西哥的石油国有化始于 20 世纪的 30—40 年代，此后国家石油公司一直垄断经营着石

209

---

① International Energy Investment Law, the Pursuit of Stability, Oxford Liniversity Press, April, 2010.

油工业的上中下游业务。长期的资源民族主义政策给墨西哥带来了石油独立和稳定发展。但是，90 年代以后随着该国石油生产进入峰值后，特别是坎帕斯油田不断枯竭，石油产量下降得不到扭转，海上石油开发难以推进，国际石油业内人士普遍认为，根本的原因在于过时的资源民族主义。当今资源国的资源民族主义如果走向反面也可能导致类似的结局。比如委内瑞拉的资源民族主义以所谓的"21 世纪社会主义"的做法洗劫国家石油公司的石油收入，已经出现石油资金循环困难，增储上产困难以及电力领域出现断电等问题。其实在 2009 年初，如果低油价持续半年以上，委内瑞拉的石油生产就难以维系。

三　服务合同盛行

与 20 世纪 90 年代产量分成合同模式相比，委内瑞拉的服务合同和伊朗的回购合同模式一直是一种抵制力量，也是国际石油公司不得不适应的"不合惯例"的模式。2003 年后随着资源民族主义的出现，产量分成合同在俄罗斯、哈萨克斯坦和伊拉克受到限制，服务合同在委内瑞拉、伊朗、伊拉克、土库曼斯坦和墨西哥等油气资源国日益盛行。

2009 年 7 月，伊拉克政府第一轮对外招标中宣布英国石油公司和中国石油集团联合赢得鲁迈拉油田作业权，以服务合同签署协议；2010 年第二轮招标的成功更加验证了国际石油公司对服务合同的接纳。同时，土库曼斯坦在南约洛坦的天然气开发合作中采用服务合同。墨西哥正在着手推进布尔戈斯地区陆上天然气招标，同时还推进海上石油招标的谈判，也明确采用风险服务合同。

服务合同或风险合同完全不同于许可证制度和产量分成合同。长期以来，产量分成合同是国际石油公司参与资源国油气开发，通过合作分成所产石油收益的合同，国际石油公司从产量分成合同中获得实实在在的石油份额。在分成合同模式中，国际石油公司是国家石油公司的合作伙伴。而服务合同通常是国家石油公司（NOC）和国际石油公司（IOC）之间就油气勘探开发或工程技术服务而签署的合同，常见于边际油气田开发或老油田开发。在服务合同下，国家石油公司继续拥有区块、任何基础设施和由此所产石油的所有权。油气田则由承包商接管经营，往往还附带额外的勘探区域。根据服务合同，国际石油公司不是合作伙伴，而是承包商，必须按照设定的标准，合理而谨慎的运作。与产量分成合同的作业者不同的是，服务合同的执行者是根据桶油或千立方米天然气收取费用。计算方法有简单的，如 1993 年委内瑞拉第二轮重新招标的方法；也有非常复杂的收费方法，涉及世界石油价格的变化。

风险合同运用于勘探领域。风险合同在 60 年代末的委内瑞拉、1978年后的阿根廷和 20 世纪七八十年代的巴西使用过。以后在全球普遍推行。基本原则是相同的。

服务合同在上述场合被资源国优先采用的原因首先是在政治上更容易被接受。在许多国家，许可证制和产量分成合同模式下的石油开发往往被资源国的国民理解为"外国人偷窃石油"。而服务或风险合同可以消除这些担心。虽然承包商代替国家石油公司投资了，但是并没有拥有原油产量和基础设施的所有权，他们的投资只从未来产量中得到回报。这看起来对资源国政府很有利，政治上容易被民族主义者接受。

服务合同经常出现在有强烈资源民族主义的地区。比如墨西哥对外国石油公司在许可证制度下的新投资十分反感，在这种情况下，更习惯于采用服务合同。目前委内瑞拉的查韦斯政权也是如此。服务合同下的承包商除了最低工作量外，不可按照其愿望投资，特别是在其看好的项目上追加投资。国家石油公司可不批准承包商的年度预算，不批复追加一口新的深探井。在委内瑞拉，国家还可以根据欧佩克的义务或本国的计划，关闭或推迟服务合同下的石油生产。

服务合同的经济效益与桶油费用、原油质量、交货点和政府所得比例相关。从逻辑上讲，服务合同下的承包商不应该支付矿区使用费和其他油

211

气税收，因为这些税收应该是针对资源所有者而征收的。但是，资源国该收的照收。最后，对于承包公司来说，服务合同中最令人沮丧的是不能将储量计算为承包公司的资产。

预计服务合同模式将在中东和南美呈推广趋势。今后中亚和非洲的重要产油国也可能模仿。随着服务合同的扩大，国际石油公司面临的经营风险日益加大。这对于后备储量不足，储量替代率下降的国际石油公司来说是一个致命打击。目前，国际石油公司似乎采取了抵制的态度，比如在伊拉克第一轮招标中许多国际石油公司就放弃了投标。但这并没有改变伊拉克继续实施服务合同的政策。今后国际石油公司必须适应资源国的发展需求和国际合作趋势，调整过去习惯产量分成合同模式下的资源开发战略和模式，研究获取国际油气资源的新方式和新途径。今后新的获取方式必须扩大到扩大作业者能力、确保控股地位下的优惠进口待遇、长期供应保证、特许权、优先谈判权等方面，从而对参与全球油气竞争的思路进行新的扩展和提升。

四 深海开发管制趋势

2010 年 5 月 27 日，美国总统奥巴马宣布在美国沿海禁止新的油气钻井活动，次日第二次亲临路易斯安那州的墨西哥湾，调查墨西哥湾漏油事故处理进程和效果。奥巴马的这一禁令直接叫停了 30 口勘探钻井活动，同时也阻止了 2010 年夏季至秋季北极海域的油气钻井计划，取消了墨西哥湾西部油气开发长期计划。

这样做的直接目的是为处理泄油事件提供更多的调查和调整时间，也为美国有关部门深入研究和制定今后深海油气安全作业规范以及培训提供时间，以避免今后出现类似的事故。

此禁令直接影响一些石油大公司 2010 年下半年的深海作业。其中，受影响较大的公司是壳牌公司（5 口勘探井）、阿纳达科石油公司、马拉松石油公司和英国石油公司。夏季的钻井数量有大幅削减之势。[1]

（一）扩大监控范围

这一禁令在 2010 年底被取消了，但是美国扩大了海上石油钻探监控范围。[2] 原因是此前的体系仅在如何使海上钻井更安全方面做了些人为的限制，执行的范围仅限于拥有美国海域许可证的油气公司，这一体系限制监控范围，因此需要尽量扩大监控范围，对所有从事海上油气业务的主体进行监控，而不是人为地局限于申请许可证和递交勘探计划的作业者。因为根据调查该事故的专门委员会的看法，该事故是英国石油公司和它的现场承包公司（拥有深水地平线钻机的 Transocean 公司和从事固井工作的哈利伯顿公司）系列决策的结果。

目前，海洋能源管理局认为，虽然可以对使用的设备和承包公司的业务进行一些规定，但是，油气作业者必须承担最终的责任。政府部门需认真评估作业公司的安全记录和其他可能影响海上钻探项目的因素。在深水地平线事故后，政府已经推出了一系列新的安全和环保规则，包括油气公司必须证明他们具有控制未来可能发生深水泄漏事故的设备和经验。

扩大监控权限还涉及大量的人力和物力支持。为此，美国海洋能源局在 2010 年的基础上获得了 4700 万美元的资金支持。政府希望海洋能源局雇佣 116 位新的海洋监督员（几乎是当时的 3 倍）和 41 位新的许可证审查员。这些人力涉及 3 亿—4 亿美元的工作量投入。

（二）更加严格的管制制定

通过这一史无前例的灾难，美国政府出台了更加严厉的安全和环保管制与惩罚措施。公司针对海上油气开发的技术与设备安全措施更加严格，经过此后数年的调整和创新，将带来更新技术与设备的应用以及操作流程

213

---

[1]　美国在线石油信息网（Rigzone）专家预计，2010 年夏季末至秋季美国的油气钻机数量可能从当时的 1518 台减至 1300 台左右，其中，石油钻机为 445 台，天然气钻机为 855 台。

[2]　2011 年 3 月 12 日，美国政府海洋能源管理、监控和执行局（BOEMRE）主任 Michael Bromwich 指出，奥巴马政府考虑把监控的范围从油气生产公司扩大到目前仍然游离于政府监控以外的钻井公司、油田服务公司和其他的承包公司。

的升级换代。为了安全操作，石油公司与技术服务公司、作业者与非作业者之间的关系将按照安全、成本和法律责任进行重塑。目前大公司向中小公司的分包模式被否定。今后资源国、深海公司和服务公司对深海开发项目的审查内容、程序、操作规则和技术应用将更加严格。一些国家和公司已经主动出台更加严格的深海作业规则。比如英国和挪威已经开始研究新的规则。俄罗斯自然资源部已开始对国内所有海上油气项目进行检查，格陵兰岛、阿拉斯加成为人们议论的重点。预测巴西和安哥拉政府将就其盐下和深海区域的安全开发与环保提出新的规则。哈萨克斯坦能源部也表示将加强对海上项目的监管。同时，美国政府还大大增加对深海作业的税收，使目前公司的财税安排在竞争中失去吸引力，必然面临新的调整。从事海上油气作业的人身和设备保险费将大幅提升。从处理深海漏油事故的难度看，今后只有石油巨头才具有全面的技术和经验。中小石油公司将逐步被排挤出深海领域；况且英国石油公司高达 200 亿美元的污染赔偿费成为美国的判例，对中小公司无异于"死亡判决书"。最后，墨西哥湾漏油事故大大增强了社会和公众对深海油气开发和公司社会责任的监督。①

（三）墨西哥湾漏油事故的综合影响

墨西哥湾漏油事故对全球海上油气开发形成了巨大冲击。首先，政治家从未像现在这样关注深海石油开发可能带来的负面影响和风险。如何深刻认识这次史无前例的漏油和污染事件，特别是这一事故对未来全球油气工业的发展方向的冲击，是一个重大的问题。显然这不仅仅是一个严重的事故，也不仅仅是一个严重的技术作业问题，而且是一个具有系列冲击波的深海发展方向问题。

2003 年以来，全球的石油产量基本维持在 40 亿吨左右，已经处于常规石油供应的峰值平台。今后常规石油的产量增长空间十分有限，未来的

---

① 2010 年英国石油理事会（Oil Council）的要报（6 月刊）对 15 位业内人士和专家的采访观点。

石油供应新空间主要靠海上石油、非常规资源以及其他人工合成油。2010年深海石油产量大约为 2.5 亿吨[①]。从过去十多年的勘探结果看，深海石油的探明程度在 20％以下[②]，为人类展示了新前景，尤其是为发达国家和国际石油公司提供了新的生存与发展空间。

因此，如果深海石油开发受到抑制，就会对陆上的非常规石油开发形成很大压力，而非常规油气开发和供应又不是一两年能提高的。其结果必然对 2030—2040 年世界石油供应的增长带来极大的压力。与此相应，供应的紧张又必然在成本、价格、税收等层面反映出来。首先是未来油价上升压力更大。

同时，除了墨西哥湾外，世界其他海底油气勘探与生产作业区（如巴西深海区域、澳大利亚大陆架、西非海域、北极海域、里海等），尤其北极海域和里海是生态环境非常脆弱的地区。如果这些地区也出现类似污染事故，就不是一口井、一个国家的问题，沿岸各国都会遭到极其严重的影响，还可能引发国际争端。

为什么像英国石油公司这样大的国际石油公司会对这个问题如此忽视？到底是什么因素导致这么大的事故呢？作者认为，最重要的因素是技术、管理和政府管制三大问题。

第一是技术问题。人类为了解决供应瓶颈问题，需要向深海石油进军。深海石油从质量上看是常规的石油资源，但这种常规的资源处在极其恶劣、复杂的地质环境中，必须以非常规的地质理论和技术手段来开发。相应地，深海的勘探生产难度和风险也日益挑战着人类自身的能力。虽然在过去 20 多年里，海上油气勘探、开发和开采技术及设备不断进步，也具有应对浅海事故的一定能力，但是，1500 米以上的深海和超深海作业难度

215

[①]　Deepwater Crude Oil Output: How Large Will the Uptick Be? Oil&Gas Journal, Ilth January 2010.

[②]　目前，全球陆上石油探明程度为 70％，海洋石油探明程度为 30％，其中，深海的石油探明程度不一，未见权威统计，此处为作者的保守估计。

和风险远远超过了生产技术和设备的应急能力。此次英国石油公司的漏油事件就是一个警告，它说明目前人类在开发深海石油时还缺乏应对风险的配套技术和设备，在发生事故的时候还没有有效的解决手段。这是一个技术上的巨大瓶颈。

人们正处在这个灾难后的困惑期。困惑期过后必将是新的进步。就像哥伦比亚号爆炸事件后必然带来航天飞机技术、设备和材料的新进步、新突破一样。否则，深海石油开发就将停滞。

第二是管理问题。这次事故暴露了深海施工作业、技术服务和设备供应三个环节业务链上存在责任界定不清的问题。出现这一重大事故后，设备提供商、技术服务商和石油公司之间相互推诿，莫衷一是。作业责任不清必埋隐患。现在几大区域的海上作业，普遍存在着大公司发包给独立石油公司、小型技术服务公司等现象。没有问题时，万事大吉；一旦出现问题，就是连环冲击。这次事故必然引发石油公司、设备供应商和技术服务商风险责任、管理模式、合同规范等方面的重大调整。

第三是政府管制问题。在很长一段时间内，政府对于深海石油作业的管制比较宽松，有些职责缺位，加上上述公司技术和管理问题，发生这样的大事故有其必然性。目前政府的管制只靠法律原则、案例法和事后监控，显然不够。作者认为，从一个公司进入深海作业开始，政府就必须对这个公司进行严格的资格审查，并具体规定什么样的公司可以进行什么深度的海洋开发，5米、200米和1000米的海上石油作业技术、设备和管理完全不同，因此对不同深度石油作业的管制手段也不一样。今后，政府对深海和超深海的石油开发的管制应与航天工业一样，实行直接管制。在英国石油公司墨西哥湾漏油事件的赔偿问题上，目前的200亿美元相比以往的赔偿案例（7500万美元）是一个天文数字，而这还不应是封顶数。这样才能促使人们认真思考海上石油工业发展的方向。

第一，对英国石油公司来说，今后是否具有持续不断的能力解决这次事故。从目前看，这个石油巨头有技术、设备和经济实力来解决这个问题。但是，如果一年或更长时间内解决不了，英国石油公司有可能面临肢解或重组。这一结果不仅对英国石油公司自己，而且对整个石油巨头都是巨大冲击。

第二，对美国来说，随着事件的发展，污染程度越大，社会的反响声浪越高，深海石油开发的空间就越小，有可能导致大面积海上石油作业停产。其结果必然迫使美国增加石油进口，导致石油供应紧张，价格上升。

第三，对石油工业来说，深海石油开发信心受挫，将加大对陆地油气资源，特别对非常规资源的投资压力，也加大各有关公司兼并收购的力度。

第四，从世界范围看，这次事件必将推动有关国家对深海油气开发实行更严格的管制。目前海上钻机的作业费是 15 万—20 万美元/日，以后政府必然实行高税收；政府和保险公司必然提高海上人身及财产的保险费。保险、税收大幅度的提升将导致深海石油的利润大大缩减，削弱石油公司的发展动力。而削弱投资动力，石油供给就会紧张，使世界石油工业陷入两难境地。

第五，未来深海石油作业利润的缩减也意味着竞争者数量的减少。今后，从技术、成本和赔偿等条件看，只有大公司才能负担得起深海石油开发。对于中小石油公司来说，不仅技术难度、税收和保险费用承担不起，200 亿美元的赔偿费就是他们的"死亡判决书"。所以，整个海上作业格局可能发生变化，大量的中小公司出局。而大公司能否经得起煎熬还得看前面所提到的技术、管理和政府管制等问题是否解决。

第六，此次事件对其他石油公司具有警示作用。一些从事海上作业的公司开始自律，英国、挪威、俄罗斯、哈萨克斯坦已明确表示要对海上石油开发进行投资审核。但是巴西、安哥拉仍在加大海上石油开发，投资积极性较高，但管制措施较弱。国际石油公司和技术服务公司的责任将更加重大。

217

五 "公司公民"的国际责任

（一）国际石油公司的国际社会责任

长期以来，国际石油公司的国际社会责任一直受到关注，因为这是"公司公民"责任的延伸。随着国际石油公司在广大发展中国家投资合作的深化，社会就业、社区发展、基础设施建设和环境保护等问题日益成为焦点。西方的国际石油公司接受了历史教训，在国内作出了努力和投入，也得到社会的认可。它们把这些理念推广到国际领域，至少在理念上和运作体系上给予体现，并按照利益相关者的理论和实践，把经营管理的目光转向所有利益相关者的管理。

相比而言，发展中国家的国家石油公司的国际化经营仅有 20 年不到的历史。在理念和管理上比较容易接受健康、安全和环保的管理体系，但是对于社会责任关注不够，缺乏成套的管理体系。

中国的国际石油合作非常注重与资源国政府的直接合作，取得了较大的成功。然而由于资源国国内体制和腐败等因素的影响，许多油气资源所在的地方和社区以及其他利益相关者纷纷质疑石油公司合作条款的透明度和石油收入的分配与流向。2009 年伊拉克艾哈代布所在省的预算缩减，日益抱怨中国的艾哈代布项目对地方财政和就业贡献"微小"，且工资低。类似的抱怨在乍得和尼日尔也时常听到。这些呼声迅速得到了国内外媒体和一些非政府组织（NGO）的呼应。因此，所谓"新殖民主义"和肮脏的"帝国主义"的说法增多。这一状况迫使中国的石油公司必须将公司的社会责任（CSR）作为与健康、安全和环保（HSE）同等重要的事务给予建设和贯彻。

（二）透明度问题

国际石油公司的经营透明度问题一直是一个敏感问题。虽然这里可能涉及诸多商业机密和经营诀窍，但是，国际石油开发中的"资源诅咒"现象正是由于许多资源国和国际石油公司的经营透明度问题，掩藏了大量石油美元的收入、支付和转移，牺牲了石油利益相关者的利益而导致的。因此，透明度问题成为十分尖锐的国际治理问题和经营行为问题。

"透明度国际"组织和索罗斯领导的"公民社会"团体根据这些现实于 2002 年积极推动"采掘业透明度倡议"（EITI）。这一倡议为资源国设立了推动资源开发走向公开和透明、强调社会贡献和问责的 12 条原则和 6 个标准。[①] 议论最多的原则是：（1）要求商业合同条款开放透明；（2）要求对非商业性安排（即桌下交易）进行规制。解决的办法是：增加利益相关者的参与程度；规制律师、会计和审计等第三方行为；推行广泛的问责制。同时，通过国际金融机构等第三方监督，披露参与黑幕的外国公司名单。

到现在为止，承认和承诺参与该倡议的国家已有 29 个，其中非洲国家 21 个。在理事会中，有执行国 10 个，国际石油公司 6 家。[②] 8 年来，该倡议影响较大，得到了国际金融机构和西方多边组织以及西方油气与矿产公司的认可，若干原则逐步被认为国际"公认"的商业规则。

近几年来，类似的行动和呼声已经在尼日利亚和哈萨克斯坦等国兴起。今后外国公司在非洲和南美经营所面临的信誉、环保和社会风险不断增大，已经引起国际石油公司的高度重视。因此，国际石油公司（特别是国际化的国家石油公司）要真正成为负责任的国际石油公司，就必须成为所在国和社区负责任的"公司公民"，必须依靠公司的综合实力、项目综合效益和企业社会责任才能赢得全社会的认可，赢得企业的综合竞争力和声誉。

219

---

① 见本书附件三。

② 29 个国家为：阿尔巴尼亚、毛里塔尼亚＊、布基纳法索、蒙古＊、喀麦隆＊、莫桑比克、中非共和国、尼日尔＊、科特迪瓦、尼日利亚＊、刚国（金）、挪威、赤道几内亚、秘鲁、加蓬、刚果（布）、加纳＊、圣多美—普林西比、几内亚、塞拉利昂、哈萨克斯坦、坦桑尼亚、吉尔吉斯斯坦＊、东帝汶＊、利比里亚＊、也门、马达加斯加、赞比亚、马里和阿塞拜疆＊（带星号的国家为执行国）。六家国际石油公司为壳牌石油公司、道达尔公司、埃克森公司、雪佛龙和墨西哥国家石油公司及矿产资源国际理事会（ICMM）。资料来源：EITI. org 网站。

第五部分

中国的选择

第十三章

参与全球竞赛与选择

在新世纪第一个 10 年里,中国从地区层面逐步参与全球油气竞赛,取得了辉煌的成就,也经历了近 10 年来国际油气投资环境的巨变,面临着诸多不确定性、冲突、对抗和风险,也不得不作出艰难的选择。

一 中国与中东产油国的合作:交叉投资、供需互保

中东地区是石油心脏地带中油气资源最富集、生产能力和出口能力最大的地区。世界主要油气消费地区和国家对中东的依赖依然很强。但是,在过去的几十年里出现了较大的结构性的复化。其中,美国对中东地区的依赖由 20 世纪 70 年代的 30% 和 90 年代的 20%,逐步下降到 2010 年的 15% 左右。[①] 目前,与中东地区的石油出口联系最紧密的地区和国家在亚洲。目前,亚洲地区从中东地区年进口石油 6.76 亿吨,约占总进口量的 60%。其中,日本从中东进口石油的比例为 84.70%,印度为 70%,中国为 41%。[②] 从中国的角度看,中国从中东进口石油的比例比 10 年前的 50% 下降了 10% 左右。这是中国近 10 年来推进石油进口多元化的结果。

---

① 英国石油公司:《2011 年世界能源统计回顾》,第 22 页。
② 同上。

从今后中国与俄罗斯、中亚和其他地区的石油进口增长潜力看，对中东石油进口的依赖有进一步下降的空间，2020 年前可能维持在 30％—35％。2004 年作者在参与中国工程院《中国油气发展战略研究——海外勘探开发与贸易专题》后更加明确地认为，多元化是中国分散中东进口风险，多渠道获取世界油气资源的重要体现，也是中国"一对多"的博弈成果，但是，在相关的时期内，多元化不能代替中东石油进口这一主渠道。而且在主渠道比例的下降过程中，确保主渠道的稳定是中国的第一选择，也是第一要务。因此，必须继续加强与中东主要产油国政治经济和安全等多方面的紧密合作，确保主渠道的供应安全。①

中国与中东地区合作的第二个选择是供需互保型的合作模式。从 90 年代后新石油安全观和作者的"地区能源连接"的角度出发，中国传统的石油安全在于确保中东等产油地区的稳定供应。而中东地区的石油安全又取决于中国等消费地区的稳定需求。因此，中国与中东地区之间的供需互保型的合作模式是确保石油安全的重要保证。因此，中国在继续进口中东石油的同时，需要考虑与中东国家加强和扩大在石油储备和炼油化工等中下游领域的合作，为中东产油国提供稳定的消费市场。

中国与中东国家合作的第三个选择是交叉投资。从中国不断进口中东石油、石油美元流入中东的角度分析，而且从中东国家建立一体化工业体系的利益出发，中国还需要积极参与中东地区上下游领域的投资以及工程技术服务设施领域的建设。这些分析可为中国与中东具体国家的合作提供一些启示。

（一）中国与伊朗和伊拉克的合作

伊拉克和伊朗虽然在法律上规定不允许外国公司持有本国的资源，但本国经济发展需要外国大资本参与本国上游领域开发。为了不突破法律限制，这两个国家采取了与世界惯例不同的合作模式。伊朗采取的是回购合

224

---

① 徐小杰：《中国：寻求全球化下的能源安全》，《中国评论》（香港）2004 年 6 月。

同，类似于工程总包服务合同，不与外国公司分成石油产量。伊拉克在萨达姆时期由于需要利用其石油开采权拉拢一些国家的关系，采取了回购合同、服务合同和生产合同等多种合作方式，基本适合国际石油公司的需要。在萨达姆政权被推翻后，新政权实行的是服务合同模式，而不是美国人期待的产量分成合同。

可以说，目前两伊的对外合作模式都对外国公司提出了挑战，即外国资本进入两伊，可以参与开发，获得利益，但不能直接占有资源。不过，自 2008 年以来，伊拉克已经举行了三轮对外招标，使外国石油公司重回中东核心区。

中国与伊拉克的石油合作始于萨达姆政权时期。当时北方工业公司与中国石油集团联合成立的中国绿洲石油公司获得伊拉克艾哈代布项目以及哈法亚项目。艾哈代布油田于 1979 年发现，位于伊拉克中南部，距首都巴格达约 160 公里，石油储量约为 10 亿桶。但是，该项目在伊拉克战争时期难以运营，但一直是伊拉克政府认可的对外合作项目。2008 年 11 月，中国绿洲石油公司和伊拉克国有的北方石油公司在巴格达签署了艾哈代布油田开发与服务合同。中方投资额约 30 亿美元，合同期限 23 年，并可依据实际情况延长。预计 3 年内原油日产量可达 2.5 万桶，6 年内将形成日产 11.5 万桶的生产能力。

2009 年 6 月 30 日，中国石油集团与英国石油公司在第一轮招标中联合竞得伊拉克鲁迈拉油田 20 年服务合同。这是第一轮招标中唯一成功授予的合同。鲁迈拉油田分南北两部分，南鲁迈拉油田和北鲁迈拉油田共占地 1800 平方公里。南鲁迈拉油田探明储量为 19.6 亿吨，北鲁迈拉油田探明储量为 11.2 亿吨。

2010 年 1 月 27 日在伊拉克第二轮石油投标后，以中国石油集团为首的联合作业公司与伊拉克米桑石油公司签署了为期 20 年的哈法亚油田开发生产服务合同。由中国石油集团担任作业方，合作伙伴包括法国道达尔勘探与生产伊拉克公司、马来西亚石油公司和伊拉克南方石油公司。哈法亚油田位于伊拉克东南部，根据伊拉克政府提供的数据，哈法亚油田可采储量约为41亿桶，目前日产量为3100桶。联合作业体承诺将哈法亚油田日产量提高到53.5万桶。

以上为中国在伊拉克取得的若干重大石油合作项目，体现了中国积极参与战后伊拉克石油合作竞赛的巨大成功，也展示了中国人的耐力、拼搏和智慧。

中国是伊朗的主要石油进口国。多年来，为了确保中国的石油供应安全，中国的石油大企业积极参与伊朗海上与陆上若干油气项目开发，获得了具有千万吨产能的南阿扎德甘项目、700万吨的北阿扎德甘项目以及125万吨产量的米斯油田以及三区勘探项目，还与伊朗达成了引进液化天然气的南帕斯项目。尽管目前中国石油公司在伊拉克和伊朗分别面临不同的环境和挑战，但是这些项目的取得都是中国石油公司利用当前国际复杂形势，逐步进入中东油气核心区的重大步骤和重大成果，是大幅度提升中国参与全球油气竞赛地位，获取核心地区战略性油气资源的重大举措。

今后与伊拉克的战略合作还将继续推进，并逐步得到可观的经济回报。与伊朗的合作，只要不出现极端的事件，可以得到维持，作为中国石油权力的一种砝码。如果短期内美国和伊朗的关系得到冷处理，伊朗对外政策能够出现适度调整，对伊朗油气项目的投资趋势将逐步回升。从战略上看，这一趋势既有利于伊朗能源突围战，也有利于中国加大与伊朗的合作空间。

226

但是，从目前与伊朗的合同条款看，合作的难度仍然较大，难以在短期内改变。

（二）中国与沙特阿拉伯和科威特的合作

与伊朗和伊拉克的情况不同，沙特阿拉伯和科威特（简称"两特"）在法律上禁止外国公司直接进入本国石油工业的上游领域，不允许外国公司以任何形式拥有本国的石油资源。因此，对外石油合作只能通过贸易方式购买原油，或通过技术合作方式进入油气开发领域。这也是目前国际石油公司进入"两特"油气领域，参与油气开发的主要途径。同时，"两特"和其他中东国家具有巨大的油气工程技术服务市场和劳务市场，对外国公司来说是一个巨大的机会和市场。

对于中国来说，由于难以进入石油上游领域，中国与"两特"的经济合作领域主要是贸易。2009 年中国仅从沙特阿拉伯的石油进口就达到 5000 万吨。中国石油进口导致大量的石油美元流入中东国家。尽管在过去几年里，中国与"两特"在中国境内开展了油气上下游项目的合作，促进了部分石油美元的回流，但规模有限。

自 20 世纪 80 年代开始，中国在中东产油国的工程技术服务上取得了一些进展，也在科威特承担过大型集输站等大型项目的总包工程。但是，这类合作的持续发展能力有限。作为中东地区的核心产油国，沙特阿拉伯和科威特的年石油生产能力应该为 5 亿吨和 1.5 亿吨。但是两国今后继续扩大石油生产规模的难度较大，只能向提高采收率、加强中小油田和沙漠油田开发等方向延伸。今后天然气资源开发和综合利用将成为"两特"今后可持续发展的重点领域。这一发展趋势意味着"两特"需要通过规模化的工程建设和技术合作等方式加强国际合作，从而有可能为中国石油公司和有特色的技术服务公司的进入提供机遇。

据海合会统计，海合会成员国经济增长在经历了 2009 年回落后，2010 年和 2011 年增长率预计为 4.2％和 4.7％。随着经济恢复增长，中东国家工程建设项目的规模将不断扩大。海合会预测，2011—2020 年，海合会国家在基础设施领域的开支将达到 2450 亿美元，比上个 10 年的 1700 亿美元增长 44％，可见其资金需求、技术需求和服务需求规模之巨大。[1]

尽管大部分中东国家拥有大量的石油美元，但相对于目前这些国家规划的重大基础设施建设需求来说，仍有较大的融资缺口。以沙特阿拉伯的国内经济形势看，虽然目前国内经济发展势头良好，国王阿卜杜拉批复了

227

---

① Saudi Economic Survey，Vol. 44 No. 2159，17 February 2010. p. 13.

一批重大的能源和基础建设项目，但为了控制贷款风险，沙特货币管理局不允许地方银行借给任何一家公司的贷款超过其放贷总量的 25％，结果导致 2010—2011 年诸多重大基础设施项目融资需求出现缺口。一些建设公司不得不向国际金融机构借贷。但是，西方商业银行仍未走出金融危机的阴影，尚未完全恢复国际贷款的能力，因此无法满足这些项目的融资需求。这一形势为中国金融机构的参与和中国工程技术服务的进入提供了重要的战略性机遇。事实上，此类的基础设施建设在伊拉克、伊朗、阿拉伯联合酋长国和卡塔尔等国家也普遍存在。

因此，中国与这些中东国家的合作方式和选择：一是投资和贸易并举；二是石油技术服务和基础设施建设并进；三是油气产业、基础设施与金融服务相结合，逐步提升中国与中东的合作层次。

其中，石油贸易一直是中沙和中科双边贸易的主体。1998 年金融危机后，沙特阿拉伯为了确保亚洲市场，特别是中国市场的稳定，进入中国沿海的石油加工领域，与中国公司和国际公司合作，在中国沿海地区建立大型石油炼化企业。沙特阿拉伯和科威特还希望在各自国内加大油气下游工业的发展。大规模的能源工程建设和技术服务市场为包括中国在内的国际公司进入中东地区打开了一扇大门。目前沙特阿拉伯的基础设施建设中面临的资金短缺问题，为中国公司和具有实力的金融机构提供了难得的战略合作机会。中国应鼓励国内大型金融机构深入金融合作研究，积极探讨与中东金融机构紧密合作的方式。这种合作不仅为金融机构自身的国际化开辟方向，还将带动国内的工程建设和技术服务公司的出口，是一举多得的战略举措。

在石油工程技术服务方面，目前中国在沙特阿拉伯和科威特所占的份额与西方国家仍有较大差距，其主要原因是中东国家普遍认可的技术标准与中国不同。改革开放 30 年来，中国对美国的标准比较熟悉，而中东国家却更倾向于使用欧洲的标准，在技术和服务标准上难以直接接轨，给中国的工程技术服务输出带来了一定的影响。

对此，中国的努力方向是：尽量熟悉欧洲标准；逐步建立中东国家认可的标准。例如沙特阿拉伯在中国福建投资建设大型炼化项目所采用的设备大多是中国的设备和标准，表明中国标准的实用性，有可能借此逐渐推广到中东国家的合作项目中，逐步在中东建立起中国标准的市场，避免中国技术和标准在国际合作中被边缘化的倾向。总之，今后中国与中东的石油合作要在更宽的领域、更深的层面和更加实际地展开。

"更宽的领域"是指将政治、经济和文化外交结合，国家外交与公司外交结合，官方外交与民间外交结合，积极参与中东重大政治、经济和文化的交流与对话；为能源合作创造良好的环境。

"更深的层面"是指以油气勘探开发、工程建设和金融服务为重点，积极参与中东国家的经济建设和社会发展过程。

"更加实际"要求通过深入合作和交流，深入了解阿拉伯国家的实际需求和行为习惯，深入了解和掌握他们的看法和目标，使中国人参与或主导的合作项目更加符合中东国家的发展方向。

二 中俄油气合作乃战略合作

（一）中俄油气合作的阶段[1]

中俄油气合作始于原苏联解体之后，经历了近 20 年的发展，大体可以分为五个阶段。

一是 1992—1996 年，是中俄油气合作的第一阶段，也是试探阶段。在这一阶段，俄罗斯经历了苏联解体后政治地位的衰落、经济规模和市场的萎缩及国际地位下降等困难局面。为了振兴国内经济，叶利钦采取了激进的经济转型和改革措施，彻底颠覆了中央集权制下的计划经济体制，建立私人经济基础。西方石油公司也借此机会涌入俄罗斯，一些石油巨头（如

229

---

[1] 这一部分由袁新华根据本书作者的提纲与要求编写，在此作者又作了较大调整。

英国石油公司、埃克森公司和壳牌集团等）在一些战略地区获得了一些前沿性和战略性项目。

从地区结构看，俄罗斯主力油田的油气产量迅速下降，而具有较大油气资源潜力的东部地区未能得到开发，甚至还需要从俄罗斯的西部地区进口油气。为了改变这一局面，加快东部地区油气资源开发和经济发展，叶利钦领导下的俄罗斯政府从1992年开始支持私人石油公司与中方开展合作，邀请中国石油公司参与俄罗斯东部地区的油气开发。

与此同时，处于改革开放初期的中国经济迅速发展，油气消费量迅速上升，油气供应在满足消费需求方面开始捉襟见肘。尤其是在1993年中国成为石油净进口国之后，中国石油公司认识到了跨出国门，推动国际化经营的战略意义。俄罗斯作为与中国毗邻的油气资源大国，对满足中国的油气需求具有天然的地缘优势和重大意义。因此，中国油气界对于加强中俄油气合作给予了极大的关注。在这一背景下，中俄油气合作逐步提上了两国的战略议事日程。

在这一阶段，中俄两国石油公司开始接触，达成了一些有关合作协议和技术经济论证的意向。例如，1992年2月，时任国务院总理朱镕基在访俄期间签署了关于对铺设从俄罗斯伊尔库茨克州科维克金气田到中国及其他亚太国家输气管道进行经济技术论证的总协定。1994年，中俄石油公司正式商讨从俄罗斯向中国铺设石油管道的可能性，并签署了《中国石油天然气总公司与俄罗斯西伯利亚远东石油股份有限公司会谈备忘录》。俄罗斯正式向中国提出了修建从西伯利亚到中国东北地区（即从安加尔斯克到中国大庆）的石油管道的建议。随后，两国开始磋商油气合作的具体事宜，就输油管道项目进行探讨和可行性研究。同年，两国代表就修建通往中国的天然气运输管道开始谈判。1995年，两国石油部门开始就共建石油管道问题进行首次磋商。10月31日，应原中国石油天然气总公司的邀请，时任俄罗斯燃料动力部部长尤里·沙弗拉尼克率领俄罗斯能源代表团访华。俄方与当时的中国石油天然气总公司、中国国家计委和电力部就推进

230

两国能源合作进行了广泛交流，会后双方签署了铺设石油天然气管道的会谈纪要及合作备忘录。

在这些谈判中，俄罗斯具有合作的热情，提出了比较具体的合作项目与建议，但是缺乏实际的规划。中国的专家对俄罗斯的油气资源具有清楚的认识，但是出于对俄罗斯当时的孱弱经济和不稳定的投资环境的忧虑，对合作有所顾虑。一些人士认为俄罗斯经济不振是中国进入俄罗斯油气领域的机会，中国应抓住机遇，积极推进对俄油气合作；而另一些人士则认为转型之初的俄罗斯政局不稳、法制不健全、经济衰退，不宜立即进入。对俄油气合作提议缺乏充足的思想准备和战略部署。

二是起步阶段。1996 年叶利钦进入第二个总统任期，并于同年访问中国。中俄两国在政治上形成了战略协作伙伴关系，并签订了包括天然气协议在内的一系列合作协议，促使中俄油气合作进入起步阶段。

这一阶段的背景是：20 世纪 90 年代中期，俄罗斯经历西方势力的冷漠和挤压，开始逐步调整其政治经济战略和对外政策。1998 年的亚洲金融危机使其地缘政治地位和国际经济地位继续下降，俄罗斯再次自我反思，逐步明确以油气产业带动经济发展、重建大国地位的战略构想。俄罗斯政府进一步推行"新东方政策"，一方面出台了一系列有关东部地区经济发展的计划，例如《1996—2005 年远东与外贝加尔经济与社会发展联邦专项纲要》和《1996—2005 年西伯利亚经济与社会发展联邦专项纲要》；另一方面积极开展与东北亚国家的经济合作。俄罗斯希望利用本地区的资源优势，加强俄罗斯远东地区与其他经济区的联系，使其逐步成长为俄罗斯参与亚太经济一体化的排头兵。其中，借助中国巨大而稳定的市场优势，带动远东地区的经济发展，无疑是俄罗斯"新东方政策"的重要内容。①

1996 年 4 月，时任俄罗斯总统叶利钦访问中国，中俄发表《中俄联合声明》，双方宣布"发展平等与信任的、面向 21 世纪的战略协作伙伴关

231

① 周京奎：《中俄油气产业合作的基础、契机及模式》，《世界经济研究》2005 年第 2 期。

系"。从战略层面上看，这一联合声明标志着中俄两国进入了以战略协作伙伴关系为特征的发展时期。[①] 在此基础上，两国还签署了《中华人民共和国和俄罗斯政府关于共同开展能源领域合作的协议》，并成立了中俄石油天然气合作委员会，为中俄油气合作提供了组织保障。1997年11月，俄总统叶利钦再次访华，中俄两国签署了《中俄关于铺设俄罗斯东西伯利亚到中国的天然气管道和开发俄罗斯凝析气田项目的基本原则的谅解备忘录》。12月25日，俄罗斯天然气工业股份公司与当时的中国石油天然气总公司签署了《关于实施向中国东部地区供应俄罗斯天然气项目备忘录》、《关于在中国东北建设地下天然气储备库可行性研究报告合同》以及关于建设从伊尔库茨克州科维克金气田到中国日照天然气输送管道的合同，双方油气公司将天然气合作推向具体实施阶段。1998年，中国正面响应俄方于1994提出的修建安加尔斯克到大庆的石油管道计划，双方开始探讨合作铺设该管道事宜。1999年，朱镕基总理访俄，中俄双方签订了管道建设设计经济论证协议，中国石油集团和当时的尤科斯石油公司、俄罗斯石油管道运输公司（Transneft）签署了《关于开展中俄原油管道工程可行性研究工作的协议》，同年12月，中俄两国完成了该项目的预可行性研究。

值得注意的是，在这一阶段，两国油气合作的法律体系和合作机制逐步构建。首先是1996年4月25日签订的《俄罗斯联邦政府和中华人民共和国政府关于共同开展能源领域合作的协定》，其次是1997年6月27日签订的《俄罗斯联邦燃料与能源部与中国石油天然气集团公司关于在石油天然气领域组织合作的协议》。同时，两国每年举行最高级别的元首会晤，还建立了两国政府首脑定期会晤机制及其协调机构——总理定期会晤委员会，下设能源合作分委员会，具体负责两国的能源合作事宜。中俄双方在能源合作分委会领导下，开始就双方油气合作的具体项目，特别是铺设从

---

① 李静杰：《试论中俄战略协作伙伴关系》，《东欧中亚研究》1997年第2期。

俄罗斯通向中国的输油、输气管道问题进行磋商。

三是初步发展阶段。进入 21 世纪后，普京接替叶利钦出任俄罗斯总统。在此后的 4 年中，中俄油气合作相对缓慢而稳步地进入初步发展阶段。从俄方分析，普京上任后着力稳步调整俄罗斯的内政外交。其中，对华油气合作政策主要是在延续前任政策的原则下逐步修整。这一状况与当时的国际政治经济形势和俄国内政策调整密切相关。

2000 年 3 月以后，发展中国家的油气需求上升，推动世界油气价格持续回升。2002—2003 年，在逐步高企的油价带动下，俄罗斯经济逐步得到恢复和增长。"9·11"事件后，中东地区的局势更加不稳定，俄罗斯凭借其庞大的油气储产量和出口量，在国际能源市场上异军突起，展现出一个被西方称之为"能源超级大国"的势头。俄罗斯还将这一资源优势运用到外交领域，作为推行其对外政策的重要手段和复兴俄罗斯大国地位的战略武器。在这一大背景下，普京领导下的俄罗斯政府加快制定国家中长期能源发展战略，以此指导国民经济和社会的稳定发展。经过多年调研和调整，2003 年俄罗斯出台了《俄罗斯 2020 年前能源工业的基本原则》，即 2020 年能源发展战略。该战略以国家能源安全利益为最高目标，确定了能源工业的国内外发展方向、具体部署及对外合作与外交重点，基本确定了新世纪俄罗斯能源工业发展战略的基本框架。[1]

根据俄罗斯 2020 年前能源战略，结合《东西伯利亚与远东地区油气综合体发展的基本方针》，加强与亚太地区的合作被确定为 21 世纪俄罗斯对外能源合作与外交的一个重点方向。[2] 亚太地区中的东北亚国家在地理位置上毗邻俄罗斯资源丰富、出口潜力巨大的东西伯利亚地区，自然被视为俄对外油气合作的新方向和外交工作的重点。[3] 其中，中国对俄罗斯油气

233

---

①　徐小杰、王也琪：《2020 年俄罗斯能源发展战略研究》，中国石油经济技术研究院 2003 年。

②　徐小杰、王也琪：《俄罗斯东西伯利亚和远东地区油气开发战略规划与新动向——普京第二个总统任期对东向油气开发和出口战略的分析》，中国石油经济技术研究院 2003 年。

③　［俄］斯·日兹宁：《俄罗斯能源外交》，王海运等译，人民出版社 2006 年版，第 117 页。

资源的潜在需求巨大，被认为是俄罗斯对外油气合作关系中最稳定、最有活力的战略伙伴。[①] 在此战略认知下，中俄油气合作地位稳步提升。

同时，普京领导下的俄罗斯政府进一步调整国内的私有化政策，规范石油寡头的行为，逐步调整对外合作政策，也逐渐改变着中俄油气合作的环境。这一阶段的主要事件是中国石油集团撤出对斯拉夫石油公司的竞购，中俄"安大线"输油管道项目夭折。

2002年12月，当时俄罗斯第九大石油公司斯拉夫石油公司举行资产拍卖。12月3日，中国石油集团正式向俄罗斯反垄断部递交了参与竞标的申请，成为当时递交申请的所有竞标者中唯一的外国公司。中国石油集团参与竞标的消息在俄罗斯国内引起了强烈反响。中国石油集团的国有企业身份在俄罗斯政界引起了极大的惶恐：一旦中国获胜，是否对俄罗斯的油气安全形成威胁？一些俄罗斯政要对中国公司竞标背后的政治目的表示担忧。12月16日，距离竞拍日仅有两天，俄罗斯议会通过议案，反对将重要资产出售给外国国有公司。17日，俄杜马以255票对63票通过决议，对1993年私有化条例做出补充，将禁止外国国有公司收购俄罗斯战略性资源和资产这一法律规定的适用对象扩大到外国的法人和自然人，即不允许任何外国政府控股的实体参与竞拍斯拉夫公司的股权。12月16日中国石油集团经过磋商后，决定退出竞拍。

俄罗斯于1994年规划的"安大线"西起俄罗斯伊尔库茨克州的安加尔斯克，向南进入布里亚特共和国，绕过贝加尔湖后向东，经过赤塔州进入中国大庆，规划总长2400公里。2001年，中俄两国总理就此签署了《中俄关于共同开展铺设中俄石油管道项目可行性研究的总协议》。2002年12月初，中俄两国首脑联合声明指出中俄石油管道项目将按期实施。但是，2003年1月，日本时任首相小泉飞抵莫斯科，提交了修建"安纳线"（安加尔斯克到远东纳霍德卡的输油管道）的建议，同年3月，俄提出折中方

---

① ［俄］叶列娜·捷列基娜，徐向梅编译：《世界能源市场和俄罗斯的地缘政治利益》，《国际油气经济》2004年第4期。

案，分别建设通往中国和日本的两条线路，其中，"安大线"优先建设。2003 年 6 月，日本提出如果俄罗斯同意优先修建"安纳线"，日将提供 75 亿美元软贷款协助俄开发东西伯利亚新油田。俄罗斯开始趋向以"安纳线"（即东西伯利亚太平洋石油管道运输系统）取代"安大线"。同年 9 月，俄罗斯自然资源部宣布否决"安大线"。10 月，被视为"安大线"的支持者尤科斯公司总裁霍多尔科夫斯基因偷逃巨额税款被捕，"安大线"彻底夭折。这一出口通道的转变说明俄罗斯出于战略上的考量，不希望使其未来的油气出口被一国"垄断"。更为重要的是，俄罗斯意在油气出口问题上掌握主导权，修建东西伯利亚—太平洋石油管道运输系统的最终目的是在俄境内修建石油出口管道主干线，掌握向东北亚地区市场出口的主导权，确保国家出口利益的最大化。

中国撤离对斯拉夫石油公司的竞标和俄罗斯东部石油出口管道走向的变化对中俄油气合作投下了阴影，在一定程度上影响了中方对俄油气合作的步伐，也表现为中方对俄方战略思路和政策调整的不适应性，双方在战略认知上开始出现差异、分歧和冲突。初步合作阶段的进展不顺利。

四是深入发展和胶着阶段。2004 年普京进入第二个总统任期，在这一阶段，俄罗斯的油气战略和政策经历了一个重大调整的过程。普京形成了比较清晰的民主政治观、市场经济观和对外政策。中俄之间的战略认知有所深化，中俄油气合作进入深入发展阶段。

在这一阶段，中俄油气合作经历了三个重大事件：（1）俄罗斯通过打击个别石油寡头（以处理尤科斯石油公司为标志），收回战略性资产，强化国有石油公司的地位等措施，明显增强了国家对战略性油气资源和资产的控制力度，同时对外合作条件紧缩、苛刻，对中俄油气合作构成了较大压力；（2）按照俄罗斯的请求，中国决定向俄罗斯提供 60 亿美元的紧急贷款，向困境中的俄罗斯政府"雪中送炭"，不仅解决了俄罗斯对这笔资金的燃眉之急，而且使俄罗斯看到了中国强大的资金实力和不断上升的资本市场的优势；（3）中国石油集团和中国石化集团分别在 2004 年和 2005 年

235

与俄罗斯天然气工业股份公司和俄罗斯石油公司（现称为"俄油"股份有限公司）建立长期战略合作关系，两国确立了以国有大公司为主体的油气合作格局。随后，在政府层面建立了副总理级谈判机制，主导双边合作，处理合作中的重大问题。应该说，中俄油气合作出现了大公司合作联盟化、政府能源合作机制常态化的趋势，推动了中俄油气合作进入深入发展阶段。

在这一时期，普京继续强化"新东方政策"，在战略上进一步向亚太地区倾斜。2006年普京在八国集团峰会上表示，10年之后俄罗斯对亚太国家的石油出口比例将从当年的3％提高到30％以上。[①] 其中，俄罗斯石油公司计划在2020年前将向亚洲国家的石油出口比例从当时的6％增加到20％。[②] 经过十多年的铺垫，2006年中国从俄罗斯进口原油达到1597万吨，比2005年增长约25％，占我国原油进口总量的11％左右，俄罗斯成为中国原油进口的一个重要来源地。

同时，中俄油气合作中的重大油气开发项目和运输项目得到切实推进，进入了"机遇期"，其标志性事件是：

第一，2004年12月31日，俄罗斯时任总理米哈伊尔·弗拉德科夫签署了1737号政府令，批准由俄罗斯石油管道运输公司实施东西伯利亚—太平洋石油管道运输系统（即"泰纳线"）。该管线从伊尔库茨克州的泰舍特通至太平洋沿岸纳霍德卡近郊的佩列沃兹纳亚湾（后改为科兹米诺湾）。中俄双方元首高度关注这一战略项目，并亲自共同决定从"泰纳线"一期工程末端斯科沃罗修建到中国大庆的中俄原油管道。"泰纳线"一期工程于2006年4月开工，中俄原油支线原计划于2007年动工，2010年中期完成。

第二，2005年7月，中国石化集团与俄罗斯石油公司签署了有关建立合资企业共同参与俄远东"萨哈林—III"油气田开发的议定书。两家

---

① 普京2006年9月18日在索契会见"八国集团"会议代表团时作此表示。
② 俄罗斯石油公司总裁谢尔盖·博格丹奇科夫在罗马召开的世界能源大会上作此表示。

公司还表示将合作开发位于俄罗斯马加丹地区、北冰洋海域大陆架和东西伯利亚等地区的油气田。2006 年 8 月 7 日中国石化集团开始利用"勘探—3 号"中国海洋钻井平台在俄罗斯萨哈林—III 油气勘探开发项目区进行钻探。

2006 年 3 月，在俄罗斯时任总统普京访华期间，俄罗斯石油公司与中国石油集团签订了分别在俄罗斯境内开展油气资源勘探开发合作和在中国境内开展炼油加工和销售一体化合作的原则协议。10 月 16 日，两家公司正式签署了在俄罗斯境内组建东方能源公司（Vostok Energy Ltd.）的协议。同时，根据协议，2007 年双方在中国境内组建了中俄东方石化公司。该公司由中国石油集团控股，主要从事原油炼化及成品油销售。

此外，两国石油公司之间的资产并购活跃。2006 年 6 月 20 日，俄罗斯 TNK - BP 公司就出售乌德穆尔特（Udmurtneft）石油公司举行公开招标。中国石化集团与俄罗斯石油公司合作竞标，于 2006 年 8 月 10 日以 35 亿美元购得乌德穆尔特石油公司 96.86％的股份。按照此前与俄罗斯石油公司签署的协议，俄罗斯石油公司买入中石化购得的乌德穆尔特石油公司 51％的股份，获得对该公司的控股权，并与中国石化集团共同拥有和管理该公司。

2006 年 7 月 19 日，中国石油集团以 5 亿美元购买了在英国伦敦上市的"俄油"股份有限公司 66225200 股股票，每股价格为 7.55 美元。[①] 相对于"俄油"股份有限公司 798 亿美元的市值而言，中国石油集团购入的股份数量不大，更不会取得对该公司的控制权，但中国石油集团参股"俄油"股份公司，为向俄罗斯石油领域的纵深发展释放了愿望。但是无论是上游合作，还是下游合作，再无重大进展，而油气管道谈判更是艰难。因为俄罗斯未放松对战略性油气资源和重大战略项目的控制力度和谨慎合作政策，中国也对俄罗斯进入国内下游市场十分谨慎，使得两国油气合作具

237

---

① 叶静、颜格：《中油气赢得进入俄罗斯的好机会》，《中国经济周刊》2006 年 7 月 24 日。

有胶着的一面。

五是金融危机以来的阶段。2008 年下半年，席卷全球的金融危机和随之而来的全球性经济衰退对中俄油气合作产生了不可忽视的冲击和影响，使两国进入了新的合作环境，彼此对对方战略身份的认知进入新的阶段。

这场金融危机对俄罗斯国内经济的打击是直接而严重的：第一，金融危机导致国际油价从 2008 年 7 月每桶 147 美元的峰值降至年底的 30 多美元/桶，到 2009 年第一季度才逐步恢复到 60 美元左右，使俄罗斯的石油收入和石油利润遭受重创，油气工业一时间难以为继。俄罗斯天然气工业股份公司负债 610 亿美元，俄石油股份公司负债 212 亿美元，俄罗斯石油运输公司负债 77 亿美元，[①] 油气开发领域和基础设施建设的资金投入严重匮乏。第二，受金融危机的影响，2009 年全球油气消费出现 1981 年来的首次下降，特别是欧洲天然气消费市场萎缩 10% 左右，俄罗斯对欧洲的天然气出口减少 8%—9%，[②] 据俄经济发展部公布的信息，2009 年俄罗斯天然气出口 1683 亿立方米，同比减少 13.9%，其中向远国外（即独联体以外）出口 1203 亿立方米，向近国外（即独联体国家）出口 480 亿立方米，分别为 2008 年出口量的 75.9% 和 129.8%。第三，金融危机也打击了俄罗斯的油气勘探开发和生产。2009 年俄天然气产量仅为 5836 亿立方米，下降至 2000 年水平，同比减产 12.1%。俄罗斯天然气工业股份公司天然气产量下降为 4615 亿立方米，为 2008 年的 84%。[③] 由于出口市场萎缩，俄罗斯天然气开发新区，包括北部地区和北极海域的重大天然气项目的开发减缓。第四，金融危机使得俄罗斯资本市场迅速萎缩，卢布贬值，大量资金外逃。第五，俄罗斯的外汇收入大幅下降。2009 年 1 月，外汇储备已减少至 3962 亿美元，低于外债规模。俄罗斯的财政收入拮据，难以为其国内经济建设提供充足的资金，直到 2010 年年底才有所缓和。

238

---

① 杨文兰：《国际金融危机背景下中俄能源博弈的新突破》，《经济论坛》2009 年第 20 期。
② 《金融危机和经济衰退影响下，全球能源消费 28 年来将首降》，人民网，2009 年 11 月 12 日。
③ 俄罗斯国际文传电讯 2010 年 2 月 4 日报道。

相对于金融危机对俄罗斯的负面影响而言，中国经济不仅经受住了冲击，而且使中国的国际地位明显上升，雄厚的资金势力显现，对外博弈能力增强。主要原因是：第一，中国经济在金融危机中受到的冲击较小，国内经济在积极的财政和货币政策推动下，国内市场潜力得到开发，油气需求经过短暂下降后逐步回升。第二，充实的外汇储备为中国提供了强大的资金支持，并在对外油气合作中资本优势凸显。

2008 年 10 月中俄两国总理在莫斯科讨论加强在油气勘探开发、管道运输和下游加工利用等领域的合作，签署《中俄石油领域合作谅解备忘录》。根据当时的框架性协议，俄罗斯石油公司和俄罗斯石油运输公司分别向中国提出 150 亿美元和 100 亿美元的贷款请求；作为交换，俄罗斯在20 年的期限中，向中国出口 3 亿吨原油。同时，俄罗斯放行俄罗斯通往中国大庆的原油管道，由中国石油天然气集团公司与俄罗斯管道运输公司签署了《关于斯科沃罗至中俄边界原油管道建设与运营的原则协议》。

可见，在全球性金融危机和低油价的打击下，油气行业受到直接打击，俄罗斯严重依赖能源市场的经济结构弊端显露无遗，对外博弈能力下降。从 2008 年 10 月中俄两国总理签署《石油领域合作谅解备忘录》，到2009 年 2 月俄政府副总理谢钦访华并在中俄第三次"副总理能源对话"的框架内签订"贷款换石油"协议这一过程中，中俄两国之间的相互依赖出现了新的变化。显然，金融危机进一步改变了俄罗斯对自身的定位和对中国战略身份的新认知。俄罗斯高层认识到了国有化过度使得国家财政面临困难。因此，出现了所谓"现代化"和部分私有化的计划；对中国的新认知不仅涉及中国的资金和市场优势，更主要的是这些优势既是俄罗斯欲借用又担心的问题。

2010 年可能是中俄油气合作的重要转折点。首先，中俄原油管道（全长 999 公里，其中中国境内 927 公里，设计能力为 1500 万吨）俄罗斯段于2010 年 8 月 30 日完工。2010 年底全线投产。其次，2010 年 9 月 21 日，中俄东方石化（天津）有限公司 1300 万吨/年炼油项目奠基仪式在南港工业区举行。该项目由中国石油天然气股份有限公司（Petro China）与"俄油"（Rosneft）国际有限公司合资建设，总投资366亿元，中俄双方分别持股51%和49%。最后，俄罗斯积极推进与中国的天然气管道项目的谈判，希望以灵活的定价方式再次启动天然气合作，铸造所谓的中俄天然（气）伙伴关系。

显然，俄罗斯对中国有了更实际和更深层次的认识和合作需求。但是，金融危机以来，两国油气合作具有浓厚的博弈色彩。中国在战略上"得势"，处于"顺势"；俄罗斯处于逆势，拟极力扭转局面。今后，中俄双方如何利用新形势，争取主动，加快中俄油气合作，成为中俄双方的新考量。对于中国来说，在今后的对俄油气合作中，如何认识俄罗斯的战略意图？与过去相比，俄罗斯会在多大程度呼应中国的期盼，考虑中国的价值？容纳中国的战略利益？中国除了强调战略协作伙伴关系，坚持双赢互利原则和两国的地缘优势外，如何认识和管理中俄之间的利益差异，应对风险，把握合作节奏？这些都是严峻的考验。

（二）中俄油气合作的性质

在中国双边油气合作战略选择中，中俄油气合作具有独特的战略性和长远性，是一般的消费国与资源国间的合作所不能比拟的。

首先，中俄两国都是大国，在欧亚大陆共享漫长的边界，中俄合作对欧亚大陆的政治经济平衡起到极为关键的作用。在近现代历史上，中国与沙俄、与原苏联之间经历了诸多历史恩怨。1991年原苏联解体之后，中俄两国在新的历史时期又走向战略协作伙伴关系。中俄油气战略合作不是一般的双边工业合作，而是在新的全球化大背景下的两个欧亚大国之间的油气战略合作。

其次，中俄石油合作属于周边合作，是中国对外合作和外交政策的重点，也是俄罗斯对外关系的优先方向之一。中国地处亚欧大陆东部，与周边地区具有多种复杂的关系，如中国与东北亚、东南亚和中亚等周边关系。在所有这些关系中，中俄关系又具有相当的特殊性。中国与俄罗斯的关系，以其战略协作关系看，在亚太地区起着相当巨大的作用；从经济角度看，俄罗斯未来的生存与发展要求开发远东地区，亚太地区对俄罗斯东部来说是重要市场，中国又是亚太地区中的一个重要的稳定市场。从政治方面看，俄罗斯的复兴需要借助中国的力量，而中国的崛起也需要借助俄罗斯的力量。中俄相邻，可以相互借重、互为纵深。这种关系是中国与其他邻国之间难以具备的。

最后，中俄石油合作涉及双边日益提升的能源安全问题。俄罗斯作为一个资源大国，尽管有着发达的、上下游一体的油气工业体系，但是，国民经济的发展仍严重依赖资源产业和资源出口。作为一个资源出口大国，能源安全的关键在于依托巨大而稳定的市场。欧洲是俄罗斯油气出口的传统市场，规模大，又相当稳定，因此是俄罗斯油气安全的重要保证。但是，随着世界政治经济格局的演变与发展，随着俄罗斯东部地区经济的发展，必须开拓非欧洲市场，实施多元化的市场扩张战略。

环视全球，对于俄罗斯来说，巨大而稳定的非欧洲市场首先在亚太地区，包括中国、印度、日本，其次是北美市场、西亚的土耳其市场和中东市场。在开辟非传统市场过程中，最便捷有效而稳定的周边市场还是亚太市场，特别是中国市场。所以，俄罗斯要确保能源安全，开辟非欧洲市场，关键在于开辟中国市场。这是一个俄罗斯不愿多提而又不争的议题。

对中国来说，传统的石油进口有赖于中东地区。这一局面还会延续。但是，进口的多元化与中国的石油安全息息相关。因此，在稳定中东石油进口主渠道的同时，中国需要开辟中东以外的油气供应地。显然，离我们最近、资源丰富、供应稳定的周边供应地是俄罗斯和中亚。因此，中俄油气合作是双方共同的战略选择。既然如此，两国间的油气合作不会因为具体的争议而改变，因为这一合作的战略地位没有替代性。

（三）中俄油气合作的前景和选择

发展中俄油气关系是两国确保能源安全、维持本地区石油供需格局的

241

重要方面，对于稳定和改善地区政治经济环境，提升两国的国际地位具有重大意义。

从中俄油气合作的发展历史阶段看，经过2000—2010年的多次合作谈判、对弈，特别是在2006年和2008年后，两国的战略利益和角色互补性已经成为共识和合作基础。但是，两国在绝对利益和相对利益上，在战略角色的相互认知上，在对油气权力的争夺上，面临着诸多差异、分歧、对抗和合作风险。这是近几年来两国油气合作谈判，特别是油气价格谈判困难，合作项目难以落实的主要原因。因此，充分认识两国的利益差异、管理差异和潜在的风险是未来中俄油气合作的重点。一味强调互补性和双赢互利是无济于事的。作者此前以中俄油气合作为案例对两国博弈进行了模拟分析（见附件二）。

在今后10年内，随着中俄油气合作空间、潜力的进一步扩展，两国可持续合作的收益将得以共享和扩散，但是也面临诸多新的困境。具体地说，中俄油气合作在具有了油气管道规划、合资企业和系列供销协议等基础和支点之后，仍然难以避免两国的战略差异和潜在冲突，或者说，正因为进入了这些实质性合作的阶段，实际的利益差异和对抗才更加显现。为了促进今后的合作发展，可能还需要经过多次博弈和反复，逐步夯实合作平台，逐步形成以油气管道为纽带的油气合作关系。这种合作关系无疑将在东北亚地区具有轴心的地位和作用。在这个油气轴心中，管道运输是基础，油气贸易是主体，并有可能向俄罗斯的油气勘探生产领域和中国的分销领域分别延伸。但是，今后中俄油气合作的多次博弈需要大视野和大智慧。概括起来讲，就是"巧合作"。根据作者的多年研究和咨询实践，这种"巧合作"可概述为合、斗、让、容、竞、争、拖、度、借和灵"十字经"。

合：合作是中俄油气合作关系的主流，扩大合作领域，夯实合作平台，确定制度、规划和机制是今后的方向和前提。

斗：在自尊和双赢的原则下，看清形势，在谈判和利益平衡中，需要与俄罗斯进行反复的较量，维护利益，谋求共识。

让：在大的前提下和范围内，中方应考虑俄罗斯的相对利益和战略需求，适当地进行让利和互让。但是，"让"必须以不被利用为前提。

容：中国的对俄战略必须容纳俄方的战略需求。比如在天然气合作过程中要考虑俄方的战略规划，考虑参与氦加工利用问题；同时适当开放中国油气的下游和销售市场，相互推进国际化业务。

竞：中俄合作包括双边博弈和与其他资源国或消费国的竞争。在竞争中，要利用有力的经济和法律杠杆，保护自身的利益。

争：在有力的形势下争取中国的绝对利益和相对利益，强化中国的合作地位，利用优势，扩大合作成果。

拖：在面临谈判困境和僵局时，掌握轻重缓急，不怕拖延，争取回旋。

度：以上的"斗"、"让"、"容"、"争"和"拖"必须以不破"合"为度。价格谈判需要"争、让"结合。

借：中俄油气合作涉及多方利益与关系，中国可借中亚之力，推动对俄合作，同时，也要借俄罗斯之力，推动中国对中亚的合作。

灵：中俄合作需要多元化和灵活化。可以在国有、非国有、集团公司和油田企业等方式下多元推进。

总之，中俄油气合作已经在欧亚大陆乃至全球这个大棋盘上开展了一场开放式的大博弈，两国都在全球背景下寻找各自的最佳定位，认真处理双边和多边的关系。这是一场长远的战略合作，不是一般的商业或工业合作。这一合作需要长至 50 年的长远规划和不同时期的中短期规划和计划，更需要双方投入战略的眼光、综合的智慧以及理性分析和"巧合作"。[①]

243

---

① 这里的"巧合作"概念形成于 2007 年，随后向中国石油集团、国家能源局和国际能源界专家进行了宣讲、交流。这个概念并不否定过去中国对俄合作中的成功经验。但是确实提示人们，中俄油气合作是聚集两国最高智慧的世纪合作，需要经过反复谈判和博弈，逐步形成合作共识，逐步凝结合作成果。

三　中国与中亚油气合作：稳步提升

中国与中亚的油气合作始于哈萨克斯坦，以后逐步向土库曼斯坦和乌兹别克斯坦发展。而中国进入哈萨克斯坦的油气领域可追溯到 1997 年 6 月，当时中国石油集团从哈萨克斯坦阿克托别油气公司购入阿克纠宾油气股份公司 60.3％的股份（后增持至 85.4％），从此拉开了中国石油公司进入中亚地区的序幕。2005 年 8 月，中国石油集团以 41.8 亿美元收购哈萨克斯坦石油公司。[①] 后者的油气田与炼厂等资产全部在哈萨克斯坦境内，已证实和可能的原油储量共 5.5 亿桶，日产油量约 15 万桶（年原油生产能力超过 700 万吨），市值约 29 亿美元。成功收购该公司大大扩大了中国石油集团在哈萨克斯坦的油气储量和产量规模。此外，中国石油集团还与哈萨克斯坦油气运输公司合资兴建了肯基亚克—阿特劳输油管道以及肯基亚克—阿拉山口的中哈原油管道，同时与哈方成立中哈天然气管道合资公司，负责中亚天然气管道在哈境内的建设和运营。

2006 年投入运营的中哈原油管道是中国第一条跨国原油管道。到 2013 年，中哈管道运输量将达到 2000 万吨。

2009 年 11 月，中国石油集团又宣布，通过哈萨克斯坦股票市场公开交易的方式，完成购买哈萨克斯坦曼格什套油气公司 100％普通股的交易。这笔交易对价为 33 亿美元。

经过 14 年的积极投资和紧密合作，中国石油集团的业务覆盖哈萨克斯坦境内多处重要油气资产的勘探、开发、炼油、油品销售和油气运输项目。哈萨克斯坦成为中国极为重要的海外油气产区。

在成功运作哈萨克斯坦业务的基础上，2006 年 4 月至 2007 年 7 月，中国与土库曼斯坦分别签署了中土天然气管道项目、天然气购销及阿姆河

---

① 哈萨克斯坦石油公司（Petrokazakhstan）是注册于加拿大的一家私人石油公司。

右岸油气田产量分成等协议。根据这些协议，在未来 30 年内，土库曼斯坦每年将向中国出口天然气 300 亿立方米。其中，130 亿立方米的天然气源为中国石油集团在土库曼斯坦阿姆河右岸区块合作开发的合同分成天然气，剩余 170 亿立方米为购销协议天然气。阿姆河天然气项目是目前中土两国合作开发的最大的海外天然气项目，该项目启动后很快进入实质性建设阶段。

2007 年后，经过两年的运作，中国石油集团、乌兹别克斯坦国家油气公司、俄罗斯鲁克公司、马来西亚石油公司及韩国国家石油公司于 2009 年12 月正式签署多边合作框架协议，共同组成咸海财团，就咸海水域油气勘探开发项目进行长期合作。咸海水域乌兹别克斯坦部分面积 1 万多平方公里，前苏联时期曾作过少量勘探工作，邻区已发现一些较大的凝析油气田。为强化中乌两国能源合作，中国石油集团与乌兹别克斯坦国家油气公司还签订油气勘探协议。此项目合同区包括乌兹别克斯坦境内 5 个陆上勘探区块，总面积 3.4 万平方公里。计划 5 年内实施 7000 公里二维地震、1320 平方公里三维地震，钻勘探井 27 口。

除了以上重大油气合作项目外，在中国与中亚油气合作中，一个具有里程碑意义的战略项目就是 2009 年年底建成通气的中国—中亚天然气管道。该管道长 1833 公里，西起土库曼斯坦，穿越乌兹别克斯坦和哈萨克斯坦，从中国新疆霍尔果斯口岸入境，与西气东输二线相连，设计输气量为每年 300 亿立方米，向中国内地华中、华东和华南等地区供气。这是中国的第一条跨国天然气管道，也是中亚三国打破俄罗斯垄断，打通向东出口天然气的战略出口通道。因此，在油气地缘政治，特别是油气管道战上具有极为重大的战略博弈效应。

可见，中国与上述中亚三国的油气合作是一个逐步推进和提升的合作过程。这一油气合作不仅突出油气资源开发，而且将油气资源与中国的消费市场直接连接，在战略上直接体现了中国与中亚油气地缘政治空间的紧密对接。

（一）中国与中亚油气合作的特点

中国与中亚的油气合作与中俄油气合作在背景、供需关系和战略认知等方面有一定的相似性，即具有供需互补和高层推动的共同特点，但是，在相似性的背后也存在着较大差异性。

第一，中国与中亚的油气合作一直是政府高层合作与国家石油公司合作的重要内容。比如中哈石油合作具有政治合作和商务合作的共同特征。除了首脑外交外，国家公司层面的合作极其紧密和有效。中国石油集团在哈萨克斯坦的业务从上游到下游迅速扩展，形成了一体化的合作趋势。中国石油公司在哈萨克斯坦的成功，得到了资源国的普遍认可。

第二，天然气合作成为中国与中亚油气合作的亮点。土库曼斯坦是世界第三大天然气资源大国。该国国内天然气消费水平有限，出口规模和潜力巨大。在苏联时期和苏联解体后的较长时间内，土库曼斯坦的天然气出口市场被俄罗斯垄断，天然气的出口价格曾仅为 30—40 美元/千立方米，而对应的欧洲市场价格则是 250 美元/千立方米。土库曼斯坦损失了巨大的利益。根本原因就在于土库曼斯坦的天然气只能通过面向俄罗斯的中央—中亚天然气管道系统出口。2009 年中国—中亚天然气管道的建成，并与中国西气东输二线工程实现对接，为土库曼斯坦、哈萨克斯坦和乌兹别克斯坦提供了东向的天然气出口通道和市场。因此，这一管道的建成和它的巨大战略意义令周边国家震惊。

第三，油气外交战略博弈态势明显。双边关系与多边关系交织，油气政策受内外因素牵制，战略博弈复杂，是中国与中亚油气合作的另一个特征。比如，中哈石油合作涉及中俄之间争夺原苏联南方的石油利益。俄罗斯难以左右哈萨克斯坦上游领域的私有化，但一直极力控制哈萨克斯坦的石油出口通道。而中哈石油管线的成功建成与运营削弱了俄罗斯在哈萨克斯坦的传统利益。为了争取更多的石油运输量，中国还应该参与哈萨克斯坦的里海油气开发，尽管这样必将面临更多方面的竞争。

近几年来，中亚产油气国日益加强对本国油气资源的控制力度，并通过修改法律法规、税收，设置新的环保壁垒，收紧对外合作范围、门槛和条款，以限制外国公司的进一步扩张，改变与外国公司的合作模式。这一合作形势与 20 世纪 90 年代中后期的合作环境形成鲜明的对比。目前，中国石油公司在哈萨克斯坦的石油产量已占后者石油总产量的 1/3 强，进一步的扩张是否触动对方的政策底线，存有疑虑，为中国—中亚进一步油气合作带来了难度。

此外，随着中国在中亚油气投资合作规模的扩大、程度的加深，上游资产和油气管道的运营都面临着越来越大的社会压力。除中央政府外，管道沿线的地方政府也希望共享跨国油气运输带来的巨大利益。此外，上述中亚国家都隐藏着诸多不安定因素，尤其是恐怖主义的冲击、民族矛盾以及东突分子的冲击。这些因素有可能对中国在中亚的油气资产和油气安全运输带来威胁。

（二）未来油气合作方向

经过十多年的发展，中亚三国的油气工业取得了明显的发展，三国的油气战略逐步得到体现和实施。但是，这些国家的油气政策也在逐步调整和变化，其调整和变化的方向是更加突出资源国的利益和发展目标，更加主动地掌握对外合作规模、合作模式和合作利益。

在哈萨克斯坦，政府对卡沙甘项目的干预和开发方案的调整集中体现了哈萨克斯坦未来油气开发的战略意图。同时，新税法、旧产量分成合同谈判和新产量分成合同的实施对外国公司的利益进行了再调整，对外国公司的投资与合作战略产生重大影响。近几年来，英国天然气公司等外国石油公司普遍感到他们在哈萨克斯坦的既得利益受到了资源国政策调整和干预的"蚕食"。

在土库曼斯坦，油气战略重在出口多元化和里海开发。构想宏大，但是对外开放缓慢。目前中国、印度、韩国等公司均加大渗透。但是，土的对外政策特点是既控制，又合作；既开放，又缓慢。基础设施和社会保证相对落后。

在乌兹别克斯坦，对外开放较晚，合作进程较慢。对外合作重在增加后备储量。俄罗斯以及韩国和中国的公司是那里的竞争主角。但是，合作方式、合作进程经常受到乌政府部门的人为干预。

根据这些情况，作者对中国与中亚三国未来的合作方向的思考是：

第一，要正确处理消费国对资源国应尽的责任。目前，中国石油公司的中亚扩张战略都不同程度地触及中亚资源国的安全底线。这一状况提醒中国作为消费国必须在双赢互利以下向资源国解释进一步合作的战略意义，同时强调消费国应尽的责任，避免不必要的忧虑。针对公司社会风险增大的状况，石油公司也需要在项目的建设和运作阶段，以实际行动贯彻"公司公民"的责任。

第二，中亚里海的油气外交必须统一规划。目前，美国对中亚地区一直实行统一的能源外交，美国的中亚—里海特命全权大使是美国在该地区的总协调人；俄罗斯也设立了里海特使；欧盟也有中亚大使。然而，中国在中亚的外交未显示出统一性，也局限于国别层面和双边关系。多边外交和多元外交相对薄弱，这是目前中国—中亚天然气管道面临的现实问题。今后中国必须对中亚事务（包括油气合作）进行统一协调，由一位中亚特使协调整个中亚地区的外交活动。目前，中国与中亚资源国的合作既是一个消费大国与多个资源国的合作（即"一对多"的有利格局），同时也面临欧洲、美国、俄罗斯、印度、土耳其等诸多其他消费国和地区的竞争。为了提高外交的有效性，中国必须统一中亚外交规划。

第三，中国与中亚油气合作需要一个安全合作机制。在中国—中亚天然气管道建成后，安全忧虑十分突出。首先，中亚三国政权经历了 20 年，其稳定性变得日益敏感和突出。从目前看，哈萨克斯坦和土库曼斯坦的政治稳定性具有一定的可预测性。现政权和法律可能继续保证稳定，政府估计可以稳定 20 年以上。可以确信这两个国家将继续保持目前对外合作政策的基本方向，继续保持对现有重大项目的政府担保、法律保证或其他保证。但是，其他国家的政治稳定性和未来趋势难以预测。一旦不同政治派别，特别是反对派上台，可能出现社会动乱，从而动摇现政权及其对外合作政策。其次，中亚各国之间关系紧张，涉及的敏感因素很多。领土纠纷、民族仇杀、水资源冲突等问题均有可能引发冲突和政治动乱，尤其在乌兹别克斯坦和吉尔吉斯斯坦之间出现民族仇杀和水资源冲突的可能性较大。如果双边关系破裂，将给目前的天然气管道合作项目的安全运营带来极大的压力。最后，中亚国家的排华和反华势力依然存在。因此，建立地区安全合作机制刻不容缓。作者根据多年研究认为，中国与中亚的油气合作需要有一套新的跨政府间协议、所在国协议和项目协议，需要有一个面向政府、企业和研究机构的开放与多边的合作论坛，需要进一步增强上海合作组织的安全合作机制，共同构成中国—中亚能源合作新体系（参见本书第十四章第一节）。

四 中非油气合作：中国的方式①

（一）中非油气合作的历程和案例

从 20 世纪 90 年代中期中国石油集团进入苏丹油气上游领域以来，中国与非洲在油气上游领域的合作已有 16 年的历史。在这一时期，中国、非洲和世界的政治、经济和社会环境都发生了巨大变化，大体可以从 20 世纪 90 年代初期非洲国家实行经济自由化、2003 年国际油价大幅上涨和 2008 年下半年全球金融危机以后三个阶段加以考察。

1. 20 世纪 90 年代伊始，非洲国家经济实行自由化，对外国资金持开放态度，西方石油公司陆续进入一些非洲国家，也撤离一些国家。其中，苏丹是一个位于东北非地区的非洲领土大国。从地质学角度看，苏丹具备形成大型油田的地质条件。但是，长期以来这个国家贫穷落后，天灾不断，内战频频，民不聊生。1995 年人均国民生产总值仅 42 美元，被联合

249

① 这一节是作者牵头研究的中国社会科学院 2009 年 B 类课题"中非油气合作环境与情景分析"部分内容，得到该项目的资助。

国列为最不发达的国家之一。苏丹还是较早发现石油的非洲国家，但是缺乏资金和技术，无法自主发展本国的石油工业，每年仍耗费上亿美元进口石油200万吨。50年代意大利阿吉普公司、英荷壳牌公司曾在苏丹北部进行过勘探。60年代初，美国雪佛龙公司进入苏丹，早期的勘探作业集中于红海，唯一重要的天然气发现是1976年在苏丹港附近的苏阿金（Suakin）。后来辗转在苏丹南部班提乌和马拉卡尔市附近进行了长达十年的勘探开发，发现了几个大型油田，探明了1.8亿吨石油储量，并在3区和6区发现了一些中小油田。1983年由于雪佛龙公司在南部发现石油，再度引起苏丹南方战争，次年三名公司雇员遭反政府游击队杀害，雪佛龙公司开始撤离苏丹，最终放弃了开采权。1997年美国制裁苏丹，禁止美国公司与苏丹合作。

1995年9月苏丹总统巴希尔访华，希望中国石油公司到苏丹勘探开发石油，帮助苏丹建立石油工业。时任总书记江泽民当即表示支持，并指示参加会见的周永康进行研究。中国石油集团专家在对苏丹石油地质资料进行分析后认为，苏丹地质情况与我国渤海湾盆地极为相似，中国具有勘探开发此类油田的技术和成功经验。经我国外经贸部批准，中国石油集团使用中国政府援外贴息贷款与苏丹政府签订了6区（穆格莱德）石油合同，第一口探井即获高产油流，进一步证实苏丹具有良好的石油勘探前景。与此同时，中方还参与1/2/4区石油项目招标。为摊薄投资风险，中方决定与其他外国石油公司联合投标。在中苏两国政府的支持下，1996年11月苏丹政府同意由中国石油集团（控股40％）、马来西亚国家石油公司（占30％股份）、加拿大塔利斯曼公司（25％）和苏丹国家石油公司（5％）共同组建国际财团，联合开发1/2/4区石油资源。1997年3月各方合作伙伴共同与苏丹能矿部签了1/2/4区石油合同和油田至苏丹港原油管道BOT协议，并组建联合作业公司"大尼罗河石油作业公司"。联合作业公司按国际石油公司模式组建，按国际惯例组织作业。中方委派公司总裁，在联合作业公司中发挥主力军作用。

1/2/4 区为苏丹主产油田，位于苏丹中南部穆格莱德盆地，面积为48388 平方公里。1996 年 8 月 9 日该区石油项目启动，先后发现了 8 个油田和 38 个油藏，落实圈闭资源量近 40 亿桶。新增石油地质储量 16.67 亿桶，可采储量 4.49 亿桶，使该区累计可采储量达到 8.51 亿桶。储量发现超过了雪佛龙、加拿大公司在该区近 20 年的勘探成果。新增储量单位成本仅为 0.94 美元/吨，远远低于国际 3.5 美元/吨的平均水平。一期产能建设仅用了一年的时间，建成了 1000 万吨大型油田及配套设施。2001 年石油产量达到 1130 万吨，相当于中国第三大油田辽河油田的年产量。

1998 年 5 月黑格里格油田至苏丹港管道工程开始施工，仅用了 11 个月时间，于 1999 年 4 月建成了一条贯穿苏丹南北长 1506 公里的长输管线及末站终端系统。该管道始于苏丹中南部的黑格里格油田，经喀土穆直达苏丹港，年输油能力 1250 万吨原油，是苏丹原油输送的生命线。1999 年 6 月 22 日 1/2/4 区油田投产，原油进入长输管道，8 月 31 日第一船原油进入国际市场销售。

随着第一船原油出口，苏丹经济发生了结构性的变化。2001 年石油出口收入占到出口总额的 78%，达到 12.16 亿美元。多年来的贸易逆差变为顺差。通货膨胀由 90 年代的 133% 降至 2001 年的 4.8%。外国投资开始流入。苏丹经济结束了多年的恶化局面，开始出现转机。

苏丹从石油进口国变成石油净出口国，在几乎空白的基础上建立了上下游一体化、技术先进、规模配套的石油工业体系。每年为苏丹创造国内生产总值约 17 亿美元，人均 68 美元。石油工业的发展带动了石油炼油、化工、销售等相关产业发展，在苏丹政府、苏丹人民心中产生了极为深刻的影响。目前苏丹石油产量为 49 万桶/日，相当于约 2500 万吨/年，其中绝大部分产量产自 1/2/4 区块、3/7 区块和 6 区块，在非洲大陆发挥着石油生产国的重大作用。

中国石油集团在苏丹的成功是中国石油人海外技术攻关和艰苦创业的典范。1997 年，中国石油集团在中标苏丹 1/2/4 区项目之后，仅用两个月

251

时间就完成该油田126平方公里的三维地震解释，并提供10口优质探井井位的任务，用一个月就完成了尤尼体三维地震5个目的层的解释工作，编制出了 Aradeiba 和 Bentiu 等五层构造图，为 1/2/4 区确定 1000 万吨产能建设方案奠定了基础。中国的工程师利用美国雪佛龙公司十几年的地震资料和联合作业公司采集的地震资料以及所有已钻井的成功与失利原因，探寻成藏条件和油气富集规律。在不到两个月的时间里中国石油专家就完成了 1∶10 万囊括 1/2 区主体部位的 Bentiu 顶面构造图。2002 年后，1/2/4 区勘探难度越来越大，风险也越来越高，中国石油专家通过细致工作和综合地质分析，滚动发现了 7 个复杂断块油藏，占联合作业公司勘探新发现的 70%。在苏丹 4 区，雪佛龙公司早期经过近 20 年勘探，仅发现一个很小的次生油田。然而中国石油技术专家开展技术攻关，经过不懈努力，实现了 4 区勘探重大突破。继 2003 年在 Diffra 地区获得发现，建成产能 100 万吨油田之后，2004 年又在 Neem 地区取得重大发现。9 月 18 日 Neem east—1 井 Bentiu 组试油，获得日产 4700 桶高产轻质油，再创 1/2/4 区试油历史最高产量。目前，该地区估算石油地质储量 1.2 亿桶，可采储量 3000 万桶以上，可建成年产 100 万吨以上的规模。这一发现为 4 区勘探投资回收和 1/2/4 区整体效益的进一步提高，作出了突出的贡献。

中国与苏丹的成功合作不仅彻底改变了苏丹的石油工业面貌，而且对非洲大陆和世界产生了巨大的反响。

2. 2003 年以后，国际油价开始大幅上涨，非洲的合作环境也开始发生变化。2000 年布伦特原油平均价格达到 28.5 美元/桶，2004 年达到 38.27 美元/桶，此后每年以 15 美元/桶的速度上涨，直到 2008 年达到 97.26 美元/桶。这一时期，中国在苏丹的成功案例对邻近国家（如乍得和尼日尔等）产生了良好的示范效应。2000 年后乍得多次表示，如果中国石油公司能够在乍得复制苏丹的成功案例，乍得可以放弃与中国台湾地区的"外交关系"。2003 年 12 月，中国石油集团通过购股间接进入西方大石油公司经过 40 多年勘探后放弃的乍得 H 区块。中国石油乍得项目负责人带领技术团队在 3

年时间里,"吃透"了2万公里的二维地震和十几口井以及前人40年间做的分析化验等资料,确定了"选盆、定带、快速发现"的勘探方法和技术,并提出了"反转裂谷盆地的成藏理论",结果叩开了亿吨级高产稀油大油田——大贝尔巴油田的大门,创造了国际勘探史上的奇迹,为乍得人民走向富裕作出了贡献。

与此同时,中国石油集团击败数家国际石油大公司后与阿尔及利亚国家石油公司(Sonatrach)签署一项石油天然气勘探合同。根据合同,中国石油集团在3年勘探期内将投资约3100万美元,用于阿尔及利亚谢里夫盆地和乌埃德姆亚盆地两个区块的油气勘探工程。这两个区块分别位于阿北部沿海地区(面积约9900平方公里)和中部(面积约8700平方公里)。一旦勘探成功,中方获得一定油气份额,为以后的一体化经营奠定基础。

2006年1月9日中国海洋石油有限公司宣布与尼日利亚南大西洋石油有限公司签署了合作协议,以22.68亿美元现金收购尼日利亚海上石油开采许可证(OML130)45%的工作权益,从而踏入尼日尔三角洲这一世界级的勘探盆地。2006年初该区块Akpo油田提前投产,并于夏季进入高峰产期,日产量约为17.5万桶。

尼日尔地处西非内陆,撒哈拉沙漠南面,面积126万平方公里,人口约1100万。2003年11月中国石油集团与尼日尔能源矿产部签署了Bilma区块勘探开发许可证协议,2005年双方重点开展Tenere区块二维地震资料采集作业,开展综合研究。2008年6月中国石油集团进入尼日尔最大的阿加德姆(Agadem)石油勘探区块,区块总面积达28000平方公里,具有可观的储量规模。中国石油集团承诺三年投资50亿美元,同时建设一座年处理100万吨原油的炼油厂和一条2000公里的石油输送管道。这一石油勘探协议的签署扩大了中国在撒哈拉以南非洲石油丰富地区的业务范围。

随着中国石油公司在非洲的迅速推进,以阿尔及利亚、尼日利亚、安哥拉等国家为代表的非洲国家,开始加大对本国油气资源的保护或控制力度。例如加强国家石油公司的地位，强调与外国公司合作中本国企业的股份比例不低于51％；征收暴利税以防止大部分利润被外国石油公司获取；强调外国投资技术和管理的本国化比例，等等；利比亚的勘探与产量分成合同（ESPA）模式从第一版到第四版，收紧了财税条款。苏丹政府甚至提出提前收回中国石油集团采取BOT方式修建的石油管道经营权。总之，非洲油气资源国对外国石油公司参与油气勘探开发发出了越来越多的诉求。同时，许多国际石油公司投资项目的环境问题、社会就业、利益分享和透明度等问题不断暴露，其中包括非洲地区和国际非政府组织对中国石油公司在非洲的投资行为、目的和所谓"新殖民主义"的质疑。

3. 2008年下半年全球金融危机爆发后，国际油价大幅下跌。非洲资源国经济单一，大部分收入依赖于油气出口，国际油价下跌，导致非洲资源国外汇和财政收入减少，经济发展减缓，物价、失业等民生问题突出。在这一背景下，2009年6月中国石化集团与总部位于瑞士的Addax石油公司签订了收购协议。根据该协议，中国石化集团发起收购要约，以每股52.80加元的价格收购Addax全部发行在外的普通股。中国石化集团收购总价为82.7亿加元（相当于72.4亿美元）。Addax公司的探明可采石油储量加上证实储量5.36亿桶；2008年年产量约700万吨。Addax公司拥有的深水勘探项目极具潜力，为中国石化集团的进一步发展提供强有力的平台。与此前中国石油集团收购加拿大瓦兰杰伊（Verenex）项目遇阻相比，中国石化集团的收购比较顺利。收购Addax石油公司符合中国石化集团公司的战略目标，有利于增强公司在西非和伊拉克的实力，加快全球化发展步伐，优化海外油气资产结构，因此是一次"转型收购"。

至此，中国石油公司在非洲的扩张告一段落。美国实行的量化宽松政策导致全球流动性泛滥，并引发全球性通胀蔓延，使经济基础薄弱的非洲国家不堪通货膨胀带来的压力，成为2011年北非局势动荡的直接导火索。突尼斯茉莉革命，在埃及、巴林、也门、叙利亚和利比亚形成"多米诺效应"。同时，2011年又正值许多非洲国家的大选年。科特迪瓦因总统选举分歧一度陷入内战。尼日利亚总统选举虽然成功，也导致十余州发生骚乱。苏丹南部公投取得成功，但是仍然存在南北间的潜在冲突，使南北分界线处上下的石油开发变为十分敏感的问题。而2011年3月，利比亚发生内乱，国内的武装冲突和内战导致该国石油工业几乎陷于瘫痪，西方石油公司大撤离；中国也迅速组织力量在短短的九昼夜成功撤离3.58万人。非洲的乱局，埃及动乱对石油运输中断的威胁，特别是利比亚石油供应的中断对世界石油市场造成极大的冲击，也对国际石油公司在北非的直接投资形成很大打击。

（二）中非油气合作面临的困局和选择

在中非油气合作过程中，中国的巨大成功离不开中国的创业精神和技术贡献，但是面临着非常复杂的风险，如政治动乱、地区冲突、利益相关者的诉求和所谓的"新殖民主义"指责。所谓的"新殖民主义"是一个值得研究的问题。正如前述，腐败政治和殖民主义是非洲大陆"资源诅咒"的内部根源和外部因素。丰富的资源并没有带来社会经济的全面发展的根源在于非洲国家自身的政治体制，特别是政权体制。而这些政权体制又与西方殖民历史有关。至今西方国家依然继续干预和影响有关非洲国家。虽然非洲国家已经独立50年，但是，殖民主义的影响和外部干预主义依然存在。中国进入非洲地区后，在苏丹、尼日尔、乍得等贫穷国家开展了重大的石油开发，为这些国家带来了巨大的石油财富，却被一些西方媒体怀疑为"新殖民主义"。其原因可能与人们不真正了解非洲的殖民历史，与中国的不干涉内政的外交政策，与中国未全面关注石油利益相关者的诉求，未全面开展公司的社会责任、有效实施有关问责制度有关。这些问题显然不是石油技术专家和企业经营管理者所能应对和解决的。比如，在苏丹已经出现了中国石油公司公布的石油储量和产量数据与苏丹政府公布的数据之间的差异和南方对石油分配结果的质疑。类似的问题在乍得、尼日尔和尼日利亚也不同程度地存在。如何应对这些现实问题已经成为中国石油公司的新考验。

255

确实，在人们走完 21 世纪第一个 10 年之后，回首这 10 年来非洲油气投资环境的变化，不能不感到与 20 世纪 90 年代相比存在巨大差异。非洲大陆和海域充满着当今世界少有的合作机遇，但是也深藏难以处理的冲突、对抗和风险。从全球油气竞赛看，可能是一种"非洲陷阱"，既难以全力进入，也难以净身退出。针对中国在非洲面临的现状和风险，可以构想为以下不同的情景和选择：

一是进入战略和扩张战略的不同情景与选择：中国石油公司已经成功进入苏丹，也初步进入阿尔及利亚、乍得、尼日尔以及尼日利亚等国家。在进入战略的情景中，中国石油公司侧重与所在国政府和国家石油公司开展谈判和直接合作，但是忽视了非洲社会中诸多部落、社区的诉求和利益，忽视了地区内外各种非政府组织的诉求和影响。因此，这样的进入战略可以取得一时的成功或辉煌，但是，从长远看可能会脱离非洲的历史、文化和现实，而且从商业角度看，进入战略主要取决于机会和投资回报。今后深入和扩张必须考虑非洲的历史、文化和现实需求以及更多更远的问题。否则将陷入进入容易、发展难，或者说撤出（如利比亚）容易，再进难的困局。

而要在上述国家进一步扩张，扩大资源开发的面积、范围（进入风险勘探和深海、管线和下游建设），就必须研究如何进行油气一体化开发，如何与资源国家、地区的整体开发规划和构想相结合，是否真正促进地区经济社会发展、提升非洲民众的利益和福祉等系列问题。西方石油公司往往因为尼日利亚管道运输安全问题而放弃管道建设，往往因为下游投资回报低而拒绝投入。但是，这些设施和能力建设又是资源国的迫切需要。仅专注油气勘探开发，获取资源国的资源，而忽视下游加工利用和社会建设，在非洲地区无异于殖民主义的延伸。所以，综合开发是今后国际石油公司必须考虑的问题和必须作出的选择。

二是生存需求和发展需求的不同情景和选择：在非洲地区，一个国家和石油公司成功实施进入战略后，生存是初始的基本问题。但是，短期的生存需求很快会变为是否长期生存和发展的需求问题。中国必须对非洲不同的国家做战略和战术上的划分。哪些国家属于战略资源国，需要考虑长期生存和发展；哪些国家属于战术性的资源国，可考虑短期进入和生存，尔后适时撤离。对于长期生存和发展需求来说，国际石油公司不能不考虑与资源国综合发展战略的结合，考虑文化上的融合。真正与当地社会和当地文化实现中长期的共存共荣。

三是不同合作模式的选择：殖民的做法是以获取油气资源为直接和最后的目的，以优惠的条款，采取快速开发的方式，以合同的终结为责任期限。这对诸多中小石油公司来说可能不存在大问题，但是对于国际大石油公司来说，必须考虑非殖民化或去殖民主义的做法，即将资源开发与社会发展结合起来，将投资和援助结合起来，尽消费国和外国公司的社会责任和义务，特别是环保、就业、社会贡献等方面的义务，同时协助资源国建立良好的社会治理以至良好的政治治理体系，使得资源开发惠及广大民众。

四是可持续的发展方式的选择：对于资源开发型的石油公司来说，一切业务离不开油气资源的勘探开发。这是石油工业的主业。但是，石油公司能否从事社会基础设施建设？这是西方石油公司难以回答的问题，一方面他们认为，这些投资和活动超越石油公司的领域，如果要投资也难以得到公司董事会和股东会的批准；另一方面，他们已经发现，中国等一些政府和国家石油公司开始从事基础设施建设，并将这些投资纳入他们的投资规划，得到资源国的认可，成为他们中标的条件。从非洲50年的发展看，基础设施和社会服务设施的落后，已经成为石油财富难以得到广泛推广和使用的原因，也是"资源诅咒"的一个原因。显然，这样的发展方式是不可持续的，而持续发展就要考虑资源国的可持续发展的综合利益与要求。

五是综合合作发展与单项推进的情景和选择。国际石油公司不能将资源国的落后和暂时的无知作为获取资源的时机。国际石油公司要特别注意帮助资源国经济的综合发展，特别是非化石能源的综合开发与利用，将人

257

类利用化石能源的最新理念和技术传输给比较落后的资源国。中国在非洲地区的长期合作必须从资源国的根本利益出发, 从长期发展的角度综合规划项目开发、人员培训、环境保护和文化进步等方式。

六是国际对话和共享责任的不同情景和选择。自哥伦布发现新大陆后, 随着科技和信息技术的不断发展, 世界变成一个越来越紧密的整体。落后的非洲国家也不例外。非洲的殖民历史, 非洲的落后和贫困, 特别是非洲的若干腐败政府和权贵政治阻碍了非洲的经济社会发展。在此情景下, 单纯地不干预内政, 大力推进石油资源的开发, 客观上助长了腐败政府和权贵政治的存在。因此, 进入非洲的国际石油公司必须承担非洲发展的共同责任, 推动而不是代替非洲国家的政府和社会力量不断走向开放、民主、透明和公正。

不干预内政是中国独立自主的和平外交政策的组成部分, 是和平共处五项基本原则之一。但是这项外交政策不能理解为对非洲诸多国家存在的种族灭绝、人权问题、严重腐败、分配不均等问题不闻不问。相反, 作为负责任的大国, 中国政府和中国石油公司应该与国际社会一道, 承认和接受对非洲投资的共同责任和原则(包括但不限于参与金融领域的赤道原则和采掘业透明度倡议), 在对外政策上应该采取更加积极主动的姿态, 参与地区问题的对话与交流。那种在进入阶段适用的"多干少说或只干不说"的策略在扩张阶段必须调整。如今, 在非洲地区, 简单地宣布不干预政策, 不仅脱离国际共识和责任, 也有悖于中国的利益。

258

目前, 中国公司在加纳、乌干达等一些新兴产油国的举动是比较现实的: 更加注重一体化开发, 适时开展基础设施建设, 推动综合合作和社会效益, 促进长期发展与开放合作。这样的合作思维和合作模式与政策有助于破解非洲的"资源诅咒", 有利于消除针对中国的所谓"新殖民主义"的压力。

在南部苏丹以公投走向独立后, 南苏丹政府必然与苏丹政府重新谈判包括石油收入在内的诸多关键问题。中国石油集团等外国公司与苏丹政府达成和正在执行的石油合同区块有些处于南部，有些处于南北分界线上下，因此必须与南苏丹重新谈判有关条款并签署新的石油协议。不管苏丹南北双方以什么样的方式最终确定边界问题，特别是阿布耶伊地区的归属问题和石油收益分配等问题，中国石油公司必须处理好与双方政府、当地政府和社会组织的关系，处理好项目运作和石油收益分配的透明度问题，真正将资源开发所获部分收益反馈给当地社会，带动地区经济和社会发展，造福当地人民，将"资源诅咒"变成"福音"。

五 中国与南美地区的合作：步步为营

南美地区一直受到中国石油公司的关注。早在20世纪90年代初期，业内研究的结论是：油气资源不十分丰富，但是，依然具有巨大的合作机会。中国石油集团的国际化经营始于南美地区，秘鲁的塔拉拉油田。

（一）秘鲁

1993年，中国石油集团获得秘鲁塔拉拉油田第7区块开发项目作业权，1995年签署第6区块开发项目。地处塔拉拉沙漠地带的6/7区属典型的复杂断块油田，被西方称为地质家的"坟墓"，而且已经历了130多年的开发历史。中国石油集团接手该区块被讥笑为收购"旧家具"。当时近5000口井只有509口在产，平均单井日产只有3桶左右。更为棘手的是，没有地震资料，没有全区连片的构造图，2/3油井没有测井资料，大部分井没有测试、测压等基本开发资料，也没有比较系统的综合研究成果报告。

让接近废弃的6/7区起死回生，当时在许多西方公司看来几乎是天方夜谭。然而，中国石油集团的工程师本着"天下难事，必作于易；天下大事，必作于细"的精神，从小处着眼，从收集资料开始，十分艰辛。1994年，最先部署在老断块的5口补充开发井相继失利。因为资料少且品质差，没有类似长期衰竭开采油田的经验可借鉴，对地下油气剩余潜力及分布认

259

识不清，对地下描述如"雾里看花"，进一步勘探找不到主攻目标。

但是，中国石油工程师不等、不靠，大胆实践，认识逐渐深入，走深化地质综合研究，走精细勘探之路。1995 年，中国石油集团将三维地震技术引进 7 区，完成 7 区 100 多年来首张全区构造图。油田研究人员集中开展综合研究，对老资料重新认识，做地层对比剖面，进行小层划分对比，综合应用动、静态资料搞清砂体分布特点、砂体连通性和隔夹层分布特征，进一步掌握整体构造格局。

针对油田含油层系多、断块小和油藏成因多样的实际，他们把国内复杂断块油田滚动勘探开发经验与 6/7 区的实际相结合，勘探开发思路更为清晰，而且技术人员不放过有利于发现和开发的任何蛛丝马迹。1997 年，原本设计目的层是 Mogollon 的 13231 井，在钻进差 15 英尺完钻时录井发现新油砂，经及时分析认为是当时最高产的 Basal Salina 油组，加深钻进后终于在设计之外获得日产 1100 桶的高产油流，令秘鲁石油界惊羡不已。

精细之举还体现在强烈的求真精神，跳出老套路，构思新方向。1996 年，根据中国石油断块理论，成功利用精细地层对比，按不同断块具有不同油水系统的认识，在 6 区完钻的 13209 井，经过 3 次加深，于近 1 万英尺以下钻遇高产油层，发现新的含油断块，打破了西方和秘鲁地质师 8700 英尺以下为水层的认识禁锢。近年来，他们大胆探索，把新井实施的触角伸向新领域，"在前人勘探空白或前人否定的地区打探井"，6 区向海上延伸，勘探工作亮点频现。17 年来，秘鲁项目累计发现 18 个新的含油断块和未曾动用的新层系，连续打出一批高产"千桶井"，不断增储上产，沉寂百年的老油田重新焕发青春。①

（二）委内瑞拉

委内瑞拉是中国石油集团在南美地区的战略合作对象。自 1997 年中国石油集团进入委内瑞拉以来，中委双方在卡拉高莱斯和英特甘博老油田开

---

① 佚名：《塔拉拉油田："四精"显威 枯木逢春》，《中国石油企业》2010 年 10 月 25 日。

发项目上紧密合作。虽然经历了委内瑞拉国内工人罢工等干扰，但是产量基本稳定。2005年1月，中国石油集团与委内瑞拉国家石油公司签署了共同开发奥里诺科重油带项目的谅解备忘录，启动了奥里诺科重油带项目合作。在油品贸易领域，中国石油集团与委方原油和燃料油贸易的规模也逐步扩大。自1996年开始，中国石油集团与委内瑞拉国家石油公司就奥里乳化油开展贸易，2005年11月签署了原油和燃料油贸易长期协议。

中国石油集团凭借在石油工程技术服务领域独特的技术、管理、人才等方面的经验和实力，在委内瑞拉从事工程技术服务。目前，中国石油集团共有40多支工程技术服务队伍为委内瑞拉国家石油公司和当地其他石油公司提供物探、钻井、修井、测井、地面建设等工程技术服务。委内瑞拉国家石油公司购买中方13台钻机合同、组建油井工程服务合资企业以及合资生产钻机谅解备忘录的签署，使双方在石油工程技术服务领域的合作得到了进一步加强。

2009年4月，中委双方成立了合资原油开采公司，委方持股60％，中方持股40％；在中国广东揭阳炼油项目中，中方持股60％，委方获得40％；为了便于运输，双方还将合资成立一家远洋运输公司，双方各持股50％。

2010年4月，中国石油集团、国家开发银行与委内瑞拉社会发展银行、委内瑞拉国家石油公司、委内瑞拉计划财政部、委内瑞拉能源石油部四方代表签署了中委长期融资合作框架协议。根据框架协议，中方将向委内瑞拉提供期限10年总额200亿美元的融资贷款。委内瑞拉国家石油公司与中国石油集团签署石油购销合同，作为还款保障。

261

中国石油集团与委内瑞拉国家石油公司签署了胡宁4项目合作谅解备忘录。此外，中国的国家能源局与委内瑞拉能源矿产部签署了胡宁4项目政府间协议。胡宁4合作项目位于委内瑞拉奥里诺科重油带，区块面积325平方公里，可采储量87亿桶，可建成年产2000万吨的生产能力。预计在25年的合同期内，将生产29亿桶左右的超重原油。

（三）厄瓜多尔

中国石油公司进入厄瓜多尔较晚。2000 年以来，主要从事石油投资和工程承包的中国公司有中国石油集团下属的亚马逊公司、长庆油田厄瓜多尔公司、东方地球勘探公司厄瓜多尔公司；中国石化集团下属的国际石油工程有限公司、中原油田厄瓜多尔子公司以及中化集团石油勘探开发公司。至 2004 年 6 月，在厄瓜多尔成功完成一系列收购和勘探项目。

中国石化集团在厄瓜多尔主要从事石油工程承包和相关技术服务。长庆油田厄瓜多尔公司于 2001 年率先进入厄瓜多尔开拓石油市场，履行油田增产联合作业合同；中国石油集团的亚马逊公司开发厄东部苏古比奥斯省的 11 区块；东方地球勘探公司以招标方式获得了 11 区块二维地震项目。中化集团石油勘探开发公司于 2003 年经投标成功购买了位于厄东部的 16 区块 14％的非作业者权益。

（四）阿根廷

2010 年 3 月，中国海油宣布斥资 31 亿美元现金收购阿根廷最大的石油出口商"布里达斯能源公司"旗下一家公司的一半股权，资产包括在阿根廷、玻利维亚和智利等国拥有油田，探明石油储量为 6.36 亿桶，日产量为 9.2 万桶。此外，布里达斯公司还拥有阿根廷第二大石油公司"泛美能源公司"的四成股权（另外六成归英国石油公司）。收购完成之后，中国海油的石油探明储量增加 3.18 亿桶，产量增加 4.6 万桶。这是中国海油第一次在南美洲获得石油资产。

（五）巴西

2010 年 4 月 15 日中国石化集团与巴西石油公司达成了原油采购协议，此次协议的基础是 2009 年 5 月签署的石油换贷款协议。根据 2009 年的协议，巴西将向中国石化集团提供为期 10 年约 195 万桶的原油供应，以此换取中国国家开发银行 100 亿美元的贷款。同时，中国石化集团还是中国首个获得两个巴西海上油气区块开采权的公司，意味着中国石油公司首次进入巴西国内油气勘探开发领域。其实，中国石化集团进入巴西始于 2004 年与巴西政府签署的合作备忘录，并在巴西从事原油管道的铺设工作。

2010 年 10 月 1 日，西班牙雷普索尔石油公司同意以 71 亿美元将其巴西石油勘探开采业务中 40％的权益出售给中国石化集团。本交易通过扩大资本方式实现。通过本次交易，雷普索尔公司获得巴西境内石油项目开发所需的资金。雷普索尔公司为巴西业务定向增发新股，新股承购方为中国石化集团。按照 2009 年统计，雷普索尔公司是巴西境内第三大石油供应商，同时也是拥有巴西境内石油勘探区块最多的外国石油公司。雷普索尔公司和中国石化集团之间的协议帮助两家公司在已有项目开发中达成全面合作关系，同时两家公司还以合资或者独资运作形式开发巴西其他石油项目。

2011 年 4 月 14 日中化集团收购挪威国家石油公司巴西 Peregrino 油田的交割签字仪式在美国休斯敦举行，标志着中化集团正式拥有巴西海上 Campos 盆地 Peregrino 油田项目 40％的权益，挪威国家石油公司继续持有该油田 60％的权益并保留其作业者身份。Peregrino 海上油田项目位于距巴西海岸 85 公里的 Campo 盆地，于 2011 年 4 月 8 日投产。油田开发的第一阶段包括两个钻井生产平台和一个船型浮动生产储存卸油设施。

综上可见，近几年来，中国在南美地区的投资迅速增长。根据 2011 年 5 月联合国拉丁美洲和加勒比经济委员会（ECLAC）发布的《拉丁美洲和加勒比地区外国直接投资报告》，2010 年是中国在拉丁美洲地区直接投资取得重大进展的一年，中国公司在拉美地区共投资了 150 亿美元，其中，90％的投资集中在资源领域，已经成为该地区仅次于美国和荷兰的第三大投资国。联合国报告认为，这种投资势头还将持续下去，并分散到基础设施和制造业。报告认为，中国的投资势头主要是过去 10 年内强大的贸易关系推动的。[①]

---

① ECLAC Foreign Direct Investment in Latin America and the Caribbean，May 2011，pp. 21—22.

中国对南美地区的贸易特征是:(1)中国几乎向本地区所有的国家出口制造品,同时从本地区主要国家进口原材料;(2)中国已经在墨西哥和中美洲地区竞争出口市场。现在中国已经成为南美地区第三大贸易伙伴,仅次于美国和欧盟,而且中国的贸易额大有超过欧盟之势。表13.1反映了中国在南美地区的收购和新投资的数额。

表 13.1　　　　　中国在拉美和加勒比地区的直接投资　　　　（百万美元）

国　　家	确认投资额		宣布的投资额
	1990—2009 年	2010 年	2011 年以后
阿根廷	143	5550	3530
巴西	255	9563	9870
哥伦比亚	1677	3	
哥斯达黎加	13	5	700
厄瓜多尔	1619	41	
圭亚那	1000	——	
墨西哥	127	5	
秘鲁	2262	84	8642
委内瑞拉	240	——	——
合计	7336	15251	22740

资料来源:拉丁美洲和加勒比经济委员会（ECLAC）根据路透社信息和有关采访整理。

目前,本地区主要的投资受惠国是巴西、阿根廷和秘鲁。这些国家与中国的贸易关系十分紧密,同时中国也是厄瓜多尔和圭亚那的投资国。在中美洲,中国还在哥斯达黎加投资建设一座大型炼油企业。

中国在油气领域的投资主要涉及两个阶段:初期是依据国家之间双边协议（比如与委内瑞拉、厄瓜多尔和秘鲁）而开展的勘探生产许可证项目;第二阶段是中国与国际石油公司合作,在巴西和阿根廷突进。在矿产领域,秘鲁是铜矿和铁矿的主要投资受惠国,巴西只是铁矿的投资受惠国。近年来农业的投资受到推动,但是投资规模较小,而对所在国国内农业冲击却较大,比如土地利用和食品安全等。

从今后发展趋势看，自然资源领域的投资仍然处于主导地位。但是，中国在本地区基础设施的投资将在低成本和政府融资的推动下有较大的推进。此外，电信网络和铁路设施建设将有一定的发展空间。

从长远看，中国已将南美地区作为海外重要油气产区，保持长远的战略合作姿态。针对2003年以来南美地区投资环境的变化，作者在2006年的研究建议是：第一，要适应资源国的政策调整。在南美油气资源国的政策形成期，加强与南美各国政府和国家石油公司之间的交流与沟通，共同寻找可接受的合作方式。对高风险国家的项目暂缓投资步伐，对于风险较低、政策明朗的国家，适当加大投入。第二，调整今后的经营思路和方式，合理调整在南美老油气开发中心和新油气开发中心的项目分布，以分散投资风险；继续实行"一手投出去，一手收回来"的策略，加大工程技术服务的渗透力，扩大市场份额。同时，尽快探索出一套在不控股和高税收下的经营模式，一方面要对已有项目强调"早投入、强开发、早回收"的策略；另一方面，进一步在本地区内，合理规划项目投资风险，特别是政治风险，合理组合资产，提高风险管理能力。第三，中国石油公司在南美地区的投资行为与国际石油公司的投资行为性质相同，不寄希望于资源国对中国另眼相看和优待。要加强与南美地区国家石油公司和国际石油公司（如巴西国家石油公司、西班牙雷普索尔公司和其他西方公司）之间的联合，探讨在高风险和政策多变国家协调立场，相互配合，谋求共同生存与发展的途径。

近几年来，巴西深海油气开发和相应的工程技术服务为中国提供了诸多合作机会，阿根廷的陆上和海上也具有广阔的合作前景，但是，今后获取南美地区权益油气份额的难度加大。对于中国石油公司来说，必须根据南美地区不同油气资源的特点，考虑扩大确保获得境外油气资源的多重途径和方式，使利用境外油气资源的战略走向多元和综合。可供选择的合作领域和方式是：参与国际油气财团、与贸易挂钩、资产交叉、长约和未来供应保证、基础设施投资与工程技术服务等。

中国在南美地区的投资活动也引起一些国家政府和民众的批评。他们的批评声音主要是针对中国集中投资资源领域，限制了南美国家国内工业的全面发展和技术进步；他们怀疑中国国家公司的资产受控于政府。一些人还批评中国在自然资源投资中的社会和环保标准低于其他国际石油公司。中国公司必须以实际行动正面回应这些批评和质疑。

六　中国与北美的油气合作：绝非一蹴而就

（一）中国与加拿大的油气合作

中加能源合作始于 2001 年双方签署的有关能源领域合作的谅解备忘录。此后，中加能源合作联合工作组成立，并保持定期对话。2005 年 1 月两国发表《二十一世纪能源合作声明》，以增强两国在能源安全和环境可持续性方面的合作。根据声明，两国确认石油、天然气、核能、能效和清洁能源（包括可再生能源）为双方合作的优先领域。

根据声明，中国和加拿大决定共同推动在石油（包括油砂）、天然气和铀资源领域的合作。两国政府鼓励两国企业在上述领域建立互惠互利的经贸伙伴关系，同时鼓励开展油砂技术的合作研究，鼓励企业在核能领域扩大商务合作，并对先进核能技术的发展及其相关领域进行研究，降低成本和提高核能系统的安全性。两国还承诺推动在能效和清洁能源领域（包括可再生能源）的合作。除了通过现有机制开展政策对话以外，两国还积极鼓励和支持政府机构、科研院所、非政府组织、国有企业和私有企业在上述领域建立并加强联系，寻求合作项目和意向。可见，中加能源合作是中国和加拿大的共同选择，并在 2005 年后得到加强。

2005 年 4 月，中国海油集团斥资 1.22 亿美元，收购了加拿大 MEG 能源公司 17％的股权。2006 年 11 月 12—17 日，加拿大能源代表团访问中国，出席了首届世界重油大会和中国国际矿业大会。当时，双方提出了进一步发展铀贸易，并且委派工作人员就此进行沟通。2009 年中国石油集团收购了加拿大阿萨巴斯卡油砂区块，试图在以油砂为代表的非常规能源开发与利用领域熟悉和掌握加拿大成熟的技术。2011 年 2 月 10 日中国石油集团又宣布，已与加拿大能源公司签署合作协议，拟以 54 亿加元收购加拿大一天然气资产 50％的权益。这份协议由中国石油国际投资有限公司和加拿大能源公司（EnCana）共同签署，目标资产是加拿大能源公司的峻岭油区。这一资产包括 130 万英亩的勘探开发生产区块、约每天 7 亿立方英尺的天然气处理能力、3400 公里集输管线及 1 座地下储气库。根据协议，双方按各出资 50％的投资比例，通过合资合作方式加大开发力度，提升天然气产量。在早期阶段加拿大能源公司继续承担合资项目的作业者并负责相关产品的销售。

　　中国与加拿大的能源合作具有 10 年的历史。在过去 10 年里中加贸易与投资水平总体特点是发展相对缓慢、结构不平衡，与其他地区相比，在大公司、大项目的合作层面上，中加能源合作程度和水平低于中国与澳大利亚的能源合作关系与水平。[①] 中国石油集团多年来一直寻求与加拿大大型专业油气公司合作的机会，2010 年开始与加拿大能源公司（EnCana）的合作可能成为中国石油集团进入北美这一高端市场的重要平台。从比较优势分析，中国石油集团在全球油气勘探生产、工程设计与油田服务领域拥有综合优势；加拿大能源公司在非常规天然气开发领域具有优势。通过强强联合，这一合资项目可为双方股东创造良好价值回报，提升加拿大天然气产业的竞争力，促进加拿大和中国的经济发展和就业机会。但是，随着谈判的深入，深层的问题不断暴露。加拿大对中国石油公司和中国的经营战略和方式存在诸多担忧。

　　据了解，2007 年 11 月加拿大政府针对外国主权基金和外国国家石油公司收购加拿大资产控制权的情形特别引入"国有企业指导方针"（SOE

---

　　① 主要观点来自 2009 年 11 月 20 日第 5 届加中能源与环境论坛（卡尔加里）。来自加拿大的石油企业、加中商务理事会和研究机构共 30 多人参加了本次小型会议。会上认真评估了加中贸易、投资，特别是能源领域的合作状况。

Guidelines）。在这个指导方针中有这样两个陈述：（1）国有企业的经营决策和整体经营行为受政府的意志控制或影响；（2）国有企业的资金均来自政府的支持，而不是自身的经营，即不取决于自身投资状况和利润变化，国有企业可以不断利用国有银行的优惠贷款，使西方的国际石油公司处于不利地位。[①] 在 2009 年中国石油集团收购了加拿大阿萨巴斯卡油砂区块前，即 2009 年 2 月，加拿大在"国有企业指导方针"里引入了国家安全层面的审查程序，加强对国有企业的审查力度。加方认为，从成熟的法律环境和实践看，中国资源型国有企业缺乏在发达国家和地区投资经营运作的成熟经验，需要尽快促使在加拿大的外国公司按照加拿大的标准执行，否则将产生不良的后果。再从加拿大的劳工法角度看，加方不了解中方管理人员、技术人员和劳工开展实质性合作的能力。尽管他们也看到了中国国有企业全球化的经验，但是对利用加拿大员工的经验可能不足，认为中国国有企业在处理劳动力标准时难以按照当地劳动的安全标准和环保标准尽所需的义务。此外，按照"良好的公司公民"原则，认为今后中国国有企业如何遵循透明度原则依然是一个问题。因此，加拿大方面在谈判的背后和正视目光的下面总是以一种怀疑的心态看待中方的合作伙伴。加方伙伴公司如果仅仅把中方伙伴视为融资来源，压低投资回报，是极其错误的；而中方企业如果过于自持，一味谋求合作强势，可能给谈判带来不必要的麻烦和障碍。2011 年 6 月 21 日加拿大能源公司与中国石油集团最终因难以继续谈判而分手。

268　　　这一例子和上述担忧在公众、媒体和研究机构引起普遍议论，对美国和其他西方公司及政府产生诸多暂时难以公开的影响。所有的议论都针对中国国有石油公司的行为，几乎听不到中国私人石油公司在加拿大投资经营的非议。这一对比可能也值得中方思考。

---

① 2009 年 10 月 19 日在北京会晤加拿大国际事务理事会（Canadian International Council）专家 Margaret Cornish 女士所得。这个法案的正式名称是《投资加拿大法案》（Investment Canada Act）。

可见，中国石油公司进入发达国家已经不是概念运作，而是实质性的交锋和磨合，双方都面临诸多不可小视的考验。其中，各自的谈判心态、合作战略、经营行为、公司标准和公司责任等问题既是双边的问题，也是与发达国家合作中带普遍性和长远性的问题。

（二）中美石油公司的交锋

多年来，中国与美国的油气合作一直停留在中国境内合作、双边油气论坛和技术交流领域。由于美国政府对外国公司收购美国资产的严格限制，中国公司进入美国境内购买美国公司资产并非一帆风顺。

1996—1998年中国海油曾购买美国墨西哥湾5个区块，终因没有发现而放弃，成为中国石油公司进入美国的第一次尝试。2005年中国海油决定以185亿美元收购优尼科石油公司的整体资产，涉及优尼科公司的美国业务和资产，成为一次轰动世界的跨国巨额并购案。最终中国海油在与美国政府的交涉中主动收回收购要约。这是中国海油试图直接进入美国核心油气领域的一次大演练，并在学习美国资产管制、直接谈判、政治风险防范等方面是一个巨大的收获，此后中国海油名声大振。

2009—2010年是美国页岩气开发的高潮年。亚洲和欧洲的石油公司积极进入美国非常规油气领域。比如2010年初印度的Reliance工业公司以17亿美元从美国的Atlas能源公司购买了一座气田。同年6月25日，Reliance工业公司宣布投资13.6亿美元与美国的先锋自然资源公司（Pioneer Natural Resources）合作开发后者在得克萨斯Eagle Ford的非常规天然气，该公司在合资公司中持有45%的股权。

2010年10月中国海油为进入美国非常规油气领域，与美国切萨皮克能源公司谈判，宣布以10.8亿美元购入后者公司Eagle Ford页岩油气项目33.3%的权益。该项目净面积60万英亩。这是中国海油在美国非常规油气领域的成功尝试。

近几年来，中国石油集团也期待进入美国，试图通过直接合作获得页岩气、致密油和致密气项目开发的专业技术和经验。2010年4月中国石油

269

集团高层访问美国期间参观了康菲石油公司在得克萨斯州 Barnett 页岩气开发项目。这一举动引发外界对中国加快与美国公司合作开发该地区非常规天然气资源的关注。此后作者协助推动中美双方公司展开了系列内部研究和技术交流。然而，大象缓行，头绪众多。中国石油公司与美国石油公司在合作目的和经营策略方面存在较大的差异，使得双方的合作进展十分艰难。在此，作者认为，中国公司在美国实施以获取资源为目的的合作战略和实施主导资源开发的战略是不现实的。

目前，中国公司投资美国油气资产，建立合资企业或合作经营的目的不仅是学习美国的非常规油气开发技术，而且是通过合资与合作平台，逐步掌握非常规油气资源开发的经验，掌握从宏观到微观的技术、管理、基础设施、环境保护和管控等配套体系。因此，中国进入美国非常规油气领域的最终目的是"回归祖国"，开发中国丰富的非常规油气资源。基于这一特定的目的，中国公司对中美合作应制定不同于非洲、南美和中亚的合作战略定位和投资经营思路。但是，考虑到中美合作目的与中加合作的相似性和传递、交流关系，中国公司可在战略上将加拿大和美国视为一体，大力加强团队的专业化培训，加强统一运作，提高合作的目的性和工作效率。

七　走向深海

从地缘政治学的角度看，中国与俄罗斯一样具有广袤的陆地和内陆腹地，为发展提供了广阔的空间。对于油气工业和供应安全来说开发内陆腹地也是历史的必然。但是，中国石油公司走向海洋的历史可以追溯到 20 世纪 50 年代末和 60 年代。那时中国的石油人依靠陆上的经验和设备，靠"革命加拼命"的精神，走向渤海浅海油气勘探。70 年代中国引进了部分国外半潜式钻井设备，加大了学习的力度。但是，真正的发展是在 1982 年中国海洋石油总公司建立之后。经过若干阶段的改革和对外开放，特别是 1999—2001 年重组上市后，中国海洋石油工业获得了迅速发展。油气产量由 2000 年的 2000 多万吨上升到 2010 年的 5000 万吨，成功建成了一个"海上大庆"，通过引进、吸收、集成和创新，建立了海洋石油工业体系。这一历程是国际海洋油气工业超常规发展的历史。中国海洋石油储量增长和科技进步对国家油气安全和综合实力的提升作出了巨大贡献。

但是，一个重要的现实是：至今中国海洋石油主体仍处在水深不超过 500 米的浅海阶段。中国海洋石油的未来发展必然走向深海。为此，中国已经在南海与外国公司合作进入 1500 米的深海，在尼日利亚海域，参与道达尔公司为作业者的 OPL130 深海区块开发。尤为重要的是，2011 年 5 月 23 日中国深海半潜式钻井平台 981 下海，不久后深海铺管船 201 下海，从设备技术上为进军水深 5000 米的深海油气开发做好了准备。可见，进军深海是"剑出鞘，箭在弦"的必然趋势。为此，中国海油提出了在 2020 年后建设"深水大庆"的发展目标。

中国走向深海的区域选择有两个大方向：一是中国的南海；二是海外深海区域。在这两个区域方向，中国都面临前所未有的新挑战。

中国在南海通过流花 29—1、流花 34—2 和荔湾 3—1 项目逐步向水深 700 米、1000 米和 1500 米进军。而中国海洋 981 钻井平台和中国海洋 201 铺管船的配备将进一步推动深海领域的发展。中国一方面必须在技术突破、成本、管理模式等问题上具有成熟的经验和不断完备的配套体系，需要一套新的国际合作方案；另一方面必然在南海与周边国家（特别是越南和菲律宾）发生纠纷，相互亮剑，使深海油气地缘政治冲突成为中国今后 10 年与南海周边国家关系最严峻的考验，可能出现比北极海域争夺还要严重的双边和多边海洋资源地缘战略冲突。在确保南海利益的问题上，远洋保障、远洋军事保护和可能的战争是必须应对的现实课题，也是油气竞赛的重要目标。

中国深海战略的另一个重要方向是在海外。近几年来，我国石油公司

271

逐步参与了世界其他地区海上油气开发，不同程度地参与了巴西、西非、墨西哥湾海域的油气开发，也不排除未来参与北极海域油气开发的可能。同时，中国也目睹了墨西哥湾深水钻井平台事故和巨大的海洋漏油污染的冲击。中国必须考虑自身在国际合作中的独特优势和参与战略以及应对突发事故的能力。根据各国深海油气开发的经验，除了关键性的海洋工程装备以外，完整的政府管控体系、风险和安全保障措施、稳定的商业合作关系和完备的法律体系都是必备的条件。在诸多发展中国家，这些深海开发的条件相对薄弱，一旦发生重大事故，企业将遭受巨大的赔偿和损失，而可能终身葬身海底。可见，"深海大庆"可能是中国海洋石油工业最艰巨的目标，难以复制过去 10 年的成功模式。

第十四章

地区与全球能源治理

中国已经加速参与全球油气竞赛。无论是双边合作，还是多边合作，或财团合作；无论是公司层面的竞争与合作，还是国家层面的竞争与合作，都已经触及现有的国际商业规则、竞争秩序、地区合作机制，乃至全球油气治理秩序，并形成相互影响。

随着中国国际化进程不断加深和扩大，包括双边、多边、区域合作和全球性合作的能源治理体系问题已经提到各国决策者面前。西方国家首先感到了来自中国和印度石油需求增长的压力，国家石油公司的竞争压力和贸易投资的压力，因此不断发出尽快将中国和印度纳入全球能源体系之中的呼吁；其次是资源国也感到了来自包括中国在内的消费国对资源国加大合作的压力，如何与中国发展互利互惠合作成为各方最关注的问题；国际非政府组织等势力也感到了来自走出国门的中国投资行为、社会责任、环境保护和劳工就业等方面的压力。其实，中国人自己也从一开始的"不以为然"的态度转到目前的内外感应和来自各利益相关者的压力。所有这些方面的压力和感应都要求中国认真思考如何与全球能源治理体系相协调的问题。

从作者的研究与观察看，比较现实的能源治理要求主要来自两个方面：一是由双边油气合作到多边合作转变的问题；二是与现有国际能源组织合作的问题。通过以下分析，有些趋势和答案是清楚的，即中国必须适应和推动这一转变，促进地区油气合作秩序的建立；有些问题的答案是复杂的，一时难以回答。

一　从双边协议到多边合作框架

这一合作进程随着中国—中亚天然气管道的建成而变得日益现实和紧迫。2008—2010 年，作者在中国—中亚天然气管道修建之中和之后多次提议必须与中亚三国建立天然气运输安全合作机制。这种强烈的呼吁来自作者与中国石油集团俄罗斯中亚专家王也琪女士对跨国油气管道的八年调研与交流，来白作者对跨国油气管道运输法律体系的专题调研与考察，来自作者近几年来对全球能源治理体系的理论研究。2010 年受国家能源局的委托，作者牵头完成了这一课题的综合调研。结论是：中国必须与中亚国家携手共建中国—中亚天然气运输安全合作机制，并进一步向中国—中亚能源合作体系发展。

（一）建立多边安全合作机制的理由

跨国天然气管道不仅是重大基础设施项目，投资巨大，而且涉及资源国、过境国和消费国的政治、外交、经济、社会和法律等方面的重大关切，必然要求双边和多边合作，建立安全合作机制，确保整个运输系统安全运营。也就是说，管道安全运输不仅是各主权国切身利益问题，也是多国相互影响、相互牵制的重大跨国合作问题。唯有合作，建立合作机制，才能增进国家安全和地区安全，而不是削弱安全。

为确保安全运输，国际跨国天然气运输的实践已经形成了诸多公认和行之有效的国际法律和规则，成为许多跨国油气管道项目谈判的基础。不遵守这些规则，无法确立公认的法律体系，就谈不上安全合作，还可能为今后的安全运输埋下隐患。

　　中国—中亚天然气管道涉及土库曼斯坦、乌兹别克斯坦、哈萨克斯坦和中国四个国家和七家合作公司的利益。2009 年该跨国管道的建成将供应国（土库曼斯坦）、过境国（乌兹别克斯坦、哈萨克斯坦）和消费国（中国）的安全紧密联系。在 C 线建成，供应量更大、供应源更多、供应国与过境国重合后，目前的"四国七方"的共同利益更加紧密。① "一荣俱荣"和"一损俱损"的现实性更加突出。

　　从跨国油气管道安全运输的角度分析，目前中国—中亚天然气管道存在若干方面的问题：（1）该跨国管线按照双边协议和合资方式分段建成后，安全运输忧虑和利益凸显，缺乏多方相互牵制的机制、统一调度的保证机制和紧急情况的应急机制；（2）与国际跨国管道法律和运营经验相比，该跨国管道法律体系缺少多方跨政府协议，若干条文上存在不完整之处；（3）根据现有的合作协议，难以应对哈萨克斯坦、乌兹别克斯坦和土库曼斯坦在海关、劳工、税收等方面的问题，更难以防止和应对三国在调度、消防、医疗和抢险等方面的风险。

　　（二）多边安全合作机制的含义和目的

　　这里的安全合作机制是指以中国—中亚天然气管道运输项目为中心的安全合作机制，是指围绕这一管道项目所涉及的法律、政府管理、税收、安保等因素的安全合作和应急机制；涉及这一管道安全运输的联合工作机制，首先是双边联合的安全合作，其次是多国联合的安全合作；这一安全合作机制不隶属于某个地区组织，但是，可利用上海合作组织等有关组织的安全合作机制和对话平台；但是必须尊重各主权国的安全利益，利用或优先考虑有关国家的安保措施。

　　提出这一安全合作机制的目的是，在尊重和遵守各主权国法律法规的前提下，突出跨国天然气管道的统一性、独立性和连续性，争取在多国合

275

---

　　① C 线管道是在 A/B 线的基础上，增加从土库曼斯坦、乌兹别克斯坦和哈萨克斯坦的天然气进口量和相应管线建设。供应国与过境国重合是指乌兹别克斯坦和哈萨克斯坦从纯过境国变为供应国和过境国。

作的前提下通过跨政府间协议，使管道安全、稳定和连续的运营不受国家政策变化、地方利益和人为因素的干扰。安全合作机制的目标是根据目前四国七方的实际利益和跨国管道安全运输的实践经验，逐步建立一套融政治、经济、社会因素于一体，内外安保相互协调，既有稳定的安全合作制度和应急机制又能确保长期安全运营的安全保障体系。在这个安全合作体系中，各企业合作伙伴与所在国政府的协议和联合的安保机制是基础；四国议会通过的跨政府间协议和国家担保是关键。

（三）对多边合作机制的设想

1. 政治安全合作机制

中亚国家在地缘上具有整体性，各国间的安全局势关联性很强，也很敏感，各国都具有推进政治经济一体化的愿望，高层对话和交流具有关键性的作用。但是，各国对于一体化的主张和目的不同，加上领土和民族纠纷，外部势力影响较大，彼此矛盾重重，一体化进程缓慢。从整体上看，中亚仍然是一个不稳定的地区。政权交替和民族矛盾往往引发地区动荡。中亚地区还是一个内外各种势力的角力场。尽管目前该地区存在中亚安全组织、独联体集团安全条约组织（集安条约）、欧安会和上海合作组织（上合组织）等地区性的组织，其中，集安条约和上合组织在军事和安全方面具有约束性，但是，这些组织及其行动具有严格的范围，还不能直接为跨国管道运输提供安全保证。

在中亚地区，天然气管道运输被视为重大基础设施、经济命脉和重大安全利益，受到严密的保护。这一做法有利于管道设施保护和安全运输。但是，也容易被政治化和工具化，甚至作为实施资源国或过境国对外政策的手段或"武器"，从而使政治因素成为影响管道安全运输的重大问题。

根据对中亚政治形势和政治诸因素的分析，为了加强中国与中亚国家政治和外交领域的合作，需要通过以下几个方面的努力，逐步建立中国—中亚三国天然气管道政治安全合作机制。

276

第一，积极促进中亚国家现政权的稳定和政治体制的稳定，不断拓宽中国与中亚国家的政治对话和安全合作关系。针对中国—中亚天然气管道安全运输的要求，应将中亚管道安全问题列入中国与中亚三国国家元首和政府首脑定期会晤的常规议题，加强最高层对话机制中对管道安全形势和合作的评估、磋商，增进共识，消除误解，明确最高层对管道安全运输的态度和要求。

第二，通过政治渠道推动中亚三国法律和商务部门明确保护跨国天然气管道设施和合资企业的利益，明确联合管理的原则，确保合资公司的决策得到实施。

第三，建立安保"热线"，在管道公司、能源部或国家石油公司和总统之间建立跨国管道危机处理的工作机制和预案。在目前双边政府间合作和谈判的同时，建立中国—中亚管道多边联合工作小组，为逐步过渡到多边合作机制打下基础。

第四，利用上海合作组织的诸多工作机制，特别是反恐机制，加强联合军事演习形成的安全合作震慑力和快速反应的能力。[①] 同时，探讨与中亚地区其他安全组织（特别是集安条约组织）合作的可能性。

第五，通过官方外交和民间外交，与中亚国家不同的政治派别和非政府组织进行对话与交流，使现政权和具有较大势力的政治派别理解和支持中国在中亚开展管道运输安全合作的愿望和合作计划。

第六，明确保护主权和主权国优先的原则，充分利用主权国国内的军事力量和非军事力量，强调非军事性的联合反应（如抗震、抢险灭火等）；确保跨国天然气管道安全运输和安全合作机制的独立性；尽量吸引土库曼斯坦的参与，未来也不应排除与俄罗斯的合作。

---

① 上海合作组织的诸多工作机制包括：（1）双边和多边经济合作机制，组织彼此之间的经贸合作，推动贸易便利化，促进未来资本、人员、信息和技术的合理流动；（2）实业家委员会，积极参加其中能源委员会的工作；（3）在上海合作组织能源俱乐部范围内建立政策协调平台，深入讨论油气开发、生产、加工、运输等方面的合作机制等问题。

2. 社会稳定合作机制

目前，中亚地区的社会稳定和安全局势十分复杂。其中，极端势力和民族矛盾与冲突不断，中国与中亚的民族关系不容乐观。这些因素也将对天然气管道安全运输产生直接或间接的影响，尤其是在乌兹别克斯坦境内，极端势力较为复杂；还有"东突"势力的冲击不可忽视。此外，水资源冲突、社会治安、贫富矛盾、毒品交易和自然环境恶化等问题，也是本地区不稳定的导火索。尤其是在乌吉哈边界屡次出现民族仇杀，一旦失控有可能导致社会动荡和政治介入。中国与中亚国家的民族关系较为复杂和敏感，负面效应的相互影响和传递迅速。在中亚国家的疑华和反华势力未减。

此外，中亚资源国和过境国油气资源开发，特别是外国投资者的进入和利益分配日益敏感，产生了诸多诉求。中亚社会对外国公司的社会责任和石油收入透明度问题日益关注。2009 年哈萨克斯坦成为采掘业透明度倡议（EITI）的成员国，要求所有外国公司都必须参与 EITI，并按照 EITI 的原则办事。中国—中亚天然气管道运输涉及石油直接出口和石油收入的直接分配，是这一问题的敏感部位。处理不好，很可能产生社会矛盾和对抗，恶化管道安全运输的社会环境。

建立相应的社会稳定合作机制势在必行。首先，利用和借鉴上海合作组织的安全机制，形成针对极端势力可能攻击管道设施的安保机制。其次，促进民族交流工作，在中亚地区和中国新疆地区实施文化交流和融合战略；加大中国政府和公司的对外援助计划，促进中亚三国的地方就业和经济发展，使地方人民得到实惠；中国石油管道公司要建立完善的"公司行为准则"。建立和实施类似于 HSE 的公司社会责任体系（CSR），而不仅是发表一份企业的社会责任报告。必须按照 CSR 体系的要求，推动管道公司与当地政府、媒体、社区和有关组织开展联络与对话，编制公司的社会责任的义务活动和 CSR 项目，以企业的发展带动所在地区经济社会的发展（包括带动相关企业发展，促进就业，培训人员，推动当地化，强化基础设施建设，提高居民福利等），逐步取得社会的理解和全面支持。管道公司应尽的社会责任必须公开透明，主动实行"问责制"。

3. 建立健全法律体系，完善法律机制

目前，跨国油气管道的模式大体有两种：一种是分属国内法管辖的跨国管道协议模式；一种是统一国际法管辖下的跨国管道协议模式。根据前者的模式，跨国管道不是一个统一整体。在一国的管控下存在着诸多投资者和作业者。跨国管控主要取决于投资者或作业者之间的协议和他们与相关政府之间的协议。这种模式面临潜在政治风险和诸多不确定性。后者的模式是一种真正国际性的单一模式。它将诸多相关的协议组合到一个统一的法律框架下，确保跨国运输的安全。统一的法律由政府间的协议来保护，防止供应和运输的中断。在一些政治不稳定地区，越来越多的国家和投资者采取这种模式，因为这一模式不仅要求所有国家确保其国内的管道运输安全，而且必须确保跨国管道运输系统的独立性和统一性。

目前，一些国际机构先后开发出一些协议模式或标准协议文本，如能源宪章条约（ECT）和标准协议、欧盟的 INOGATE 协议以及国际石油谈判家协会（AIPN）的标准协议。

能源宪章为稳定的能源安全提供了一整套覆盖整个能源产业链的规则，包括适合跨国运输、国际贸易的条款。能源宪章的条款与规则的基础是 WTO 的原则，但它将 WTO 原则中适合能源领域的规则延伸到非 WTO 成员国的能源宪章签字国。能源宪章更加详细地阐述了能源跨境运输中重要的法律规范和仲裁问题。

279

目前，能源宪章推动签字国采取有效措施，遵循与自由运输原则相一致的承诺，促进能源运输，确保已有的能源运输安全。过境国也必须遵守同样的义务，不可中断或减少已有运输，即使他们与另一个有关国家有争端，也是如此，强调所有国家在多边的基础上接受同一标准，促进稳定的跨境能源运输。

在投资和贸易领域，能源宪章覆盖的范围小于 WTO。能源宪章不提供具有法律约束力的过境费的承诺，也不实行 WTO 服务贸易的协议和与知识产权相关的协议。但是，能源宪章规定了投资保护条款，而在 WTO 中没有对应规定；能源宪章在能源运输的关键问题上作了更加详细的规定，包括解决能源运输争端的明确规定和机制。

能源宪章标准协议第一版出台于 2003 年 12 月能源宪章大会。2004 年曾为哈阿跨里海运输系统提供了谈判基础。第二版始于 2005 年（共 126 页），出台于 2007 年 12 月，该版协议使国家与投资者权利与义务得到了更好平衡，确保协议的完整性。标准协议的目标是通过提供中性和非指定性的内容，推进针对具体项目的法律谈判。目前，能源宪章有两种标准协议模式：一是国与国之间签订的政府间协议模式（IGA）；一是单个国家与项目投资者之间签订的所在国协议模式（HGA）。①

能源宪章对于签字国具有法律的影响力，提供了一个跨国运输安全和解决争端的机制。但是，能源宪章仅为成员国提供一个总体原则，并不取代具体的项目协议。对于观察国来说，能源宪章的条款具有参考价值，但是没有法律约束力。无论如何，能源宪章提供的协议为跨国油气运输谈判提供了基础和规则，对于能源投资与贸易具有越来越重要的影响。

为了进一步落实法律效力，能源宪章与俄罗斯就跨境运输协定举行了多次谈判，遗憾的是，最终未能与俄罗斯达成这一协定。

国际石油谈判家协会（AIPN）是 1981 年成立的非营利性组织，多年来，该协会不断研究和开发了系列跨国管理运输协议，主要目的是促进和提高全世界能源领域石油谈判家的专业能力。也丰富了人们对跨国油气管理运输法律体系的探索和谈判经验。

---

① IGA 和 HGA 是相互依赖和关联的；IGA 是一个国际协定，而 HGAs 是一些国内协议；HGAs 的实施依赖于 IGA 的实施，以后者为条件；所有的协议指向具有相同项目投资者的项目。具体地说，IGA 协议是国家之间的一个协议，适合于生产国、消费国和过境国，对于 HGA 和项目协议来说，IGA 是一个总体协议。IGA 作为一个国际协定，处理的是横向问题。而 HGA 是所在国与项目投资者/承包方间的协议。HGA 涵盖与有关政府利益的项目商业条款，处理的是纵向问题。

　　总之，跨国油气运输的法律体系日益受到重视和关注，尤其是在缺乏发达、稳定法律体系，缺乏国内调控框架的地区和国家，接受统一的国际法律体系的要求更加突出，采取国际法律规范下的统一的管道协议更加迫切，其中，多边的跨政府间协议（IGA）是不可或缺的总协议，是管道运输的法律保护伞，也是将所有管道协议统一为一个整体的法律保证，形成"一条管道、一套法律体系"的有效机制。中国应借鉴能源宪章的法律文本，完善中国—中亚天然气管道的法律体系，包括：（1）完善现有协议内容和条款；（2）签订多国跨政府总协议；（3）积极借鉴其他跨国油气管道安全运输的经验。目的是确保跨国管道运输的独立性，形成一个多国认可的独立的法律体系。

　　4. 经济参数合理化机制

　　原苏联解体后，中亚国家纷纷要求通过重新谈判和调整原苏联遗留跨国管道经济参数来获取油气出口和过境运输的最大经济利益。供应国、过境国和消费国之间时常由于这些经济参数致使管道运输中断，供气不足，协议得不到执行等不良后果。近十多年来，中亚国家一直致力于提高天然气价格，通过多元化逐步推动天然气价格的上升。比如在苏联解体之初，土库曼斯坦出口到俄罗斯的天然气价格仅为 30—40 美元/千立方米。到 2005 年土库曼斯坦天然气价格调整为 60 美元/千立方米，2006 年提高到 65 美元，2007 年提高到了 100 美元，2008 年上半年为 130 美元，下半年为 150 美元，2009 年第一季度提高到了 300—340 美元。2010 年又降低到了 195 美元。天然气价格的变化对于天然气供应的稳定性具有重要的影响。资源国会为争夺市场份额而不断调整合同价格。同时天然气出口税收的变化也对天然气出口增减产生直接影响，对过境国和进口国的经济成本产生影响，从而有可能直接影响稳定供应。比如，俄罗斯与乌克兰在 2010 年达成的协议中规定，从 2010 年 4 月 1 日至 2019 年底，如果气价低于 333.33 美元，关税为零；如果气价为 333.33 美元或以上，则关税是合同价格的 30%。这一特别出口税率只适用于 2010 年俄罗斯向乌克兰出口的 300 亿立

281

方米和 2011—2019 年每年 400 亿立方米的气量。这个优惠关税不仅与乌克兰和白俄罗斯的天然气消费密切相关，而且任何变化都将引发乌白的强烈反应。

可见，跨国油气出口价格和税收的稳定和透明具有重要的意义。这一点对于中亚国家来说尤为突出。因为这些国家经常调整油气出口税收。比如，2009 年哈萨克斯坦出台了新的税法，对过去的石油税收进行了重大调整，以油气出口收益税代替了出口税。这个出口收益税实行没有边际税率的累进税率制（根据油价而定），而原来的出口税率浮动相对缓和。2010 年 7 月哈又恢复了原有出口税率——20 美元/吨。石油出口税每月一调整。税收政策很不稳定。而过境国往往通过调整过境费和运输量来回应资源国的提价和增税措施。

5. 应急安全保障机制

这是现代跨国管道安全运输的必然要求，建立油气管道安全和应急反应机制是当今世界有关国家面临的重大问题，在发达国家，建立这一机制是普遍做法。但是，无论是发达国家（如加拿大、美国、英国），还是发展中国家（如哥伦比亚、尼日利亚等），这些国家的管道安全运输都面临着日益严峻的威胁，特别是非传统的威胁（如恐怖袭击与环境威胁）。

相对来说，发达国家（如加拿大、美国）具有比较完备的安全保障机制，9·11 后又得到深入研究和加强，而发展中国家尚不具备完备的管道安全保障机制。根据作者对俄罗斯中亚跨国管道运输，特别是巴库—杰伊汉（BTC）管道的安保框架的初步调研，中国—中亚天然气管道涉及的"四国七方"必须尽快研究与建立风险预警和应急机制。中国作为该管道唯一的进口国和消费国，必须通盘考虑和研究应急安保机制，主动推动土乌哈一道完善合作协议和机制。

根据欧洲煤炭联营的经验和欧洲天然气运输的历史，中国—中亚天然气管道安全运输合作机制的建立将切实推动中国与中亚三国的双边合作走向多边合作，并可能逐步向广泛的能源合作延伸，促进地区性能源供应和安全治理体系的建设。

二　是加入，还是共建?

在多边能源合作方面，存在地区性和国际性能源组织和涉及能源合作的诸多国际组织。如何评估这些机构的运作机制和作用，如何探讨中国的态度和观点，不是一件容易的事。以下作者依然采取写实的方式分述这些组织的特点、作用以及与中国的关系，而后分析中国的态度。

（一）石油输出国组织（简称"欧佩克"或 OPEC）

欧佩克是一个自愿结成的产油国政府间组织，也是一个协调成员国石油出口政策的比较稳定的卡特尔组织，对国际石油市场具有不可忽视的影响。1960 年 9 月，由伊朗、伊拉克、科威特、沙特阿拉伯和委内瑞拉的石油部长在巴格达成立，目的是通过联合，共同制定原油出口数量和生产配额，确立共同的对外行动，维护有利于欧佩克成员国的国际石油价格。以后随着成员国的增加，欧佩克逐步发展成为亚洲、非洲和拉丁美洲一些主要石油生产国的国际性石油组织。

欧佩克成员国可分为三类：一是创始成员国，即 1960 年 9 月在巴格达出席欧佩克第一次会议并签署成立欧佩克原始协议的国家；二是全权成员国，包括创始成员国和后来正式加入欧佩克的所有国家；三是准成员国，虽未获得全权成员国的资格，但在大会规定的特殊情况下仍为大会所接纳的国家。

目前，欧佩克共有 12 个成员国，它们是：阿尔及利亚（1969 年）、印度尼西亚（1962 年）、伊朗（1960 年）、伊拉克（1960 年）、科威特（1960 年）、利比亚（1962 年）、尼日利亚（1971 年）、卡塔尔（1961 年）、沙特阿拉伯（1960 年）、阿拉伯联合酋长国（1967 年）、委内瑞拉（1960 年）和厄瓜多尔（2007 年）。从其成员国看，主要是中东海湾地区和南美地区的主要产油国，其中沙特阿拉伯无疑是最重要的产油国，尤其在波斯湾地区具有号召力。但是，中东的伊朗和拉美地区的委内瑞拉是创始国，具有重要的平衡作用和影响力，两国联合便可以形成更大的影响力，甚至可遏制沙特阿拉伯的提议。近几年来，由于印度尼西亚国内消费的增长，作用有所下降。非洲尼日利亚和利比亚的作用也由于国内原因而下降。伊拉克是该组织中的一个特别的创始国。由于战争和制裁，使得这个国家的石油产量起伏变化极大。目前虽为欧佩克创始成员国，但是出于重建的需要，其产量未受欧佩克的管制。未来5—6年内其产量可能由目前的1亿多吨提高到3亿吨，甚至更高。

中国与上述欧佩克成员国都具有紧密的双边贸易合作和直接的投资合作关系，尤其是与沙特阿拉伯、委内瑞拉、伊朗、伊拉克和阿尔及利亚等。相对而言，目前中国与欧佩克组织的双边合作相对薄弱。而对于欧佩克来说，加强与非欧佩克产油国家的合作一直是其重要的内容，并越来越受到关注；同时加强与重要石油消费国的合作更是欧佩克成员国的能源安全利益所在。因此，与亚洲国家特别是日本、印度和中国的合作是其最关注的重点。对于中国来说，作为产油国，在国际上需要与欧佩克进行一定的配合，可以对世界的石油供应共同形成影响，这一点不可小视；同时，作为石油消费大国，中国也需要加强与欧佩克产油国的相互合作，促进贸易与投资结合，上游资源供应与下游加工结合，资源与市场结合的紧密合作。在这些领域，双边合作具有广阔的空间，也是双方供需互保型能源安全的重要保证。从这方面看，中国应该联合日本、印度和韩国加强与欧佩克的全面合作与对话。日本对这点早有认识，并于20世纪90年代初多次提出"东亚与西亚能源对话机制"。中国和印度应该给予积极评价和呼应。

（二）国际能源署

国际能源署（简称IEA）是经济合作与发展组织（OECD）的能源机构，是经合组织能源市场的监控者和能源政策顾问。国际能源署在1974年石油危机后成立，其初始作用是协调成员国应对石油供应中断。随着能源市场的变迁，国际能源署的职能也随之扩大。目前，该组织纳入了国际能源信息报道与分析、市场监控、能源安全、能源效率、能源技术、石油储备和应急反应等诸多内容。

国际能源署的能源技术合作项目在能源技术研究委员会（CERT）的指导下工作。为了协助这些项目，CERT 建立了四个由成员国组成的专家组，即化石燃料工作组、可再生能源技术工作组、能源终端用户技术工作组和核电协调委员会。此外，还建立了专家组对电站技术、项目研发优先权的设置和评价及石油和制气提出建议。项目的目标是提高能效及技术的可靠性，评估最新的能源技术，减少使用能源对环境的影响和与非成员国合作。按照国际能源署的规定，当石油供应量出现 7% 缺口额时，要求成员国限制石油需求，增加储备，并共享有效的石油供应资源，使成员国持有的石油储备至少相当于上年度 90 天的石油净进口量。

90 年代以来，国际能源署开始加强与非成员国的交流合作，完成了黑海、里海、非洲、俄罗斯和中国等非成员地区和国家的能源状况调查，并就俄罗斯能源政策、印度电力市场发展、南美煤制气、中国的天然气政策和新能源等专题进行了深入研究。当前，国际能源署工作重点是研究应对气候变化的政策、能源市场改革、能源技术合作和与世界主要能源消费大国（如中国、印度、俄罗斯）以及欧佩克国家加强对话。

事实上，国际能源署已逐步演化为通过建立一个稳定的国际能源市场信息系统和强大的分析研究，为全球能源供需结构平衡和能源政策协调提供政策建议的全球性的协商平台，全球影响力逐步提升。国际能源署的系列报告、统计和评论在世界上具有越来越大的影响。

285

作为石油消费大国的中国与国际能源署成员国具有诸多需求管理方面的要求，尤其是在应对供应中断、石油储备、紧急应急演练、能源政策讨论、信息交流和统计规范等诸多领域具有合作的空间。中国与国际能源署在 1996 年签署了正式合作协议。中国委托若干人员赴国际能源署接受培训。作者于 2002 年在国际能源署短暂工作，并参与了当年国际能源展望的编写。2003 年受国际能源署委托，先后组织了两次中国天然气论坛。与国际能源署主要官员和有关部门保持交流，对中国与国际能源署的合作前景进行了多次深度探讨。从作者的研究和经历分析，中国加强与国际能源署的合作是必然的，合作领域也将随着合作的深入而逐步扩大。同时，对如下两个问题有了更清楚的认识。

一是中国能否加入国际能源署的问题。作者对这个问题的回答是否定的。理由是：（1）中国不是经济合作与发展组织的成员，因此就不可能成为国际能源署的成员国；估计在社会主义的初级阶段都是如此。（2）中国不可能接受国际能源署对于发达国家所采用的能源效率、碳排放标准和政策协调的要求，中国的发展具有作为发展中国家和新型工业化国家的特点，因此需要保持自身能源政策的独立性。（3）所谓准成员制或观察国的身份在现阶段不会被国际能源署采纳，也不会比目前的双边合作有多少区别。

二是将中国和印度纳入目前的全球能源体系的建议问题。作者认为这一建议实际上是将中国和印度纳入西方主导下的国际能源治理体系，主要是国际能源署和能源宪章的治理框架下。这是典型的西方思维在当今世界经济不平衡的情况下，所谓"再平衡"不仅必须考虑中国的崛起，还必须考虑发展中国家的力量。因此，简单地让中国加入现有的国际能源体系是不现实的，因为实现这一建议并不能解决当今世界能源供需、利用和排放等诸多方面的不平衡问题。相反，简单地让中国进入现有的能源体系，会违背中国的国情，限制中国的发展需求；也会与现有的体系发生诸多冲突。

实际上，中国不加入目前西方主导下的能源合作体系并不意味着中国不合作。只是中国的参与和合作必须放在全球的背景下，放在全球能源体系和经济的"再平衡"中来思维和安排。

（三）能源宪章

能源宪章（ECT）的历史可以追溯到 20 世纪 90 年代。"冷战"结束后，欧洲对天然气的需求不断增长，但是面临着东、西欧市场和原苏联地区天然气供应和过境运输之间存在的分裂局面。为了确保欧洲能源消费市场的稳定和持续发展，荷兰总理柳别尔斯于 1990 年 6 月提出建立欧洲能源共同体的建议，旨在进一步稳固和发展与原苏联、中东欧与西欧间的能源合作。1991 年 12 月 17 日欧洲能源宪章代表大会在海牙召开，来自欧洲和澳大利亚、加拿大、美国、日本、土耳其的 53 个国家的代表签署了欧洲能源宪章。该宪章提出，各成员国应以积极开展政治和经济合作为宗旨，以非歧视和市场导向的价格体系为原则，以提高能源生产和供应的可靠性与安全性为己任，最大限度地保证能源生产、运输和利用各环节的综合效益。

为赋予欧洲能源宪章这一政治宣言以法律效力，并为形成开放、竞争和有效益的能源市场建立法律框架，1992 年 1 月开始制定和谈判能源宪章，直至 1994 年 12 月结束。宪章在签署时定名为《能源宪章条约》，与其同时签署的还有能源效率及相关环境问题议定书。1998 年 4 月开始生效。截至 2002 年，共有欧盟及其他 51 个国家签署了宪章条约及相关议定书。其中，澳大利亚、白俄罗斯、西班牙、挪威和俄罗斯五国议会尚未通过条约。目前签署并已正式批准条约生效的有欧盟及其他 46 个国家。宪章条约内容涵盖石油、天然气、煤炭及可再生能源等各种能源资源，并涉及从勘探开发到生产加工，从运输分配到销售利用等各个能源领域的环节。条约主要分为投资保护、能源贸易和运输、能源效率及争端解决等部分。

1. 条约内容

条约规定，各国开展与能源有关的商业活动时，应遵循以下五项主要原则：对外国投资给予法律保护；在能源物资及相关设备的贸易中遵循世界贸易组织准则；保障能源及能源产品的安全运输；通过协商、专家委员会调解以及国际仲裁等形式解决争端；最大限度地降低能源污染，提高能源效率。

在能源投资保护方面，条约规定：（1）缔约国有责任建立稳定、平等和透明的良好投资环境。其核心在于非歧视原则。所有外国投资均享有国民待遇，或不低于外资注入国给予其他缔约国或其他第三国的待遇（二者取其优）。（2）如果外资注入国违背条约义务，则投资公司或政府可向国际仲裁法庭起诉该国政府。（3）投资者有权选择雇用从事投资活动的主要人员。（4）由于外资注入国自然灾害、武装暴动或财产被没收而使投资者受到的损失，应给予补偿或给予非歧视待遇。（5）外资注入国政府应允许外国投资公司将其税后利润以硬通货形式汇往其他任何国家。条约将此条款与保护贷款人权益、保护有价证券和完成诉讼决议等条款等同对待。

在能源材料、产品及设备等贸易领域，条约奉行非歧视、透明和贸易自由化的原则，其具体规定均以世界贸易组织为基础，采取直接索引有关条款的方式。同时，为适应宪章中非世界贸易组织成员国的需要，条约对有关条款的执行也作了例外规定。

在能源运输领域，宪章条约倡导各成员国遵循自由运输和非歧视原则，以便建立油气及其他能源多边运输网络。在促进能源效率方面，条约及与之同时签署并生效的能源效率及相关环境议定书均倡导各签约国通过制定环保政策，促进能效稳固发展，并提高能源生产对环境影响程度的分析透明度，加强该领域的科研交流等。

2. 能源宪章组织的运行机制

能源宪章代表大会每年责成投资组对一些国家的投资环境进行调查和研究，在此基础上对有关政府提出关于改善投资环境的建议和意见（需经大会讨论通过）。能源效率组除组织相关论坛外，还对缔约国在提高能源效率、减少环境污染等方面的工作进行跟踪，并着重在税收、价格、环保补贴以及对提高能源效益的奖励机制等方面提出相应建议。

贸易组的工作重点在于帮助缔约国，特别是尚未加入世界贸易组织的成员国消除在能源贸易、补贴和国家贸易企业中所存在的法律障碍。截至2002年底，缔约国中的非世界贸易组织成员国共有10个，它们是：阿尔巴尼亚、阿塞拜疆、白俄罗斯、波斯尼亚和黑山、哈萨克斯坦、俄罗斯、塔吉克斯坦、土库曼斯坦、乌克兰及乌兹别克斯坦。

　　运输组于 1999 年 12 月由代表大会授权开始进行过境运输议定书的谈判。该议定书的宗旨是在条约的基础上，制定更具体的法律义务规则，进一步保证油气及电力等能源在公平、透明和非歧视原则基础上过境运输的安全性，有效解决他国管道使用条件和过境运输费标准等问题。

　　2000 年以来，能源宪章组织的发展方向是：（1）努力扩大组织的地域覆盖范围。目前，中国、韩国和伊朗等先后成为该组织的观察国；蒙古及日本政府正式批准了宪章条约，成为了该组织的准成员国。（2）努力改善与欧佩克等国际组织的关系。（3）吸引国际大能源公司对宪章的兴趣。能源宪章设立了"工业咨询"，以期通过这一渠道来吸引国际大能源公司参与能源宪章有关事务及文件制定，以便提高能源宪章在国际能源领域的影响力。（4）尽全力确保能源过境运输议定书谈判的成功。过境运输议定书对能源宪章具有重要意义，因为"过境运输"是宪章条约中最具创新性的一部分，同时也是吸引成员国及非成员国的一个亮点。过境运输条款不仅包括了管线和运输网，也包括了其他的固定设施，特别是用来装卸能源材料和产品的海运站。总之，能源宪章以世界贸易组织的系列原则为基础，同时在能源领域增加了诸多新的内容。所以，自称为世界贸易组织的增强版。

　　世界贸易组织要求来自或运到某一成员国的过境运输至少要享有来自或运到其他成员国或第三国的过境运输相同的待遇。宪章条约也要求过境运输商品至少要享有同过境国自己的商品或运往过境国的商品相同的待遇（国民待遇）。在缺乏过境运输基础设施或没有多余运输能力的情况下，或是在交易期中运输量不能完全满足的情况下，条约要求过境国政府根据与自由过境运输和非歧视原则一致的国家法律，不阻碍创建新的运输规模；如果过境国试图以危害本国能源系统的安全及效率为理由，阻止新的运输能力的建设或原有运输能力的使用，则它有义务向相关国家做出明确的说明（而不只是声明）。

　　为进一步提高宪章生命力和增强条约对世界能源领域合作的影响力，

宪章于 2000 年初组织缔约国开始就条约过境运输议定书进行谈判。但谈判未如最初设想的那样在一年后结束，而是持续了近四年之久。其中原因错综复杂，既有政治因素，也有经济因素。目前所存在的三个有严重争议的焦点问题是：过境运输费、第一否决权和区域一体化。

第一否决权由俄罗斯提出，主要是指持有长期出口合同的能源运输者具有在商业条件下延长与过境国过境运输协议的优先权。而区域一体化概念则由欧盟倡导，要求欧盟境内的能源运输受欧盟法律而不受运输议定书的制约。因此，运输议定书能否顺利签署，主要取决于之间的争议，更取决于俄罗斯是否批准。2009 年 5 月俄罗斯公开宣布不批准过境运输协定书，给能源宪章带来了极大的打击。因为过境运输协定书以失败告终，宪章组织就失去俄罗斯这个最具实力的能源生产国，从而使能源宪章的吸引力、地位和声望大打折扣。

3. 中国与能源宪章的合作

随着经济的快速发展，中国对进口能源的需求日益增加，与俄罗斯和中亚国家之间的过境油气运输合作更加紧密。加强与国际能源组织及能源生产国的对话与合作，对于保证中国的能源供应安全具有现实意义。

能源宪章作为具有法律约束力的多边投资保护组织、第一个同时覆盖投资保护和贸易的多边协定、第一个将具有法律约束力的解决国际争端的方案作为总则的多边协议，以及首次将过境运输条例应用于能源网络，对于中国拓宽能源特别是油气进口渠道、分享国际油气资源提供了良好的法律保证。因此，观察和参与能源宪章的有关活动十分必要。宪章成员国也十分关注中国对该组织的参与程度。2001 年中国成为宪章代表大会观察国。但是，中国对能源宪章的态度一直比较暧昧。中国保持观察国地位的主要原因是目前能源宪章的组织不稳定，宪章的发展前景不明朗。俄罗斯不可否认是宪章最大的"客户"。没有俄罗斯的正式参加，宪章将就从本质上背离设立的初衷，造成该组织的萎缩。但是，过境运输议定书对中国具有实质意义。中国与俄罗斯中亚国家在油气过境运输领域的合作日益紧密，利益关系相互交织。而运输议定书规定的原则、义务和仲裁等法律条款，对最大限度地保护中国的权益有利。为此，作者认为，中国应该做好加入能源宪章前的准备，包括专业人员的准备，深入研究能源宪章条约，争取在与中亚三国的管道运输合作中运用他们所熟知的第三方的原则和条款。

4. 国际能源论坛

国际能源论坛（简称 IEF）是目前世界上最大规模的能源部长的聚会，按照沙特阿拉伯的提议成立，作为能源生产国和消费国之间开展对话和交流的平台。但是，这个部长大聚会不仅包括了国际能源署和欧佩克，还包括了这两大集团以外的国际能源生产国和消费国，比如中国、巴西、印度、墨西哥、俄罗斯和南非等。初步统计，国际能源论坛的成员国代表了世界 90% 以上的油气供应和消费量。在沙特阿拉伯成立永久性秘书处。建立国际能源论坛的主要目的是促进油气生产国政府之间和公司之间的对话与交流，促进能源部门之间的对话；提供能源、环境、经济增长和发展之间的协调研究；促进能源供应和需求安全，促进稳定和透明的市场运作，扩大能源资源投资和技术进步。

2011 年 2 月 22 日，出席利雅得国际能源论坛部长级特别会议的 87 国代表签署国际能源论坛宪章。该宪章旨在消除成员国（包括能源生产国、能源消费国和能源过境运输国）之间的分歧，增进了解。该宪章确立了能源市场透明、公开、稳定和可持续发展的原则，将国际能源论坛作为成员国之间对话和沟通的平台，并就能源论坛的机构设置、运作机制和主要活动作了规定，但宪章本身并不对成员国具备法律上的强制力。

中国积极参与了国际能源论坛，认为这是促进全球性能源对话与交流的重要平台。因此，中国不仅派能源代表参加，而且由国家领导人亲自带队参与，充分体现了中国的积极姿态。

5. 其余地区性和国际性组织在能源领域的作用

首先，上海合作组织于 2001 年 6 月 15 日由中国、俄罗斯、乌兹别克斯坦、哈萨克斯坦、吉尔吉斯斯坦和塔吉克斯坦六国元首在上海签署《"上海合作组织"成立宣言》和《打击恐怖主义、分裂主义和极端主义上海公约》两份重要文件基础上正式成立，后来逐步演变成共同防范和打击地区内极端主义、恐怖主义和分裂主义的安全保障机制，进而发展成涉及政治、经济、文化诸多领域广泛协作的正式地区合作组织。上海合作组织现有的观察国包括蒙古国、伊朗、巴基斯坦和印度。

"上海合作组织"是"冷战"后出现于国际政治舞台的新生事物。上海合作组织的宗旨是：加强各成员国之间的相互信任与睦邻友好；鼓励成员国在政治、经贸、科技、文化、教育、能源、交通、旅游、环保及其他领域的有效合作；共同致力于维护和保障地区和平、安全与稳定；推动建立民主、公正、合理的国际政治经济新秩序。

上海合作组织对内遵循"互信、互利、平等、协商、尊重多样文明、谋求共同发展"的"上海精神"，对外奉行不结盟、不针对其他国家和地区及开放原则。

上海合作组织的成立与发展，突出体现了各成员国共同营建地区和平与发展的初衷，上海合作组织的影响不断扩大，对不合理的国际政治、经济秩序形成了冲击。安全合作是上海合作组织的重要基石。上海合作组织国家为中亚地区的反恐斗争作出了重要贡献。现在，中亚地区恐怖主义、分裂主义、极端主义还远未根除，彻底消灭这"三股势力"需要长期的、综合性的措施和各国共同合作。因此，在相当长的一段时间内，上海合作组织的重要任务是维护本地区安全稳定，合作打击"三股势力"。

2009 年 10 月在北京举行的上海合作组织成员国第八次总理会议，发布了《上海合作组织成员国关于加强多边经济合作、应对全球金融经济危机、保障经济持续发展的共同倡议》。此次会议决定采取具体措施，共同抵御国际金融危机，把工作重点从安全合作扩大到经济金融领域的合作。

目前，在上海合作组织的框架内，有关安全合作问题的机制有：（1）安全秘书/部长会议，定期交流和评估安全形势，交流信息和看法；（2）位于塔什干的地区反恐机构，监测恐怖活动，定期交流信息，共享情报；（3）双边和多边联合军事演习。目前这些安全机制主要针对"三股势力"，开展联合反恐。其中，联合军事演习、情报交流对于确保跨国天然气运输的社会安全具有重要的作用，而且可以在两国和多国之间灵活举行，对于"三股势力"是一个巨大的震慑。但是，这些行动不能演变为对跨国天然气管道的保护。因此，对于跨国管道的重大事故和重大社会安全问题无直接保护的能力。

目前，在上合组织内部成员国之间可以灵活组织双边和多边经济合作。近期目标是贸易便利化，远期目标是资本、人员、投资和技术的合理流动。成员国可以利用这一机制促进双边和多边贸易与投资的便利化，同时推动政策协商和信息交流。但是，由这样的交流与合作方式向能源领域延伸有一定的困难。能源合作机制—能源俱乐部的构想最早由乌兹别克斯坦于 2005 年提出，2006 年被普京接受并提出倡议。但是由于乌兹别克斯坦转而反对，而一时难以推进。2011 年中国政府表示支持和推动能源俱乐部的倡议，2011 年 9 月 23 日，中国、吉尔吉斯斯坦、俄罗斯和塔吉克斯坦四国能源部长代表在西安通过了"西安倡议"，对具体运作这一多边能源合作机制注入了新的动力。

作者认为，在上海合作组织的框架下建立多边开放和灵活的能源合作机制和平台，共同商议能源战略与政策，协调和推进能源资源开发、生产、加工、运输能源环境、能源节约、能源效率以及人才培训和信息研究等方面的合作是可能的。但是，在中国—中亚天然气安全运输问题上，如何利用上合组织的机制是一个敏感问题。2010 年 5 月在上合组织论坛上，中方专家提出加强跨国油气管道安全保证的提议，曾受到了乌兹别克斯坦代表的反对。这一情况反映了本地区多边能源合作的难度。

其次，在参与全球能源治理体系建设方面，新兴经济体应该发挥作用。在这方面，"金砖国家"之间的合作机制可以发挥应有的协调作用。考虑到当今世界经济格局的变化，全球经济秩序正经历大洗牌。中国、巴

293

西、俄罗斯和印度的经济地位与作用日益上升。2010年12月，中国作为"金砖国家"合作机制轮值主席国，与俄罗斯、印度、巴西一致商定，吸收南非作为正式成员加入"金砖国家"合作机制，"金砖四国"变成"金砖五国"（BRICS），也使"金砖四国"进一步加强同南部非洲各国的经贸关系。

俄罗斯、中国、巴西和印度既是非欧佩克的能源生产大国，也是非国际能源署的能源消费大国，南非在能源消费领域的地位逐步上升。因此，"金砖国家"在能源领域具有广阔的合作前景，同时也是与国际能源署和欧佩克形成对话的重要力量，可以在气候变化问题、能源治理体系改革、减贫等重大全球性和地区性能源问题上协调立场，为建设一个公平、平衡的全球油气新秩序作出贡献。

最后，由8国集团、欧盟以及一些亚洲、非洲、拉丁美洲、大洋洲国家财政部长和中央银行行长参加的20国集团也是一个国际性经济合作论坛，属于布雷顿森林体系框架内非正式对话的一种机制。按照惯例，国际货币基金组织与世界银行列席该组织的会议。

20国集团最初由美国等七个工业化国家的财政部长于1999年6月在德国科隆提出建立，目的是防止类似亚洲金融风暴的重演，让有关国家就国际经济、货币政策举行非正式对话，以利于国际金融和货币体系的稳定。1999年12月16日，20国集团的财政部长和中央银行行长在柏林举行创始会议，旨在推动国际金融体制改革以及发达国家和新兴市场国家之间就实质性问题进行讨论和对话，以促进世界经济的稳定和持续增长。

294

中国是2005年20国集团的主席国，成功举办了第七届20国财长和央行行长会议、两次副手级会议以及相关研讨活动。胡锦涛主席出席了第七届财长和央行行长会议开幕式，并发表重要讲话，提出了尊重发展模式的多样性，尊重各国根据自己国情选择的发展道路；加强各国宏观经济政策的对话与协调，推动世界经济的平衡有序发展；完善国际经济贸易体制和规则，推动布雷顿森林机构的改革；帮助发展中国家加快发展等四点主张。作者认为，20国集团也将成为全球能源治理体系建设的重要舞台。但是，这一舞台将是发展中国家转型经济国家和发达国家的共同舞台。发展中国家必须具有足够的话语权和影响力，才能发挥应有的作用和贡献。

综上所述，中国与国际性和地区性组织之间的合作日益紧密，中国已经参与，并为建立新的全球能源治理体系发挥着自己的作用。至于中国应该直接加入现有的治理体系，还是参与共建新的治理体系，需要具体分析、区别对待。事实上，中国与国际能源署一直保持对话交流，维持协议合作；与能源宪章组织保持紧密交流，存在着加入的可能性；在国际能源论坛、20国组织和金砖国家中，中国积极参与并作为重要的成员国发挥着重要作用，将为共建新的全球能源治理体系作出贡献。

不论如何，中国的观点与以下三个因素有关：一是中国的国情；二是地区合作的现实；三是合作制度的建设水平。

首先，中国是世界上最大的发展中国家，尚处于工业化阶段，"发展是硬道理"。因此，中国不可能照搬西方的能源消费方式、能源效率和排放标准；况且中国已成为世界的制造中心，其中诸多排放来自发达国家的产业转移。从这一点看，中国必须与世界交流，参与地区和全球能源消费管理，共建新的全球能源体系。但是，这个共同的责任必须与发达国家相区别。

其次，对于不同区域的能源合作，中国可能采取不同的政策。考虑到目前中国与中亚国家能源合作的水平，中国可能希望优先推进西部周边地区能源合作，为此探讨合作制度、机制和秩序问题。而对于东北亚和东南亚次区域合作，由于目前油气合作水平较低，相互认知且有差异和冲突，难以形成有效的合作制度。在地区能源合作上，中国可能更倾向于采取现实主义的态度和有区别的政策，着力建立双边与多边相结合的地区能源合作机制。

最后，对于全球层面的能源治理问题，面对现有的格局，考虑到制度建设和"合作文化"因素，建立新的全球能源治理体系是一个较长的过

295

程。毕竟中国参与全球能源治理过程才刚刚起步，对于国际能源合作机构和机制研究不够，了解不多，参与不深。因此，需要加深合作、加大交流互动的过程。在能源消费和排放方面会有不同的认识。最终中国需要借鉴发达国家的经验，在国内推进能源效率、能源替换和市场稳定；需要在双边和多边的层面上，发展多种形式的合作伙伴关系；需要在地区和国际层面上，与有关国家共同研究和制定新的国际油气贸易、运输和投资规则，在地区油气定价上，也期望有更多的影响力。

三　可持续油气消费倡议

从过去 10 年发达国家的油气消费趋势看，无论是美国、日本和欧洲，石油消费水平均趋于下降。而中国、印度等发展中国家的油气消费水平持续上升。国际机构普遍预测，到 2030 年全球石油需求增长主要来自非经合组织国家即广大的发展中国家和转型经济国家。其中，中国和印度尤为突出。因此，能否和如何加强油气消费管理不仅是发展中国家自身，而且是发达国家和全球普遍关注的重大问题。在这一方面，各国具有不同的利益和诉求。如何提取共同的利益，形成共同的责任，求同存异，促进各消费国之间的联合行动，是全球能源治理中的一个关键问题。作者通过相关课题的研讨、交流，借鉴金融领域的赤道原则（Equator Principles），采掘业透明度倡议的经验，[①] 认为发展中国家（尤其是亚太地区的发展中国家）需要一套共同认可的油气消费行为原则和标准。这些原则和标准来自各国加强油气消费的共同责任，来自在共同责任下对加强油气消费管理的系列共识。其中，共同的原则是指各国在油气消费管理方面应该负有的

---

　　① 赤道原则是金融机构确定、评估和管理 1000 万美元以上项目融资和贷款所涉及的环境和社会风险管理的系列共识和必须遵守的原则，共 10 条原则和四个附件。这一套原则始于 2002 年 10 月由 9 家国际商业银行在伦敦与世界银行聚会讨论后逐步形成。目前共有 27 个国家 72 家金融机构承认这一原则。而采掘业透明度倡议见附件三。

责任，即如何才能加强对油气消费的约束、节约和转型；而共同的标准则是必须达到什么样的水平、程度、目标和规模，才能实现油气消费管理的目标。

通过多次深入交流和对话，如果若干国家、企业和精英能在所述系列原则和标准上达成一致，那么这些具有共识的若干原则和标准便可以成为倡议，向更多的企业、政府、跨政府组织和非政府组织等参与方推广。随着接纳程度的提升，这些原则和标准将成为更多的利益相关者在油气消费领域（如生产与生活、商业竞争与各种合作项目和大量社会活动）中共同遵循的规则、标准或惯例，从而减少双边或多边谈判中的认识差异和理念上的障碍，降低交易或谈判中的成本。

正是基于这一考虑，可由一家独立的权威研究机构根据亚太地区发展中国家油气消费的现实和可能的共识，首先开发出一套比较理想的油气消费良性管理的参考原则和参考标准，在亚太地区发展中国家中首先发起一项名为"可持续油气消费倡议"（Sustainable Hydrocarbon Consumption Initiative）。按照作者目前的认识水平，共同的原则类似如下内容：

第一，各国应该大力加强对化石能源消费方式、消费结构和消费结果的基础统计，根据各国和地区实际，开展适当的消费分析与预测；

第二，各国应该制定可操作和透明的化石能源消费约束政策，对于良好的消费行为和方式给予鼓励和支持；

第三，各国应该研究和制定中长期化石能源消费规划，并根据实际执行情况，适时给予更新；

第四，大力提倡节约化石能源消费，提倡可持续的消费方式和习惯；

第五，各国应该制定化石能源利用效率政策，促进各地区、各部门，尤其是高耗能单位给予贯彻实施；

第六，各国应该大力促进有利于提高化石利用效率和节能的技术进步和创新活动；

第七，各国应该积极推行绿色、节能、环境友好的生活方式，并在更广泛的领域给予推广、展示和交流；

第八，通过公开、透明和开放的方式，开展地区性和全球性的化石能源可持续消费的科技、学术和文化交流活动。

在此基础上，提出若干配套的约束消费的硬标准。比如：

第一，各国必须定期开展本国油气消费结构、行为和结果的统计，定期发布国家和分地区的消费报告，并与所有项目参与方分享调查结果；

第二，各国必须制定和公布消费约束政策，使之接受第三方的独立监督；

第三，各国必须根据中长期化石能源消费规划，及时检查规划实施的结果；

第四，各国必须制定能源节约的具体指标；

第五，各国制定效率利用政策，促进各地区和机构执行，并有具体的激励政策；

第六，各国必须具有明确的促进能源利用效率和节能的技术标准，并能够进行横向比较。

以上为可持续油气消费倡议的一个参考模板。其意义在于推动有关方面对这些原则和标准的研究、交流和认可，逐步形成比较一致的行为。这是促进地区和全球能源治理的一项基础工作，也是全球能源治理中的一项重要"软件"。实际上，参与或共建全球和地区能源治理体系并不简单是加入一个组织，或重建一个组织，也应包括共建一套治理的原则和标准。在这一方面，采掘业透明度倡议、赤道原则无不如此，并形成越来越大的影响。作为发展中国家的最大的油气消费国，中国应该成为这一倡议的发源地和倡导者。而中国社会科学院可成为这一套参考原则和参考标准的开发者和原始倡导者。

第十五章

国家石油公司的未来

一 成就和现实

改革开放 30 年来，特别是近 20 年来，中国石油集团、中国石化集团和中国海油是中国石油工业改革、开放和持续发展的主力和先锋。经过 20 年的发展，中国石油集团的海外业务迅速发展，到 2010 年海外作业产量达到 8000 万吨，份额油达到 4000 万吨，海外勘探开发项目 80 个，遍布 29 个国家。中国石化集团的海外业务大体晚于中国石油集团 10 年，但是发展迅速，到 2010 年海外产量达到了 2000 多万吨。2001 年后中国海油迅速加大海外业务，到 2010 年海外份额石油产量达到了 1600 万吨。

以上三大国家石油公司在坚持公有制的前提下，走市场化、差别化、国际化和现代化的发展道路，特别是通过重组上市，迅速增强了持续发展的能力和空间。对于中国来说，三大国家石油公司成功发展为具有国际竞争力的跨国石油公司，不能不说是改革开放的重大成果；对于世界来说，中国国家石油公司的崛起和国际化经营，是影响和改变国际油气格局和秩序的重大因素。他们的发展动力、优势和综合竞争力已经成为国外诸多能源研究机构的重点。对于西方石油公司说来，中国的国家石油公司的综合经营能力和集团的整体实力独具特色和竞争优势，因此，与其选择与中国的国家石油公司竞争，倒不如与其合作。

在中国国家石油公司国际化进程的背后，除了中国的政治优势和政策支持外，还有集团化经营优势和中国特色的经营理念；中国的适用技术；中国人精雕细刻的精神；三大国家石油公司的差别化战略和协同优势；石油产业与金融产业的紧密配合；中国石油工业的产业精神优势。但是，中国国家石油公司面临的挑战依然十分严峻。

一是政治化问题：在中国石油海外投资谈判中，几乎任何一项重大的合作和投资动向均被理解为国家政治意图和政府政策的延伸。中国的国家石油公司往往成为中国政府和中国政治的代名词。不错，国家石油公司必须坚持党的领导和公有制度的优势，并把这些优势转化为公司的内在动力和核心竞争，即内化政治优势。但是，国家公司的生存和发展必须依托于公司的核心竞争力和软实力，需要在外部去政治化，依靠商务能力、经营能力和技术能力，赢得商业项目，谋求可持续发展。

二是核心技术问题：中国虽然具有陆海上油气勘探开发、管道运输、炼油加工和配套工程技术服务等方面的成套技术和管理经验，但是随着国际化战略的推进，油气资源开发难度的加大，已经面临系列核心技术瓶颈，比如非常规油气资源开发技术，海洋工程配套技术，深海开发技术，等等。

三是标准问题：虽然三大国家石油公司的海外业务逐步展开，积累了许多经验，但是在推行和实施国际油气行业标准上，仍然不配套、不熟悉，也缺乏相应的人才和管理能力。

四是环境保护问题：中国石油公司重视环境保护。但是在环保法规不健全、管理不严格的发展中国家可能有所忽视，存在执行不力或自律不严的问题，更缺乏环境问责制，缺少主动与环保组织对接和对话并取得理解和支持。

五是联合经营问题：随着海外业务的不断发展，尤其是在深海和非常规领域，与其他国际石油公司的联合经营成为必然的趋势。但是，在完成了重要油气资产收购后，如何实施中外联合经营，仍然存在诸多不适应或难适应的问题。

六是软实力问题：目前，中国国家石油公司尚未完全掌握国际和资源国的石油法律法规。本公司和本国的海外法律、商务、信息咨询服务缺乏国际经验和水准。这些服务基本依靠国际机构，如知名的投资银行、律师事务所及咨询公司和公关公司。

七是公司社会责任问题：目前中国石油公司比较重视质量、健康、安全和环保的管理体系（QHSE），但是，公司的社会责任流于形式。虽然许多石油公司公布了社会责任报告，但只是列举诸多善事和环保就业投入，缺乏战略规划和配套的行动。中国公司往往把做善事等同企业的社会责任。效果并不理想。在一些资源国和地区还受到多方势力的怀疑。

八是透明度问题：中国石油公司的海外投资战略和政策不透明，或只有双赢互利之类的口号，使国际社会、资源国和非政府组织（如 EITI）对中国的透明度问题提出了质疑。一些非政府组织十分关注中国石油公司在资源国矿产资源领域的经营战略、行为标准和社会责任。遗憾的是目前中国石油公司对这些领域知之甚少，无法正面回应国际方面的呼声和忧虑。

九是合作文化问题：近 10 年来，中国石油企业的跨国业务发展迅速，国际影响力加大，但是，面临的国际猜疑、不解、误会和畏惧或威胁等日益显现。猜疑的是中国的做法是否改变行业规则；不解的是国外民众对中国在当地投资和经营的行为；误会的是与资源国政府间的合作使投资和收入不透明；最后部分国外行为体认为中国的进入是威胁。近几年来，国际石油界明显出现过不理解中国，惧怕中国，甚至不支持中国的趋势。流行的看法是：中国石油公司仗着金钱优势，四处收购资源和资产，打破行业"规则"。在竞争领域，不按照常规出牌，是中国人的竞争奇招，无可厚非，但是中国石油公司的海外扩张需要取得国际石油界的理解、信服、接纳和合作。中国石油公司在进入阶段所遵守的"少说多做"和"只做不说"的策略与近10年来的国际环境不适应，因而使公司的发展环境处于被动。此外，语言、理念和行为等方面的问题也使得中国石油圈与国际石油圈存在较大的距离。

二 海纳百川的探索者[①]

在过去的20年里，中国三大国家石油公司在国际化经营领域都做了积极的探索。面对激烈的国际油气竞争，身处全球油气大竞赛中，三大国家石油公司清醒地认识到，国际化经营必须按照国际油气产业的发展趋势和规律，不断延伸公司业务；必须由传统的石油产量主导型的发展思路转向注重价值增长，使人的积极性、主动性和创造性得到全面发挥的发展方式；必须坚持公有制的本色和集团公司的优势，建立现代企业制度，在确保公有制度的同时不断推进市场化、国际化和现代化，充分发挥国有石油公司的独特优势和作用，提升核心竞争力。

中国海洋石油总公司（下称中国海油）自1982年成立以来，在不到20年的时间里，在国内外海洋油气工业领域，通过改革开放、集成创新，实现了持续稳定和快速地发展。科技实力、管理实力和综合能力逐步提升，成功地实现了产业结构升级和企业模式转换中的"四大跨越"。

（一）从勘探开发公司到一体化石油公司的跨越

与国际石油巨头相比，从业务结构看，中国海油至今仍然是以勘探开发为主的公司。但是，中国海油在20世纪90年代就进入了液化天然气领域，在国内有关部门的支持下，开始规划东南沿海地区的液化天然气布局。通过广东、上海、浙江等几个重点液化天然气项目建设与相关产业的发展，确立起中国海油在国内液化天然气产业的领先地位，将海外天然气资源、液化天

302

① 本节根据作者于2010—2011年主持中国社会科学院（马克思主义研究院）与中国海洋石油总公司的联合研究课题《国有企业改革与发展的重大理论和实践问题研究》第六子课题《践行科学发展观，提升国有企业可持续发展能力研究》报告部分内容编写。万军博士提供了协助。

然气接收码头和国内分销挂钩，形成了海外天然气资源与国内消费市场相结合的液化天然气技术开发、工程设计、管网建设、电力开发、生产供应、城市燃气、加气站等产业系列。正是由于这些产业系列的发展，促进了公司天然气与发电板块的发展，构建了清洁能源业务的发展方向。

之后，中国海油利用自身掌握海洋石油资源的优势，积极向石油炼制、石油化工、天然气化工等领域延伸。经过与国际石油巨头壳牌集团的长期合作，2006 年建成了中海壳牌石化合资企业，总投资 42 亿美元，中外各占 50％，年生产 230 万吨高附加值的石化产品。该项目和惠州炼厂、大鹏湾液化天然气项目在惠州形成一个新型重化工工业园，有力地带动了珠江三角洲精细化工、新材料和塑料产业的发展。2009 年惠州炼油厂投产，一期投资 216 亿元，年加工 1200 万吨海上生产的重质高含酸原油。目前，惠州炼化二、三期工程纳入国家石化产业振兴规划，惠州炼化基地将形成 4000 万吨炼油和 300 万吨乙烯的生产能力。除了珠江三角洲的惠州炼油基地外，中国海油还在长江三角洲以宁波大榭为基地，建设 1000 万吨炼油化工生产规模；在渤海湾以山东为基地建设 1000 万吨的炼油规模。今后 10—15 年中国海油将在中国沿海地区建成一个具有国际竞争力的炼油化工产业带。再通过中国海油的分销体系，形成辐射东部地区的销售网络体系。从未来发展看，中国海油的经营能力和效益已经在国际勘探开发公司的组别中做到了高点，下一步必须进入国际石油巨头的行列，实施更加全面一体化的发展。

（二）从国内对外合作公司到国际化的知名企业的跨越

中国海油是诞生于国内的对外合作公司。但是，1993 年 3 月中国海油设立了海外发展部。1994—1995 年公司收购了美国、日本在印尼的马六甲合同区 39.51％的权益，实现了"走出去"。但是，在"十五"时期，正是海上油田开发和中下游几个大项目集中投资的阶段，每年缺口 200 多亿元，使得海外投资没有大的突破。随着 2001 年中国海油和若干技术服务公司在国内外的上市，解决了融资问题，2003 年后海外投资步伐明显加快，当年以 10 亿美元成功实施三次大并购，成为印尼最大的海上油气生产商，获得澳大利亚和印尼天然气上游资产股份。之后出现了收购加拿大油砂项目、收购美国优尼科的计划，展示了巨大的实力和魄力。2005 年出资近 24 亿美元参与尼日利亚海上 OML130 区块的国际财团，在非洲的突破，在加拿大和美国开展非常规资源开发，充分体现了中国海油的国际战略。到 2010 年，中国海油累计在海外投入 136 亿美元，拥有海外项目 24 个项目，分布于 20 个国家，勘探面积超过 30 万平方公里，拥有海外油气储量 8.7 亿吨。同时锁定液化天然气资源量 5.2 亿吨。2010 年海外油气产量接近 2000 万吨油当量。中国海油的海外战略依靠的不仅是资金实力，而主要是明确的国际化战略和规范运作。

（三）从浅海到深海的跨越

中国海油目前在南海海域的勘探开发，主要集中在近海地区的北部湾海域和珠江口海域，即 500 米以内的海域油气勘探开发。"十一五"期间，南海深海海域加拿大赫斯基能源公司所发现的荔湾 3—1 深水气田以及附近的流花 34—2 气田推动了中国海油稳步向深海进军。为了尽快适应深海油气开发的需要，中国海油加大了科技投入和工程装备的技术攻关、集成和创新，斥巨资打造包括深水半潜式钻井平台、深水铺管起重船在内的大型深水工程装备。在荔湾 3—1 和流花 34—2 气田以及海外深海项目的实践中，根据国际深海项目的经验和教训，2008 年开始投资建设 3000 米深水半潜式钻井平台"海洋石油 981"。这是中国海洋工程装备制造业标志性工程、国家科技重大专项标志性装备。2011 年 5 月 23 日"海洋石油 981"建成下海，填补了中国在深海钻井大型装备上的空白，使中国海油的深海油气资源的勘探开发能力跨入世界先进行列。

（四）从石油公司到综合能源公司的跨越

中国海油从勘探开发公司到一体化的石油公司，再到国际能源公司的持续发展轨迹体现了国际石油公司发展的必然趋势。从中国海油较早进入液化天然气领域，充分发挥天然气和上下游联动与综合开发，国际化油气经营，特别是公司发展战略中对产业结构和系列的定位，可以清楚地看到中国海油"多元、低碳和集成"的发展趋势。目前以石油和天然气为主业，向液化天然气、天然气发电、煤制气和新能源的延伸，不仅可以看到公司业务的扩大，产业结构的合理延伸和产业体系的重大提升，而且可以看到公司经营理念和综合能力的提升。

首先，从理念上看，公司不仅看到了国际石油产业和能源工业的集成发展趋势，看到了公司对环保、气候变化和绿色发展的全球责任，而且更看到了中国走"新型工业化道路"，建设资源节约型和环境友好型社会、建设生态文明的中国特色社会主义道路的前景和责任。

其次，按照合理的产业结构和业务关系，有序、规范地向新型能源公司发展。这样的定位和实践推动了中国海油的持续发展。这样的发展思路是符合时代发展方向的，是大型成熟的现代企业的一个重要标志，代表了中国特色国家石油公司的发展方向。

最后，中国海油坚持中国国有企业的本色，同时，海纳百川，集成创新和包容发展尤为突出。这里的坚持本色就是坚持公有制度、党的领导和中国石油工业的优良传统。勇于实践就是不信现成的条条（比如石油公司与技术服务的市场交易，专业技术服务的专业化等传统认识），敢于坚持经过实践认为是正确的认识。同时，根据时代发展需要和不同时期与阶段的发展要求和环境，在经营管理理念、制度和技术上不断创新发展，与时俱进，确保适应新形势和新环境，确保持续发展。在公司体制上，中国海油将公有制度和国有企业特色与现代企业制度有机结合；敢于否定传统体制，积极探索和创造新的模式，充分利用自身地位，最大限度地发挥制度优势和国家政策的效力，积极引进国际先进的管理制度和经营理念（如现代化和开放的组织管理、中外结合协作、HSE 的理念，风险的理念，领导自律和约束）；将大庆精神进一步延伸到了海洋石油工业领域，对大庆精神的内涵做了创新和发展，形成了作者称之为"创业爱国、求实创新、海纳百川、包容发展"的"海油精神"。

305

通过分析比较可以看到，国家石油公司可以在短期内迅速筹集和培育自身可持续发展的资金、技术和机制再造的能力，从而形成与国际私有公司相竞争的实力。这是许多后起国家和产业迅速追赶发达国家石油跨国公司发展步伐的有效途径。挪威国家石油公司是在石油产业迅速崛起的西方石油巨头的一个例子；而巴西国家石油公司是近20年来迅速发展，并在深海领域与国际巨头同处一个技术阵营的国有公司的例子。中国海油是崛起中的中国的例子，充分展示了国有比例较高的企业依然在发展速度、经济效益和市场价值等方面具有突出的表现（见表15.1）。

表 15.1　　　　　　　中国海油与国外国有石油公司比较

	2009PIW 排位[①]位次	PIW 指数	成立时间/年	国有比例/%	油气产量/年万吨	净收入/亿美元	市场价值[②]/亿美元
挪威国家石油公司	27/16	189	1972	70.13	9873	2936	749
巴西国家石油公司	15/13	117	1954	32.2	13103	15504	2289
印度国家石油公司	31/47	229	1956	74.14	6076	4017	616
中国海洋石油公司	38/37	286	1982	98.64	3218[③]	3634[③]	1060

资料来源：纽约石油情报周刊（PIW），2010年12月6日，实际反映的是2009年的数据，除非另有注释。① 前者根据油气产量、油气储量、销量、炼量排位，后者根据收益、收入和总资产排位，PIW指数根据前者计算；② PFC能源世界50强（PFC Energy 50），2011年1月。③此处中国海油的数据与中国海油自身的数据不符。为了尊重原数据的一致性，故未调整。

相比而言，中国海油的发展速度快于以上国外的国家石油公司。但是，公司的综合实力、国际化经验和能力方面低于挪威国家石油公司，在深海技术方面略慢于巴西国家石油公司。

与国内国有企业相比较，30年来，中国三大国家石油公司都经历了改革开放和迅速发展的过程，既表现了持续发展的共同态势，也具有各自不同的特点。从国际化经营方面看，中国石油集团的"走出去"业绩突出，海外油气产储量超群。中国海油和中国石化集团紧跟其后。到2010年，中国的三大国家石油公司的海外作业石油产量已经超过1.2亿吨，无疑是一支不可忽视的国家石油公司群体。

综合起来看，现阶段中国三大国家石油公司与西方国际石油公司的差距主要表现在：

首先，在公司产业结构方面，中国国家石油公司的非油气业务才刚刚开始。今后如何继续强化油气主业，同时适度发展非油气业务，形成产业结构合理、有特色的国际能源公司，依然缺乏经验。

其次，在现阶段，中国的三大国家石油公司在常规油气领域和在浅海具有比较完整的油气工业体系和配套体系。但是，在非常规油气领域、深海和新能源等领域依然缺乏技术和经验。无论与在这些领域具有全面技术能力的埃克森公司相比，还是与单项领域具有优势的国外石油公司相比，均不占优势。中国国家石油公司拥有的一些海外业务在今后10—20年内将面临减产和萎缩的局面。在前沿领域和战略性产业缺乏核心技术和开发经验及配套服务是中国的短腿。

最后，作为国际石油公司的重要力量，中国国家石油公司在经营理念、文化融合和行为规范等方面依然比较落后，或不适应全球油气竞赛的需要。表15.2作者概述了国际公司的软资源和软实力的主要特征和表现，通过对表分析可见，现阶段的中国国家石油公司的软资源比较短缺，公司的软实力比较薄弱。

表 15.2 国际石油公司的软实力

	软资源	软实力
经营理念	全球化和地方化的教育与培训时间及成果，对国际和资源国经营思想和他们的经营方式的掌握程度	公司高管和主要团队的国际化程度，是否达到所在国认可的程度；海外经历和经验的多元化和参与行业标杆工程的经历；对自身经营理念和谈判目标的陈述能力
文化融合	对不同资源国文化、石油工业战略和政策的调研，对利益相关者诉求的了解，商业圈的交流层次和程度	当地化程度，差别化战略的运用程度，国际合资和并购后的融合或信任，对全球治理的认可和配合程度具有重要影响
行为规范	语言文化趋同，思维认同感，行为惯例的沟通和培育，对法律和规则的认同和遵守，透明规范	公司职员行为规范的影响力，谈判标准和准则的行业认可程度，合作的意愿和体现，公司的社会责任与问责制度的建立等
公司的责任	对利益相关者的认知程度，社会活动面，对公司责任的认知程度	国际主流社会对公司的认可程度和标志，所在国对公司的认可程度，公司的社会贡献

307

　　过去30年来，中国的国家石油公司硬实力取得了显著增长。但是软实力依然薄弱，并被忽视。今后，中国的国家石油公司要成为国际石油工业中令人信服、受人尊重和负责任的现代国际石油公司还有很长的道路要走，尤其是在经营理念、文化融合和行为规范等软实力方面不可过于自信。

第十六章

结　语

一　理论回应

进入新世纪以来，全球油气竞赛不断演化，在不同程度和方式上代表油气利益的各行为主体为了争夺油气权力，展开了激烈的竞争、多样的合作，出现了各种对抗或对立，甚至不惜诉诸战争。各地区、国家内外不同行为主体之间的博弈纷繁复杂。总体上看，20世纪90年代全球油气格局或均势已被打破，但是，新的秩序并未形成。未知的因素包括：在供应方面，欧佩克内部的分裂和整体影响的下降，伊拉克石油产量回升的潜力，独联体地区、拉美和非洲地区石油民族主义的持续性，由找油气技术突破和创新带来的非常规油气资源（如页岩气、致密气和致密油等）和深海的开发潜力与风险，等等，这些未知因素是20世纪90年代难以预见的；在消费方面，发达国家化石能源消费速度下降，尤其是美国、日本、欧洲对油气依赖程度下降，能源效率明显提高，而在广大的发展中国家尤其是中国和印度凸显了油气消费迅速增长的趋势。这种不断上升的需求在可预见的未来（如2020年或2030年）难以逆转，也不可能简单地照搬发达国家的消费模式。因此，这些"年轻的"油气需求增长势头必然对世界油气需求构成极大的冲击，这些国家的油气安全观和国际化行为必然对现行的全球油气消费格局构成挑战，包括在投资、贸易、工程建设、价格和调控政策等方面。中国改革开放 30 年来，经济规模和实力迅速上升，与 WTO 接轨后国内市场变化和国际化经营趋势直接冲击着现有的国际秩序和既得利益方。因此，与世界其他地区的竞争与合作既具有机遇，也面临着冲突、对抗和风险。

中国已经参与了全球油气竞赛。但是，新世纪的全球油气秩序已经失衡。中国能否与外部世界建立一座"能源桥梁"是一个世纪命题，也是一个巨大挑战。现在中国尚未弄清所有利益相关者之间的关系和不同行为体之间的较量水平，尚未弄清不同国家的油气地缘空间、绝对利益和相对利益，也未弄清本国的油气地缘空间、对外合作依据、相互认知和必须的合作文化，更未确定以何角色（大国、强国、邻国、最大发展中国家、最稳定的新兴市场、最大的制造基地和地缘政治大国等）和如何去参与博弈。因为面对如此复杂的国际环境，中国尚未提出与时俱进的参与竞赛的理论体系。因此，一方面，诸如和谐社会、和平崛起、不干涉内政、互利双赢和"搁置争议、共同开发"等已有的论点和政策难以解释和处理所直面的严酷现实；另一方面，西方的国际关系理论，特别是竞赛与合作理论充斥，但是并未得到融合、延伸和创新发展。

本书通过概述西方理论中有关国际合作与竞赛的前提、动力与阻力、合作秩序和对抗等诸多理论观点，结合国际油气竞赛的实践，得到了诸多启发。可是，这些理论大多是从西方的角度认识世界。比如他们认为，国际石油公司就是西方的大石油公司，发展中国家无国际石油公司，也似乎培育不出国际石油公司。[①] 这些特征在其理论研究中具有明显的政治色彩。

---

① 在诸多西方文献中，国际石油公司首先是指西方的跨国大石油公司，其次是逐步加入国际化进程的西方的大独立石油公司。现在中小独立石油公司也参与或直接诞生于海外，因此也称为国际石油公司。而发展中国家的石油公司，要么是国家石油公司，要么就是私人石油公司。面对不断国际化的国家石油公司的发展，西方的研究文献依然使用国家石油公司（NOC），似乎唯一的出路是与国际石油公司形成战略合作，即 IOC - NOC 伙伴关系。

况且，西方对于当今全球油气竞赛中中国的角色描述要么是"传统的"共产主义，要么就是难以琢磨的"资本主义"。西方对于油气资源国近期对外合作政策变化的认识也是陈腐的。比如他们与非洲国家的合作实际上仍然坚持的是亚当·斯密的地域分工论和相对优势论，以及中心—外围论。90年代后他们也认识到了竞争优势和国家优势。但是，对于资源国，特别是发展中资源国的民族主义诉求（如加强国家对油气资源的控制，改变合同模式，发展炼油化工领域，推进技术和管理实施当地化与投资基础设施等），或诉诸法律，或视而不见，因为他们有关中东非洲、拉美和其他发展中国家的油气竞争环境的诸多认识是脱离实际的。本书通过对全球油气竞赛的实际考察、案例研究、专题分析，在结语部分对全球油气竞赛中的若干关键概念和相关的理论问题和中国的作用作如下综述。

（一）行为主体和地缘空间

在目前的西方国际合作理论中，行为主体是一个基本单元，但是对行为主体本身的变化研究不够，同时各行为体都有一个软性的空间。根据对全球油气竞赛的上述研究，将两者的一般特征和在国际油气领域的变化简述如下。

1. 行为主体

这里的行为主体可以是一个政府组织，也可以是一个经济体或它们的联盟，也可能是非政府组织。因此，行为主体可进一步细分或综合。美国既是强大的经济行为体，也是强大的政治行为体，非政府组织发达。欧盟是经济行为体，也是政治行为体的联盟。中国和俄罗斯都是多极世界中重要的政治行为体和经济行为体。所有的行为体的行为特征、驱动力和影响力各不相同。

进入21世纪后，全球油气竞赛中的行为主体随着经济行为体、经济联盟、非政府组织或一些共同行为或原则的加入有所延伸，也进一步细化了。

中国参与全球油气竞赛的行为主体变化不大。除了政府外，参与国际

311

业务的行为主体主要是国家石油公司。而在跨国管理、多边合作和参与国际社会监督方面行为主体比较薄弱，出现了政府行为主体代替诸多社会主体或非政府行为体的缺位，许多国际行为体（如国际透明度或采掘业透明度倡议）在中国找不到对话和交流的同伴。因此，他们的诉求自然得不到回答或呼应。

现在，中国已经不得不面对国际油气领域行为体的多样化问题。中国比较强调和熟悉与政府打交道。事实上，在西方国家，除了政府这个行为体外，还有诸多影响强大的行为体，可分为政府行为主体、商业行为主体和社会行为主体，还有精英的作用；有双边的，也有多边和国际性的行为体。

目前，中国比较熟悉双边合作。但是，对双边合作中行为体的角色和利益差异仍认识不足。比如从行为主体的角度看，中俄油气合作始终是在两国政府高层的直接推动下进行的。元首会晤、首脑外交和政府高层谈判等政治行为体的角色起着极为重要的作用。相对而言，两国的国有油气公司则是政府战略和政策的实施者，而不是完全的经济行为体和完全的决策者。所以，中俄油气合作不是一种简单的经济合作，其行为特征有别于经济学意义上的厂商行为或市场交易行为。相反，两国合作具有十分明显的国际政治色彩和大国博弈的特征。

由于中俄两国政治经济体制和文化不同，行为体之间的行为存在较大差异。在中国，油气产业和大型油气公司均掌握在国家手中，政府的意志主导着油气产业的发展和国际合作，加之中央政府直接管理的方式，政策制定与执行高度一致。而在俄罗斯，虽然政府权威主义十分突出，也具有中央集权的历史传统，但其中央集权的程度逊于中国。尽管俄政府控制着天然气工业股份公司和"俄石油"股份公司，但俄罗斯的政府体制管理相对松散，政策制定和执行力度不同，政府部门之间存在利益差别，对外油气合作受到政府、油气公司、地方政府和其他利益相关者的多重制约，其决策与合作过程比中国复杂。因此，在考察俄罗斯对外油气战略和政策

312

时，既要重点关注联邦政府的意志和政策意图，也要考虑其他利益相关行为体的立场和倾向。虽然中俄行为体在战略协作伙伴关系、战略利益互补和双赢互利三大合作原则下没有歧义，但是，相对收益的差距较大，难以建构"共有"的合作文化。况且，在俄罗斯方面，现实主义的战略思维和"能源帝国"的传统思维较为明显；而中国的崛起又将面临诸多合作机会和冲突。

中俄双边合作必然受到多边因素的制约。中国—中亚天然气管道的建设和运营，涉及中国与中亚三个国家和七个合作伙伴。虽然可以在管道建设前和过程中可以一对一地进行谈判，但是在管道建成后，四国七方的利益自然就与这一管道的安全运输结合在一起。中国同时需要与多方同时合作和交流。这是全新的挑战。而且，这些跨国油气管道的安全运营问题还涉及社区、当地政府和国内外各类非政府组织和精英的质疑。从理论上看，随着中国参与不同地区油气合作程度的增强，随着全球信息开放和传播，油气利益相关者不断增加，他们对石油资源的诉求不断提升，中国的行为主体将面临越来越大的压力，主要表现在行为主体单一，行为主体的功能薄弱，非政府组织发展缓慢。

2. 油气地缘空间

地缘政治或经济空间是地缘政治学中一个超越主权边界的地缘概念。地缘政治或经济空间没有硬边界。比如，日本的主权边界是它的国界，但是日本的经济发展，尤其是市场并不限于国界。"二战"后，日本经济的发展基于世界市场这个更大的经济空间。俄罗斯的地缘政治空间也并不限于俄罗斯的国土，而是覆盖俄罗斯具有影响力的更大的地缘空间。原苏联加盟共和国大多在俄罗斯的控制或影响之下，即独联体是俄罗斯的地缘政治空间。不仅如此，俄罗斯在德国具有较大的经济渗透力，在那里也有可渗透的地缘经济空间。可见，地缘政治空间和地缘经济空间是一个行为体的对外影响范围，其软边界随着现实实力的扩张或收缩而变化。

313

中俄油气合作离不开中俄相互渗透的油气地缘空间。俄罗斯是一个地跨欧亚大陆的国家。在欧亚大陆，俄罗斯、中亚地区是除北非、中东以外的重要油气供应中心，是"石油心脏地带"的重要组成部分。[①] 但是，俄罗斯的油气地缘空间主要集中于西伯利亚。未来的发展必须对其油气地缘空间做进一步的调整和扩张。

第一层油气地缘空间扩张是打破因苏联解体而导致的油气出口困境，开辟波罗的海、亚得里亚海和黑海等多元的出口通道。为此，俄罗斯必须修建北欧天然气出口管道（即"北流"），在亚马尔—欧洲天然气管道以外，再增加波罗的海直接通往德国的天然气出口通道；在友谊管道体系中扩充亚得里亚海支线；修建"蓝流"之外的"南流"天然气管线，加强对南欧的天然气出口能力，对抗"纳布科"管道。[②]

第二层油气地缘空间的扩张是向西西伯利亚北部延伸，甚至进入北极海域的油气资源开发，从而开辟欧洲和北美市场空间。从天然气开发前景看，这里很可能是俄罗斯未来天然气工业的重点。而北极海域则成为新"边疆"。由此已经引发了俄罗斯、美国、加拿大、挪威和丹麦等国对北极海域的争夺。

第三层油气地缘空间的扩张是进一步将俄罗斯的油气供应中心向东西伯利亚和远东地区延伸，形成伊尔库茨克、克拉斯诺雅尔斯克、雅库特和萨哈林等新的油气开发中心，从而带动东部地区经济和社会的发展。

俄罗斯对上述三个油气地缘空间的扩张是俄罗斯油气地缘战略的核心内容。虽然这些地缘空间扩张的思路不同，但是都与俄罗斯的油气安全利益紧密关联，后者是其实施地缘空间扩张的根本目的，而且扩张具有自身的原则。根据作者研究，东部地区油气管道扩张的基本原则是：统一规划、东西结合，"先国内，后国外"。这些扩张原则比较集中地体现在俄罗斯东部地区油气管道主干线建设和天然气一体化开发规划上。

---

① 徐小杰：《新世纪的油气地缘政治》，社会科学文献出版社 1998 年版，第 35 页。
② 参见本书第五章第三节"面向欧洲的管道战"及图 5.1

中国的油气地缘空间的扩张方向主要是向油气资源国的勘探开发和运输领域延伸，主要体现在通过投资合作进入俄罗斯、中亚、中东非洲、南美和北美及亚太地区。在中国北部和西部，油气地缘空间的扩张方向是进入处于"石油心脏地带"的中亚地区和俄罗斯东部地区（东西伯利亚和远东地区）。其中，进入俄罗斯的东部地区与进入中亚地区是相互呼应的两大地缘空间扩张战略。在中国的东部和南部，除了石油贸易和储备外，还通过修建 LNG 接收码头和相关管网，培育消费市场，从而向 LNG 运输和 LNG 的上游资源领域进军，形成海外资源、海上运输通道和国内市场密切结合的油气地缘空间。

可见，中国的油气地缘空间扩张思路是：进入油气资源勘探开发领域，建设跨国或跨境油气进口通道，形成稳定的供需关系。显然，这样的油气地缘空间扩张战略不仅面临与其他国家（如日本和韩国）的激烈竞争，而且也与俄罗斯等资源国的油气地缘空间扩张相冲突。如何认识和实现各自的绝对利益和相对利益成为不可回避的研究难题。

（二）油气博弈的情景模拟

在西方的国际合作理论中对于博弈过程有精辟的论述，但是对博弈中产生的差异与变化研究不够，无法解释博弈中战略思维的差异和博弈中主体的选择与变化。随着中国逐步地、全方位地参与全球油气竞赛，竞争、合作、对抗和冲突背后是绝对利益、相对利益和油气权力的反映。这种差异可能是经济的，也可能是政治、外交或文化的差异，但是它们都会通过博弈反映出来。在中外理论中，对于双边的对弈战略有清晰的论述，而对于三方的博弈，中国人也十分熟悉，还可能是中国的博弈强项。但是，全球油气竞赛涉及诸多发达国家和不发达国家，大国和小国，周边国家和非周边、文化相差较大的诸多国家。博弈中有"一对一"的博弈，也有"一对多"、"多对一"和"多对多"的博弈，不同模式相互交织。作者于 2005 年对这个问题以中俄油气合作为案例，进行了情景模拟和考察，于 2009 年形成了一个基本论述（见附件二）。

315

这个博弈情景模拟可以作为全球油气竞赛理论的一个补充。需要说明的是，在这些博弈过程中，各方博弈的能力取决于博弈的资源、政策和智慧。

没有或缺乏博弈的资源（包括各方的信息资源、技术能力、可借力的关系和杠杆等），博弈就无从谈起。而合适的对外政策是博弈决策者的重要前提，尽管他们有自己的才能、外交经验和手段。最后，博弈的结果取决于各方对利益差异和风险的管理能力和智慧的比拼。其中，博弈的资源决定大局，细节决定政策，智慧决定战略。

（三）合作依据和秩序

全球油气竞赛需要构建一个竞争与合作的依据和环境，维持一种均势或秩序。在西方理论中，竞争的依据在于目标利益最大化，竞争的环境取决于法治和透明的治理制度；而合作的前提是拥有共同利益、互补的资源禀赋和紧密的供需关系。但是，拥有这些前提仍不足以形成和维持长久的合作过程。这一特性在世界有关地区和国家都普遍存在。中俄油气合作就是如此。这一状况说明影响合作的因素是复杂的，其中有历史的因素、合作文化的因素和制度因素等。这些因素各位于不同的层次，各有不同的作用。这就与合作秩序问题紧密关联。

当今世界在油气领域并不存在一个拥有支配地位的"霸权国"，也没有哪个国际力量强大到能为世界提供国际油气公共品，尽管有关行为主体某方面和不同时期的影响力可能比较大。比如 20 世纪 60 年代，国际石油公司（IOC）曾经占据了世界 80％的可采石油储量，对世界的石油供应和运输具有霸主的影响力；某个国家的国际能力相对突出，如美国具有提供多处海上"安全运输"保护的能力；在欧亚大陆，苏联时代的俄罗斯曾对原加盟共和国具有"霸权国"的影响力，从而形成了至今仍有利于俄罗斯的油气合作格局。如今俄罗斯在非欧佩克世界中的作用也十分突出，在平衡欧佩克力量，调控欧洲油气市场方面具有重要的作用。但是进入 21 世纪后，世界近 80％的石油可采资源控制在资源国或资源国的国家石油公司

（NOC）手中，油气资源开发与合作受到资源国政策和新游戏规则的限制和左右，国际制度和国际法及过去几十年的合作惯例也受到限制。在苏联解体后，俄罗斯原有的"霸权"地位和油气垄断格局受到了冲击和削弱。

中俄两国经历了联盟、对抗和重新友好的发展阶段。在新的时代背景下，两国具有共同的战略利益和互补性的供需关系等合作依据，使两国近20年来走向战略合作。1996年两国在平等互利的基础上确立战略协作伙伴关系，并在2011年6月走向全面的战略合作。这是两国的共同选择。因此，中俄石油合作不是霸权主导下的合作秩序，但是也未形成平等条件下的新秩序。中俄油气合作通过两国政府的战略协作、外交运作和战略考量来协商、谈判和博弈，其运作环境和行为模式更接近于现实主义的描述。俄罗斯为了恢复大国地位，充分运用油气"武器"，以保护本国的战略利益，在满足自身需求的情况下，谨慎运作对外合作。在遇到困难的情况下，俄罗斯也不时地体现出灵活、应变，甚至求助的姿态。相对而言，中国为获得所需的油气，除了强调战略协作伙伴关系、战略利益互补和双赢互利三大合作原则外，缺少直接影响对方的有力杠杆，以形成有利于己或求得平衡的合作秩序。因此，两国只能在高度"无政府状态"的合作秩序下开展油气博弈。影响中俄油气合作的因素是多元的。除了双方国内的因素和双边因素外，还有中俄两国之外的其他行为体和复杂关系，尤其是生产国和消费国之间的竞争关系。中俄油气合作的终极问题共认的合作秩序和规则。

在过去的几十年里，地区层次的国际油气合作制度和机制建设取得了一定的进展，比如国际能源署对于经济合作与发展组织（OECD）的能源政策制定起到了较好的协调作用，在石油储备、新能源开发和能源效率等方面对成员国，甚至非成员国起到了引导作用；能源宪章（ECT）条约对于非WTO成员国跨境油气运输、能源效率和法律诉讼起到了规范化的作用；采掘业透明度举措（EITI）对于跨国油气投资与合作提出了有关透明度和问责制的原则和标准，并逐步被一些资源国和石油公司所接受。但

317

是，地区性合作机制建设的前景并不乐观。2009 年 5 月俄罗斯宣布不批准能源宪章的跨境运输协定，给能源宪章组织以较大的打击；而西方国家期盼中国和印度加入"国际能源体系"的诉求也并非易事。总之，在"霸权国"和"无政府状态"以外，新的合作秩序仍有待探索。

（四）石油轴心

在全球竞赛中存在着公司层面、国家层面和集团层面各种油气合作关系，可以说存在不同的合作伙伴。这是现实油气地缘政治的真实反映。

中国在参与全球油气竞赛过程中，也必然形成自己的合作伙伴。这就是目前国际合作理论中较少论述的"石油轴心"问题。

"石油轴心"是斯坦福大学能源与可持续发展项目的戴维·维克多（David Victor）与纳德吉德·维克多（Nadejda Victor）2003 年针对美俄能源合作升温而提出的概念。[1] 2006 年布鲁金斯学会高级研究员富里恩特·里佛里特（Flynt Leverett）又针对一批资源国加强对本国资源的控制力度和一些消费国政府支持国家石油公司跨国经营对美国的石油势力范围构成的威胁，提出了"新的石油轴心"。[2] 他认为，石油轴心是石油资源国与消费国加强联合或形成战略联盟的现象，包括美国与沙特阿拉伯的石油联盟，中国与印度政府支持国有石油公司国际化经营，与油气资源国形成紧密的石油合作关系。[3]

其实，在全球油气竞赛中，存在诸多"石油轴心"。美国与沙特阿拉伯的特殊关系和石油政策上的合作是美国与阿拉伯产油国的"油气轴心"。俄罗斯和德国的油气合作是俄欧能源合作的轴心。从中俄油气地缘空间、合作依据和发展前景看，中俄两国在欧亚大陆东部有可能形成更加融合的"石油轴心"。也可以预见，中国与中亚天然气管道运输将构成未来中国与中亚三国的能源合作轴心。这些轴心都揭示了全球油气竞赛中紧密型的双

318

---

① David Victor and Nadejda Victor，Axis of Oil，*Foreign Affairs*，March/April 2003.

② Flynt Leverett，*The New Axis of Oil*，The National Interests，Inc.，2006.

③ 同上。

边合作或"一对多"的合作对地区能源合作的带动作用或影响。

总体上看，全球油气竞赛理论是一个综合复杂的体系，需要继承、集成、创新和发展。本书的理性思维和以上对理论问题的讨论是对这一理论体系中若干理论问题和分析工具的初步探索，也是对理论集成、创新和发展需求的一种回应。但是，如何揭示全球油气竞赛中中国油气需求增长的冲击和中国的选择是一个巨大的命题。根据作者的研究，揭示这一命题的思路是在"石油龙"的情景下，继续探索"黑天鹅"到"白天鹅"的转身。

二 中国的未来：从"黑天鹅"到"白天鹅"的转身

（一）"石油龙"的回顾

直接预测中国未来的石油需求，是国内外诸多机构热衷的课题，其中既有简单武断的占卜，也不乏精确的推测。早在1996年作者跟随原中国石油天然气总公司经济研究中心吴宗英先生做研究，当时吴先生预测2000年中国的石油供需缺口应该是2000万吨，而实际缺口是5000万吨。随后人们可以看到国内外诸多著名机构预测2005年中国的供需缺口可能是8000万吨或1亿吨以上，实际上是1亿吨，而到了2010年，这一缺口则是2亿吨之巨，并继续保持上升的趋势。在确定中国石油需求不断增长的总趋势下，如何分析中国近10年甚至20年来经济持续高速发展的模式，特别是石油需求持续增长、供需缺口不断扩大的性质、根源和影响是一件重要的任务。

1997年前，作者的认识局限于确信这一需求增长的态势和对应措施分析。[①] 这些内容在作者1998年出版《新世纪油气地缘政治——中国面临的机遇与挑战》和2002年出版《石油龙的崛起：对中国和世界意味着什么》

319

---

① Xiaojie Xu, China's Looming Oil Crisis and Ways of Avoiding It, OPEC Bulletin, January 1997.

（英文）作了概述。作者认为，这一需求增长已经对中国和世界构成了巨大的挑战，随着中国经济的高速增长和生产与生活方式的转变，中国对外部石油依赖在加深。因此中国必须"走出去"，积极参与国际油气大分工和大竞赛，根据新油气地缘政治中的地区能源连接关系，与中东、非洲，特别是俄罗斯中亚建立油气合作关系和油气供应通道。概括地说，就是中国的石油需求增长已成现实；这一石油需求的增长与中国改革开放中的工业化进程和社会经济结构转型相关，并对世界经济发展形成冲击。如此种种可谓"石油龙"情景的基本观点。

值得关注的是，1996年国际著名的能源思想家马修·西蒙斯先生对90年代中国经济发展速度下石油需求增长的研究颇具特色。他通过比较分析美国、欧洲、中国和中国大陆周边国家和地区的石油消费水平的增长、消费模式的转变，指出中国的石油消费水平是难以满足的，中国的石油消费方式是难以持续的。因此，中国石油需求增长将对世界构成极大的冲击。为此，中国必须建立通向世界的能源桥梁。[①] 那么，对于中国和世界来说，这又意味着什么？作者在2002年的英文著作中作了简要分析，但是并未阐明中国的冲击和中国的选择与影响。

（二）"黑天鹅"的情景

我们需要将中国的石油需求增长和影响作为一个未知的事件来研究。因此，不妨借鉴"黑天鹅"理论，即美国哲学家和金融数学专家纳辛·塔里伯（Nassim Nicholas Taleb）教授于2007年发表的"黑天鹅理论"。[②] 根据塔里伯教授的解释，这一理论的分析前提是：

第一，具有重大影响、难以预测和罕见事件的超常作用超越了历史、科学、金融和技术正常预期的范畴；

---

① 详见本书附件一。

② "黑天鹅"的由来是16世纪欧洲人在发现澳大利亚之前一直认为所有天鹅都是白的。但是，这一固有的概念随着第一只黑天鹅在澳大利亚的出现而互解了。因此，黑天鹅的存在代表着不可预测的重大稀有事件的出现，意料之外却在情理之中地改变了原有的思维。这就是西方人对"黑天鹅"的一般理解。相比之下，白天鹅是指十分熟悉的事件，信息透明、可预测其影响。

第二，随之而来的罕见事件的发生概率难以用科学的方法给予计算；

第三，心理的种种偏见使得人们在（无论是个人还是集体）历史罕见事件是否形成巨大冲击面前变得盲目和无知。①

与"黑天鹅"的一般理论不同，塔里伯教授的"黑天鹅"理论是指历史上罕见的重大事件、重大影响的不可预见性和对现有思维和认识的冲击。因此，这类事件比正常事件具有更大的冲击作用。塔里伯教授著作中的这个理论并不旨在预测黑天鹅，而是探讨积极面，避免消极面，建设一种新格局。他认为银行和交易商对于灾难性的"黑天鹅"事件十分敏感和脆弱，而且一旦超越了可预见的事件便将陷入灾难。2010年塔里伯教授在其著作第二版中提供了"黑天鹅"盛行的社会原则，继而提出"黑天鹅"事件取决于谁是观察者，谁是应对者和如何建立新秩序等论点。

1973年第一次石油危机、1979年第二次全球性石油危机和1998年亚洲金融危机对全球石油市场的冲击何尝不类似于"黑天鹅"事件呢？就本书的主题而言，中国的崛起，特别是中国油气需求的不断增长和中国参与国际油气竞赛，对于西方人和中国人来说，是新世纪以来全球能源领域中较大的一只"黑天鹅"。因为，这只"黑天鹅"具有巨大的惊奇、不可预测性和巨大的影响力，其背后的合理性是现代常规思维和科学方式难以解释的。

"石油龙"带给人们的可能是一种惊奇，"黑天鹅"则给观察者带来了诸多不解和不安。其原因就在于中国的崛起是现代以西方为主导的国际油气秩序和规则不可容纳的，也与周边国家的利益形成越来越大的差异或冲突。现代的国际油气体系已经因为中国和印度的石油需求增长和中国等国家的迅速参与失去了原有的平衡。这不仅是对西方有关竞赛思维、理论和方法的一个巨大冲击，而且是对中国传统思维、理论和方法的巨大挑战。

321

---

① N. N. Taleb, The Black Swan, Second Edition, Penguin, 2010, Prologue p xxi.

因此，所谓将中国和印度纳入国际能源体系就能确保相安无事的西方建议，仅从"黑天鹅"的理论看，也是幼稚、简单和缺乏现实性的。那么，中国的未来前景在哪里？

（三）从"黑天鹅"到"白天鹅"的转身

世界都熟悉"白天鹅"，尤其是现实舞台上那些已知的事物和秩序。因此，对于中国和世界来说，世界的未来在于如何使中国和印度这些油气"黑天鹅"转身为新的"白天鹅"。这一转身意味着身份、角色、作用和秩序的重大转变。这个转变也就是当今全球油气竞赛中角色的重新选择，失衡关系的"再平衡"，新因素的再结合、再确定和再合作，从而确立新的国际油气秩序、新的竞赛规则、良性的商业竞争环境和合作"共生的"文化等。经过近10年的发展，中国已经从"石油龙"情景进一步发展到了"黑天鹅"情景（见表16.1）。在这一过程中，中国享受到了初步的成功和喜悦，也面临着诸多新的更大的不确定性、风险和陷阱，如中俄油气合作和东北亚的油气竞赛新困境、中亚的石油民族主义和天然气运输的安全风险、"非洲陷阱"和南美分离的油气开发中心的结合以及不断升级的中国南海的冲突，等等。如何从"黑天鹅"转向"白天鹅"，使中国成为世界熟知的参与者，成为真正负责任的大国和国际秩序的共建者？根据本书的整体分析，中国能否和如何应对未来的挑战实现这一转身取决于以下九个方面的发展趋势。

表 16.1　　　　　　　　从"黑天鹅"到"白天鹅"的转身

"石油龙"		
(1) 石油需求增长已成现实；	"黑天鹅"	"白天鹅"
(2) 石油需求的增长与工业化和经济结构相关；	(1) 中国崛起的意外性	(1) 熟知的国际石油秩序
(3) 石油消费模式的选择成为工业化的前提，并对世界经济发展形成冲击。	(2) 具有重大的影响	(2) 可预见的竞争和影响
	(3) 事后分析的合理性	(3) 公认的规则和惯例

1. 应对衰老供应与年轻需求的矛盾

从供应方面看，世界常规石油供应已经达到顶峰，并在年产量近40

亿吨的水平上维持了八年，无疑是一个高峰平台，更是世界常规油田生产老化的重要标志。尽管现有油田仍是世界石油生产的主力，但是老化特征日益明显，供应能力不断下降。各国可以通过提高采收率手段，提高现有油田的采收率，但是其结果是：提高产量的空间有限，油田寿命缩短，付出的代价更大。根本的出路在于开发非常规油气资源，开发深海和沙漠等无人区的资源。根据美国石油地质家协会的研究，考虑到非常规资源，世界的石油产量将在2030—2040年大幅提高到一个新的高峰平台，并延续更长的高峰时期。为了增长中国油气供应能力，必须首先加快国内的油气开发，解决资金、技术和基础设施配置问题，尤其是解决西部开发、海上开发和非常规油气开发所需要的高新技术和基础设施的投入问题。除了国家石油公司外，中国应继续引进国际石油公司和技术服务公司，形成良好的竞争结构。在油气销售市场体系方面，要尽快理顺油气价格，特别是天然气价格过低的问题，提高天然气的综合利用能力。

作者赞同西蒙斯先生关于中国与世界建立能源桥梁的观点。除了与发展中的资源国建立合作平台外，中国还要注意与发达国家建立新能源、非常规油气开发平台，建立有关的科研基地。与发达国家建立能源技术服务和设备贸易的桥梁可以使中国的油气资源开发、综合利用和环境保护得到强大的技术支持。

再从需求方面看，中国和印度的能源效率、能源节约和碳排放解决得如何，关系到自身，也关乎世界。根本的出路在于中国和印度是否找到可持续的油气消费方式。显然，中国过去20年来的消费方式（设为A方案）已经失效。而目前正在推进的消费方式（B方案）是一个难以实施的方案。因为目前的解决方案是头痛治头、脚痛治脚的方案，缺乏综合性、协调性和可持续性。

今后中国油气需求管理的目标在哪里，新的消费增长方式是什么？作者认为，无论采取哪一种方式，未来中国的油气需求必须分阶段控制在一

323

个稳定的目标，同时推进油气消费方式的转变。

中国期待一种综合性、可协调和可持续发展的油气供需解决方案。这个方案可在国内综合有效地开发利用各地区各类油气资源，同时积极参与国际油气竞争与合作，确保油气供应安全，使国内外供应协调、供需结合，适应环境保护和全球气候变化的要求，达到可持续发展和可管理与内外和谐的目标。

2. 应对透明竞争与混沌博弈

目前，全球油气商业竞争是基本透明的。2008 年金融危机后，全球的贸易、投资和金融体系进一步规范。商业竞争更加透明。但是，全球双边和多边合作关系复杂。各国和各公司都按照自己的利益，追逐油气利益的最大化。在全球油气竞赛中，各国之间的油气地缘政治博弈比各石油公司间的商业竞争更加复杂和不可预测。这种不可预测程度与经济发达程度和政治民主化程度成反比。与发达国家相比，非洲和拉美地区产油气国家以及俄罗斯中亚国家的油气博弈思维和行为较难预测。

中国在过去 20 年的国际竞争与合作中也存在政策不清晰、不透明以及公司竞争行为难以预测的问题。或许这些做法在初期是可以理解的。但是如今面对基本透明的世界，中国必须向他国和世界说明自己参与国际油气竞赛的战略和政策。"少说多做或只做不说"的策略是故意不透明的政策。在这方面中国端正认识，首先在观念上确立油气政策也是公共政策，而不仅仅是产业政策，更不是少数人的政策；其次要认识到一个国家的油气政策不仅仅是国内政策，也是国际政策的组成部分。中国作为负责任的消费大国必须向世界呈现自己的需求增长趋势和方向，提出与世界其他国家和国际能源治理趋势相协调的综合解决方案。

3. 增进双边合作与多边合作

双边的协议合作一般是比较牢固的合作，而多边合作则取决于多重合作利益的平衡和多边合作的法律基础。缺乏多边法律框架的合作是不成熟的合作，可能还是潜在成本较高的合作或危险的合作。从本书分析看，今后，中国将面对双边油气合作和多边油气合作并存的局面，其中有些双边合作将逐步转向多边合作。无论是双边合作，还是多边合作，中国都必须向对方或多方和世界呈现中国的责任、角色和作用，使得合作方和世界而不仅是自己来证实中国的作用和贡献。

4. 营造共同合作制度和机制，培育合作文化

合作文化是指建构主义的"共生文化"。按照国际合作理论，"共生文化"是指两个或多个行为体多次合作、反复博弈所形成的共同认识，尤其是共同的原则、制度、规则和机制。为了应对战略差异，开展差异管理和冲突管理，扩大中国与其他国家和国家集团之间的油气合作，需要不断凝结合作共识，形成合作中"共生"、同守和共享的合作文化，包括理念、原则、标准、制度、法规和机制。目前中国与有关国家的油气合作虽有协议但尚未形成或"共生"此类的合作文化。中国与俄罗斯的双边合作具有较好的认知基础，但是也未形成这样的合作文化。中国与中亚国家具有相对紧密的双边合作文化，但是，多边合作文化有待培育。中国与东海和南海周边若干国家的合作最缺乏合作文化，致使诸多单方的合作方案得不到对方或多方的认可。

对于前两类情形，需要积极推动中外双边就油气合作签订规范的政府间协议和所在国协议。政府间协议是双边油气合作的"基本法"。项目合作协议都必须根据"基本法"的原则来签署，在政府间协议和所有其他协议下，双边或多边必须就油气合作的标准、规则作出明确规定，并制定各种合作制度，避免出现异议和争议。一旦出现了争议，也应有明确的解决程序、协商机制和平台。对于重大油气项目，特别是跨境油气管道运输项目，必须制定一套安全的保障体系，明确风险预警和应急机制。

目前，在中国与东海和南海若干周边国家之间缺乏相互认知和合作文化是阻碍这一区域合作的主要问题。对此，中国必须具有十分清晰和可预测的态度与政策。除了培育以上合作文化外，实力政治的展示和平衡也是

325

必要的。

5. 提升能源安全互保和全面的合作对话

"冷战"结束后，全球地区油气连接关系日益密切。中国与周边国家和地区的能源连接关系不断增强，比如中俄战略协作伙伴关系下的油气合作，中国与中亚的油气通道，中国与中东的交叉投资，中国与非洲和拉美地区的资源与市场一体化的合作架构等。这些地区油气连接关系都为中国解决未来供需互保的油气安全提供了重要途径和发展空间。今后中国与中亚的油气合作需要提升和规制，逐步发展成为紧密型的地区合作机制；中俄油气合作在经历了金融危机的考验后应逐步夯实双边合作的层次和程度，形成东北亚地区的油气轴心。在中国和中东之间更要加强供需互保型的油气安全。所有这些举措都不是一个国家的事情，都需要与合作方直接交流与对话，中国应在国际能源论坛等平台上展示中国对全球油气安全的责任、政策和应急措施。

6. 推动油气权力制衡，体现中国的责任

石油能否成为国民财富取决于经济发展方式，更取决于各国的政治制度、社会制度和文化传统。目前在发达国家，在发达的公共政策和监督问责制度下，油气已经发展成为具有分享性的产品。而在许多发展中国家，由于政治和社会制度落后，石油往往成为政权和政客及其所控制的国家机构的独有财富。这些国家的对外合作难以做到公平、公正、透明，并接受第三方审计。这些问题已经在国际上引起广泛关注和严密的监督。今后中国与这些国家的合作利益和风险会受到严格的内外监督。近几年来，由于越来越多地与加拿大、澳大利亚和美国等发达国家开展油气合作，中国公司必然接受这些发达国家的管制。与此同时，中国也应主动参与全球油气权力的制衡过程，在体现中国国情，争取中国发展利益的同时，作出积极融入世界的承诺和实际行动，其中包括促使石油政策、石油收入与分配走向公开和透明。作者认为，政策透明，数据公开是油气管理能力的反映，也是国际责任的真实体现。

7. 尊重资源民族主义，推行全方位的合作战略

资源民族主义是高油价下油气资源国的自然产物。首先出现在 20 世纪 50—60 年代，结果导致西方石油资产和利益的国有化和欧佩克的诞生。2003 年后俄罗斯、中亚、拉美、非洲等地区油气资源国的资源民族主义再次兴起。这次民族主义的兴起既是高油价的直接产物，也是对 20 世纪 90 年代自由化的矫正。但是，一些国家的资源民族主义政策（如提高超额利润税，颠覆合同模式和修改合同条款以及推行再国有化等）有矫枉过正的倾向，在金融危机时期受到了打击。作者分析，如果 2009 年的国际油价长期处于 50 美元以下，一批资源国将不得不调整其资源民族主义的政策。2010 年俄罗斯出现了国家公司的部分私有化和放松对石油战略资产的程度控制，也是自我调整的一种表现。

消费国和国际石油公司应该在国际合作中尊重资源民族主义，并将资源国的利益纳入到国际石油公司的合作战略之中。这是中国对外油气合作中比较注重的方面，比如在推进油气合作的过程中，承诺加强资源国油气资源一体化开发和综合利用，加大对资源国相关基础设施的建设。对此，西方的国际石油公司认为，中国公司打破了竞争规则和正常的竞争行为，以基础设施建设为条件，获得油气项目，近乎"不公平"竞争。其实，西方人错了。正是由于西方企业制度的弊端，西方的国际石油公司难以作出投资下游加工利用和基础设施的承诺，因为这样做不符合股东利益最大化的原则。其实，作为与资源国合作的项目，在从资源国直接获得资源或资源性收入的同时，能否保护和扩大资源国的社会利益是国际石油公司能否在资源国长期生存和发展的根本问题。显然，目前西方国际石油公司在发展中国家的投资行为仍然没有脱离殖民的色彩。因此，尊重资源民族主义，推行双赢互利和包容性的合作战略是中国参与全球油气合作的"法宝"。

8. 建立新型的石油合作伙伴关系

从本书第三部分可以看到，国际石油公司的结构已经分化重组。国际

327

化了的国家石油公司已经成为国际油气工业中日益重要的竞争者与合作者，即重要的"玩家"。从全球石油资源的所有者分布看，国家石油公司掌握着近80％的石油探明储量，综合实力强大，对外投资能力强，已经成为挤压西方国际石油公司的重要力量。因此，西方国际石油公司感到，与其与国家石油公司相竞争，倒不如与其开展战略合作和联盟。近几年来，西方国际石油公司纷纷与国家石油公司组成战略联盟，已经成为全球国际油气竞赛的重要趋势。中国国家石油公司已经参与和建立了系列此类国际石油合作伙伴关系。这些合作不仅包括合资合作和公司间的战略协议合作，也包括海外项目的财团合作，乃至全球性的战略联盟。但是，今后中外国际公司能否在公司战略、经营制度和公司文化上融合，形成包容互惠的合作文化仍是一个重大挑战。诸多国际石油公司正在观望中国与西方国际石油公司融合的案例，比如中国石化集团收购 Addax 石油公司后的合作管理和文化融合；中国石油集团与英国石油公司和壳牌公司的跨国合作，等等。

9. 适应不断变化的油气地缘政治局势，建立新的全球油气秩序

展望未来，全球油气竞赛仍将不断演绎和变化。今后各国和各个国际石油公司既有更多的国际竞争与合作的机会，也必然面临更多的风险。因此，各国都需要一个合理的国际油气秩序和治理体系。中国是参与，还是与各国和有关行为主体共建全球油气秩序，取决于中国的国情、发展需求以及相应的角色与责任。作为油气生产大国和消费大国的中国，在今后的国际油气治理体系建设和全球油气地缘政治的再平衡中具有举足轻重的地位和作用。这是中国也是世界不可小视的。大国责任和压力将迫使中国重新思考目前的油气战略和对外政策，使世界看到积极参与、不断升级和透明的中国战略、政策和外交姿态。

总之，中国由油气"黑天鹅"转向"白天鹅"的过程是一次伟大的历史性转身。中国能否成功实现这一历史转变仍然是一个大问号。但是，这是一个历史的必然过程，肯定不是一场梦；这是一个自我革新的过程，肯

定不会平坦；这也是一场国际运动，也许顺利，也许艰难。

三 历史的奖赏

在本书接近尾声的时候，也在人们开始思考中国的历史转身之际，作者不禁回想本书的标题和开篇问题。石油啊，石油，除了三大属性外，还是什么？全球油气竞赛将如何持续？中国能否在崛起中最终找到适合的角色，解决面临的问题？

第一，石油还是什么？石油无疑是不可再生的烃资源，也是特殊的商品，是资源国、过境国和消费国用上就难以舍弃的商品；石油依然是一种国际竞赛的权力，也可能成为资源国或过境国的"武器"。在阅读本书后读者可能会感到，石油还应该是公共政策管理下的国民财富和受国际监控的大宗商品。加强对石油公共政策的研究将成为中国未来能源战略研究的新领域，既涉及民生，也涉及国家的核心利益。

第二，油气地缘政治竞赛还会在全球范围内，重点油气生产、过境和消费区内外和国家之间延续，在所有国际石油公司之间和所有利益相关者之间博弈。所有的行为主体都期望在竞赛中获得更多的利益和权力。但是，历史会给予这样的竞赛什么样的结果？是战争、是繁荣、是气候变化，还是可持续的发展？历史会给予什么样的奖赏？是福，还是祸，或福祸参半？一切都有可能，都取决于人们以怎样的姿态和责任参与竞赛。

第三，站在 21 世纪第二个 10 年的历史起点上，我们仍然可以听到地缘政治学家理想主义的声音，也可以看到现实主义的身影，或新构建主义的制度规划。确实，理想主义的国际治理秩序在演绎和形成之中，现实主义的实力对抗也在发展之中，中国的崛起和发展必将面临欠和平和欠和谐的冲击。作者更关注未来新构建主义对未来世界合作文化和治理秩序的论述。但是，在全球油气大竞赛的今天，角色的选择和责任的认知是前提，

329

积极进取和开放的姿态是关键，实力政治是基础。

最后，未来全球油气竞赛将给中国的崛起和发展什么样的奖赏，难以事前定论，应该如何的思维方式已经过时，未来的发展方向和方式要看中国参与全球油气大竞赛的智慧、责任定位、发展方式和和谐的综合方案。

难以满足的中国能源需求[①]

马修·西蒙斯

徐小杰　译

2008 年前言

很高兴看到我于 1997 年夏季撰写的长篇报告最终被翻译成中文，现以小册子形式与中国读者见面。

---

　　①　本附件取自一本至今尚未发表的小册子《难以满足的中国能源需求》。作者是已故美国著名能源思想家、美国西蒙斯国际公司创办人马修·西蒙斯先生（1943—2010 年）在 1997 年完成的一份有关中国能源需求问题的专题研究报告。2008 年 6 月 20 日，西蒙斯先生通过他的秘书朱迪女士表示，希望我将这份研究报告翻译成中文，并于 7 月 24 日会晤公司的中国客户时发布。为此，我详细阅读了这份报告。虽然这份研究报告讲的是 10 多年前的事，但是令我惊奇的是，读来仍爱不释手。其中，最吸引我的莫过于作者对中国能源需求的关注。他在报告中分析了为什么中国未来的能源需求难以满足，未来中国的能源需求总量与人均消费水平的矛盾，为什么需要转变能源结构，减少对煤炭消费的途径在哪里，未来油气工业发展的途径，中国与世界应该如何合作等重大的战略性问题。一位美国能源专家竟然在几个月的时间内，对中国的能源问题，特别是涉及中国能源需求的根本性和战略性的问题有如此深刻的认识与分析，实在难得。我相信，14 年之后中国读者阅读本报告时会得出相似和更多的认识和启示。尤其是，通过阅读这份报告，读者可以直接了解西方能源专家当时如何评估和分析中国崛起对世界的影响，更加亲切地感受 10 多年前这位国际人士的思考和忧虑。故特摘取报告中的两份前言、第三、四章和跋发表于此，以示对西去故人的纪念。

在我决定要对中国迅猛增长的能源需求问题进行分析的时候，我的预感是，这种需求增长可能比世界上任何最富名望的能源专家所做的预测还要深远。经过对中国快速崛起的数据分析，并将这些变化与包括日本迅速成长为经济超级大国以及韩国、新加坡和中国台湾地区等亚洲其他经济体已经出现的类似增长比较，我的结论是，中国的能源需求增长如此之巨大，以致从根本上说是难以满足的。

在我完成这份研究报告后，我向西蒙斯国际公司的全球客户和能源界的多数朋友介绍和送发了这份报告。所收到的反馈是多样的。一些人赞赏我的努力，认为这是一份分析中国能源未来的严肃报告；而另外一些人却嘲笑这份"吹嘘性的"报告，说任何贫困和缺乏完善基础设施的石油消费国（更不用说中国）都可能经历石油、天然气和煤炭需求如此迅速增长的过程。

有意思的是，在我完成这份报告的时候，几种亚洲货币崩盘，出现了人们几乎忘却了的可怕的"亚洲流感"。到1998年春天，许多前沿能源权威认为，这场"亚洲流感"的强度足以消除亚洲诸"虎"石油需求的新增长，也使刚刚萌发的中国石油需求增势停滞。

正当人们普遍相信由中国和亚洲虎引导的石油需求增长可能意外结束导致油价下挫的时候，许多有名的能源观察家更加怀疑起我对中国能源需求的分析了。

1998年秋天，我出席了在澳大利亚珀斯市举行的石油工程师协会（SPE）亚太地区（两年一度）会议。我在主旨发言中提示，世界可能需要赌一把"亚洲流感"的持续影响问题。如果事实证明这场"流感"正如许多石油预言家所预言的那样严重和持续，那么我们将在相当长的一段时间内不再会有严重的石油短缺问题。相反，如果事实证明这场由通货投机诱发的经济流感是短期的，特别是这场"经济流感"不影响中国奇迹般的增长，那么世界石油供应很快就会受到制约。

遗憾的是，当时多数论坛的与会者确信，石油价格将在相当长的时期内保持低位，而亚洲石油需求增长将停滞。

从事后诸葛亮的眼光看，这场"亚洲流感"确实出奇地短命，对中国的消极影响也相当小。因此，亚洲的石油消费持续增长，这种增长冲得越快，石油供应的跟进步伐就越艰难，石油价格就越高。

到了 2004 年，许多石油专家开始领悟到，中国和印度在"难以满足的石油需求"推动下，经历了快速的经济转型；虽然仍很少有人关注能源总需求问题，但是，事实却不断提示中国能源问题专家思考如何满足如此迅速增长的需求问题。

由于中国的能源消费不可持续，许多能源专家便开始扬言，中国正冲向"硬着陆"（意指泡沫般的不可持续的经济增长）。这种"硬着陆"神话影响了 2004 年和 2005 年的大部分时间，直到人们清晰地看到，在可预见的未来，中国不存在"硬着陆"问题为止。各种经济力量的组合释放了信心十足而勤勉的中国人对中国定成为世界繁荣国家的不断追求。

在我看来，所有这种声音只能证明一个问题，即在一个国家开始爬上经济楼梯，由贫困走向繁荣的时候，真正潜心研究能源需求（更不用说石油需求）冲击的能源专家凤毛麟角。

在每桶石油价格最终冲过 100 美元的时候，许多石油"专家"开始抱歉道，他们对低油价的预测错了，因为"每一个人都错估了奇迹般增长的中国"。对此，我不禁暗笑，本人 1997 年的分析并未证明谁会"忽视中国"。任何要理解中国能源总消费如此巨大以致不可停止的人都需要好好收集一下正确的数据，然后认真分析这些数字背后的含义。

333

我希望我的分析框架对正在规划中国转向经济超级大国的专家有所裨益。我在报告中解释了能源需求增长的动力以及我所说的"经济阶梯"如何自动导向高能源需求和背后的挑战。

确实，在这份报告问世之后的 11 年里，中国和世界都发生了重大变化。鉴于这些巨大变化，有人问我为何仍需发表这份 11 年前的报告，其实我也希望回顾并适当调整或扩大我的分析。但是，我最终的决定还是原封

不动地按原报告翻译发表，以证明当时的人就有可能相当接近地预测摆在
中国能源消费面前的挑战是什么。

在 11 年之后，中国的经济发展前景一直是不可思议的。即使如此，在
我看来也是相当可预见的。中国正在兴起的中产阶层人口与目前美国的总
人口大体相当。这一事实给人的深刻印象是，中国还需要多少能源才能满
足这一新需求。

在此，我十分感谢徐小杰教授为翻译本报告所做的努力。我们互为朋友
十余载，一直在能源问题上相互交流。他在翻译我的《沙漠黄昏》的过程中
起到了极为重要的作用。最后，读者从现在走回 11 年前，浏览我 11 年前的
分析，观察这份报告的结论仍如 11 年前一样的正确，是很有意思的。

1997 年前言

我在 20 世纪 80 年代末开始分析研究全球油气需求数据。因为自那时
起，世界的油气需求已经吃尽了油气大规模供应的增长势头，世界各地大
油田的衰落已日益明显。在以后的年份里，我一直以极大的兴趣，紧密观
察世界各个地区油气需求的快速增长趋势，特别是亚洲经济不断膨胀和增
长对石油产品的高需求。

在我持续研读有关油气需求的不同报告与分析时，我渐渐感到许多能
源经济学家对过去十年油气需求增长的观点分歧极大。比如，1990 年美国
能源部曾预测，2010 年世界石油需求将达到 7000 万桶/日。有意思的是，
1995 年的世界石油需求便达到了这一水平！最近，能源部又预言，2010
年的世界石油需求将比他们七年前预测的水平增加 2500 万桶/日。在这一
增长中，绝大部分的需求来自东亚地区，特别是中国。

对我来说，中国一直是一个能源谜。这个国家是一个产油大国，但又
是用气小国。中国曾经是一个石油出口大国，但是，如今其国内消费已经
超越国内生产。尽管其石油消费总量很大，但是人均消费水平仍属于世界

最低水平：每年的人均消费仅 1 桶。虽然中国的石油需求增长迅速，但是，无论以任何标准衡量，其人均消费水平依然很低。

两年前，我开始以中国"几乎人均 1 桶油"为典型案例来分析世界石油需求持续增长趋势，时常也关注如果中国的人均消费达到类似墨西哥甚至其台湾地区的水平，世界该需要生产多少石油。

由于此前我未曾到过中国，因此，对中国何时能达到这样的消费水平没有直觉，自然也无法分析中国能否达到这样的消费水平。我这些看起来过于乐观的看法时常引来争议和批评。这些批评意见使我明白，像中国这样的国家，能源消费要达到"一般发展中国家的水平"，存在诸多障碍。批评者列举了许多因素（例如中国农民的数量、中国落后的道路、中国低效的体制等）均可以解释，未来中国的石油需求增长为何相对较慢，人均消费水平很低。

为了体验中国，寻找依据，得出我自己的结论，我决定造访中国。1997 年 4 月，哈佛大学商学院的同学会在香港举办全球会议。我是此类全球会议概念的一位原创意者，我确认我可以参加这个会议。这个会议的内容聚焦在"大中国地区：神秘与现实"，自然是研讨中国问题，特别是其不断变化的经济发展的影响问题的最好场合。然而，对我来说，更为重要的是，可以利用这次旅行的机会，顺道访问我从未访问过的少数国家之一：中国。

在香港的四天里，我们听取了多位专家对大中国地区发展前景的精彩发言。之后，我的夫人与我一起用 10 天时间到中国内地访问了四座城市。在北京，我有幸见到了中国政府的高级计划官员、中国石油天然气集团公司（下称中国石油集团）和中国海洋石油公司的高层经理。当时，我们主要是旅行者，每天早出晚归，走路、上车和交谈，观察这个我刚刚访问的神奇国度。在访问前，我基本收集了一些有关中国油气工业的公开报告以及经济发展与变化的材料。在这两周访问即将结束的时候，我开始消化每一篇报告。

我读得越多，看得越多，听得越多，就越发感到，在已发表的所有报告中几乎没有一篇报告真正理解到了中国未来发展对能源的巨大需求。我的人均 1 桶油的消费比较法也没有揭示中国的真实故事。

一回到休斯敦，我开始整理一些反映中国未来能源需求增长的记录。但是，在我分检收集到的数据时，我便开始思考所有这些变化对世界意味着什么，因此必须扩大我的视野。中国对额外巨大能源供应的迫切需求应该得到清醒的理解，因为这一巨大需求很容易影响下世纪初的地缘政治，起码是影响今后几十年油气工业发展的重大因素。

此外，中国努力保持油气供应，满足不断增长的需求，也面临巨大的环境压力，因为这个国家对煤炭的依赖已经威胁到了中国的空气、水和庄稼。

在完成这份报告之后，我认为中国如何满足其未来的能源需求将是今后 10—20 年内最激动人心的能源事件，并坚信，中国必须成功地解决其能源问题，因为 12 亿人口都希望过上像美国人这样长期享受的生活方式。但是，要推进和实现其能源结构的转变谈何容易。尽管整个世界均可帮助中国，但是，如果没有巨大的能源供应，中国要在 21 世纪成为领先的国家的梦想是难以实现的。

中国能源图景的背景

中国的经济发展与变化将极大地影响世界。这种影响的水平和层次可能与英国的工业革命、本世纪初美国的经历和日本、韩国、中国香港及台湾地区的经济扩展阶段相似。

如果不涉及众多人口和辽阔的地域，这场即将到来的中国经济革命对世界就不会有巨大的影响。然而，正是因为中国拥有世界 1/5 的人口，占据世界第二大领土，因此其经济变化必然直接或间接地影响着世界的每个地区。

而且，自引进了汽车之后，这些变化直接冲击着我们的能源资源消费。因此，高能源需求和低人均消费水平的持续发展告诉我们，这种冲击不是一种情景化的过度的声明。因为，在这个世界上，如果没有能源消费量的持续增长，就不会有快速扩张的现代经济。

"二战"后美国能源需求的增长，1960—1980 年日本能源需求的增长，或 1970—1990 年韩国、新加坡及台湾地区的发展案例都表明，经济的扩张与能源需求的增长紧密关联；没有能源使用量的增长，中国经济就不会持续扩张。那种认为中国的能源需求不会快速增长的观点显然是脱离实际的。

况且，非常规的"燃料结构"使中国未来的能源需求变得更加复杂。从世界其他地区看，石油使用量占世界能源总需求的 40％左右，其余为煤炭、天然气、水电和核能。而在中国，大约 4/5 的能源需求依赖于煤炭，其余的 1/5 为石油、天然气、核能和水电。表 1 为不同国家的能源需求结构。除了印度的煤炭使用比例与中国类似外，几乎没有其他国家与中国大量使用煤炭的情况相似。

表 1　　　　　　　　　　燃料消费结构分析（国家案例）

国家/地区	石油	天然气	煤炭	核能	水电	总计（百万油当量）	人口（百万）	人均水平
中国	19	2	77	—	2	4992	1190	4.2
印度	32	7	57	1	3	1435	900	1.6
印尼	59	34	6	N/A	1	438	190	2.3
马来西亚	55	37	6	N/A	7	187	20	9.4
台湾省	52	5	26	16	1	405	21	19.3
韩国	60	4	20	12	—	836	44	19.0
泰国	22	7	4	N/A	—	788	58	13.6
日本	57	11	17	13	2	3304	125	26.4
美国	40	25	23	8	4	16425	261	62.9
合计	40％	23％	28％	7％	2％	57527		

　　中国对煤炭的依赖已经成为环境保护和空气质量控制中的重大问题。因此，现在的中国，从国家最高领导人到媒体记者，以及街道的普通百姓，都对国家减少煤炭使用量表示理解，都感到如果没有这一变化，中国的经济扩展可能终将走向毁灭。而随着中国能源结构的变化，对其他常规能源的需求将快速增长。但是，目前还没有迹象表明，其他替代能源的增长可以轻易地弥补减少煤炭使用形成的缺口。核电或水电发电能力的增长，有可能在一定程度上替代煤炭的使用量。但是，无论核电还是水电的增长，往往需要几十年而不是几年的时间。因此，只有大规模地增加原油和天然气的供应，才有可能帮助中国降低煤炭的使用量。

　　中国将如何解决自身巨大的能源需求（包括大幅增加的油气需求），将是今后几十年的一个重大挑战，是决定今后中国经济扩张的最大因素。同时，对世界性的油气供应格局具有重大的影响，因为中国必将参与世界能源资源的开发。只有这些油气需求得到了满足，中国才能减少或限制住煤炭消费带来的破坏性的冲击。

　　中国常以丰富的能源资源引以为豪，与亚洲其他需要进口满足其能源需求的国家不同，这个国家的问题不是缺少资源，而是人口众多，基数太大，未来的生存与发展与资源需求量密切相关。固然，目前中国的能源消费量很少，但是，很显然，这个国家已经是仅次于美国的世界第二大能源消费大国了。中国是世界上最大的煤炭生产国，每年的煤炭产量占世界的29％。中国还是世界第六大石油生产国。在过去的40年里共发现了400多个油田。这个国家还有17000公里油气管线，炼油能力超过了200万桶/日。

　　从能源需求总量看，尽管中国的天然气使用量仍很少，但是，这个国家也是世界第20大产气国。虽然中国刚刚开始把天然气作为解决未来能源需求的一个支柱产业来发展，但是其生产规模还比较小，主要来自四川盆地，最早可以追溯到公元前3世纪。当时，盐矿主用竹桶来运输天然气，提炼盐。中国在1978年成为产油大国的时候，对于天然气的勘探力度仍十分有限。现在，对大量开发天然气资源已经寄予极大的希望，将推动这个国家开发更多有利于环境保护的能源，减少对煤炭的依赖。

用油气资源逐步替换煤炭是容易理解的。如果目前中国的能源消费保持平稳增长，而煤炭在能源消费结构中的比例从77％降低到50％的话，这个国家所需要的石油供应应该增加460万桶/日；如果中国再进一步大幅增加油气使用量，将煤炭使用比例降低到世界水平28％的话，那么就需要另外再增加石油供应当量970万桶/日。这几乎是在目前油气供应水平上增加三倍。但是，中国保持能源需求平稳增长这个前提是不十分现实的，因为随着国民经济的不断增长，能源的总需求势必不断增长。

到现在为止，核电在中国能源需求结构中的比例很小。目前这个国家正在建设四座新的核电站。但是，即使在这些核电站完成后，核电在其能源结构中也仅占较小比例。中国有一个庞大的环绕山脉的河流系统，可以建设电站，开发水电。虽然中国的水电很重要，也将继续增长，但是，这一能源在能源需求总量中的部分也有限。三峡工程是世界上投资较大的能源项目之一，然而，这一工程的建成也只能替代目前煤炭的少量份额。

中国周边有两个大油气供应源：一是北部的西伯利亚，二是西部的中亚新兴国家。这两个地区具有丰富的油气资源，但是，当地的市场潜力有限。至今，这两个地区均没有现成的管道基础设施，可将油气资源运输到中国。目前已经规划将西伯利亚和中亚的油气运输到中国的油气管道项目。今后，这两个地区的油气资源与中国的能源供应系统的连接将日益紧密。这种连接将逐步改变两个地区与中国的政治合作态势。

20世纪60年代前，中国几乎进口所有的石油产品。在新中国成立初期，中国的原油产量不到5000桶/日，当时国内的能源供应主要靠煤炭。这个国家的发电体系和电力企业是按照使用煤炭来设计的。50年代末，中国开始在大庆油田和其他地区有了重大的石油发现。至今大庆仍然是一座世界级的巨型油田。在这一系列发现后，中国的石油很快成为当地弥补煤炭的第二大能源。

至今，大庆仍然是中国石油生产的支柱，其产量已连续21年超过100

万桶/日。在大庆油田发现之后，连续发现了包括胜利、华北和大港油田等在内的系列油田。到 1970 年，中国的石油产量达到了 40 万桶/日，1980年，石油产量增长了五倍，超过了 200 万桶/日。到 90 年代中期，中国的石油产量达到了 300 万桶/日，成为世界第五大产油国。

随着中国石油产量的增长，供应量很快超过了国内需求，使中国成为一个重要的石油出口国。到 1985 年，中国出口石油 62 万桶/日。部分石油出口由产品进口抵消。因为中国石油生产和多数的炼油系统位于北部和东北部，而经济增长最快的地区在南部。1993 年前，中国仍然是原油和油品的净出口国。但是，此后的石油需求增长迅猛，迫使中国自 60 年代末以后再次成为石油净进口国。由于国内的石油需求一直居高不下，预计未来中国不可能再成为石油出口国。

1993 年底以来，中国的石油进口持续上升，而国内的石油生产增长十分有限。1994 年，中国的石油净进口总量达到了 30 万桶/日。1997 年的第一季度，石油进口是一年前的两倍。1997 年 4 月，该国的原油和石油产品的净进口上升到了 96 万桶/日。

1970 年，中国的石油消费为 56 万桶/日，1975 年提高到了 135 万桶/日，1985 年达到了 181 万桶/日。1997 年中国的石油需求预期达到 380 万桶/日。尽管石油消费有此增长速度，这个国家依然是世界人均石油消费水平最低的国家之一。表 2 反映了 1994 年"高度工业化国家"、"迅速增长国家"和"开始增长国家"三类国家的人均石油消费水平。在 47 个国家中，中国的人均油气消费水平为 1.1 桶，处于世界的第 41 位，属于人均消费水平较低的一小撮国家。

与石油相比，中国的能源增长较为逊色。其石油消费起步于 20—30 年前较低的水平，增长幅度较大。从人均水平看，目前其人均能源消费水平只有美国的 1/10 和世界平均水平的 40%。在历史上，中国能源需求增长主要由煤炭来满足。表 3 展示了中国、美国和亚洲其他国家人均能源消费水平。可见，中国依然是一个能源使用程度很低的国家。

表 2　　　　　　　　　　　1994 年石油消费水平

高度工业化国家			迅速增长国家			开始增长国家		
	人口（百万）	人均桶油/年		人口（百万）	人均桶油/年		人口（百万）	人均桶油/年
美国	261	24.8	墨西哥	89	7.7	中国	1190	1.0
加拿大	30	21.6	委内瑞拉	21	7.3	尼日利亚	108	0.9
比利时	10	19.0	伊朗	62	6.9	巴基斯坦	126	0.8
荷兰	15	18.0	马来西亚	20	6.5	印度	913	0.5
日本	125	16.6	保加利亚	8	6.1	苏丹	27	0.4
澳大利亚	18	16.2	匈牙利	10	5.9	扎伊尔	43	0.2
芬兰	5	15.8	阿根廷	34	5.1	孟加拉	118	0.1
挪威	4	15.4	智利	14	4.6			
丹麦	5	14.7	罗马尼亚	23	4.1			
瑞典	9	14.7	厄瓜多尔	11	3.8			
瑞士	7	14.7	泰国	58	3.7			
韩国	45	14.0	南非	40	3.6			
以色列	5	13.7	巴西	159	3.3			
德国	82	12.9	土耳其	61	3.2			
希腊	10	12.2	埃及	57	3.0			
意大利	57	11.8	阿尔及利亚	27	2.9			
法国	58	11.5	波兰	38	2.8			
奥地利	8	10.7	哥伦比亚	36	2.5			
西班牙	39	10.4	菲律宾	67	1.6			
葡萄牙	10	10.0	印尼	190	1.4			

341

　　正如这些极低的能源或石油消费数据所反映的，中国要将自己从一个世界最落后的国家转变为不断增长和现代的经济体，就必须迅速提高所有能源的使用量。中国未来能源需求的增长方向是清楚的。目前，这一问题已经发展成为既是大规模的消费问题，更是燃料结构调整的问题。随着中国燃料结构的变化，发现可靠的替代能源不是一件容易的事。目前，所有其他能源都不同程度地处于消费低位。因此，每减少一个百分比的煤炭使用量，就意味着大幅增加其他替代能源的使用量。

表3 总体能源消费（人均水平比较）

世界合计	10.3 人均油桶当量/年	过去 10 年人口增长	
美国	57	美国	1.0%（年均）
新加坡	61	亚洲	1.8
日本	29	中国	1.4
韩国	24	印尼	2.0
中国台湾	22	印度	2.1
马来西亚	13	巴基斯坦	2.6
泰国	6	菲律宾	3.0
中国	5		
印尼	3		
巴基斯坦	2		
印度	2		
菲律宾	2		
孟加拉	>1		

资料来源：美国商务部、英国石油公司、日本通产省（MITI）（美国莱斯大学贝克研究所）。

现在几乎每一项严肃的长期能源预测结果都显示，中国的能源需求正在增长。所有的长期石油预测结果都表明，中国的石油需求将持续上升。到 2010 年石油需求翻番，到 2015 年还将在目前的石油需求量基础上翻三番。但是，当将这些增长分配到 2010—2015 年中国的人口上，结论仍然是人均消费水平低下。

有些人认为，中国在人口和经济分布上是如此地不均衡，以致人均能源消费非常低下。这个观点是否现实？或中国的人均能源消费水平是否将跟随其他实现现代化国家的增长模式？

为了分解这个将极大影响今后 20—30 年世界能源经济发展历程的疑问，让我们首先开始详细分析今日中国经济变化的背景，这一变化正是 17 年前改革后的一种加剧效应。因为中国经济增长计划是可以理解的，因此，我们必须牢记经济增长后的能源需求必将增长。

在完成了这个评估之后，我就形成这样的结论：到 2010 年或 2015 年，中国再继续维持不正常的人均能源消费水平是很难的。中国的需求应该继续上升。但是，为了理解能源需求有可能继续增长的理由，就必须通过能源这个视角，仔细观察今后中国经济发展方向。而后的问题是研究何种能源将弥补中国未来能源的缺口，中国将如何确保新增能源的大规模供应。这些问题已经变得比以往任何时候都更加重要和现实了。

显然，中国经济复兴是可以分析的。从能源规划的角度看，这不应该是一个自然得到的结论，或可能的情景。从中国经济持续发展的角度看，这个国家的能源需求几乎已经变成不可满足了。随着中国能源总需求的增长，为了减轻对煤炭的依赖，所有其他替代煤炭的能源需求也是难以满足的。为得到这一结论，我开始观察今日中国经济的变化过程。

第三章 对中国未来能源需求的预测

既然有如此众多的因素支持中国经济持续甚至加速发展的势头，问题就很快从过去的能源需求增长势头是否可以持续，转变为中国未来的实际能源需求有多大的问题。还有一个更大的问题是，这个国家能否在减轻对"脏煤"依赖的同时，管理这种能源需求的增长。

在过去的 10 年里，中国能源需求以高于经济发展 70％的速度增长。但是，这个统计数据在能源需求增长超越经济增长速度之后，如果政府人为控制石油进口几年，就没有意义了。

我不太愿意从中国经济增长和能源需求增长的历史关系中得出未来中国能源需求的结论。由于中国官方的国内生产总值规模与按照购买力平价评估的国内生产总值之间的区别，历史上"经济与能源"的关系就变得没有太大关联了。

但是在评估中国未来能源需求时还是有一些前提的。首先，这个国家高速公路系统的迅速发展最终将推动中国未来汽车用能量的上升。同时，今后摩托车也将大量替代自行车，因为两者的道路空间是一样的，摩托车比自行车更有效地运送人员。最后，随着中国经济的发展，中国人将跟进目前中国台湾、中国香港和新加坡人民的生活方式。因而对油气的需求必然迅速地上升。两者相互推进。

20 年前，许多有知识的中国人非常相信他们的生活方式应该比西方世界还要高级。而今天几乎所有的中国人都知道这是一个巨大的错误。现在即使中国农民也都能从电视里观察到西方的生活方式。

随着这些生活方式的变化，能源需求必然爬升。中国巨大的能源问题不是是否会增长，而是在经济革命的推动下能源需求将增长多快的问题。

1. 过去能为未来提供思路吗？

要知道中国未来能源需求增长的方式，可以从简单衡量其他国家在历史相同发展阶段上所经历的变化了解一二。

让我们从美国开始。作为带动石油时代的汽车工业的早期开发者，我们的国家在 20 年代就成为石油的大消费者。到了 50 年代，艾森豪威尔设计了美国"高速公路时代"，带动了美国人向郊区迁移。1950—1970 年，美国人均石油需求从每年不足 16 桶提高了 26 桶以上（见表 4）。

表 4　　　　　　　　　美国高速公路建设时代的影响

	石油需求（百万桶/日）	美国人口（百万）	人均消费年均桶/人
1950 年	6500	150.7	15.8
1960 年	9700	179.3	19.7
1970 年	14700	203.2	26.4

日本为我们提供了经济发展进入增长时期后石油需求迅速提高的另外一个例子。1960 年，日本的人均石油消费仅为 2.6 桶/年（比今日中国的人均石油消费大 2.5 倍）。到了 1970 年，石油需求增加了 5 倍。10 年后，人均石油需求达到了 15.5 桶/人，20 年内几乎增长了 7 倍。（表 5 为日本进入工业大国以来石油需求的增长）。

表 5   日本石油需求的增长

	石油需求（百万桶/日）	日本人口（百万）	人均消费年均桶/人
1960 年	700	93.6	2.6
1970 年	3800	103.5	13.5
1980 年	5000	111.8	15.5

　　韩国为我们提供了更近的案例，说明一个欠发达国家如何改变今天的高技术和全球化经济。1970 年，韩国的人均石油需求只有 1.9 桶/年。在以后的 15 年里，人均石油需求翻番，达到了 4.5 桶/年。五年以来又翻番，到 1994 年，韩国的人均需求已经是 14 桶/年了。

　　有趣的是，中国台湾地区的石油需求增长几乎遵循的是与韩国完全相同的道路。1970 年台湾的石油需求为 6 万桶/日（或人均 1.6 桶），到 1994 年达到了 66.5 万桶/日（或人均 12 桶）。石油需求快速增长的其他国家还有西班牙、葡萄牙、希腊和土耳其。虽然这些国家的石油需求增长均低于韩国或中国台湾地区，但是所有这些国家或地区均随着经济的发展经历了人均石油需求增长的巨大变化。

　　表 6 向我们展示了许多不同的发展中国家或地区在 1970 年至 1994 年间石油消费的巨大变化。每个国家/地区的石油使用模型均说明了经济快速变化与能源需求上升的铁定关系。

表 6   国家/地区石油消费的变化

国家/地区	1000 桶/日		人口（百万）		人均需求	
	1970 年	1994 年	1970 年	1994 年	1970 年	1994 年
中国	560	3181	745	1190	0.3	1.0
韩国	165	1073	31	44.4	1.9	14.0
西班牙	565	1170	33	39.1	6.2	10.4
葡萄牙	95	270	9.7	9.9	3.6	10.0
希腊	135	345	9	10.4	5.4	12.2
土耳其	155	540	34.8	60.8	1.6	3.2
中国台湾地区	60	665	13.9	21	1.6	11.6

这些国家/地区都是中国大陆未来能源需求增长的先例。这些例子可能很简朴，因为中国大陆的经济增长可能比这些国家/地区要大和复杂得多。没有一个国家能像中国这样拥有巨大的经济推动力。

正如过去15年所经历的，中国经济肯定还会持续增长，而且还会更快增长。因此，中国最近在能源需求上的强劲增长将会继续或加速。要预测中国能源需求增长的总体方向是容易的。但是要准确地预测其未来的增长速度是非常困难的。

2. 对增长模型的常规认识

现在让我们考察一下对今后中国油气需求增长趋势的不同预测。表7列举了六个机构的预测。壳牌中国公司和中国国家计委有两份非常乐观的报告。这两家机构都预测，到2015年中国石油消费水平将提高到1000万桶/日。国家计委的模型预测，中国的石油需求将从1996年的330万桶/日提高2010年的600万桶/日。东西方中心预测，到2005年中国将需要进口原油和成品油200万桶/日，占总需求的38%，意味着那时中国的石油总需求为530万桶/日。六家机构对未来10年或20年石油需求增长率的预测从4.9%到6%不等。

表7　　　　　　　　　　中国石油需求预测　　　　　　　（百万桶/日）

预测单位	2000年	2005年	2010年	2015年	综合变化率
美国能源信息署	4.4	5.5	6.9	8.6	5.2%
东西方中心	N/A	5.3	N/A	N/A	5.5
亚洲油气杂志	4.03	5.0	N/A	N/A	4.9
石油咨询公司	N/A	5.5	N/A	N/A	5.9
中国国家计委	4.0	N/A	6.0	10.0	6.0
壳牌中国公司	N/A	N/A	N/A	10.0	6.0

最近中国对天然气需求的预测是，1995年需求量为25亿立方英尺，2000年的需求量为43亿立方英尺，2005年的需求量为67亿立方英尺，

2015 年的需求量为 129 亿立方英尺。在 20 年里需求量增长五倍以上。这是一个强劲的增长速度。但是，即使到 2015 年中国的天然气需求仍然只有美国目前天然气消费量的 1/5。

由于中国的油气需求量都十分巨大，因此这些预测都具有积极扩张的表面特征。但是，每种预测也预示着中国人均油气需求总是远低于世界其他新兴经济体的水平。

根据壳牌中国公司预测，2015 年中国的石油需求将达到 1000 万桶/日。人们就必然推算，同期中国人口增长 1.5%。在今后的 19 年里，中国人均需求将提高 2.3 桶。这一水平仅比韩国、土耳其或中国台湾地区 1970年的消费水平高一点点，只有目前泰国石油消费的 60%。在这个低水平上，中国经济的扩张肯定会慢慢停顿下来。

1994 年哥伦比亚、波兰、阿尔及利亚、埃及和土耳其等国家的人均石油消费水平均在 2.5—3 桶/日，每一个国家的经济都是"刚刚兴起的经济体"。

也许 10—20 年前，一些中国农村的石油需求水平很低。现在回顾一下中国不同地区石油消费水平的差距是很有启发的（见表 8）。在中国的东北地区，1995 年的人口为 1.08 亿，每年的人均消费石油水平为 2.3 桶/日。同年其他三个人口中心的石油消费水平为 1 桶：北部地区的人口为 3.27亿，长江下游地区人口为 1.94 亿，而南部地区的人口为 1.93 亿。如果把它们加在一起，这四个地区的人口总数为 7.85 亿，每天的石油消费为 266万桶，每年人均为 1.24 桶。

347

3. 榜样经济：中国香港、新加坡和台湾地区

对于中国沿海地区来说，其他类似的模型还有周围三个华人占主导的榜样经济体：香港、台湾地区和新加坡。总体上看，这三个经济体具有3100 万人口。1994 年，他们的人均能源消费水平为 27 桶。仅仅在 3 年内，他们的这一消费水平提高到了 30 桶。虽然低于美国的水平，但是人均的能源消费水平已经与日本或欧洲许多国家的水平相当了。

表 8   1995 年中国地区石油消费

地区	人口（百万）	石油消费（桶/日）	人均石油消费（桶/年）
中国（总计）	1238	3270	0.9
东北地区	108	677	2.3
华北地区	327	867	1.0
长江中游	167	258	0.6
长江下游	194	674	1.3
华南地区	156	448	1.1
西南地区	193	101	0.2
西北地区	66	118	0.7
西部地区	24	121	1.8

请注意，这些人均数据都是相对于能源消费总水平而言的，不仅仅是指油气。与中国类似的是，这些经济体都主要消费煤炭。石油消费仅占他们能源需求总量中的 21％，但是，对于这 3100 万人口来说，仍然相当于50.5 万桶/日，人均每年 6 桶油当量。

如果将中国香港、新加坡和中国台湾地区相同的人均石油消费水平，运用于中国三个沿海城市（如上海、北京和天津，三市总人口为 3400 万），他们每天的石油消费量为 55 万桶或接近中国当前能源消费总量的 15％。

如果中国东部经济发达地区 7.8 亿人口的石油消费水平等同于这三个榜样经济体，中国可能每天需要多消费 1300 万桶。如果中国其他人口地区人均每年只消费 1 桶油，沿海人口和其他地区的人口仅增长 1％，那么到2012 年，中国可能需要消费石油 1800 万桶/日。

4. 中国改变燃料结构的影响

很清楚，中国减少对煤炭高度依赖的态度是严肃的。现在人们已经清楚看到了使用煤炭的有害性。无论水电，还是核电都不能在一定时期内现实地填补减少煤炭消费所带来的缺口。因此，石油和天然气自然是替代煤炭的唯一现实的选择。

我开发了三个方案来预测中国未来的能源需求。任何一个方案都看似可能的表达了中国未来巨大的能源需求。方案一假定以每桶油当量的能源需求计算，1995 年的能源总需求为 1670 万桶/日，2015 年为 3870 万桶/日；方案二是台湾模型，假定 2015 年能源需求总量为 6450 万桶/日；而方案三为韩国模型，同期的能源需求总量为 1.343 亿桶/日（表 9）。

表 9　　　　　　　　　中国能源需求，来自燃料结构变化的压力

前提：方案一：能源综合增长率 4.3％得到持续；方案二：台湾省过去 10 年的年均增长率为7％；方案三：韩国的年均增长为 11％。

	油当量桶/日		
	1995 年	2005 年	2015 年
方案一	16662	25388	38679
方案二	16662	32776	64475
方案三	16662	47310	134334

如果中国不减少使用煤炭的过程，那么，低方案中中国煤炭的消费量将从目前的 12 亿吨提高到 2015 年的 28 亿吨，高方案中的煤炭消费量将提高到 100 亿吨/年。从环境保护的角度看，即使是低方案也是不能接受的。煤炭使用量的巨大增长，即使有技术上最先进的煤炭萃取设备的推广应用，仍然产生大量的污染排放，数量是不可估量的。

因为这样的煤炭消费增长率是不可取的，表 10 向我们展示了这种增长对煤炭消费的影响和其他能源部门需求增长的影响。我也同样使用了三种增长方案。在三种方案中中国的煤炭使用量已经从 1995 年的 77％，下降到了 2005 年的 65％和 2015 年的 60％。

我现在任意假定煤炭消费比例将从 1995 年的 77％下降到 2005 年的 65％。然后，我用相同的方案来分析，即方案一为中国维持历史增长；方案二为中国大陆走台湾地区的模式；方案三为中国走韩国的道路。

349

表 10 　　　　　　　　　　中国能源需求结构的变化

方案一：4.3％的能源综合增长率（与 10 年前相同的速度）；方案二：7％的能源综合增长率（台湾省过去 10 年的速度）；方案三：11％的能源综合增长率（韩国过去 10 年的速度）

	燃料结构	1995 年（％）	2005 年（％）	2015 年（％）	2015 年人均使用量 1.5％的人口增长率＝16063 亿
	煤炭	77	65	60	
	石油	19	25	26	
	天然气	2	6	10	
	其他	2	4	4	
		油当量/日　使用量			人均油当量
方案一	煤炭	12830	16500	23207	5.3
	石油	3166	6346	10057	2.3
	天然气	333	1523	3867	0.9
	其他	333	508	774	0.2
方案二	煤炭	12830	21304	38685	8.8
	石油	3166	8194	16764	3.8
	天然气	333	1967	6447	1.5
	其他	333	655	1290	0.3
方案三	煤炭	12830	30750	80600	18.3
	石油	3166	11828	34927	7.9
	天然气	333	2839	13433	3.1
	其他	333	946	2687	0.6

资料来源：BP 统计数据。

这三个方案中的每一个方案都向中国展示了转变高煤炭消费型的迫切性。每一方案中的问题都是如何促使油气资源快速增长来根本改变中国目前的燃料结构。

为了将煤炭消费比例从目前的 77％下降到 60％，煤炭以外的其他能源部门必须在已经快速增长的份额中再提高 17％。我这里任意假定石油消费比例从 1995 年的 19％，提高到 2005 年的 25％和 2015 年的 25％，而天然气的消费比例从 1995 年的 2％，提高到 2005 年的 6％和 2015 年的 10％。这些变化是非常重大的，正如方案一所示，中国的煤炭消费依然翻番。因为这一方案假定中国的能源需求增长速度与过去 10 年相同，没有加速。在方案一和中国的燃料结构转变中，石油需求上升三倍，略微超过了壳牌中国公司最激进的预测。天然气需求几乎增长 12 倍。但是，这一低增长方案也使中国的人均石油使用量以非现实的低速达到 2015 年的 2.3 桶，显然这一方案是不可能的。

方案三，韩国的模式是比较接近过去几年中国所经历的能源需求增长实际的。运用这一模式来预测煤炭消费大体增长 6.3 倍，份额下降到了60％。同时，在今后的 20 年里，石油需求需要增长 10 倍，天然气需求必须增长 40 倍。

正如这些数据所凸显的，40 倍天然气需求的增长，除以 2015 年中国可能的人口，那时中国的人均消费也只有 3.1 桶油当量。这个水平也只有目前马来西亚天然气消费量的 70％，美国人均天然气使用量的 20％。

方案三不是"最可能的"预测，但是，也不是不现实。方案三中令人不安的是中国煤炭消费提高了 6 倍，达到了每年 70 亿吨以上。这一结果不仅对中国来说是一场生态灾难，而且对世界其他地区也是如此。在这一增长过程中，温室效应的争议可能转向热室恐慌（Hot - house phobia）。为了防止这场全球性环境威胁，引发环境保护之战不是不可能的。

从纯粹的环境保护观点来看，不管在何种环境下，中国的煤炭消费增长趋势都是难以接受的。使生态环境唯一可以接受的方案是，将中国的煤炭消费比例从目前的 77％下降到世界水平，即 27％。

为了使中国的其他能源部门反映世界其他地区的水平，石油必须供应中国能源需求的 40％，天然气贡献 23％，其他能源部门（主要是核电和水电）占最后的 10％。表 11 将中国的燃料消费结构从目前的结构转向世界平均水平的影响。

表 11   中国能源结构转向世界平均水平

	1995 年	2015 年目标
	中国的比例（％）	世界平均比例（％）
煤炭	77	27
石油	19	40
天然气	2	23
其他	2	10
	桶油当量/日	
方案一		
煤炭	12830	10443
石油	3166	15471
天然气	333	8896
其他	333	3867
方案三		
煤炭	12836	36270
石油	3166	53734
天然气	333	30897
其他	333	13434

通过走向"世界平均燃料结构"的目标，中国实际的煤炭消费水平将在未来的 20 年内在方案一中平均下降 18.6％，在方案三中，煤炭消费将增长三倍。虽然对于中国的煤炭使用来说，这一增长是可以容忍的，但是，这一方案对于油气和其他所有能源部门的增长构成了前所未有的压力。

在方案一中，中国的石油需求从 320 万桶/日提高到 2015 年的 1550 万桶/日。在方案三中，中国的石油日需求提高到 2015 年的 5370 万桶。天然气的需求压力更大，因为作为环境友好的能源，需要在不到 20 年内从目前在能源供应中的比例 2％提高到 23％。从总量上看，在方案一中，中国每天的天然气需求将从 1995 年的 33.3 万桶/日油当量，提高到 2015 年的 890 万桶油当量；而在方案三中，几乎需要提高到 3100 万桶/日。

最后，我们还要注意到"其他能源"须在方案一中提高 12 倍，在方案三中提高 40 倍。这一趋势不仅意味着建设许多额外的核电站和大型水电站，而且需要积极使用从太阳能到风能和热能等所有其他的能源。

对于中国来说，要在 2015 年前，实现方案三得出的数据，大规模地减少对煤炭的依赖，仅从保证措施和实际条件看，都是不可能，即使有全世界的协助，也是不现实的。但是，出现在油气消费量中的数据也同样令人惊愕，到 2015 年中国的人均石油消费也只有 12 桶（相当于希腊的水平），而天然气的消费水平只有 7 桶油当量。

也许，到 2015 年很难实现这些数量级的消费水平。因此，需要防范中国大规模推进"减少对煤炭的需求"，或者迫使其放缓经济增长，同时在下个世纪的前半叶，持续增加世界油气供应，再延长 15—20 年来实现这些消费水平。

第四章　下一步世界和中国该如何行动？

除非中国的奇迹突然消失，否则，中国需要更多新能源的大规模供应，并且以比其他国家更快的速度增长。由于开发新能源需要很长的时间，所以很难弄清楚中国能源需求替代的时限。但是，尽快和尽量多地实现能做到的事，是很有意义的，不管这样的事是否会在短时期内造成临时供过于求的现象。

在开始这一过程的时候，重要的是世界要认识到，中国能否充分得到能源供应对于中国经济的长期改善和发展具有多么关键性的意义。历史不断告诫人们，如果让一种高速扩张的经济力量突然失去能源供应保证，对任何人都没有好处。普利策奖获得者丹尼尔·耶金在《石油、金钱和权力》一书中指出，一旦石油需求变得与经济和政治权力一样重要，那么围

353

绕着获取可能的能源供应几乎就会引来所有形式的战争。

为了满足其能源需求，中国必须承担大量而艰巨的任务。第一，必须利用一切可能的方式，提高能源效率；第二，需要获得技术手段来减少煤炭消费带来的环境污染；第三，必须扩大国内油气勘探开发；第四，必须通过竞争在国际市场上获取"国外的"储量和产量。

提高中国的能源效率是应对巨大能源需求最简单和最低廉的方式。通过提高效率，每节约一个百分点的能源消费量就可以为中国减少能源消费17.5万桶油当量/日。显然中国许多国有企业的能源效率很低，与美国的工业巨头类似。

虽然改进中国工业能源消费的空间很大，但是，要实现这一目标仍然有许多限制。比如，中国经济增长最快的部分（占中国新增能源消费的绝大部分）是新出现的私人部门和中国新兴的消费群体。

这两类能源消费者的能源效率不可能很高，因为他们至今使用的能源很少。因此，能源效率对于中国长期的能源需求来说，可能只是一种"创可贴"或短期缓解术。由于今日中国的人均能源消费水平是如此低，对于中国难以满足的能源需求来说，能源效率不可能成为一个十分管用的解决方法。

中国将需要通过外部协助最大限度地提高国内的油气产量。因此，无论中国在确保自己拥有最好勘探区域的同时，是否已经实际提升其勘探区域，许多国际勘探公司对中国的怀疑必须驱散。西方勘探开发公司在中国持有的许可证并没有具有明显的有利于中国的特征。最好的证据就是中国海洋石油公司在西方公司放弃的区域取得了成功。中国应该尽一切努力在国内多产石油和天然气。

最后，应该鼓励中国石油集团和中国海洋石油公司在国际油气舞台上努力提升地位，成为重要的竞争者。1997年夏季，中国石油集团的投资姿态是其长期投资行为的一个标志。没有一家西方石油公司和政府被这一行动惊恐。这一行动与1930年以来"七姊妹"的行动绝对不同。固然中国石油集团的动机不单是为了获取更多的利润，而是尽一切努力为这个国家所梦想的现代化得到持续，确保安全和稳定的能源供应。

在中国未来的能源战中还隐藏着大量的严肃的地缘政治问题，包括对南海海域油气资源执着的追求。根据许多中国历史学家的说法，这个国家根据 15 世纪商定的协议，对南海任何有价值的资产拥有绝对的权利。这些权利延伸到印尼、菲律宾和越南的边界。不幸的是，在 1997 年几次不同的边界争端可见，中国南海的所有邻国均有不同的态度。

一个共同的解决办法是鼓励中国以一种清晰的权利在所有的区域开发油气资源，与北海周边国家鼓励外国勘探开发公司协助开发北海油气储量一样。如果中国领导人理解，只要各国对区域的净利润有争议，那么他们很可能就会有完全不同的行为。

对于我来说，显然未来的中国经济发展与西伯利亚和中亚的长期开发有紧密的联系。这两大地区都有大量的能源资源，而目前的开发程度很低。对于那里的国家来说，要获得那里的财富，就必须向需要的地方供应油气，而目前出口通道非常有限。

对于这些地区和中国来说，中国很可能成为他们的救星，并找到一种真正的"双赢的"解决方案。俄罗斯已经开始显示出了一种忧虑或不安全感，即中亚油气开发最终将排挤通向俄罗斯的出口通道。为了确保所有主要的中亚管道经过俄罗斯领土和港口，俄罗斯做了大量的努力，说明俄罗斯是多么关切这些问题。这一担忧是可以理解的，因为俄罗斯向西方出口石油依然是俄罗斯恢复经济最重要的手段。如果将中亚的油气供应从西方转向东方，俄罗斯的压力可能低一些。

中国与西伯利亚一直具有历史联系。虽然西伯利亚的经济发展前景仍然凄惨，而中国的经济发展前景十分看好，但是，两个地区之间的贸易已经有几千年的历史。中国的最大问题是人口太多，而西伯利亚的关键问题是缺乏劳动力。西伯利亚的出生率接近世界最低水平。一个国家具有大量的外汇盈余，而另外一个地区仍然处于外汇赤字。

　　由于一个地区的问题与另一个地区的问题是如此紧密地关联，必然有一些空间推动他们合作，并可能共同创造比我们目前所能预见的更大的价值。

　　以积极的眼光来看这些问题，中国为了解决其未来的能源需求问题，积极介入西伯利亚和中亚地区的油气开发，对于东亚和中亚地区来说都具有巨大的利益。这样一来既可以使中国的经济尽快地以其希望的速度发展，同时将大量的资金投入西伯利亚和中亚地区，帮助这些处于贫苦状态的地区迅速发展经济。

　　不论如何，中国在经济上需要与俄罗斯西伯利亚紧密连接。只有时间可以告诉人们，对于俄罗斯和中国的未来关系来说，这是否为一种经济转型或某种更为重要的变化。

　　南海具有比目前已经勘察的资源多得多的油气资源。中国领导人感到他们的国土边界远大于目前的边界。解决这些边界问题是政治议程中的首要问题。否则，对于今年春季在越南和中国出现的小冲突，或者最近在菲律宾和中国之间围绕着南沙问题的类似冲突就有可能转变为更为严重的争端甚至战争。这是一个世界其他地区不能忽视的问题。

　　在出现这一资源开发问题的时候，西方具有重要的作用。目前中国满足其油气需求的技术基本在美国和欧洲油气公司（特别是石油服务公司和设备制造公司）手里。为了充分开发这些地区的资源潜力，美国与中国需要友好相处。我们必须抵制每次都使用贸易制裁的办法来解决政治争端。

356　　如果石油服务业能够全面参加中国的油气开发，充分挖掘中国油气资源潜力的话，这种扩张所具有的增长可能创造出比北海过去 20 年对石油服务需求还大的需求量。而从设备和管道中获得的收益也将是巨大无比的。

　　中国自身也具有强大的石油服务基础设施，并在确保国内成熟油田的稳定生产方面发挥了重要作用。但是，这种石油服务网络和不同的石油设备制造单位如果与西方的石油服务工业结合，特别是钻井和完井方面的"技术革命"能发挥效应，将产生很好的效益。

如果世界其他地区与中国一起合作，帮助中国确保一种安全、可靠、可用和环境友好的能源供应体系的话，会有巨大的利益。相反，如果中国巨大的能源需求得不到满足，就会有大量的潜在问题。

中国试图解决其严重的环境问题需要付出巨大的努力，更不用说大量减少对煤炭的需求，需要忍耐和得到发达国家的理解、协助。教育中国如何严肃地接受这些污染问题是没有意义的，大量的事实证明，中国领导人不仅非常清楚污染问题，而且正在采取积极有效的措施应对。

用贸易状况或可能的其他制裁手段来威胁中国，迫使其接受一些难以达到的条件或限制排放标准具有反作用，更不用说虚伪了，因为中国目前的人均污染水平与美国相比是小巫见大巫。

世界需要看到一个事实，即在中国增加油气使用量（包括环境友好的天然气和石油）是中国减少煤炭消费污染的唯一现实的选择。不幸的是，油气也产生碳和二氧化碳的排放，只是排放量比煤炭少些。根据加州大学劳伦斯巴克莱国家实验室 1993 年的抽样调查，中国使用石油所排放的碳和二氧化碳比煤炭少 20％。天然气的碳和二氧化碳排放要比煤炭的排放分别少 60％和 49％（表 12）。

表 12　　　　　　　　　　　　中国的燃料排放率

	煤炭（％）	石油（％）	天然气（％）
碳排放	100	82	61
二氧化碳排放	100	82	49

357

建设能源之桥

多位优秀演讲者在哈佛大学商学院同学会上有关大中国地区的精彩发言使会议取得了极大的成功。会议的许多智者对香港回归祖国极为乐观，并急切地盼望着。最乐观的人都是华人。一些怀疑者想知道这种热情是否只是一个方面或一种感觉，即由于回归在即，不站在一条线上在政治上都是错误的。

从我来看，这种热情是真实的，类似于我在美国一些专家那里听到的，哥伦比亚曾在一场毒品战争中从美国拿走了纽约城，而在150年后美国又重新获得失地。想象一下我们在最后看见纽约城回归祖国后的自豪感，或联想一下最后将纽约城的经济融入我们国家是多么的激动人心。

在哈佛大学商学院会议的所有精彩演讲中，印象最深的是1985年哈佛商学院的研究生（贝克学者）、来自新加坡、曾经是新加坡空军准将的杨荣文（George Y. B. Yeo）先生。他现在是新加坡人文与信息部部长和新加坡工业部第二任部长。

杨先生首先谈了海外华人对今日中国所取得的经济改革与进步的自豪感。他分析了这种自豪感，提醒听众，绝大部分的华人在他们生活的国家没有地位，但是，仍然努力在许多国家的经济体中发展成为主导力量。尽管被排除在政治等级以外，他们依然通过努力工作、强大的民族感、家庭意识和深沉的爱国主义精神，在经济上取得了成就。

"对于多数华人来说，大家都期望全中国取得同样的繁荣，释放深深的自豪感和激情，也迫切希望积极参与中国的转型过程"，他说："当您加入到中国改革和进步所具有的潜力中去，很难想象，这个国家不会在某天重获作为世界上两个经济大国之一的地位。"然后他观察到，在历史的发展过程中，在每一个大国出现的时候，都伴随着战争。但是，他的最后结论是："中国的觉醒在历史上可能是第一个没有战争的崛起。为了实现这一点，我们必须建立一些桥梁。这些桥梁必须将中国的进步和给世界的利益紧密连接起来。现在许多桥梁有待建立，所有的桥梁都需要中国人和全球华人的共同努力。"

"但是，"他提醒道，"如果不同的国家出于这个或那个理由，不去建立这些桥梁的话，那么我们都必须回家，穿上我们统一的制服了。"

他肯定是对的。像中国这样重要和巨大的国家不可能被忽视。在中国与其邻国之间，在中国与其贸易伙伴之间，都需要建立起各种形式的经济文化的桥梁，但是，在所有的桥梁中最大的桥梁也许是中国所需要的能源桥梁，使其从自身的资源基地和世界的不同地区获得安全和可靠的油气资源。

中国经济的持续增长需要这些桥梁。其能源资源十分庞大，人们对资源的需求也十分巨大，对技能的需求也如此迫切，以致必须尽快建立这样的桥梁。

希望中国减少对煤炭的依赖的政策是严肃的。但是，这一任务需要各国提供技术设备的协助，减少煤炭的污染排放。中国的煤炭使用量可能还会持续增长，即使其在能源消费结构中的比例有所下降也如此。因此，借助这一能源桥梁十分重要而迫切。

从中亚和西伯利亚到中国的管道就是非常关键的桥梁，如果建设这些昂贵的油气高速公路能够获得足够的资金支持，那么，这些桥梁可以在确保油气大量供应方面发挥重大的作用。从中国东海、南海和印尼、中东、委内瑞拉，甚至阿拉斯加等国家和地区供应的油气资源也是能源桥梁的重要形式。

建设这些桥梁将使中国和世界同时受益。很难想象世界其他地区与建设这些能源桥梁没有任何关系。我们根本不能忽视建设这些桥梁的需求。否则，杨先生有关回国的建议和穿上统一制服的说法可能真的会不幸出现。能源是中国走向繁荣的基石。没有更多的能源，中国所取得的进步和发展就将停止。帮助中国发展成为繁荣现代的国家，对于全世界是如此的重要，以致我们不能使其流产。中国的能源可以得到满足，但是，必须建设诸多的能源桥梁。

如果中国取得成功，全世界的百万公司可以赚取大量的利润。但是，为了实现成功，中国必须解决其能源需求问题。在这一过程中，最大的赢家就是世界范围内的石油服务业。石油服务业将与中国共发展，因为中国

359

比过去任何时候都需要更多的钻探技术和设备，因为中国的成功显然与石油服务业紧密相关！

跋

正如我在方案一所预测的那样，中国经历了 2005 年石油需求的高速增长，煤炭消费增长更快。而天然气的需求受供应约束，增长速度比预期的缓慢。

我注意到，在中国持续推进，迈向一个真正超级大国的进程中，如果中国能够寻找到适当的方式，为推动其经济发展提供必需能源的话，那么，到 2015 年各种能源需求增势的每个节点都可能比我的预测高。但是，中国未来的油气消费面临着供应制约。这种挑战随着全球石油供应顶峰的不断冲击，可能日益严重。

未来，中国增加石油供应方面的困难会不断加重。而天然气的消费不见得持续增长，因为全球的天然气供应比石油更加短缺。

由于中国具有大量的煤炭资源。因此，增加煤炭的使用量仍然是可能的。但是，中国高质量的煤炭资源有限，业已出现了枯竭的迹象。而且，煤炭不是液态燃料，煤液化厂的资本成本极高，生产液态燃料十分有限，因此，煤炭也不可能成为大量液态燃料的来源。

中国需要尽快地发展核电。但是，核能只能解决中国的电力供应问题，而不解决石油的需求问题。虽然核电对中国来说是一个很好的选择，但是，建设一座新核电站所需要的时间很长，也具有人身安全隐患和核反应堆关键设备供应紧张的问题。况且，全球还缺乏建设 20—40 座新核电站所需高质量的铀资源供应。

中国的能源需求是如此敏感，以致这个国家必须尽可能多地与整个中亚国家和西伯利亚地区建立紧密的地区能源连接。这种地缘连接不仅迫切需要，而且也有助于改进中国与俄罗斯和中亚原苏联共和国之间的关系。

正如美国人在一个半世纪前购买阿拉斯加一样，从长期看，中国人从俄罗斯人手里购买东西伯利亚的资源具有重要的意义。

遗憾的是，即使获得上述这些能源供应，仍不足以满足我在预测 2015 年基础方案时提出的能源需求。因此，中国必须尽量推广各种能源的节约方案，在建立强大经济、减低（甚至消除）贫困、提高能源效率等方面成为全球领先的国家。

为了推进能源节约，关键问题是为中国人自己建立生活"村庄"，而不是继续推动中国大城市的移民潮。目前大城市的移民潮正如目前美国和欧洲国家所见证的那样，结果只能是不断延伸至郊区。考虑到世界能源的稀缺性，这种城市和郊区生活形式的能源密集程度是如此之高，简直是难以为继的。

中国和印度都有能力在建立具有世界级高能源效率的交通运输体系方面成为领导者。同时，这两个国家也有可能在轻轨交通运输体系方面创造出令其他国家羡慕的成就，引领世界的发展方向。印度已经计划生产价值 2400 美元、具有每加仑 60 英里热能效率的小车就是中国和印度将在使用和推广高热能效率交通工具方面如何引领世界的一个很好的例子。目前在欧洲和美国还未出现类似的例子。

中国所面临的能源挑战反映了整个世界所面临的严峻的能源挑战。最大的问题是我们如何从目前全球高油气消费的发展道路上急速撤回。而每个国家如何应对这一转变的结果，很可能形成一些国家发展成为后石油顶峰时代新的超级大国，而把另一些国家甩在路边。

361

在过去的十年里，中国的能源需求确实是难以满足的。世界的能源供应将不再能够满足其持续增长的狂热的能源消费。

在这里我能向中国的能源领导者转达这些评论，是我的荣幸。在一个理想的世界里，这本书可以成为真正理解中国能源需求增长之深刻含义的指南，更为重要的是，还将是一份理解中国如何适应能源日益紧张的世界的蓝皮书。

附件二

油气博弈论的模拟分析

——以中俄油气合作为例[①]

　　情景模拟分析是根据中俄油气合作的复杂局面而设计的抽象分析方法。这一分析方法的目的是在复杂的国际、地区和两国油气合作关系中，暂时剥离与中俄油气合作无直接关联的外部因素，通过理论抽象，突出中俄两国战略合作中的基本关系和战略互补性，分析两国产生战略差异的原因和逐步复杂和变化的过程。

　　中俄油气合作在跌宕起伏中走过了近 20 个年头。从理论和实践看，中俄油气合作是双边油气合作，仅涉及两国政府和政府支持下的国有油气公司。但是，现实中的合作关系涉及周边多国诸多行为体，使得这一双边合作关系变得十分复杂。其复杂情况令人难料，也是在中国与其他国家的油气合作中少有遇见的。足见中俄油气合作作为双边的油气合作，受到了全球化合作制度建设、多边权力博弈、国际政治经济变迁、多重双/多边关系等因素的制约，使得中俄油气合作的进展显得扑朔迷离。

---

　　① 本附件取自教育部 2005 年软科学课题《全球背景下的中俄油气合作》（原名为"中俄石油研究"，合同号 05JJDGJW004）第四章第一节，王铁军根据徐小杰的思路和演讲完成初稿，徐小杰修改定稿。

　　为了暂时抛开复杂的外部因素，揭示中俄两国合作的内在关系，需要通过构建情景模拟的方法进行抽象分析，即从抽象到具体的方法，结合博弈论的思维方式，通过情景模拟，把复杂的关系简单化。然后，从简单的情景开始，逐步推演到较为复杂的情景，直至接近现实的情景。这种由简到繁的情景/模式可分为四类，即："一对一"情景模式、"一对多"情景模式、"多对一"情景模式和"多对多"的现实情景。本章旨在通过情景模拟分析，揭示中俄两国战略思维、相互认知和利益博弈的演变过程，并以此为基础，分析中俄油气合作的内在关系。

一　"一对一"情景

　　"一对一"情景是指假定世界上仅有中国和俄罗斯两个国家的情景，而且两国的基本国情（人口、土地、技术、发展水平和文化等）不变。这一情景反映了中俄双方相互独立又必然相互依赖的最简单和最直接的相互关系，也正是本章分析的起点。为了在"一对一"情景下展开抽象的理论演绎，除了假定世上仅有中国和俄罗斯两个国家这一假定外，我们还对这种情景作出如下假设。

　　第一，假定俄罗斯仅有石油和天然气两种不可再生的烃资源，自然也只有石油和天然气两个产业（为了叙述便利，并称为油气工业或油气产业）。在这一产业中，除了本国国内一体化开发和运营外，只有油气出口一种对外合作行为；而中国除了类似的假设外，也只有油气进口一种对外合作的行为，而且只有俄罗斯这一单一的进口伙伴和渠道。

　　第二，中俄两国都是单一的行为体，且两国实力相当或基本均衡。

　　第三，我们仅研究中俄两个行为体跨国层面的合作，各自将对方视为对等伙伴或博弈对手，以简化对双方多重战略关系的考察。在下文其他的"一对一"情景中，我们将会看到规模和实力不对等的两个行为体之间的油气博弈容易出现各种变数，如"强国主导"和"弱国搭便车"

363

等情景。

第四，中俄两国都有明确偏好的理性的行为体，均追求效用和利益的最大化，并能够对自己的行为实施理性控制。当面临多种选择时，两国的对外合作战略能够保持一致。但是，也可能由于特定形势和信息的变化，造成其行为有所变化，产生偏差。[①]

第五，中俄两国都具有战略性思维，即两个行为体都能根据自身的偏好以及对方行为的预期来确定行动。但是，并非所有的行动都一定体现其对应的偏好，有可能只是实现其他目标的一种手段。这一假设主要是考虑到在中俄油气合作中存在利益"捆绑"的可能性。战略性思维表明，国家在追求自我利益时，必须充分考虑和接纳他国的战略意图，才能作出最佳的战略选择。这意味着即使在一个国家与他国存在冲突时，也可能通过合作来解决问题。[②]

由以上假定可以看出，这是一种高度抽象和理想化的情景，其理论意义是：

首先，根据国际合作理论，当参与博弈的行为体数量相当多时，即使大多数的参与者偏向于合作，但是，如有少数参与者选择背叛，那么，最终仍可能阻碍合作的实现。美国麻省理工学院国际关系研究所奥伊教授指出，"随着参与者数量的增加，合作的前景反而减少。"[③] 在奥伊看来，行为体数量增加造成了三个相关问题：（1）合作首先要求行为体识别那些能够促进共同利益的机会，而一旦这些机会被识别，就需要进行政策协调。而多个行为体将使得识别和协调过程中的交易和信息成本增加。多行为体参与增加了博弈的复杂性，对共同利益的识别和实现可能起阻碍作用。（2）控制和甄别参与者的行为态度（究竟是合作还是背叛）更加困难。

---

① James D. Morrow, *Game Theory for Political Scientists*, p. 19.

② Duncan Snidal, "Then Game Theory of International Relations," in Kenneth A. Oye ed., *Cooperation Under Anarchy*, p. 40.

③ Kenneth A. Oye, "Explaining Cooperation Under Anarchy: Hypotheses and Strategies," in Kenneth A. Oye ed., *Cooperation Under Anarchy*, p. 18.

（3）制裁背叛者的可行性降低。[①] 根据美国学者威廉·里克尔（William Riker）的联盟理论，两个行为体之间的合作能够产生最佳的结果。根据里克尔（Riker）的"规模原则"（size principle），随着参与者数量的增加，每个参与者得到的收益反而减少。这样，联盟的范围越大，背叛的可能性就越大。因此，简化为"一对一"的情景减少了背叛的可能性。

其次，把博弈参与者限制在两个是为了减少在多个参与者的情况下出现集体"搭便车"的复杂情况。因为参与能源博弈的行为体越多，"搭便车"的可能性越大。一些行为体对博弈结果有着不同偏好顺序的可能性也会增加。

再次，由于排除了多重战略考虑，中俄双方仅仅将油气合作作为唯一合作领域。在这种状况下，双方更加关注价格、收益、效率、技术等微观问题。

这种模式的现实情景是，所有的进口国和所有的出口国分别建立了联盟，在世界上形成了进口国联盟和出口国联盟，双方要么建立紧密型的契约关系，要么创建共同的国际制度，即建立国际能源治理机构，共同管理世界油气生产过程与消费过程。

对中俄两国来说，在"一对一"的情景下，仅有两种可能的模式，即对立模式和依存模式。

1. 对立模式（情景 A）

中俄双方在相互独立且敌对的状况下，如果拒绝与对方合作会出现什么情景？中国可以独立自主、自力更生，靠自身的油气生产获得发展，但是能够维持多长时间？俄罗斯拥有丰富的油气资源却缺乏市场，仅靠本国市场如何消化其油气生产能力？中俄两国是否能维持各自庞大的工业体系和国力？是否有可能出现为资源而战的局面？这些问题都是对立模式下需要模拟的情形。

365

---

① Kenneth A. Oye, "Explaining Cooperation Under Anarchy: Hypotheses and Strategies," in Kenneth A. Oye ed., *Cooperation Under Anarchy*, pp. 18—20.

如果将两国基本国情和油气产业的现实情况代入到这一情景，其结果是：俄罗斯的油气工业规模由于需求锐减，国内市场有限而大大缩减，年石油产量将从目前的 5 亿吨水平削减到国内消费水平 1.3 亿吨左右。[1] 由于俄罗斯的油气收入来自国内销售，油气收入占俄罗斯国内生产总值的比例将从目前的 30％减为 10％或更低水平。[2] 根据国际货币基金组织对各国经济总量的数据，俄罗斯经济实力将由于以上的变化退回到相当于目前西班牙的水平。[3] 但是，资源浪费和资产限制更加严重。

对中国来说，仅靠自身的油气生产和供应无法长期维持国民经济的持续高速发展。由于供应不足，中国的油气消费将被迫减少一半，整个国民经济水平也将出现倒退，消费结构将退回到传统的煤炭和木炭时代。中国的国民生产总值可能回到 20 世纪 60—70 年代的水平。资源短缺十分突出，并将长期存在。

总之，在对立模式下，中俄两国都不能达到应有的经济实力，甚至可能因为市场问题或资源供应短缺而发生资源浪费或资源战争。虽然现实生活中不存在这种极端的情景，但是在俄罗斯的东部地区与中国的北方地区市场之间有出现接近这种极端情景的特征。处于对立状态下的中俄两国都可能沦为不稳定、不可持续发展和脆弱的国家。一方面，没有中国市场的俄罗斯将出现经济衰退或经济停滞，依然过类似 20 世纪 70—80 年代的日子；另一方面，没有俄罗斯资源的中国也过不上目前的富裕日子。显而易见，两国处于对立或冲突状态只能出现历史倒退，相互对立或冲突而没有赢家。在没有其他油气进口来源的情况下，随着经济的发展，首先难以为继或出现倒退的可能是中国。中国依赖俄罗斯的油气进口，其脆弱性和敏感性可能大于俄罗斯对中国市场的依赖。而没有中国的市场依托，俄罗斯

---

[1] 英国石油公司：《2010 年世界能源统计》，第 14 页，2011 年 6 月。
[2] 陈小沁：《2030 年前俄罗斯能源战略》，《国际石油经济》2010 年第 10 期。在俄罗斯，油气收入占国内生产总值的比例随国际油价的变化而变化。2009 年这一数据为 20％左右，俄罗斯财政部长预测，如果国际油价维持在 75 美元的话，这一数据可能下降为 10％以下。——徐小杰注。
[3] International Monetary Fund, World Economic Outlook, October 2009, p. 162.

经济也将随之缩减。因此，两国如果选择不合作，对中国来说是生存问题，对俄罗斯来说是发展乏力问题。

2. 合作模式（情景 B）

目前对俄罗斯来说，如果世上只有中国这一出口消费市场，俄罗斯的西向的油气管道体系和传统消费基地（欧洲部分）就不存在。为了增强合作，俄罗斯的战略重点必然在东部。而且西伯利亚的油气管网必须进一步扩大到东部地区，在东部修建管线后，带动东部油气田的开发，生产重心向东部转移，接近中国的消费市场。由此，俄罗斯才能建立和加强与中国的长期合作关系，逐步建立和稳定供需互保的合作机制。按照国内市场和中国的发展需要，发展油气工业，包括天然气和下游加工。

俄罗斯拥有中国需要的油气资源和供应能力。俄罗斯的瓶颈不在油气资源，而在于供应能力不足。正如第一章第一节对俄罗斯油气软肋所分析的，供应能力不足的症结又在于资金投入和基础设施不足。这是俄罗斯长期面临的难题和战略挑战。中国的消费市场与俄罗斯上游供应密切连接，利用资金优势，进入俄罗斯上游领域，实现上下游一体化合作是中国对俄合作的必然趋势。相应地，俄罗斯也期待进入中国，交叉持有中国的下游资产和市场份额。在这种相互依赖的情景下，两国有可能相互持有资产，形成交叉利益。理想的结果是：中方不担心俄罗斯不供应油气，俄罗斯也不担心中国不开放市场，中俄两国同处在一条产业链上。

在这种极端的模型下，合作是必然的结果，只有通过合作，俄罗斯和中国才能各自发挥资源和市场潜力，具备相当的国力和经济规模。相互依赖具有必然性，但是相互依赖不是绝对的。因为差异依然存在，冲突与合作就会交替出现或并存。

现实情况是，俄罗斯为了保护自身的利益，不愿对中国开放上游领域；而中国也不愿对俄罗斯开放市场，因为国内市场是一块巨大利益，中国在俄罗斯不开放上游领域的情况下也不准备和愿意对俄罗斯开放国

367

内市场。

中国作为消费国自然担心过分依赖俄罗斯的资源，反之亦然，哪怕仅有一个合作伙伴。为了摆脱这种过分依存，与俄罗斯相比，中国必定在更大的压力下优化能源消费结构，降低对油气能源的依赖，增强煤炭和其他能源对石油的替代，利用技术创新，加快煤炭清洁化、煤制油和新能源开发的步伐。中国的经济结构调整和提高能源效率的速度，可能快于作为资源国的俄罗斯。

通过以上简要的理性推演，可以看到，中俄两国之间"一对一"的博弈结果必然走向合作，只有合作才能双赢。但是，互补性并不能替代资源国和消费国本质上的战略差异。双方在合作过程中总是持续追求合作中的绝对利益和相对利益，关注谁的获益更大，对方不断积累的收益是否强大到威胁自身的利益与安全。最终中国对俄罗斯的依赖更大，俄罗斯可能会尽量利用中国的战略意图，在中国积极推进合作的过程中，享受更多的近期相对利益。

对相对利益的考量将改变国家谋求合作的动力，影响合作的进程，最终有可能演变成零和博弈式的冲突。这一情景可用以下阵距表示：其中，A 和 B 分别代表以上对立模式和合作模式，U 代表单方面合作，F 代表搭便车，M 代表双赢。

表1　　　　　　　"一对一"情景模拟矩阵

		俄罗斯	
		A	B
中国	A	0, 0	F, U
	B	U, F	M, M

在这个矩阵中，AA 代表中俄双方互不合作，收益为零；BB 代表相互合作，各自收益为互利双赢 MM；当一方有求于另一方时，另一方可以搭便车，如 BA 情景或 AB 情景。其中，F>U；对每一个国家来说，最初的偏好次序就是 M>F>U>0，当各国关注相对收益时，前三种报偿模式逐

渐降低，当低到一定程度时该模式就变成了"囚徒困境"（Prisoner's Dilemma），即互相背叛的总体利益比合作的效益更低。①

在"一对一"情景中，如果两国仅仅考虑相对获益，双方就会形成零和博弈，合作就难以产生，即使形成了也难以维持。这种极端的情况在现实中很少出现，大多数情景往往是对相对获益的"相对"关注。但是，国际合作理论的博弈结果是，"囚徒困境"中对相对获益程度低水平的关注也会严重影响合作，并使其他绝对获益很快转变成囚徒困境。② 中俄油气合作近 20 年来进展缓慢，在一定程度上，可能与俄罗斯对相对获益的过分关注或中国的低水平关注是分不开的。

二 "一对多"情景

"一对多"的情景也可以分两类模式：（1）一个供应国（如俄罗斯）对多个消费国模式（即情景 C）；（2）多个供应国对一个消费国（如中国）的模式（即情景 D）。无论哪一种情景模式，都不是严格意义上的多边关系，而是一国多组的双边关系。

1. "一对多"情景（情景 C）

这一情景是指一个资源国或供应国对应多个消费国的情景模式。由于

---

① "囚徒困境"假定每个参与者（囚徒）都寻求自身利益最大化，而不关心另一参与者的利益。没有任何其他力量干预个人决策时，参与者可完全按照自己意愿选择策略。两名囚徒由于隔绝监禁，并不知道对方选择；而即使他们能交谈，还是未必能够尽信对方不会反口。就个人的理性选择而言，检举背叛对方所得刑期，总比沉默要来得低。困境中两名理性囚徒的选择是：（1）若对方沉默，背叛会让我获释，一方就会选择背叛；若对方背叛指控我，我也要指控对方才能得到较低的刑期，所以也会选择背叛。所以，选择背叛是两种策略之中的支配性策略，可达到纳什均衡，结果二人同样服刑 2 年。但是，如果两个参与者都合作保持沉默，两人只会被判刑半年，总体利益更高，结果也比两人背叛对方、判刑 2 年的情况较佳。但根据以上假设，二人均为理性的个人，且只追求个人利益。均衡状况是两个囚徒都选择背叛，结果二人判决均比合作为高，总体利益较合作为低。这就是"困境"所在。

② Duncan Snidal, "Coordination and Prisoners' Dilemma: Implications for International Cooperation and Regimes," *The American Political Science Review*, Vol. 79, No. 4, December 1985, p. 926.

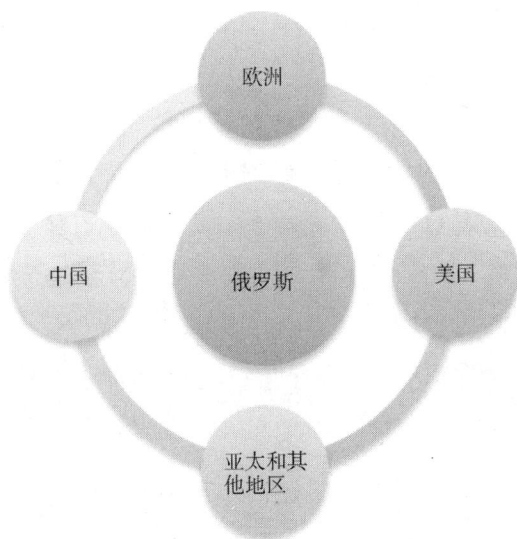

图1 一个供应国/俄罗斯对多个消费国/地区的模式

只有一个供应国，并且这个供应国掌握着不可再生的油气资源，供应国与多个消费国相比拥有着垄断优势，竞争与合作的策略主要在一个资源国分别与多个消费国之间以及多个消费国之间展开。

例如对于俄罗斯来说，可以把亚洲新兴消费市场和欧洲传统消费市场加入到消费国一方，与中国并列，形成"一对多"的局面。由于传统市场相对稳定，新兴市场增加迅速，俄罗斯将着力稳定传统市场，力争扩大对新兴市场的争夺。总体上倾向于实施多元化的出口战略，且力图垄断油气价格。而消费国为了维护自身的利益，一方面需要发挥自身市场的独特优势，加强与俄罗斯的合作；另一方面为了应对资源国的压力，可能倾向于联合，通过联合或联盟行为，形成统一政策，努力摆脱对资源国的依赖。在这种情景下，俄罗斯会利用自身油气供应优势，遏制多个消费国的联合，确保对出口的最大利益。为此，俄罗斯最有可能的策略是与各个消费国逐一建立合作关系，对消费国实行"分而治之"的策略，即把"一对多"变为多个"一对一"的模式，并且，通过双边相互投资，固化合作关系，使消费国既难以单独对付俄罗斯，又难以联合起来。

比如，在俄欧能源合作方面，虽然俄罗斯愿意与欧洲加强对话，欧盟试图"用一个声言说话"，但内部的分歧常常使欧洲各国言不由衷。俄罗斯则充分利用欧洲各国在能源政策上的差异，加强多个"一对一"的谈判和合作。其中，俄白合作、俄德合作、俄意合作成了俄罗斯分化欧盟立场的主要突破口，俄罗斯和白俄罗斯、德国之间通过管道和相互持股形成了稳固的合作关系。

目前，在东北亚地区内部，俄罗斯也希望形成"一对多"的合作局面。具体表现为：

（1）牢牢把握东部地区油气资源开发的主导权，尤其是对天然气的统一开发利用。

（2）控制东部油气管道的走向。在本国境内修建油气管道的主干线，统一东西部油气管网，控制油气出口干线。

（3）弱化中国市场的独特性，在与中国开展合作的同时，积极开展与日本和韩国的合作。目前，俄韩两国在炼油领域和工程技术领域合作取得了进展，意在对中国形成压力。

10多年来，中、日、韩三国都希望与俄罗斯加强合作，谈判虽然有进展，但是不平衡，都不同程度地受到俄罗斯的钳制，因此，适当地联合对各方都有好处。可惜，至今中日韩的油气合作或政策协调"雷声大、雨点小"，程度低。

2."多对一"情景（情景D）

这一情景模式是指多个供应国对一个消费国之间的模式。多个供应国对一个消费国的情景对消费国（如中国）最为有利。在这种情况下，供应将更有保证，价格也因竞争而更趋合理。为了确保安全和稳定的油气供应，中国与中东主要石油出口国、俄罗斯中亚等周边产油国以及非洲、拉美等其他石油出口国建立了良好和稳定的石油合作关系。自1992年以来，除了传统的多元贸易渠道外，中国已经在俄罗斯、中亚、中东、南美和亚

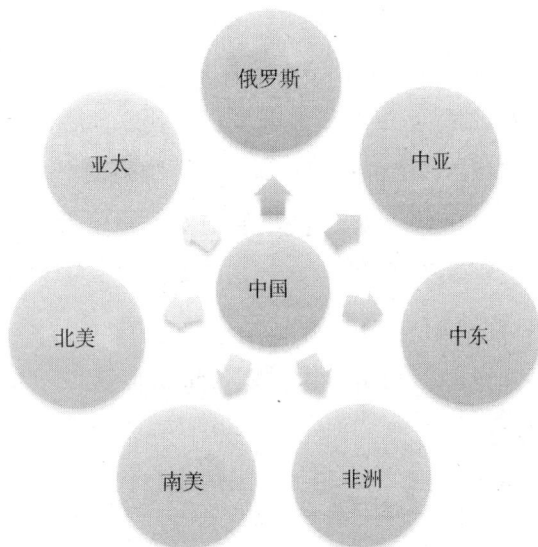

图2　多个供应商国/地区对一个消费国/中国的模式

太地区形成了若干油气生产区，在若干油气资源国形成了上下游一体的油气产业链。就周边地区来说，除了俄罗斯以外，中国与中亚国家形成了比较有利的"一对多"的合作格局。

中国的合作策略是：（1）分别与俄罗斯及中亚国家开展油气合作。目前中国一方面在东部地区与俄罗斯开展油气合作，另一方面加强与中亚国家（特别是哈萨克斯坦和土库曼斯坦）的合作，也不排斥俄罗斯的参与。（2）试图以中哈和中土合作打破俄罗斯在中亚地区的垄断局面，大力推进中哈原油管道建设和中国—中亚天然气管道建设和运营。在中国—中亚天然气管道项目的谈判和建设问题上，中国充分认识到土库曼斯坦、乌兹别克斯坦和哈萨克斯坦三国之间的差异性，以分别谈判、双边合资合作的方式推动中国"一对多"的合作模式，实质上将多边关系变为中国主导下的多个"一对一"的双边关系，并取得了成功。预计，今后中国还将不断完善与中亚国家之间的双边跨政府协议，巩固"一对多"的合作格局。这样既保护中亚三国的出口利益，更稳固中国稳定、安全和持续的进口利益，也防止出现中亚国家联盟或俄罗斯介入的局面。

"一对多"的情景（无论是情景 C，还是情景 D）都充分体现了消费国和资源国多元化战略利益上的差异。

三　"多对多"的现实模式

这是多个供应国对多个消费国的合作模式（情景 E），是一种典型的多边合作模式，也是中俄油气合作面临的现实情景。"多对多"的情景所涉及的环境是现实的环境。在现实生活中，俄罗斯不仅与中国等东北亚国家开展合作，而且与欧洲诸多国家、美国和拉美国家和南亚的印度具有传统的合作基础和合作空间。对于中国来说，除了需要加强与俄罗斯和中亚国家的合作外，必然会加强与非洲、中东、亚太和南美国家的合作。在现实的模式下，中国和俄罗斯都拥有多个供应国和多个消费国的合作关系，不仅具有较大的合作领域和灵活的选择，还有更大的战略和政策运作空间，以便推行多元化、差别化战略，从而把油气合作、政治合作、经济合作相互结合。

从理论上看，"多对多"的合作情景有利于加强国际合作，这种较大范围的合作和联合程度更高。邓肯·斯奈德通过各种数理工具的演绎，得出了类似的结论：如果不完全关注相对获益，如果两国间最初的合作不是零和博弈，如果参与国的数目增加到 3 个或者更多，那么相对获益对合作的阻碍就会大大下降，甚至不会妨碍国际合作。[①] 在资源国和消费国方面，都有可能形成联合，在资源国和消费国之间形成某种程度的对话（如目前资源国和消费国积极参与的"国际能源论坛"，促进了消费国与资源国之间的定期对话），从而有利于推动全球能源治理体系的建立。

373

---

① Duncan Snidal, "Coordination and Prisoners' Dilemma: Implications for International Cooperation and Regimes," *The American Political Science Review*, Vol. 79, No. 4, December 1985, p. 926.

但是,作为资源大国的俄罗斯仍然希望与各国消费国逐个开展双边合作,不希望看到消费国的联合,形成或接近一个"一对一"的谈判局面。与其他的资源国(如沙特阿拉伯)的同盟或联合大多是机会主义或权宜之计。作为消费大国和地区的中国、印度、欧盟力图避免资源国形成垄断性组织或垄断势力。消费国之间的联盟也具有类似的必要性(如国际能源署的成立)。但是,对于发展中消费国来说,这种联盟会弱化各消费国的政策自主性和自主利益。目前,相对来说,西欧消费国(如欧盟)的政策协调和联合具有较大的现实性,建立诸如《能源宪章条约》(ECT)那样的联盟具有重要意义。多年来,这一联合的趋势不断发展。但是,由于发展程度的差异,中国和印度很难加入以欧美为主导的能源联盟(如国际能源署和能源签章)。总体上看,新兴的油气消费国基本陷入现实主义者所揭示的"无政府状态",各消费国之间利益冲突明显。总之,资源国和消费国都努力形成"一对多"、有利于己的合作格局。从这个意义上说,现实中的"多对多"的合作情景说到底是"一对多"合作情景的多重叠加。利益交叉错综复杂,形成网状的合作结构。这种网状的合作利益结构又可能为建立全球性或地区性油气合作体系提供了基础。

目前,俄罗斯面对多个供应国的竞争局面,努力推进市场多元化:在传统的欧洲市场,俄罗斯努力推进"北欧天然气管道(北流)"和"南流"天然气运输通道,开辟北欧市场和南欧市场;在合作领域中,俄罗斯利用资源优势和管道优势,向消费国的下游领域延伸,通过参股、合资、捆绑等一体化经营方式,扩大产业链。

对中国来说,最现实的战略是供应多元化,利用供应国和地区差别确保供应安全,在非洲、中东、南美和中亚俄罗斯地区加大直接投资和贸易。在金融危机下,通过"贷款换石油"的安排,将金融与石油结合,进一步深化多地区和多层次合作,提升对上游资源的获取和控制能力,确保供应的长期性和稳定性。

综上所述,在以上五种情景中,情景 A 和情景 B 的模式是一种高度抽象的模式。研究和分析这两种情景的目的在于理性推演，揭示中俄油气合作的基本关系和特点。情景 E 的合作情景反映了完全现实状态下的情景，而现实的合作情景又是情景 C 和情景 D 的多重叠加，因此，有必要深入考察情景 C 和情景 D 在现实合作中的具体体现。虽然中俄油气合作在任何情景下都是必要的，两国之间存在共同而互补的战略利益和优势，两国的绝对收益明显。但是，两国的相对利益、合作出发点、战略思维、战略重点和安全考虑都有差异。这些差异性是其他任何双边合作模式难以比拟的。这种特殊性和不可比拟性在合作过程中始终存在。为了揭示这些差异性或特殊性，必须深入分析"多对一"和"一对多"在战略层面的博弈。

采掘业透明度倡议的原则和标准

　　近几年来，"采掘业透明度举措"（EITI）越来越受国际金融机构、西方多边组织和石油和矿产公司关注和接受。阿塞拜疆、哈萨克斯坦、尼日利亚等资源国都在推广 EITI 的原则和标准，关注或被关注的资源国更多。为了便于中国读者了解 EITI，在阅读本书时直接熟悉其原则、标准，特翻译如下。

　　EITI 的 12 条原则：

　　1. 我们认为，谨慎开发利用自然资源应该成为经济可持续发展，减少贫困的一个重要手段。如果管理不善，可能带来消极的经济和社会结果。

　　2. 我们确认，为了国民的利益，主权国政府应该从国民发展的利益出发，加强对自然资源财富的管理。

　　3. 我们认识到，自然资源的开采利益只有在产生收益许多年时才出现，而且可能高度依赖于价格。

　　4. 我们认识到，让公众不断了解和理解政府的收益和开支可以促进公众对公共政策的争论，从而对可持续发展作出适当和现实的选择。

　　5. 我们强调，政府和公司必须关注采掘业透明度的重要性和提高公共财务管理能力和问责制的必要性。

6. 我们认识到，必须在尊重合同和法律的前提下取得较大的透明度。

7. 我们认识到，财务透明可以改善国内投资和外国直接投资的环境。

8. 我们相信，为了管好公共收益和公共开支，政府应向所有公民推行问责制的原则和实践。

9. 我们承诺，在公共生活、政府业务部门和商务领域鼓励实施高标准的透明度和问责制度。

10. 我们认为，需要建立广泛一致和易解易用的支付信息披露的方法。

11. 我们认为，在特定国家披露支付信息涉及在该国经营的所有采掘业的公司。

12. 在寻找透明的过程中，我们相信所有的利益相关方（包括政府及其部门、采掘业工业公司、服务公司、跨国组织、金融组织、投资者和非政府组织等）都可以发挥重要的作用。

为了贯彻执行这些原则，必须掌握六个标准：

1. 必须以公开可查、综合和可理解的方式，向公众正常公布石油、天然气和矿产公司向政府缴纳的支付和政府从公司收取的所有收益。

2. 所有的收支都必须可审查，所有的支付和收益都必须进行独立审计。

3. 所有的支付和收益必须以国际审计标准由可信的独立的管理公司来管理。如果存在任何问题，必须公布管理公司对包括不符在内的管理看法。

4. 这一方法适用于所有的公司，包括国有公司。

377

5. 公民社会在这个过程的设计、监测和评估中发挥积极的参与作用，并推动公众参与。

6. 为了实现以上目标，所在国政府必须提出一个公共的、财务上可持续的工作计划，必要时可请国际财务机构协助，开发可量化的目标、执行的时间表和对潜在能力制约的评估方法。

到现在为止，承认和承诺参与的资源国已有 29 个国家，其中非洲国家

20 个。在理事会中,有执行国 10 个,石油公司 6 个,他们分别是壳牌公司、道达尔公司、埃克森公司、雪佛龙公司、挪威国家石油公司和墨西哥国家石油公司及矿产资源国际理事会（ICMM）。这一局面使得 EITI 的 12 条原则和 6 个标准逐步成为"公认"的商业规则。

在中亚地区,2005 年哈萨克斯坦承认和接受了 EITI 的原则。2008 年 2 月 29 日发表了第一份 EITI 的报告,2009 年 4 月发表了第二份报告。哈萨克斯坦要求各大型石油天然气企业全面参与 EITI。哈在 2010 年制订新的 EITI 相互谅解备忘录。目前,哈已有 98 家企业加入 EITI,其中,石油天然气企业 55 家、采矿企业 43 家。在石油天然气企业中,目前仅有田吉兹—雪佛龙合资石油公司和曼格斯套石油天然气公司两家企业未加入,但前者申请手续已经完成,后者也将很快加入这一计划。哈要求未来所有申请矿产勘探和开发权的公司都必须参与 EITI,必须公开投标者、投标过程和遵守新法的信息。

2009 年 6 月 22 日,一批西方公民社会组织给土库曼斯坦外交部写信,建议土库曼斯坦采纳 EITI 原则。

伊拉克案例研究

——一位伊拉克"老石油"的洞察[①]

塔里克·沙菲克

张春宇 译 徐小杰、郭 鹏 编校

一 不平凡的石油发展史

(一)悠久而神秘的历史

伊拉克是一个土地肥沃、石油资源丰富,并有着深厚文化传统的国家。早期伊拉克文明可以追溯到 12000 年以前。历史上,伊拉克所处的美索不达米亚平原以人类四大文明摇篮之一著称于世。幼发拉底和底格里斯两条河流从西北部向东南部贯穿平原,最终注入波斯湾。这里是苏美尔人、巴比伦人和亚述人曾经生活的地方,也是许多先哲圣贤居住过的地方;这里还是历史上基督教和伊斯兰教繁盛之地;也是前后延续数世纪的

---

① 本文作者是伊拉克石油公司创始人之一、著名伊拉克石油专家,现为英国伦敦 P&A 公司和沃土新月石油公司总裁。2011 年 7—9 月初,应本书作者邀请,他欣然为本书贡献此报告,本案例研究不仅使中国读者了解伊拉克的石油开发历史、油气储量潜力和开发前景,而且使人清楚地看到,伊拉克历来是国际油气资源争夺的焦点,2003 年 3 月以来一直是全球油气竞赛的热点。这个国家聚集着国际石油公司迫切重返中东的夙愿、一批国家石油公司迫切参与陆上丰富油气资源开发的需求和油气消费国急于进入中东核心区的战略方向等诸多战略意图。在此发表这份难得的研究报告无疑是对本书主题的进一步深化。

伊斯兰教阿拔斯帝国发源和兴起的地方。

就油气历史而言，位于巴巴多姆（Baba Dome）的基尔库克油田渗漏油气引燃的火焰自古被称为"永恒之火"。早在 5000 年以前，希特镇就以自然生成的沥青而为人所知。希罗多德还记述了沥青在建造巴比伦城墙时的用途。《旧约》也提到了在建造巴比伦塔时以沥青为灰浆。

早在 1871 年，有一群德国地理学家对巴格达和摩苏尔进行了考察。1872 年，朱利叶斯—路透男爵（Baron Julius de Reuter，法国路透社的创始人）签订了矿产开采特许经营协议，但是没有找到对石油勘探感兴趣的投资者。一家名为奥斯曼铁路公司的德国公司拿到了一份从柏林通往巴格达的铁路建设合同，并且获得了铁路沿线 20 公里范围内矿产开采的特许经营权。这些活动引起了奥斯曼帝国统治当局的注意。不久，一位大臣开始就美索不达米亚的石油前景征求意见，并找到了年轻的工程师古尔班基安（Gulbenkian）。19 岁时，古尔班基安凭借矿产工程专业的论文，从伦敦的国王学院（Kings College）获得了名誉学士学位。在访问俄国期间，他开始对石油工业有所了解，以后石油勘探活动逐步增加。这些事件最终促成了 1911—1912 年间土耳其石油公司的成立。1925 年，该公司改名为伊拉克石油公司，并且从初生的伊拉克政府获得了伊拉克所有陆上石油的特许经营权。

除埃及以外的中东地区第一口钻井是 1903 年完成的奇阿塞克 1 井（Chia Surkh - 1）。该井位于扎格罗斯褶皱带，在今天的伊拉克境内靠近伊朗边境的地方。但是，当时该井位于波斯（伊朗）境内，由威廉·诺克斯·达西（William Knox D'Arcy）根据伊朗国王授予的特许经营权进行开采。1927 年 10 月 15 日，基尔库克发现的油井巴巴古尔古尔 1 井（Baba Gurgur - 1）（后改名为基尔库克 1 井）为自喷井。该口油井疯狂喷发了一个星期之后才被封堵。有趣的是，虽然基尔库克 1 井、奇阿塞克 1 井和奇阿塞克 2 井都是自喷井，但是当时人们并不认为这些油井具有商业开采价值。

（二）特许经营时期

第一次世界大战以前，人们在伊拉克寻找获取石油开采特许经营权的活动就已开始。1925 年，伊拉克石油公司最终获得了排他性的石油勘探开发权。按照协议，战胜国英国的石油公司（BP）、荷兰的壳牌集团（Shell）、法国的石油公司（CFP 或 Total）以及 1928 年加入的美国的埃克森公司分别占有 23.75％的股份，剩下 5％的股份为古尔班基安所有，因此获得了"5％先生"的称号。特许经营协议由私有的伊拉克石油公司及其附属企业摩苏尔石油公司和巴士拉石油公司负责经营。

虽然第一次世界大战并不以争夺石油为目的，但是对于战胜国而言，石油开采特许经营权确实是有价值的奖赏。历史往往惊人相似地重现。海湾战争的爆发为跨国石油公司再次进入伊拉克创造了条件。2003 年 3 月美国对伊拉克的入侵和占领有着明显的经济战略动机。

在 1921 年的桑皮孔（San Pico）会议上，主要股东就伊拉克石油公司特许经营的条款和条件达成一致。1925 年，新生的伊拉克政府以法律的形式确认了上述协议。1931 年和 1938 年，摩苏尔石油公司和巴士拉石油公司相继成为伊拉克石油公司的子公司，从而使特许经营的范围实际上扩大到伊拉克全境。

除了协议的排他性和长达 75 年的期限外，上述特许经营协议的根本缺点在于协议终止条款的缺失以及伊拉克有权获得 20％股份的局限性。按照协议，伊拉克只有在伊拉克石油公司向公众公开募股的条件下才有权获得上述股份，但是伊拉克石油公司是一家注册地在英国的私有企业，它并没有实施公开募股。事实上，协议的意图及其施行就不怀善意。

尽管在 20 世纪 50 年代和 60 年代，特许经营协议的条款在利润分享、税收和矿区使用费等方面有所调整，但是到 70 年代初，随着伊拉克加入欧佩克组织，长期存在的协议终止问题和伊拉克股权问题最终导致伊拉克政府对伊拉克石油公司国有化。与此相似，与在科威特和沙特阿拉伯所发生的一样，中东和北非的其他石油开采特许经营权也通过协议股权转让的方式国有化了。

从历史角度来看，主要国际石油公司在中东建立了最大规模的石油工业，有时甚至是一些石油生产国唯一的工业部门。这些公司显示了其他国家所没有的极高效率。国际石油公司成为了政府收入的最大来源，并且掌握了强大的经济和政治权力。不过，它们也形成了一定程度的监管真空和外国特权，"特许经营"和"特许经营者"因此而饱受争议。由于中东主要产油国受到来自西方直接或间接影响，国际石油公司与殖民时代联系在一起。国有化在所难免。

长期以来，伊朗要求在服务合同中包含回购条款。在90年代萨达姆·侯赛因领导的复兴党政府统治期间，参与伊拉克石油勘探开发的外国石油公司需要签署产量分成协议和回购协议。在沙特阿拉伯，2004年3月国际石油公司的回归仅限定于天然气勘探开发领域。

石油工业的"老一辈们"从"一战"后的特许经营时期体会到了教训。这一时期，随着特许经营权和主要石油公司逐渐成为最强大的经济飞地，它们开始被称为"肮脏的帝国主义者"。但是，在长达半个世纪的时间里，伊拉克石油公司及其附属公司以良好的技术和商业准则为基础，客观上推动了伊拉克石油工业的发展，并造就了一大批伊拉克石油专家和技术官员。这是伊拉克石油工业的一大重要遗产。

新一代的国际石油公司可以从历史的覆辙中得到教训，而不是在新时期重复过去的错误。比如，特许经营时期曾经被忽略的本地化问题。没有本地化，国际石油公司始终只能是国外的公司。

（三）国有化时期

伊拉克国家石油公司成立于1964年，但是直到70年代初国有化后才开始经营，共接管了七个油田，总产能在150万桶/日，此外还有一批尚未开发的已探明油田。之后迅速地扩大了勘探开发活动。70年代产能已经达到350万桶/日，并且有着全世界最多的已探明石油储量的绝对增长量，年均增长量超过60亿桶，相当于全世界其他地区已探明储量年增长量的总和。

勘探钻井密度也从特许经营时期的 1.5 口井/年增长到 3 口井/年，总成功率保持在 3/4 的水平。在国有化时期，60 年代总钻井密度为 10 口井/年，70 年代总钻井密度达到 36 口井/年，80 年代总钻井密度则高达 92 口井/年。1989 年，国有石油工业共钻井 178 口，总钻井进尺超过 100 万英尺。

显然，国有化后的石油工业获得了巨大成功。伊拉克的石油工程师们展现了他们的天才。他们既从纵向又从横向勘探和测试每一个潜在含油地层，不仅提高了销售收入，而且使国家最宝贵的资源得到了高效开发。

然而，错误的政治决策也曾阻碍了石油工业的进步。60 年代，为了解决特许经营争端，伊拉克的政治家们对国际石油公司（伊拉克石油公司的母公司们）采取了对抗策略。1965 年曾经存在一项通过谈判解决问题的替代方案。该方案以承认"80 号法令"为基础，主张伊拉克石油公司原股东与伊拉克国家石油公司共同建立合资公司，其中伊拉克国家石油公司占有 33.3% 的股份。实际上，该方案确立了伊拉克终止特许经营权的优先权，并且可以与伊拉克石油公司六大股东分享股权（第七大股东美国埃克森石油公司拒绝接受该方案）。但是，伊拉克的解决方案强制终止 99% 的特许经营权，也就是坚持 1% 归伊拉克石油公司已有产油区，7% 归合资公司，剩下的 92% 不予分配。

直到 70 年代早期，特许经营地区的股份收购和合作才得以实现。1961—1972 年间，伊拉克石油工业的发展为争端所延误。这种情况一直持续到 1972—1975 年间伊拉克完成对伊拉克石油公司的国有化。

在此后长达 35 年的时间里，伊拉克复兴党政权奉行的集权主义和自大政策使得伊拉克毫无必要地卷入了三场毁灭性的战争，并遭受了联合国的制裁。这些战争之后的修复和重建需要耗费大量时间和资源，而制裁则使过时的高压管理模式得以苟延残喘。

二　石油资源评估

中东地区石油分布在"阿拉伯地盾"（Arabian Shield）与扎格罗斯山脉之间。该地区的地层构造较为简单，清晰可见的岩石往往绵延很长的距离而其油相不发生突变。

就地质构造的年代而言，中东地区主要石油储量从第三纪中新世时期到中侏罗纪时期都有分布。在一些国家，在年代差距极大的岩石中都能找到氢化合物。因此，在伊拉克，石油储量的形成时间跨越了从中新世（Oligo‑Miocene）到三叠纪（Triassic）的漫长岁月。伊拉克可以被视为一个宽型的西北—东南朝向的槽，在槽的中心是年代最近地层，沉积层厚度在5—13公里之间。

几乎整个伊拉克都在志留纪和/或侏罗纪以及白垩纪充分成熟的生油岩之上。除白垩纪岩层外，其他潜在油气层还很少被钻探。当前伊拉克的钻井密度只有每2900平方公里1个钻井。从勘探的角度而言，伊拉克就像一片未曾开拓的处女地，即便已探明储量多达数以亿计。较高的勘探成功率是伊拉克丰富石油储量的最好证据。

（一）对探明储量的评估

勘探和钻井密度从特许经营时期的大约1.5口井/年（从1903年到1962年的59年里共有88口井）增加到了近3口井/年（从1969年到1992年的23年里共有67口井）。综合成功率超过3/4（图1）。

图2中的储量数字将现有储量按探明时间列示。因此，储量的突然增长意味着大油田的发现，而小幅的增长则是小油田增长的结果，或者是一些被发现以后储量增长较少的油田。

图2所示的储量增长令人印象深刻。1903—1992年间，共有79个油田被发现，总原油储量高达约1254亿桶，平均每个油田储量增长了15.9亿桶，平均每个已勘探储油构造的储量增长约9亿桶，平均每个探井储量

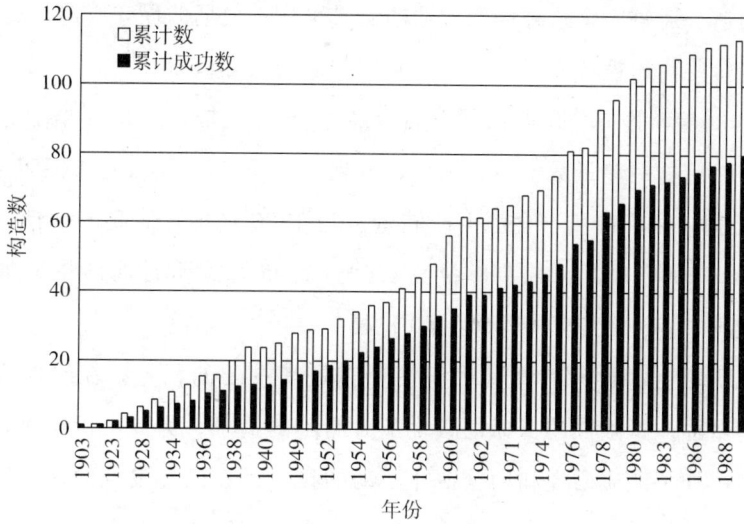

图1　1903年以来伊拉克的钻井成功率走势

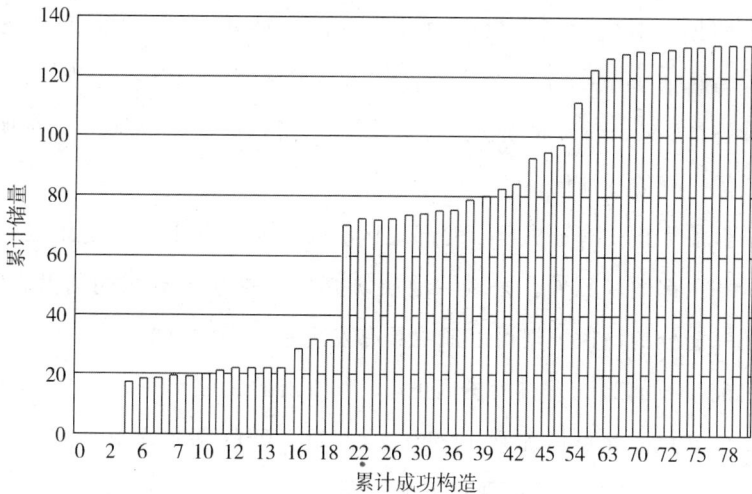

图2　累计储量增长趋势

增长约8.1亿桶。

　　值得注意的是，1254亿桶的总储量中包括37个已探明但没有开发的

储油构造。对每一个这种储油构造的储量可作 1 亿桶的保守假定。实际上,
只有当这些油田被开发后,人们才知道它们的实际储量。

1989 年,官方公布的探明石油储量为 1000 亿桶,1990 年增加为 1120
亿桶,然后这一储量数字一直未变,直到 2001 年官方再次公布探明储量为
1150 亿桶,原有储量(含已生产储量)为 1380 亿桶,而我的估计的探明
储量为 1250 亿桶。目前,伊拉克石油部宣布的探明石油储量增加到了
1430 亿桶,其中已生产储量为 380 亿桶。

在伊拉克,国家油气资产评估一直是其重要的任务,在欧佩克国家
中,为增加产量限额的目标也激化了对储量的追求。为此,伊拉克国家石
油公司增加了地质研究和勘探钻井活动的投入。在已经发现的油田以及新
的储油构造里,对其他潜在储油地层(比主力油层浅或者深的地层)的评
估也受到关注。

国有化以后,在南部地区的勘探开发工作中,伊拉克国家石油公司更
加关注和加大对主力油层以上的米斯里夫(Mishrif)、哈尔撒(Hartha)
和纳尔乌姆(NahrUmr),以及已经进入深井钻探项目的拉塔维(Ratawi)
和亚麻玛(Yamama)的勘探力度。毫无疑问,这些含油地层的发现明显
增加了伊拉克的石油储量。

到目前为止,有证据显示北部地区有许多侏罗纪和三叠纪油层并一直
向南部和西部地区延伸。区域性地质研究的结论显示有很高的潜在储量,
而且还有充分的钻探证据可以证明具有发现新油田的可能。

目前,石油部认为扩大投入的 66 个油田的采收率可以达到 34%。伊
拉克石油储量因此可增加到 1431 亿桶。超大型的基尔库克油田采收率最
高,达到 58%;超大型的西库尔纳油田(West Qurna)的采收率已达到
42%;构造比较复杂的油田采收率大约在 15%。储量增长最大的是西库尔
纳油田,其储量达到 433 亿桶。此外,大多数油田的采收率限定在
15%—31%。

10 年以前,英国石油公司在北海油田的采收率达到 50%,而且现在的

北海和其他地区采收率已经达到 60%。行业的生产目标是 70% 以上。伊拉克采用的采收率低于世界平均水平。

在估计储量时，保守主义可能与悲观主义一样负面，比如在设计生产基础设施如转运线路、存储罐和集输终端时，设计能力偏低与设计能力偏高的代价是一样的。而且，在给定高位产出的情况下（不考虑决定高位产出的不确定性因素），与最低成本相对应的最优储量采收率可能并不可靠。只有分阶段进行开发，以观察和评估储油层的反应，才能保持两者之间的平衡。不幸的是，在伊拉克的石油合同中，已经将高位产出作为一项硬性规定，而这一产出水平可能并不能达到与最低单位成本相对应的最优采收率。

（二）对潜在石油储量的估计

潜在储量的估计需要以往勘探历史和目标地区地质构造方面的知识。在过去的 40 年里，我曾经对伊拉克已探明和潜在储量进行过大量估计。因此，我有充分的理由相信本报告所使用的储量数字。以下是按照时间先后对潜在储量相关内容的评估过程。

第一，1964 年国家石油公司的估计

1966 年，作为执行董事，我领导的伊拉克国家石油公司技术部门、地质部门和石油工程部门与一个美国顾问团进行合作，对伊拉克中部巴格达附近纬线以南地区（面积大约 21.5 万平方公里，往南、东和西均以伊拉克国界为限，但是不包括鲁迈拉和祖贝尔主要在产油田周边地区）的潜在石油储量进行了研究。研究团队对上述地区以及中东地区进行了区域性研究，仔细解读伊拉克石油公司的重力、地震和地质调查记录，并且从中获得结构性异常之处。研究一共发现了 301 处结构性异常，其中 135 处被认为有产油的高度可能性。

据保守估计，仅这 135 处异常的潜在石油储量（包括一部分白垩纪地层）大约有 3900 亿桶，其中潜在可采收石油估计可以达到 1110 亿桶。

第二，1994 年来自独立顾问的估计

1994 年，在约旦安曼举行的地质石油会议上，我提交了一篇论文，一年后在伦敦全球能源研究中心（CGES）举行的石油会议上，我提交了经过修改的论文。在这篇论文中，我利用的是单个地质盆地中已发现石油与勘探投入之间的时间序列关系。实证研究显示，勘探有效性在油田开发的初期较低，但是随后迅速提高，从油田储量的主要部分被发现后以线性速率提高，之后随着油田储量底部的出现逐渐放慢。在伊拉克，通过地球物理方法可以认定的结构性异常大约有 530 处。在这些异常中，只有 114 处已经被钻探。截止 1994 年，在其中的 73 处结构性异常中找到了石油。

我估计，这 73 处异常的最终总石油储量（包括已生产的和现有的）可以达到 1440 亿桶，与公开数据以及伊拉克专家的经验一致。利用规模分布（size distribution）和变动成功率（varying success ratios），143—183 处结构性异常被估计的潜在石油储量在 2800 亿桶到 3600 亿桶之间。

第三，1997 年的估计

在 1996—1997 年间，我的研究团队与全球能源研究中心（CGES）联合进行了一项名为"伊拉克勘探潜能和生产能力"的研究。研究团队由我本人作为协调人，主要研究人员都是最富有经验的石油工程师和地质学家。这是一项长达四卷的全面研究，前后花费三年时间，覆盖了伊拉克已探明储量和潜在储量。我们以个人经验、地质图谱和地球物理数据为基础，共发现了 440 处地表和地下结构性异常。大约有 40 处异常位于高度褶皱地区（High Folded Zone）。这些地方属于地形复杂的山区，以往几乎没有作过地质勘探。经过进一步的筛选，并且从保守的角度出发，上述结构性异常被精简到 231 处。这些异常中有 118 处未经钻探，已经钻探的 113 处中，绝大多数（106 处）有潜在的含油层分布。也就是说，潜在的有未发现储量的异常共有 224 处。

80 个油田的已探明石油储量估计可达到 1280 亿桶，其中 43 处已经发现的油田储量达到 1240 亿桶。剩下的 37 个油田已经被发现，但是尚未充分探边（delineated）或者开采。因此，每个油田的假定储量为 1 亿桶。可以肯定的是，这些油田开发后储量将增加。

保守估计，伊拉克潜在石油储量超过 2160 亿桶。其中包括许多储量上可以与已经发现的大油田相媲美的大型油田。最大的 8 个油田储量总和达到 500 亿桶，而已经发现的最大的 8 个油田储量总和约为 920 亿桶。根据近期库尔德地方政府与中小型国际石油公司签署的 40 份产量分成协议看，已经勘探和开发的石油储量高达 300—400 亿桶。

我们的研究表明，未来仍可发现超大规模的油田，其中最大的油田甚至可以与基尔库克油田或鲁迈拉油田相提并论。其中最大的 8 个油田的未发现储量只占总未发现储量的 23%，而已发现油田相应的比重大于 70%。这表明，存在不少潜在的大油田，其规模在 30 个储油构造上下，可开采储量超过 20 亿桶，平均储量略低于 40 亿桶。以下是我分析的现有储量与潜在储量之间的比较。

表 1　　　　　　　　　　现有探明储量与潜在储量的比较

年代	现有储量		潜在/未发现储量	
	10 亿桶	%	10 亿桶	%
第三纪	27.2	22.8	19.6	9.1
白垩纪	87.6	73.3	159.2	73.7
前白垩纪	4.7	3.9	37.1	17.2
合计	119.5	100%	215.9	100%

伊拉克石油部评估的探明石油储量为 1150 亿桶，潜在储量估计在 2150 亿桶左右。这些数据与我的 1997 年估计的探明储量和潜在储量（分别为 1200 亿桶和 2160 亿桶）相一致。

第四，伊拉克石油储量的国际地位

下表 2 从 2007 年开始就伊拉克与中东其他主要产油国的石油资源以及对全球能源市场的贡献进行了对比。作为一项粗略比较，表格中使用的都是各国报告的储量，15% 的增量与可能的采收率增长有关（最新的技术和管理使其成为可能）。

表 2　　　　　　　　　伊拉克石油储量的国际地位（10 亿桶）

国家/地区	累积产量	占全球产量的比例（%）	探明＋15%和证实储量	石油资源量
阿联酋	24	15.1	135	159
科威特	35.8	20.3	140	176
伊朗	58.3	23.5	290	248
伊拉克	30.5	8	380*	410
沙特阿拉伯	106.4	22.6	365	471
中东地区	255	17.4	1209	1464
世界	1016	34.1	1964	2980
中东外的世界	761	50.2	754	1515

注：本表根据 2007 年 1 月 1 日美国《油气杂志》世界探明石油储量统计，采收率为 15%；＊为笔者的估算。

以上表格显示了伊拉克对全球能源市场的重要性：（1）伊拉克与沙特阿拉伯的石油资源地位相当。伊拉克占有中东地区产油国 28% 的石油资源，全世界 14% 的石油资源，可以保证更长期的安全供应。（2）目前为止，伊拉克石油资源耗费率较低，只有 8%，当其他国家石油资源（包括中东地区石油富国）过了储量峰值时，伊拉克石油可以保证未来全球的市场供应安全。（3）在伊拉克距离其储量峰值还有 1740 亿桶可供利用的石油资源，而中东产油国以外的国家已经处于或接近其储量峰值（粗略计算显示这些国家刚过储量峰值）。中东产油国中，探明储量最少的是阿联酋，还有 550 亿桶，最多的是沙特阿拉伯，还有 1230 亿桶。很明显，当其他中东产油国已经过了其储量峰值开始下降时，伊拉克还保持健康的生产水平，为全球市场提供能源，并推延全球石油储量峰值的到来。

三　当前石油开发的体制

（一）政权更迭后的变化

2003 年 3 月，美国及其盟国的入侵旨在扫除伊拉克既有的制度，包括其军队、安全部队以及国家资源整体计划管理的基础，并以市场导向的政策取而代之。但是，这些政策指导下建立起来的却是一个族群对立、不稳定且支离破碎的伊拉克，与统一的伊拉克的发展目标背道而驰。

在入侵伊拉克前后，美国新保守主义政客的政策目标在于推动伊拉克石油工业的私有化，并且以产量分成模式为基础，将伊拉克石油勘探开发置于国际石油公司的掌控之中。他们呼吁伊拉克退出欧佩克，并且推行开放的石油生产政策以对抗沙特阿拉伯，打破欧佩克形成的卡特尔联合。

当时的联军临时管理当局领导人、美国驻伊大使布雷默（Bremer）设立了伊拉克咨询理事会，并且在伊拉克历史上第一次成立了有宗教派别和族群代表参与的临时内阁。从那时起，按照过渡时期管理法以及后来的宪法，基于宗教派别和族群的联邦政府理念在政治体系中得到了体现。中央集群政府被视为等同于集权主义统治的体制。在石油储量丰富的伊拉克南部地区，各宗教派别纷纷仿效库尔德人"联邦"地区（该地区建立于联合国实施制裁和建立禁飞区时期），寻求建立联邦自治的地区和省。考虑到在许多责任共担领域，新宪法甚至将省级法律置于比联邦法律更高的层级，其结果也就不足为奇了。

私有化损害了绝大多数伊拉克石油技术官员和伊拉克人民的利益。对于绝大多数伊拉石油技术官员而言，强大的国有石油工业和统一的中央政策和计划、与地区和省相互合作的资源管理以及在最新技术知识和管理方面与国际社会和国际石油公司的良好合作是不容动摇的原则。

新宪法由一个议会委员会起草，但是经由主要政治党派领袖的修改。这一被称为"厨房"（matbach）的立法过程实际上是相互妥协的结果。这种妥协是为了满足相关族群和宗教派别的狭隘利益，根本没有考虑问责制和透明性，最终使议会立法过程陷入瘫痪。随后，新宪法草案交由议会通过，并获得了多数赞成。几天之后，这一重要而复杂的文件被交付全民公决，并获得通过，期间并没有为公众咨询和辩论预留合理的时间。

新宪法中涉及石油和天然气的条款同样在"厨房"中被修改以满足狭

391

隘的党派利益。新宪法第 111 条规定石油和天然气是全体国民的财产，并且为了强调起见，添加了"在所有地区和省"的表述。库尔德地区政府认为这一条款实际上将所有权分割给了各地区和省。

新宪法第 112 条涉及联邦政府在与地区和省合作或征询地区和省的意见的前提下，对在产油田进行管理以及相关政策和计划的制定。库尔德地区政府认为在产油田仅限于当前在产油田而不包括所有尚未部分或全部开发的已探明油田。

该条款还将未来石油勘探的管理权赋予地区和省。由于各石油分布带与地理分界没有必然关系，这一条款将导致严重的地区边界争端、不平等的财富分配以及资源贫穷地区对富裕地区的嫉恨，引起进一步的分裂而不是统一，从而阻碍石油和天然气资源的优化管理。

库尔德地区政府对宪法的解读没有获得中央政府的承认，并且遭到了伊拉克知识分子以及法律和技术官员的强烈反对。这就营造了一个促使分裂进一步深化的氛围，加深了联邦体制及其国内外支持者的忧虑，从而有必要对宪法进行重新评估。

贝克·汉密尔顿（Baker Hamilton）的报告写道："石油政治可能进一步损害脆弱的国家创建一个统一的中央政府的努力。伊拉克宪法打开了由地区率先开发新石油资源的大门。第 108 条（后被修改为第 111 条）规定：'石油和天然气属于所有地区和省的全体伊拉克人民'，而第 109 条（后被修改为第 112 条）规定'管理现有油田生产的石油和天然气'的权利属于联邦政府。这一表述引起了对于何为'新建'或'已有'资源的争论。而这一问题将对未来石油收入的最终控制权产生深远的后果。"

仍然值得关注的是："近期的民意调查表明，只有 36％的伊拉克人认为他们的国家在朝向正确的方向发展，并且 79％的伊拉克人对美国施加的影响持'几近负面'的评价。61％的伊拉克人赞同对美国军队发起的攻击。如果伊拉克继续将美国人视为占领力量，在它从暴政下解放的这片土地上，美国将成为其自身最大的敌人。"

（二）难产的石油法

如上所述，宪法由一个议会委员会在过渡时期管理法的基础上起草，但是按照党派政治利益进行了修改，极少考虑国家利益，并且公众没有参与咨询和辩论的真正机会。2006 年年中，三位伊拉克技术官员起草了石油法的第一份草案。受伊拉克石油部长胡赛因·阿—萨赫勒斯塔尼（Husain al - Shahrestani）博士的邀请，我既是草案的撰写者之一，也是草案的协调人。

石油法草案以对伊拉克宪法中与石油和天然气资产管理相关条款的法律解释为基础，由中立的第三方法律机构制订。

最初的石油法草案旨在保持全国范围内政策和计划的统一性。草案出台以前已经与地区和省进行了协商。中央层面的决策需要省级地方层面的参与。石油和天然气经营的监管由省级地方政府和部委共同负责。对决策过程有检查和平衡机制以确保透明和防止腐败行为。草案的总体目标是优化石油和天然气开发，油气收入最大化，并保持国家统一。

为了确立公平的合同模式，石油法草案要求与国际石油公司的合同必须满足五项原则，并获得部长级委员会的批准：国家控制、资源的所有权、国家经济收入的最大化、投资者获得合理的投资回报、给予投资者合理的激励以确保实施有利于国家长远利益的相关措施，包括改善和促进恢复、技术转移、培训和开发伊拉克人力资源、基础设施的优化利用和环境友好型措施。

石油法草案被石油部采用并提交给一个内阁委员会。该委员会包括了来自库尔德地区政府的代表，由代总理巴勒姆·萨利赫（Barham Saleh）博士担任主席。不同意见主要来自库尔德地区政府，他们要求更大的自治权，包括谈判和合法化他们与国际石油公司和其他第三方的合同以及批准国际石油公司的发展计划。石油法草案至今尚未获得批准。

此外，为了获得更大的自治权，库尔德地区政府还把石油法的通过和伊拉克国家石油公司的成立与重组石油部和中央政府、省和地区之间石油

393

收入分配等法律草案联系在一起。

虽然石油法草案尚未获得通过，库尔德地区政府却单方面批准了40份产量分成协议。与此同时，通过三轮投标，中央政府也批准了12份服务合同，其中前两轮投标涉及830亿桶石油储量，第三轮投标涉及三个天然气田。中央政府正在计划第四轮投标，将涉及一批石油和天然气勘探区块。

（三）具有争议的国家石油公司

2003年后伊拉克按照石油法草案，拟重新成立伊拉克国家石油公司。该公司将作为一家独立的国有的控股公司，地区经营公司成为其附属公司，董事会相互关联。所有已探明的油田被划归伊拉克国家石油公司管理，使其具有举足轻重的地位，并确保政府收入来源落实于国家实体。不过，依照其法律顾问的建议，库尔德地区政府坚持把分配给伊拉克国家石油公司的资产限制于在产油田。这一要求与原有法律解释相反，而原有法律解释正是石油法草案的基础。

然而，近期围绕伊拉克国家石油公司成立章程草案的议会辩论表明，石油部一反过去的立场，不再对成立国家石油公司感兴趣。按照他们的石油法草案以及其中的指导原则，伊拉克国家石油公司将负责技术和商业经营，而石油部承担监督和管理责任，并就政策、计划和投标规格提出建议。不过，考虑到伊拉克主流民意，包括石油技术官员和重要议员都支持成立一家国家石油公司，石油部的立场势必被推翻。

（四）合同模式的选择

在过去的石油文化下，传统的产量分成模式受到批评，原因在于它侵犯了国家的主权。为此，石油部采用了服务合同模式。在服务合同模式下，国际石油公司需要进行投资，并且决策过程将由国家和国际石油公司共同做出，与产量分成协议大体相同。合同期限为20年，可以延长5年。投资者获得固定的投资回报，但是实际上依"R—因素"而有所变化（"R—因素"是指石油经营中累计现金收入与累计支出的比值）。这样做是为了避免投资者利润出现突然性大幅增长，但是，除非与利润因素有关，就像在产量分成模式下一样，该模式也面临成本高昂，投资者投资回报无效率的缺点。

四　国际招投标分析

需要说明的是，美国入侵伊拉克以前，中国石油集团在拥有 11.5 万桶/日产能的艾哈代布油田有一份已经签署并生效的合同。2008 年 8 月 23—28 日，中国和伊拉克在北京签署并启动了该油田开发合同。该合同已经递交给伊拉克内阁，并于 9 月 2 日获得批准。2008 年 11 月 10 日，中国石油集团和北方工业公司在巴格达正式签订了期限为 23 年的开发合同。

伊拉克与印度国家油气公司的海外投资子公司就西部沙漠第 8 区块的开发合同进行了谈判；与越南石油公司勘探开发公司（PVEP）就伊拉克南部产能为 10 万桶/日的阿玛拉（Amara）油田的 FDC 合同进行重新谈判；与印尼国家石油公司就西部沙漠第 3 区块的 EDC 合同进行重新谈判。在所有这些合同中，只有中国石油集团的合同成功地从产量分成合同转变成了服务合同，其余合同因为缺乏足够的政治意愿终未延续或实现。

（一）第一轮招标

2008 年 1 月 1 日，石油部启动了第一轮投标。2008 年 2 月 18 日投标截止，石油部从 120 家提交了资格审查文件的公司中挑选了 35 家公司。因为联邦政府将库尔特地区的产量分成协议视为非法协议，所以石油部以黑名单的形式将所有在库尔特地区获得了产量分成协议的公司排除在外。

第一轮投标集中于在产油田，旨在达到使伊拉克石油产出增加 150 万桶/日，从原有的 250 万桶/日增加到 400 万桶/日。

随后，按照参与投标的国际石油公司对高位产出的预测建议，产出目标被修改为在 7 年内增加到 1200 万桶/日。在我看来，考虑到高位产出是投标参数之一，国际石油公司是有意夸大对高位产出的预测以增加他们中标的机会。因此，不足为据。值得注意的是，马苏利亚（Mansuriya）天然气田没有收到投标。米桑（Missan）油田群、拜哈桑（Bai Hassan）油田和阿卡斯（Akkas）天然气田分别吸引了大量不切实际的出价。参与投标的公司对其他三座油田——西库尔纳一期开发油田、祖贝尔油田和基尔库克油田不感兴趣，因为这三座油田提供的投资回报远远低于当时的一般水平。

根据 2008 年 2 月 18 日当天对 8 个油气工程的投标，石油部只能将伊拉克最大的鲁迈拉油田（Rumaila）定标于英国石油公司和中国石油集团的联合体，但是条件是将投资回报削减为其标书的一半。鲁迈拉油田石油储量高达 170 亿桶，超过美国石油储量的一半。第一轮投标的结果如表 3 所示。

表 3 第一轮招标结果

油田	中标联合体和权益	高峰产量目标（千桶/日）	桶油服务费（美元）
鲁迈拉	BP 占 38%/CNPC 占 37%/SP 占 25%	2850	2.0
西库尔纳一期	Exxon 占 60%/Shell 占 15%/SP 占 25%	2825	1.9
朱巴尔	Eni 占 33%/Oxy 占 23%/韩国天然气占 19%	1125	2.0
米桑	CNOOC 占 63.75%/TPAO 占 11.25%/SP 占 25%	450	2.3

（二）第二轮招标

2008 年 12 月 31 日，石油部启动了第二轮投标，以开发部分已探明但尚未开发的油田。这些油田的开发可以增加 250 万桶/日的生产能力。两轮投标都是为了在 2017 年前将原油产量提高到至少 600 万桶/日。不过，以第一轮投标时国际石油公司预测的高位产量衡量，仅仅第一轮投标就可以确保石油产能超过 700 万桶/日。

2009 年 2 月 15 日投标截止，石油部收到来自 38 家国际石油公司的投标。这一数字远远低于第一轮投标时的 120 家。2009 年 4 月 1 日，石油部宣布共有 9 家公司通过了第二轮投标。第一轮投标中获得投标资格的公司同样可以进入第二轮投标。按照计划，第二轮投标中中标的公司将于 2009

年底或 2010 年初（不晚于 2010 年大选）签订为期 20 年的开发和生产服务合同。

第二轮投标中，10 项工程中共有 7 项工程中标。12 月 11—12 日在巴格达石油部总部举行的投标会议上，主要投标公司争相以较低的价格争取中标。马吉努油田（Majnoon）、西库尔纳二期油田、哈法亚油田（Halfaya）和卡拉夫油田（Garraf）的中标价格均低于石油部的标底。对于巴德拉（Badra）、恰伊亚拉（Qaiyara）和纳吉马（Najma），投标公司则接受了石油部的标底出价。

第二轮投标中，国家石油公司优势明显，来自亚洲的石油公司起到了主导作用。激烈的竞争可能迫使美国公司退出了投标。与第一轮投标相比，主要的西方的国际石油公司的斩获较小。马来西亚石油公司成为激烈竞争中最大的赢家。

鲁迈拉油田、西库尔纳一期油田和祖贝尔油田的签字费分别为 5 亿美元、4 亿美元和 3 亿美元。这些钱均属于可收回的软贷款。不过，伊拉克对软贷款的偿还需要经过议会批准，而当时伊拉克还没有（正式的）议会。

英国石油公司和中国石油集团支付了 5 亿美元的签字费作为可收回的软贷款。但是，为了避免潜在的法律问题，石油部已经将西库尔纳一期油田和祖贝尔油田的签字费调整为 1 亿美元不可收回的奖金。7 月 21 日，伊拉克石油部要求英国石油公司和中国石油集团将它们为鲁迈拉油田支付的签字费调整为 1 亿美元不可回收的奖金。

相应地，按照计划，伊拉克石油产能将在 7 年之内增加到 1200 万桶/日。在我看来，考虑到市场形势和欧佩克限额，加上运输和储存基础设施的安装中可能存在推延，以及有效工程管理中存在的障碍，这一目标很难实现。

伊拉克政府对石油公司在社会安全方面的顾虑也有所回应。2 月 18 日，石油部长胡赛因·阿—萨赫勒斯塔尼（Husain al‐Shahrestani）博士向国际石油公司保证安全将不再是问题，而且安全方面的成本将由政府买单。

表4   第二轮投标结果

油田	中标联合体和权益	高峰产量（千桶/日）	桶油服务费（美元）
马吉努	Shell（60%）/ Petronas（40%）	1800	1.39
哈法亚	CNPC（50%）/ Petronas（25%）/ Total（25%）	535	1.40
恰伊亚拉	Sonangol（100%）	120	5.00
纳吉马	Sonangol（100%）	110	6.00
西库尔纳二期	Lukoil 75%/ Statoil 25%	1800	1.15
格雷夫	Petronas（60%）/ Japex（40%）	230	1.49
巴德拉	Gazprom（40%）/ Kogas（30%）/Petronas（20%）/ TPAO（10%）	170	5.50

（三）第三轮招标

第三轮投标原定于2009年底以前启动，主要涉及石油勘探合同。不过，2009年下半年石油部一直忙于前两轮投标。此外，迫于最近要求增加伊拉克石油储量基数以提高欧佩克产量份额的压力，石油部有充分理由于2010年初启动第三轮投标，并将本轮投标专门用于65个区块中最有勘探潜力的区块。

然而，2010年4月初，石油部意识到开发天然气用于发电的必要性，考虑到天然气储量充足而且需求迫切，第三轮投标很快被转向天然气田。表5显示了伊拉克已探明的天然气储量和潜在储量。

石油部邀请未经资格审查的国际石油公司在2010年5月6日前参加三个天然气田的招标。三个天然气田分别是：安巴尔省（Anbar）估计储量为5.6万亿立方英尺的阿卡斯（Akkas）气田、迪亚拉省（Diyala）估计储量为4.5万亿立方英尺的曼苏里亚（Mansouriya）气田以及巴士拉省（Basra）估计储量为1.13亿立方英尺的斯巴（Siba）气田。其中，阿卡斯和曼苏里亚都是第一轮投标中流标的项目。

表5　　　　　　　伊拉克已探明的天然气储量和潜在储量（10 亿立方米）

	探明储量		潜在的储量*	
游离气	620	20%	4500	60%
气顶气	280	9%	3000	40%
伴生气	2200	71%	3000	40%
合计	3100	100%	7500	100%

注：＊为我的计算数。

　　到目前为止，伊拉克还没有开发任何一个非伴生天然气田。萨赫勒斯塔尼表示，石油部正在研究可以激励各家公司参与投标的可能举措。按照他的说法，"可能的一项激励措施是准许他们将这些天然气田生产的天然气的一半用于出口。"第三轮招标最终结果如表 6 所示。

表6　　　　　　　　　　第三轮投标结果

天然气田	天然气原始储量（万亿立方英尺）	最低产量（百万立方英尺/日）	高峰年份	最高产量（百立方英尺/日）	桶油服务费（美元）	中标公司和权益
阿卡斯	5.6	375	13	400	5.5	Kogas（50%）Kazmunigaz（50%）
曼苏里亚	4.5	225	13	320	7	TPAO（50%）Kuwait Energy（30%）Kogas（20%）
斯巴	1.5	60	9	100	7.5	Kuwait Energy（70%）TPAO（30%）
合计	11.6	660		820		

五　油田服务的"热土"

399

　　当大部分投资者把注意力集中在伊拉克油气田勘探生产领域的时候，人们不能忽视国际油田服务公司可能是赚取数十亿美元的大赢家。因为，一批批国际石油公司在伊拉克石油领域投入了大量资金的时候，为石油服务公司描画了一幅业务需求和利润巨大的蓝图。一些国际技术服务公司早已开始提供油田服务，其中既有像威德福国际公司（Weatherford International）这样的大公司，也有区域性和地方性的小企业。在 30 年的战争和投资匮乏之后，伊拉克急需发展其已经荒废的基础设施。主要的美国公司如柏克德公司（Bechtel）、斯伦贝榭公司（Schlumberger）、哈里伯顿公司（Halliburton）以及贝克·休斯公司（Baker Hughes）都大步进入伊拉克油田服务市场。

与可能面临资源国政治形势和复杂国际关系的国际石油公司不同，服务公司可以从国际石油公司那里获得分包合同，而不需要与资源国官员进行谈判。而且，伊拉克希望在 2017 年以前将其产能扩大四倍，增加到 1000 万桶/日以上。这为石油服务产业提供了前所未有的发展机遇，与不断削减支出、正在面临萎缩的北美服务市场完全不同。

根据已经公布的估计数据，伊拉克油田服务市场将从 2010 年的 13 亿美元增加到 2014 年的 80 亿美元。到 2011 年，市场规模将是海湾合作委员会（GCC）国家总规模的 5 倍。

即使伊拉克偏向于西方国家的经验及其最新技术以发展伊拉克破败的基础设施，竞争性的合同条款可以使非西方的服务公司具有低成本竞争优势。

伊拉克是世界上石油储量第三大的国家，其大部分石油储量集中在南部地区，目前正在通过三条管道向巴士拉和霍尔阿马亚（Khor al-Amaya）这两个沿海集输终端输送石油。然而，这些设施已经陈旧和破败。目前正在建设新的石油储存和输送设施以适应新油田合同带来的石油产量增长。正在安装中的位于阿拉伯湾的四个浮动石油集输终端和三个海底石油管道是促进出口能力从当前的 190 万桶/日增加到 800 万桶/日的计划的一部分。按照计划，安装工作将于 2011 年下半年完成。据我的观察，在发现伊拉克迅速增长的石油合同带来的市场机遇方面，油田服务公司的反应有些迟钝。

2011 年斯伦贝榭公司计划先期投资 1 亿美元在鲁迈拉油田建设一个可以容纳 300 人的基地以及与伊拉克政府合资的钻井企业，提供钻井和其他技术服务，包括电缆测井、固井和压力泵等。根据斯伦贝榭公司的估计，伊拉克在建石油工程将需要钻机大约 100 台。凭借这些钻机，伊拉克钻井公司在鲁迈拉油田拥有价值 5 亿美元的服务合同。

2011 年哈里伯顿公司计划在伊拉克投资 1 亿美元。该公司正在致力于巩固其在伊拉克的第一个主要基地。哈里伯顿公司的首席执行官表示，所有服务公司都将在伊拉克获得大量业务。他认为，"所以我们正在以我们想要的速度前进，而且我们相信我们能成功。"

威德福公司获得了一份两年内在米桑省的布祖尔干（Buzurgan）油田打 20 个钻井、价值高达 2.24 亿美元的合同。该合同将由中国海油公司和中国石化公司提供资金。在伊拉克，威德福公司已经拥有 9 台钻井，雇员达 1000 人。

总之，伊拉克的石油和天然气资源禀赋足以与沙特阿拉伯相媲美。不过，无论是过去还是现在，伊拉克油气资源的开采率都无法与其巨大的储量相称。在过去的七年半时间里，伊拉克石油工业回到了通往与其油气储量相称的石油大国的发展轨道。这一进程为国际石油公司的竞争和合作提供了巨大的机遇和空间。

术语解释

油气地缘政治

这是作者1996年在美国做访问学者期间研究的主要对象，并在《新世纪的油气地缘政治》（社会科学文献出版社，1998年）中总结确立。这一研究分支以地缘政治的研究思路和方法研究具有空间分布特点的国际石油和天然气的地缘政治特性、变化和过程。这一研究主要以欧亚大陆为中心，研究"冷战"后石油和天然气的资源分布、生产、运输在空间上的表现和变化，由此深入分析地缘政治权力之间的竞争和合作关系。

"石油龙"

指不断增长的中国油气需求的情景。见作者的英文专著《石油龙的兴起：对中国和世界意味着什么?》（欧洲学术出版社2002年版）。

石油心脏地带

指作者1997年后形成的油气地缘政治概念，指从北非马格里布以东，到里海中亚、俄罗斯西伯利亚和远东地区的巨大地带。按照常规油气储量，这里聚集68％的石油储量和70％以上的天然气储量，是世界油气资源的核心供应地带，故称。这个概念是苏联解体后，里海中亚成为世界新的油气供应中心，同时中东地区扩大而形成的。石油心脏地带和需求月牙形地带与地区能源连接构成了21世纪全球油气地缘政治的基本特征。

需求月牙形地带

是指围绕着石油心脏地带的需求区。具体分内需求月牙形地带和外需求月牙形地块。在石油心脏地带的内圈，亚太地区构成一个对石油心脏地带不断诉求油气资源、具有类似石油安全特征的欧亚大陆东部的内需求月牙形地带；同时在欧洲地区，由于苏联解体，欧盟东扩后形成一个需求整体，对俄罗斯、里海中亚地区和北非提出了油气进口需求，构成另一个内需求月牙形地带。外需求月牙形地块是指在石油心脏地带和内需求月牙形地带以外的地块，如非洲南部、澳大利西亚、北美地区等。

地区能源连接

是指石油心脏地带和需求月牙形地带之间的能源联系或互动关系，如东亚石油消费国与西亚石油出口国之间的交叉贸易和投资的关系；中国与中亚里海国家之间的油气生产、运输和贸易通道；欧洲与俄罗斯的传统油气进出口关系和北欧新的油气通道。

情景模拟分析

是作者在2005—2007年组织研究"全球背景下的中俄油气合作"过程

中逐步形成的双边和多边油气资源国、过境国与消费国之间博弈过程的模拟思维和方法，包括抽象的"一对一"模拟，到"一对多"或"多对一"模拟，再到"多对多"的现实模拟。

"油气软肋"

是作者 2008 年后逐步形成的对俄罗斯油气工业强势背后的弱点、不确定性和风险的概述，以此加深认识俄罗斯油气地缘政治的权力和战略变化，亦称"帝国的软肋"。

"非洲陷阱"

是指非洲地区看似成功的选举、顺利推进的公投，或看似积极的解决方案得到支持和呼应，但并不意味着彻底根除非洲内部存在的分裂、对抗和冲突。从目前非洲地区油气竞赛看，国际石油公司面临着既难以全面进入，也难以净身退出的两难困境。

国际化的国家石油公司（INOC）

是作者于 2008 年参加英国伦敦"IOC‐NOC 国际会议"期间针对国际石油公司即为西方的石油公司的传统思维而提出的概念。在当今世界里，国际化了的国家石油公司也成为国际石油公司中的一支重要力量。

全球油气秩序

全球油气秩序是指由不同的产油气国家、消费国、过境国，西方的国际石油公司、国际化的国家石油公司和独立石油公司以及大量的油气利益相关者构成的一个体系，在这个体系中存在诸多运行的规则、惯例、标准或行为及共识，构成全球油气秩序。全球能源体系具有类似的特征。

全球油气竞赛

围绕着全球油气资源而展开的竞争、合作、博弈和风险管理等一系列活动的总称。

石油峰值或石油顶峰（Peak Oil）

指世界、地区和国家或油田石油产量均存在高峰平台和随后的递减趋势。石油峰值论者在石油开发常规趋势的基础上提出如何善待油田开发，延长油田开发寿命等观点，是值得关注的。与此相对立的科技进步论认为，随着科技的不断进步，石油资源将不断得到开发，油田产量将不断提高。因为制约油田开发的主要因素不是地下资源，而是地面的人为因素。

再平衡

源于国际关系理论中的权力平衡或势力均衡，是国际关系理论古典现实主义与结构现实主义理论的核心概念之一。由于权力的行使主体非仅限于国家，组织、机构、企业、政党体系和家族也具有权力平衡的现象。当原来的均势被打破后，有关行为主体和参与者将采取权力再平衡策略以获取期待的利益。

国际化经营

这里的国际化经营是跨国经营，也就是"走出去"，参与国际竞争和

405

合作的过程，在海外建立产业链和价值链。

合作文化或共生文化

是指建构主义的"共生文化"。按照国际合作理论，"共生文化"是指两个或多个行为体多次合作、反复博弈所形成的共同的认识，特别是形成共同的原则、制度、规则、机制以及共享的合作环境。

绝对利益和相对利益

绝对利益是指合作方必然获得的利益，相对利益是指在双方或多方合作过程中一方相对于另一方的利益。现实主义认为，合作的阻力往往在于国家不仅考虑合作中的绝对收益，而且更看重相对收益。由于担心或不能确定相对收益，各国都愿意选择临时性安排，需要有较多数量的合作国。多方合作的事务可能会阻碍合作。[①] 国家的利己动机往往导致过于关注相对收益而带来"集体行动的非理性"。[②] 其结果，即使国家间存在共同利益，也不会形成合作行动，因为一国总担心收益分配可能对他国更为有利；同时，一国也担心合作会使自己在商品和服务贸易方面更加依附于他国。[③] 新现实主义认为，在无政府状态的国际环境中，由于生存利益和国际均势的驱动，各国对自身安全和独立基础非常敏感。"在面对共同收益时，处于不安全中的国家必然考虑利益分配问题。这个问题可能不是'我们都有收益吗'，而是'谁的收益更多'。在对预期收益时，如按 2 比 1 的比例进行分配，一国可能因不均衡收益而实施意在损害或者毁灭另一国的

---

① ［美］大卫·鲍德温，肖欢容译：《新现实主义和新自由主义》，浙江人民出版社 2001 年版，第 115—116 页。

② ［美］奥尔森，陈郁等译：《集体行动的逻辑》，上海三联书店，上海人民出版社 1995 年版。

③ ［美］肯尼斯·华尔兹，信强译：《国际政治理论》，上海人民出版社 2003 年版，第 140—141 页。

政策。如果双方都担心对方可能实施于己不利的行动，那么即使双方绝对收益最大，也不会形成持续的合作。"[①]——摘自教育部 2005 年软科学课题《全球背景下的中俄油气合作》（05JJDGJW004）

"黑天鹅"理论

是指美国哲学家和数学金融专家纳辛·塔里伯（Nassim Nicholas Taleb）教授于 2007 年出版的"黑天鹅理论"。根据塔里伯的解释，所谓的"黑天鹅理论"是指：（1）具有重大影响、难以预测和罕见事件的超常作用超越了历史、科学、金融和技术正常预期的范畴；（2）随之而来的罕见事件的发生概率难以用科学的方法给予计算；（3）心理的种种偏见使得人们（无论是个人还是集体）在历史罕见事件是否形成巨大冲击面前变得盲目和无知。因此，与黑天鹅的早期理论不同，塔里伯的"黑天鹅理论"仅指历史上重大事件和重大突出影响的不可预见性。因而这些事件比正常事件具有更大的冲击作用。[②] 塔里伯的这个理论并不是用以预测黑天鹅，而是建设一种格局，避免消极面，探讨积极面；他认为银行和交易商对于灾难性的黑天鹅事件十分敏感和脆弱，而且一旦超越了可预见的事件便将陷入灾难。本书将这一理论思维用于分析中国的崛起和中国油气需求增长对未来世界构成巨大冲击和影响的情景。

"白天鹅"

407

指人们熟知和习以为常的情景。

---

① ［美］大卫·鲍德温，肖欢容译：《新现实主义和新自由主义》，浙江人民出版社 2001 年版，第 85—144 页。

② N. N. Taleb, The Black Swan, Second Edition, Penguin, 2010, Prologue p. xxi.

"能源帝国"

鉴于俄罗斯历史发展中的"帝国"传统，美国布鲁金斯学会的俄罗斯项目主任 Fiona Hill 女士将俄罗斯的能源大国角色喻为"能源帝国"。① 本书作者对俄罗斯的"帝国"的认识类似，② 认为从这一角度出发，更易于揭示俄罗斯油气地缘政治的意图和战略。

油气轴心

在全球油气竞赛中，存在诸多"油气轴心"，比如俄罗斯和德国的油气合作是俄欧能源合作的轴心，美国与沙特阿拉伯的特殊关系和石油政策合作是美国与阿拉伯产油国的轴心，中国与中亚天然气管道运输将构成未来中国与中亚能源合作的一个轴心。这些具有类似特点的"轴心"揭示了全球油气竞赛中处于轴心地位的双边合作对于地区能源合作的支持和带动作用。

"资源诅咒"

是指资源开发与经济社会发展之间的悖论，即资源开发与社会发展相脱节或难以协调。这一悖论是西方殖民历史、外国公司资源掠夺战略、资源国权贵统治制度、不透明的收入分配政策以及监督问责制度缺失的综合反映。这一悖论在诸多资源国都不同程度地存在。

---

① Fiona Hill, Energy Empire: Oil, Gas and Russia's Revival, The Foreign Policy Centre, 2004.
② 徐小杰：《新世纪的油气地缘政治》，社会科学文献出版社 1998 年版，第 70—73 页。

中陆区 （Midland）

指欧亚大陆中部的过渡带，如里海中亚地区。

准国外 （Near Abroad）

准国外是指俄罗斯与独联体国家之间的贸易和投资关系。在俄罗斯外交理念里，这一概念也意味着俄罗斯与独联体国家之间的关系为非一般的国际关系，即准国际关系，或半国际性的关系，即特殊的合作关系。

"七姊妹"

原指美国的埃克森石油公司、莫比尔石油公司、德士古石油公司、加利福尼亚石油公司和海湾石油公司以及英国石油公司和英荷壳牌石油集团。在 20 世纪上半叶，这七家石油公司垄断着中东地区诸多石油业务，排斥其他石油公司进入，被意大利的埃尼集团董事长恩里科·马泰（Enrico Mattei）称为"七姊妹"。然而，到 2000 年，原来的"七姊妹"变为"六姊妹"（海湾公司并入雪佛龙公司），以后又合并为"四姊妹"，即目前的埃克森石油公司（含莫比尔石油公司）、雪佛龙石油公司（含德士古公司）和英国石油公司（含阿科公司）和壳牌集团。

409

新的"七姊妹"

2007 年 3 月 11 日英国《金融时报》经过多方咨询后，能源评论员 Carola Hoyos 撰文认为，在当今的国际石油领域，有七家国家石油公司具有越来越大的影响力，并与西方的国际石油公司相对应。他们是沙特阿美石油公司（Saudi Aramco）、伊朗国家石油公司（NIOC）、委内瑞拉国家石油公司（PDVSA）、中国石油集团（CNPC）、俄罗斯天然气工业股份公司（Gazpom）、巴西国家石油公司（Petrobras）和马来西亚国家石油公司（Petronas）。按照 2008 年纽约石油情报周刊（PIW）的统计，在前 10 家石油公司中，国家石油公司占据石油储量 98％，占据石油产量 78％，故称新的"七姊妹"，或被称为"七兄弟"。

新型石油伙伴关系（IOC‑NOC Partnership）

指西方的国际石油公司与国家石油公司之间长期合作关系，分战略资源合作和全球资源合作。战略资源合作伙伴关系主要是指诸如英国石油公司与 TNK 或"俄石油"股份公司针对开发战略性资源而开展的战略合作，即把巨大的资源开发、技术投入和风险管理结合起来；而全球资源合作是指在全球范围内相互交换资产和资产组合的更广泛的合作。前者是目前西方的国际石油公司追逐的重点，而后者是国家石油公司追逐的重点。

国家石油公司（NOC）

即国有控股的石油公司，同时具有代表国家和国民的利益，具有垄断的地位。这些国家石油公司除了挪威国家石油公司（Statoil）外，主要出现在发展中国家。

国际石油公司（IOC）

具有较大跨国业务链和较高跨国程度的跨国石油公司，习惯上指西方的大石油公司。对资源国来说，它们都是外国石油公司。不过，国际石油公司代表着国际化的经验和国际化的科技和经营水平。

独立石油公司（Independents）

即原石油垄断财团以外的中小石油公司，通常不具备一体化的产业结构，一般只在上游、中游或下游某个领域经营的石油公司和技术服务公司。但是，经过几十年的发展，独立石油公司又可区分为大独立石油公司、中等独立石油公司和小型独立石油公司。

产量分成合同（PSA 或 PSC）

源于 1967 年印度尼西亚，后逐步发展成为国际油气勘探开发领域广为应用的合同模式。根据这一合同模式，外国石油公司在回收成本后可以按照商定的分成比例参与分享原油，将相应的资源和产量计算为外国石油公司的产量和资产，同时交纳规定的税收和国内市场销售义务。这一合同模式在 20 世纪 90 年代受到资源国和国际石油公司的普遍认可。但是，2000 年后逐步被一批资源国否定。

服务合同

服务合同源于技术服务合同，但是，出于保护本国资源的需要或出于法律规定，勘探开发领域也实行诸如回购合同、承包合同和以收取服务费为目标的勘探开发合同。在这些服务合同中，外国石油公司为承包商，收取固定的桶油服务费，不分享石油生产成果。

411

区块（Block）

即资源国对外招标中提供的油气资源区，供投标者投标和随后的勘探开发。这些区块面积大小不一，通常以最低限度的地质单元为一个区块。

采掘业透明度倡议（EITI）

指 2002 年由位于德国的"透明度国际"和一些"公民社会"组织倡导而建立的有关矿产资源开发过程中应实施的系列公开原则和标准，以增加采掘行业和相关活动中的透明度，尤其是投资、收入和支付的公开透明，推行广泛的问责制度，使所有的利益相关者的利益得到保护。

石油上、中、下游

按照石油工业的生产流程，上游是指油气勘探、开发和生产，其产品是原油和天然气；中游是指原油和天然气的运输储备；下游是指对原油和天然气的加工炼制和销售，形成各种石油和天然气产品。

储采比

储采比又称回采率或回采比，是指年末剩余储量除以当年产量，得出剩余储量按当前生产水平尚可开采的年数。

非常规油气资源

指重（稠）油、超重油、深层石油、致密油、致密气、页岩气、低渗透气层气、煤层气、天然气水合物、深层天然气及无机成因油气资源。此外，油页岩通过相应的化学工艺处理后产出的可燃气和石油也属于非常规油气资源。

页岩气

页岩气是主体上以吸附或游离状态存在于泥岩、高碳泥岩、页岩及粉砂质岩类夹层中的天然气，在源岩层内的就近聚集表现为典型的原地成藏模式，与油页岩、油砂、地沥青等差别较大。与常规储层气藏不同，页岩既是天然气生成的源岩，也是聚集和保存天然气的储层和盖层。因此，有机质含量高的黑色页岩、高碳泥岩等常是最好的页岩气发育条件。页岩气开发通常采用水平井和液压办法。

重油

重油是原油提取汽油、柴油后的剩余重质油，其特点是分子量大、黏度高。重油的比重一般在 0.82—0.95，比热在 10000—11000kcal/kg 左右。其成分主要是碳氢化合物，另外含有部分的（约 0.1%—4%）的硫黄及微量的无机化合物。

油砂

油砂是指富含天然沥青的沉积砂，也称为"沥青砂"。油砂实质上是沥青、沙、富矿黏土和水的混合物，其中，沥青含量为 10%—12%，沙和黏土等矿物占 80%—85%，余下为 3%—5% 的水。具有高密度、高黏度、高碳氢比和高金属含量的油砂沥青油。世界上 85% 的油砂集中在加拿大阿尔伯塔省北部地区。据加拿大官方统计，目前其可商业开采的油砂储量约1750 亿桶石油，仅次于沙特阿拉伯的石油储量。

413

浅海、深海和超深海

目前，国际上按照水深划分海上石油开采的阶段和难度。一般水深在200—300米以内或500米以内为浅海，500—1500米为深海，1500—3000米为超深海。

盐下资源

主要指非洲和巴西大陆架水深1300—1500米盐层以下的油气资源。

天然气合成油（GTL）

GTL是以碳氢化合物（天然气）为原料合成的基础油。GTL基础油饱和烃含量高，基本上不含氮和硫，无芳烃，100％为异构烷烃，氧化安定性、低温性能优异，挥发性低，黏度指数极高，可用于调和高档内燃机油、自动传动液，满足高标准的润滑油产品的需要。

液化天然气（LNG）

即低温下处于液态的天然气。天然气的组成不同，液化所需的温度与压力也不同。但任何时候，其温度都必须低于临界温度。例如，甲烷的临界温度为-82.1℃，临界压力为44.8105Pa。在大气压力下液化储存时，必须冷却到-161.5℃以下。液化便于储存和运输。液化天然气是一门相对独立的天然气产业链，对于天然气的供应、消费，特别是海上运输和相关基础设施投资与建设具有重要的影响。

提高采收率（EOR）

即在石油开采中，通过注水、注气和注入聚合物，提高石油采出量的种种措施。提高采收率是强化开采和科技进步的结果。美国石油地质家协会的研究大会认为，目前，60％的世界石油产量依靠现有油田的生产，采收率还有大幅度提高的空间。

石油和天然气的单位

国外，石油的单位通常为桶，并按照日产计算产量。中国按照吨计算。本书中石油的度量单位以 1 吨＝7 桶换算；天然气的度量单位按照 1 立方英尺＝0.0283 立方米换算。

参考文献

中文文献

秦亚青：《国际制度与国际合作——反思新自由制度主义》，《外交学院学报》1998 年第 1 期。

王磊：《无政府状态下的国际合作——从博弈论角度分析国际关系》，《世界经济与政治》2001 年第 8 期。

谈世中：《反思与发展：非洲经济调整与可持续性》，社会科学文献出版社 1998 年版。

李继东：《现代化的延误——对独立后"非洲病"的初步分析》，中国经济出版社 1997 年版。

罗建波：《非洲一体化与中非关系》，社会科学文献出版社 2006 年版。

陈宗德、吴兆契（主编）：《撒哈拉以南非洲经济发展战略研究》，北京大学出版社 1987 年版。

李国玉：《世界油气区考察报告集》，石油工业出版社 1998 年版。

方小美：《国际制裁将直接冲击伊朗的油气生产》，《国际石油经济》2010 年第 10 期。

徐小杰：《俄罗斯能源软肋和影响》，《转型国家经济评论》，东北财经大学出版社 2009 年第 2 辑。

徐小杰、王也琪：《2020 年前俄罗斯能源战略研究》，2005 年。

徐小杰：《俄罗斯中亚跨国油气管道安全机制调研和分析建议》（中国石油规划总院课题）2011 年 1 月。

徐小杰：《新世纪的油气地缘政治》，社会科学文献出版社 1998 年版。

徐小杰等著：《全球背景下的中俄油气合作研究》，2005 年教育部软科学课题（OSJJDGJW004）。

徐小杰：《海外市场环境分析与发展战略研究》，中国石油集团课题（07H309），2004—2007 年。

徐小杰：《资源国政策变化对集团公司的影响》，中国石油集团课题（070503），2007 年。

徐小杰：《海外经营风险预警与风险管理研究》，中国石油集团课题（070107），2007 年。

徐小杰：《集团公司有效利用国外油气资源的战略选择与确保国家油气供应安全的对策建议》，中国石油集团课题（060105），2006 年。

徐小杰：《利用国家外汇储备，支持海外油气投资的初步设想与建议》，国家能源局咨询项目，2006 年 10 月；转载于《世界经济调研》，2009 年 9 月 16 日。

徐小杰：《中国：寻求全球化下的能源安全》，《中国评论》2004 年 6 月。

中文译著

俄罗斯自然资源部：《2011 年矿物资源状况报告》。

俄罗斯能源部：《2020 年前能源战略》（2003 年版）和《2030 年前能源战略》（2009 年）。

哈萨克斯坦能源部：《2010—2014 年油气发展战略草案》。

［美］马修·西蒙斯，徐小杰等译：《沙漠黄昏——即将到来的沙特石

油危机和世界经济》，华东师范大学出版社 2007 年版。

［美］安娜·鲁比诺，徐小杰、李东超等译：《石油俱乐部的女王——旺达·雅布隆斯基背后的石油风云》，华夏出版社 2010 年版。

［美］罗伯特·基欧汉，苏长和等译：《霸权之后——世界政治经济中的合作与纷争》，上海人民出版社 2001 年版。

［美］亚历山大·温特，秦亚青译：《国际政治的社会理论》，上海人民出版社 2000 年版。

［俄］阿·尤·施皮尔特，伍知友译：《非洲原料资源》（1913—1958），世界知识出版社 1964 年版。

［法］勒内·杜蒙、玛丽—弗朗斯·莫坦，隽永、纪民译：《被卡住脖子的非洲》，世界知识出版社 1983 年版。

［美］布鲁斯·马奇：《加拿大油砂：机遇与创新》，《能源》2011 年。

［英］杰弗里·帕克，李亦鸣、徐小杰、张荣忠译：《二十世纪的西方地理政治思想》，解放军出版社 1992 年版。

英文文献

International Energy Agency, World Oil Market Monthly, January 2010.

BP Statistical Review of World Energy 1962—2011.

US Energy Information Administration, Energy Outlook Monthly, May 2011.

Deutsche Bank, China – Russian "Natural" Gas Coopertion, September 13, 2010.

ECLAC Foreign Direct Investment in Latin America and the Caribbean, May 2011.

Martin Meredith, The State of Africa: A History of Fifty Years of Independence, The Free Press, 2005.

Wallace E. Pratt, AAPG Bulletin; December 1952; V. 36; No. 12.

David Victor and Nadejda Victor, Axis of Oil, Foreign Affairs, March/April 2003.

Flynt Leverett, The New Axis of Oil, The National Interests, Inc. 2006.

Xiaojie Xu, China's Looming Oil Crisis and Ways of Avoiding It, OPEC Bulletin, January 1997.

Xiaojie Xu, Petro – Dragon's Rise, What It Means for China and the World. European Press, 2002.

N. N. Taleb, The Black Swan, Second Edition, Penguin, 2010, Prologue.

后记并致谢

一 写作动因

写作本书的直接动因有二：一是《新世纪油气地缘政治》的诸多读者和出版社的有关编审不时关心 10 年后作者的学术研究动向和新著，是萌发写作本书的直接动机；二是近 10 年埋头于研究与咨询报告，忙于中英文文章的写作和演讲，十年未出一书，颇感内疚。

但是，深层的动因还是 2011 年 3 月中国社会科学院学部委员余永定研究员的一次约见。余永定老师刚从瑞士参加"达沃斯论坛"之后回京，他约见我时提到他与英国《金融时报》（Financial Times）首席评论员马丁·沃尔夫（Martin Wolf）先生的坦诚谈话，尤其是他们对中国崛起中对世界经济与政治体系的冲击和外部世界对中国石油需求不断增长的忧虑。中国该如何应对未来的诸多挑战，能否和平崛起？今后会不会出现石油战争？作者当时从油气供需相互依赖的角度判定，发生大规模的资源战争是不现实的，并以俄乌天然气危机为例，说明在俄罗斯到处挥舞其俄式"天然气武器"的时候，天然气战争也打不起来。相反，出于对天然气供应和需求的高度依赖，俄乌两国必然在零点前几分钟签署哪怕是临时的协议。但是，作者在这次谈话之后的思考是：大规模的资源战争很难打起来并不等于局部地区的资源战打不起来，更不能肯定全球油气资源竞赛不存在，油气博弈不存在。相反，全球和地区油气资源对抗和博弈一直存在，在过去的 10 年内出现了更加尖锐，使人们难以适应的状况。对于这一点，亲身经历中俄油气谈判的代表、直接参与中国竞标伊拉克鲁迈拉油田的石油经理以及非洲油气项目的作业者更有切身的体会。

既然这些没有硝烟的资源战已经蔓延，那么，这些战争的全球背景是什么？地区关系和相互依赖的机理在哪里？争夺石油利益和权力的过程是如何形成和演变的？在 21 世纪第一个 10 年里重点地区油气竞赛或博弈是如何产生和演化的？仅以中国石油需求增长分析，正如余永定研究员所比喻的，中国不断膨胀的石油需求好比一头大熊进入大超市，必然与既定的秩序和几乎所有的油气利益相关者发生冲突，使原来的油气体系失去平衡，引发重新调整关系的必要。普利策奖获得者、国际著名石油历史学家丹尼尔·耶金在《石油、金钱和权力》一书中更明确地指出，一旦石油需求变得与经济和政治权力一样重要的时候，围绕着获取可能的能源供应几乎就会引来所有形式的战争。据此，针对中国能否和平崛起的问题，《金融时报》马丁的回答是："不，不能！"

为什么？带着这些问题，作者启动了本书的研究与写作项目。感谢余永定老师的敏锐观察和提示。作者也深感有责任和条件对上述问题给予调查、研究和分析，而且这个感觉在 2011 年 5 月 23 日从欧洲系列演讲回国后更加迫切，决定立即启笔，大体用了一个月时间形成了本书初稿。

二 "十年一剑"

421

本书的基础工作可以追溯到 2000 年。那年作者从当时的中国石油天然气总公司经济研究中心调入中国石油经济和技术研究中心海外信息开发部主持工作，后来倡导成立了海外投资环境研究所。此后作者带领所内外科研人员开展了 50 多项国际油气工业专题研究和咨询工作。其中包括带领王也琪开展俄罗斯中亚地区系列信息监测和专题分析，带领方小美开展中东地区特别是伊朗和伊拉克油气信息和石油投资战略分析，带领窦红波和钟文新开展南美地区投资环境分析，指导史凌涛开展非洲产油国油气工业发展趋势和政策分析，完成了一批有分量的研究报告，为中国石油天然气集团公司领导、有关专业石油公司和集团公司有关职能部门提交了大量内部研究报告和咨询意见。通过八年工作，确立了海外投资环境研究的对象、监测与分析相结合的方法，形成了"可利用油气资源"等基本概念、投资环境评估系统和系列数据，被业内同行认可和引用。同时，作者在国内外学术界开展了大量的研讨与交流，在国内参与了包括温家宝总理直接点题、中国工程院组织的"中国油气可持续发展战略研究"第三专题"海外勘探开发和贸易"研究在内的若干重大课题研究，在华东师范大学国际关系学院开设了"国际石油政治研究"博士生课程；在国际上，作者先后与位于巴黎的国际能源署（IEA）、伦敦的皇家国际事务研究所（Chatham House）、布鲁塞尔的能源宪章组织（ECT）和欧洲研究中心、华盛顿的国际战略研究中心（CSIS）、休斯敦的詹姆斯·贝克第三公共政策研究所以及西雅图的亚洲研究局等机构和专家进行了多年交流和合作研究，直接提升了海外投资环境研究所的研究档次和影响。所有这些基础研究和交流为本书的研究奠定了基础。

近三年来，作者继续深化对国际油气问题的专题分析，每周分析报道当下海外油气投资环境动态，开展"石油外交系列"研究与报道，接受相关专题采访，组织"能源专家圆桌会"，发布《世界能源评论》内部刊物，接受有关公司业务咨询，与中国石油集团、中国海洋石油总公司和国家能源局紧密合作，完成了国家和石油公司关注的国家油气安全、发展战略规划和跨国油气管道及多边能源合作机制谈判等若干重大系列研究项目。同时，作者还作为顾问和首席专家，参与了国内石油公司进入俄罗斯、伊拉克及库尔德自治区、非洲诸国以及美国等海外相关业务活动。此外，近三年来经过国际专家推荐，作者参与了若干国际专业协会和若干石油俱乐部成员间的交流，接触了国际石油高管和国际资深油气专家，在国际重要场合发表了专场演讲。

国际同行向作者提供了良好的指导和帮助。本书的诸多认识和看法得益于国际业内专家和资深学者的直接启发。

三 写作风格和局限

本书围绕着全球油气竞赛这一问题，按照重点地区、国家以及领域逐步展开，突出现实分析和趋势判断。但是出于对所分析问题的谨慎态度和认识的局限性，作者对多数标题采取启发式和引导式的设计，在写作上侧重提问、引导和观点性分析，配以必要的数据的图件，若干支持性材料和珍贵文献列为附件。这样的写作安排类似国际做法，意在引导和吸引读者参与思考和分析。书名《石油啊，石油——全球油气竞赛和中国的选择》意在引人注视和思考，副标题是本书的正题。

由于本书主要论述国际油气资源竞赛，自然侧重油气产业的勘探生产领域，也涉及油气运输领域，但不涉及油气加工和销售领域；侧重对国际油气产业发展战略和政策的调研分析，而对于产业本身的发展和中国国内的油气产业没有做过多的论述。本书对全球油气资源勘探开发进行了分区调研，涉及非洲、中东、俄罗斯中亚、南美和北美地区，但是没有涉及亚太地区，特别是我国南海地区油气资源争夺。但是，根据本书的分析和观点，应该不会限制读者对当前亚太地区油气竞赛的基本判断。

423

四 致谢

在本书完成之际，作者首先感谢家人的支持，特别是在本书写作期间，妻子曹启璋给予的关照，儿子徐立楠在阿尔伯塔大学给予的鼓励；感谢政界、石油界和学界专家领导、同事和朋友对本书的关注和期待；特别感谢中国石油海外勘探开发公司领导和诸多部门经理对若干专题调研的支持；感谢中国石油集团经济技术研究院王也琪、方小美、窦红波和刘兵等诸位同事所提供的协助；感谢中国社会科学院世界经济与政治研究所张宇燕所长和诸多专家给予的支持，并成立"世界能源政策研究基地"，推动国家级智库对全球能源重大问题的研究。

感谢下列领导和资深专家学者多年来对作者的指导和关怀，他们是：全国人大常委、中国石油集团原总经理陈耕同志，副总经理汪东进同志，中国石油天然气股份公司副总经理薄启亮同志和孙波同志，中国社会科学院原副院长、学部委员汝信研究员和夏森女士，中国石油集团和中化集团资深专家曾兴球教授，国家能源局副局长张玉清同志和油气司副司长胡卫平同志，中国石油集团俄罗斯项目部副总经理李应常同志，中国石油海外勘探开发公司副总经理宋亦武同志、副总经理张品先博士、副总经济师葛艾继女士及诸多部门经理。中国石化集团研究院原总工程师张抗教授。还要特别感谢中国社会科学院学部委员余永定研究员给予作者的学术指导和支持。

感谢美国资深外交家 Chas Freeman（傅立民）博士，花旗银行董事总经理、商品部主任 Edward Morse 博士，国际能源署首席经济学家 Fatif Biro 博士，美国国际项目公司总裁 Peter Young 博士，美国全球能源资本总裁 Carter Page 博士，英国天然气公司全球业务主管 Mehmed Ogutcu 先生，瑞典 Lundin 石油公司副总裁 Christine Betrich 女士，法国亚洲研究中心董事长 Jean - Janscois Di Meglio 先生，加拿大阿尔伯塔大学姜文然教授和美国詹姆斯·贝克第三公共政策研究所能源论坛主任 Amy Jaffe 女士等人士给予作者的见解。到此，作者不能不提到已故挚友、美国西蒙斯国际公司创办人和前董事长、美国著名投资银行家马修·西蒙斯先生（1943—2010）。正如本书有关章节所反映的，他生前与作者的交流和合作给作者很大的帮助。2010 年 8 月 8 日他非正常去世是其家人、西蒙斯国际公司乃至国际能源思想领域的一个巨大损失。此外，著名的伊拉克资源石油专家、80 岁高龄的塔里克·沙菲克（Tariq Shafiq）先生

424

在感冒期间为本书贡献了他长年的研究成果作为本书附件四，令作者感动不已。

最后，感谢中国社会科学出版社黄燕生编审对作者研究的长期关注，对本书写作的鼓励和促进，使本书得以出版。

徐小杰

2011 年 9 月 30 日，北京